普通高等教育案例版系列教材

案例版

供药学、药物制剂、临床药学、中药学、制药工程、医药营销、医药人力资源管理、
医药公共事业管理、医药贸易、医药经济管理等专业用

医药市场营销

主　　编　李　伟　孔祥金
副 主 编　官翠玲　李　歆　李英利
编　　委　（按姓氏拼音为序）
陈再兴（中国医科大学）
官翠玲（湖北中医药大学）
孔祥金（大连医科大学）
李　伟（潍坊医学院）
李　歆（南京医科大学）
李英利（桂林医学院）
聂　磊（广东药科大学）
饶远立（广州中医药大学）
万晓文（江西中医药大学）
王　滨（泰山医学院）
王　力（江西中医药大学）
王　悦（浙江中医药大学）
吴红艳（桂林医学院）
张　黎（潍坊医学院）
张厚利（大连医科大学）
张开翼（广州中医药大学）

科学出版社
北　京

郑 重 声 明

为顺应教学改革潮流和改进现有的教学模式，适应目前高等医学院校的教育现状，提高医学教育质量，培养具有创新精神和创新能力的医学人才，科学出版社在充分调研的基础上，首创案例与教学内容相结合的编写形式，组织编写了案例版系列教材。案例教学在医学教育中，是培养高素质、创新型和实用型医学人才的有效途径。

图书在版编目（CIP）数据

医药市场营销 / 李伟，孔祥金主编. —北京：科学出版社，2017.3
ISBN 978-7-03-051980-1

Ⅰ. ①医… Ⅱ. ①李… ②孔… Ⅲ. ①药品–市场营销学–教材 Ⅳ. ①F724.73
中国版本图书馆 CIP 数据核字(2017)第 044093 号

责任编辑：胡治国 / 责任校对：李 影
责任印制：李 彤 / 封面设计：陈 敬

科 学 出 版 社 出版
北京东黄城根北街 16 号
邮政编码：100717
http://www.sciencep.com
固安县铭成印刷有限公司 印刷
科学出版社发行 各地新华书店经销
*
2017 年 3 月第 一 版 开本：787×1092 1/16
2023 年 1 月第五次印刷 印张：16
字数：378 000
定价：65.00 元
(如有印装质量问题, 我社负责调换)

前　言

医药行业发展前景广阔，同时竞争十分激烈。医药产品的营销对医药企业的生存与发展至关重要。医药市场营销学是融合管理学、经济学、行为学和药学、医学发展而来的一门应用学科。

本教材主要供药学类专业、医药市场营销专业本科学生使用，方便教师教学和学生学习是教材编写的出发点。在不改变现有教学体制的情况下，教材中增加案例或标准化案例，每章有 4～5 个针对所讲理论知识的案例，这是本套教材有别于其他教材的特点和特色。案例为真实的具有可操作性的例子，来源于工作实践，是理论知识的载体和引领者，案例描述后根据案例情况，提出相关的问题，启发学生思维；同时，教材保留本学科教学大纲规定的全部理论知识内容，并结合理论知识对案例进行相应的分析和总结。案例版教材具有以下优点。

（1）采用创新性编写模式，内容和格式特色鲜明。用案例引导教学，丰富教学内容，提高学习效率。

（2）加强理论与实践的联系和结合，使学生感到学有所用。

（3）加强理论向实践的过渡内容，为学生实习、走上岗位打基础。

（4）以就业为导向，将先进的行动导向教学模式融入教材。

课程内容满足三个层次的需求：①教育部制定的本学科教学大纲；②学生毕业后国家执业药师资格考试的需求；③硕士研究生入学考试的需求。本套教材内容紧跟研究生入学考试和国家执业药师资格考试案例分析的命题方向。

本教材知识点明确，学生好学，教师好教，能使学生在尽可能短的时间内掌握所学课程的知识点。使用本教材组织教学时，既可以按传统模式讲授，案例作为补充，供学生阅读使用，也可以以案例为先导进行教学。

本教材由潍坊医学院李伟、大连医科大学孔祥金担任主编，湖北中医药大学官翠玲、南京医科大学李歆、桂林医学院李英利担任副主编。教材共十二章，撰写分工为：第一章，泰山医学院王滨；第二章，江西中医药大学王力；第三章，潍坊医学院张黎、李伟；第四章，广州中医药大学张开翼、饶远立；第五章，湖北中医药大学官翠玲；第六章，江西中医药大学万晓文；第七章，中国医科大学陈再兴；第八章，大连医科大学张厚利；第九章，桂林医学院吴红艳、李英利；第十章，南京医科大学李歆；第十一章，广东药科大学聂磊；第十二章，浙江中医药大学王悦。

本教材在出版过程中得到了科学出版社及参编院校的大力支持，在此表示衷心的感谢！编写过程中，参考了大量同行专家的著作、教材与论文，在此深表谢意！

由于编者学识有限，书中难免存在疏漏之处，欢迎广大读者批评指正。

编　者

2016年10月

目　　录

第一章 绪 论

案例 1-1 SANJ 牌西瓜霜系列产品的市场营销之路

生长在中医世家的清代郎中顾世澄云游四方，来到广西行医时偶听当地人用西瓜霜来治咽喉肿痛、口舌生疮。顾世澄动手试验，把西瓜放进泥罐，去除瓜瓤装入皮硝后用瓜皮盖严，再用皮纸条和黄泥加封泥罐并放在阴凉处憋霜。10 天后，泥罐外果真憋出白霜，喜出望外的顾世澄刮霜试药，霜洒在喉中顿时冒火的嗓子不疼了。虽然当时皮硝憋霜的药学原理还不为人知，但自制的西瓜霜药效灵验，他把制霜方法写入了自己的医学巨著《疡医大全》。1976 年，曾被皇帝钦封为“喉科圣药”的西瓜霜在尘封百年后“苏醒”。一位武汉大学的毕业生花了 8 年时间，将郎中顾世澄留存给后人的珍贵古方药西瓜霜成功改良。经过数百次的失败，雪白的西瓜霜终于成功问世。随后开始了规模化生产。西瓜霜化身为一粒粉色小药片（西瓜霜润喉片），这位大学毕业生带领技术团队创建了著名的 SANJ 药业，以西瓜霜为原料，又研发出了包括西瓜霜喷剂、西瓜霜清咽含片等 6 款西瓜霜系列产品。

在产品质量方面，SANJ 集团坚持“高品质的药品是生产出来的，不是检验出来的”，要求所有中药材必须依次接受首道质检认可后才能入库。同时，SANJ 的营销团队创意推出的首个药品广告海报，成了风靡一时的招贴画。“碧绿瓜帽半遮面，时髦女模嘟红唇”，20 年前设计的这款广告海报，现在看似乎仍不落伍。广告创意灵感源自一本杂志刊登的某品牌口红广告，该广告将西瓜、嘴唇等切合西瓜霜品牌特性的广告元素和文字进行替换、拼接。印出来的广告在会场挂出来后，效果奇好，很多参会人特意将这张有着性感红唇的西瓜女郎时尚海报带回家里悬挂上墙。经过几十年的发展，现在的 SANJ 牌西瓜霜含片，成为家喻户晓的明星医药产品，在公众中享有极好的声誉和美誉度，西瓜霜润喉片最高销量为全国每年每人平均 4 片。

问题：

1. 结合本案例，谈一谈什么是医药市场营销？
2. 医药市场营销在企业发展中起到了什么作用？
3. SANJ 西瓜霜系列产品的市场营销之路中，最成功的因素是什么？

第一节 医药产品和医药市场

一、产品与医药产品

（一）产品的含义

就产品（products）的物质属性而言，可以将产品定义为由劳动创造，具有使用价值，能满足消费者需求的具有某种特定物质形状和用途的物品。就产品满足消费者需求的效用而言，可以将产品定义为能够满足消费者某种需求的任何事务，包括有形产品、无形服务、事件、体验、人物、地点、财产权、组织、信息和观念等。

（二）医药产品的含义

医药产品包括药品和医疗器械等产品。

1. 药品 《中华人民共和国药品管理法》将药品（drug）定义为：用于预防、治疗、诊断人的疾病，有目的地调节人的生理机能并规定有适应证或者功能主治、用法和用量的物质，包括中药材、中药饮片、中成药、化学原料药及其制剂、抗生素、生化药品、放射性药品、血清、疫苗、血液制品和诊断药品等。

2. 医疗器械 医疗器械是指直接或者间接用于人体的仪器、设备、器具、体外诊断试剂及校准物、材料及其他类似或者相关的物品，包括所需要的计算机软件。

（三）医药产品的特性

相比较其他普通产品，医药产品（medicinal product）是一种特殊产品，其特殊性主要表现在以下几个方面。

1. 作用的两重性 医药产品既可以预防、治疗和诊断疾病，又可以康复保健，但是多数医药产品有不同程度的不良反应。用之合理，可以治病救人，促进健康；管理不当，则可危害健康，甚至威胁生命，破坏社会生产力，产生严重后果。比如，麻醉药品和精神药品，使用合理能够减轻病患痛苦；管理不善，则会造成滥用，成为成瘾毒品。

2. 很强的专属性 医药产品与医学、药学知识紧密结合，相辅相成，医药产品很难离开专业的医药知识体系的支持，患者对症治疗，患什么病，用什么药，不像一般商品那样彼此之间可以相互替代，而且大部分医药产品只有在医生的指导下才能合理使用，达到防病治病目的。

3. 种类的复杂性 医药产品种类复杂、品种繁多。可以根据多种分类标准，对医药产品进行详细分类，仅药品就有 10 000 余种，包括中药制剂 5000 多种，西药制剂 4000 多种。

4. 质量的重要性 医药产品是医生手中用于治病救人的武器，只有符合法定质量标准的合格产品才可以保证疗效。进入流通领域的医药产品，只允许有合格品，绝对不允许有次品或者不合格品。因此，国家医药卫生法律规定，不合格的医药产品不得出厂，更不得销售和使用。

5. 时限性 作为治疗疾病的物质，大部分医药产品均具有有效期，因此，药品生产、经营和使用部门要储备适当数量的医药产品。

6. 等级的一致性 普通商品可以有等级之分，分为一等品、二等品、优质品，甚至残次品也可以减价销售。但是，医药产品只有合格和不合格之分，合格的医药产品也并非意味着在任何条件下均是安全的，因此合格的医药产品往往不做任何划分。不合格的医药产品严禁销售和使用，否则就是违法行为。

7. 质量监管的科学性 通常来说，医药产品的合格与否很难通过肉眼进行判断，必须由专业性的医药技术人员和专门的技术机构根据法定标准，应用专门的检验仪器，采用法定技术标准规定的方法才能做出科学的判断和评价。世界各国通常的做法是设置专门的医药产品检验机构，部分大型医药流通企业和医疗机构还设置了检验机构，负责本单位的医药产品质量的检测，杜绝不合格的医药产品流入市场。

二、医 药 市 场

（一）市场与医药市场的含义

1. 市场 市场（market），是商品经济的产物，只要存在社会分工和商品生产，就一定存在市场。同时，随着科学技术和生产力的进步，市场活动的范围不断地扩大，市场的概念在不断地发生变化，以下介绍四种不同的市场概念。

（1）市场是商品交换的场所。这是将市场看成商品交换的场所，即商品买卖双方进行交换的物理场所，也是市场的原始概念，如我国古代将市场称为“集市”，常见的商品交易场所有中药材批发市场、农贸市场、连锁超级市场等。

（2）市场是商品交换和流通的领域。这种概念中市场的范围突破了时空限制，强调了市场在商品交换和流通过程中的作用，此时的市场已不再是固定的商品交换的物理场所，一切可以产生商品交换和流通的领域，一切以货币为媒介进行商品交换的场所均可以被称为市场。

（3）市场是商品供求关系的总和。这种概念强调了市场的经济学特征，市场不仅是指具体的交易场所，而且是指所有买卖双方实现商品交换的各种关系的总和。市场的实质是商品供求关系，只有供求关系保持相对平衡，才能顺利实现商品交换，促进经济发展和繁荣。

（4）市场是指对某种商品有需求和有购买能力的顾客或用户，是实际顾客和潜在顾客的总和。这种概念从市场营销学的角度对市场概念进行了界定和解释。市场等于买方的集合，产业等于卖方的集合，市场就是具有消费欲望且有购买能力的所有潜在和显在顾客的集合。这种概念强调了需求和欲望，强调了消费者的购买能力，将商品交换关系建立在现实可靠的基础之上。

人类需要具有多样性和多变性，要求企业生产供给适销对路的产品。在市场经济高度发展的现代社会，商品需求与供给关系呈现纷繁复杂的状况。一种商品不可能满足所有人的需要，而只能满足部分人的特定需要。商品的需求、产品供给、购买力等因素共同影响商品交换。在市场营销学中，应建立在对市场经济条件下商品供求关系深刻认识基础上对市场的概念进行定义。因此，市场营销学角度下的市场定义是对某种产品有需求并有购买能力的显在和潜在顾客的集合。

2. 医药市场　市场营销学角度下的医药市场就可以定义为对医药产品有需求并有购买能力的显在和潜在消费者的集合。医药市场应具有三个要素，即人口、购买欲望和购买能力。三个要素之间相互影响、相互作用，缺一不可，三者结合起来构成了市场，并决定了医药市场的规模和容量。

（二）医药市场的分类

对医药市场进行分类可以更加准确地理解医药市场的概念，分类的目的是对其归类总结，以寻找出其特点、现状与发展趋势，为医药企业市场营销工作提供正确的指导。通常对医药市场可按以下标准进行分类。

（1）按研究市场营销的角度，可将医药市场分为宏观医药市场和微观医药市场。宏观医药市场指一定时期内一个国家或地区的全部医药产品市场的需求总量，即全部医药产品顾客的集合，可以用医药市场容量总量指标进行衡量。它是一个国家医药产业政策制定的依据，也是医药企业销售潜力的决定因素。分析宏观医药市场需要研究现状和未来发展的趋势，并分析国家医药政策法规的实施与影响，比较地区间、品种间的差异与变化，描述国内和国际市场竞争态势、产品与结构调整的趋势等。微观医药市场则是指某类、某种具体药品在一定时期和一定范围内的市场规模，如某省喹诺酮类抗生素市场、某地区糖尿病药品市场等，它可以用一定时期内一定地区的某一类特定消费者所需要某类药品的数量来表示。能否对某个具体的医药产品市场的现状和趋势进行正确的分析和预测，直接决定着相关企业的市场经营行为的成败，对医药生产经营者制定市场营销战略非常重要。

（2）按市场主体构成，可将医药市场分为消费者市场、生产者市场、中间商市场和政府市场。医药消费者市场，是指由某类、某种医药产品的最终使用者组成的顾客集合。在以消费者为导向的市场营销活动中，医药企业应密切关注消费者市场的动态及一切相关情况。生产者市场即医药工业市场，由为了进一步生产其他药品再出售而从事生产经营活动的医药原料药、中间体的顾客构成这个市场的顾客。医药中间商市场由医药商业公司和各级各类医疗机构组成，他们经营医药产品的最终目的，不是为了自己消费，而是为了通过销售而获取利润。政府市场的规模较大，所采购的医药产品用于国防、抗震救灾、计划生育、司法等公共利益事业等。公开招标采购是政府采购的主要形式，具有高度的专业性与特殊性。

（3）按地域结构，可将医药市场分为国内医药市场、国际医药市场、城市医药市场和农村医药市场。国内医药市场是指由国内医药消费者组成的顾客集合，我国是一个发展中国家，幅员辽阔，城乡差异和区域差异较大，因此国内消费者的收入、消费观念与习惯、文化水平、卫生状况、医疗条件和医疗保险覆盖范围等方面也存在较大差别，因此，城市医药市场和农村医药市场，以及不同区域的国内医药市场在产品的需求量、品种、档次等方面都存在着很大的差别。国际医药市场是指由国际医药消费者组成的顾客集合，国际市场领域按地理位置又可以分为北美洲市场、南美洲市场、欧洲市场、大洋洲市场、非洲市场和亚洲市场等。国内和国外医药市场也存在着较大的差别，进行国际医药市场营销时需要调整的营销策略就更多。

（4）按医药产品种类，可将医药市场分为药品市场、医疗器械市场、保健品市场和医疗服务市场。就药品市场而言，按药品分类管理要求，还可分为处方药市场和非处方药市场。按药品的大类还可分为中药（天然药物）市场、化学合成药市场、生物技术药市场等。

（三）医药市场的特征

医药企业的市场营销活动与市场息息相关，不同类型的市场因其顾客性质和活动规律的不同而具有不同的特点，而医药产品因其具有较高的特殊性，因此与其他产品市场相比具有不同的特点。

1. 医药市场需求缺乏弹性 医药产品具有相对较弱的需求弹性，即消费者不因医药产品价格的波动而大幅度地增加或减少对医药产品的需求，医药市场的需求受价格因素的影响较小。所谓“黄金有价药无价”，对患者来说，生命和健康是最重要的，只要能恢复健康和挽救生命，并不考虑医药产品价格的高低。因此，医药产品的价格变动，通常不会影响消费者需求的增加或减少，尤其是抢救危重患者的医药产品，具有缺乏需求弹性的鲜明特征。

2. 医药市场存在被动消费的现象 与普通商品相比，医药产品具有较强的医用专属性。医药产品的使用与患者的生命健康息息相关，只有合理使用医药产品才能起到治病救人的预期作用。然而，患者由于缺乏必要的医药专业知识，对医药产品的适应证、不良反应、性能和使用方法等缺乏了解。比如，注射剂、输液剂等剂型的药物，如果没有专业的医护人员，患者无法实现其医疗目的。患者在消费医药产品时，无法自行进行医疗决策，必须依靠医生的处方或者医生、药师的指导才可以进行，即使是非处方药，大部分患者仍然会在咨询药师之后才会购买。因此，医药市场存在着被动消费的现象，掌握处方权的医生是医药消费的决策者，真正的医药产品消费者即患者则处于被动消费的地位。

3. 医药市场需求的波动幅度较大 医药产品消费具有一定的季节性的特点，由于突发性、流行性疾病的原因引发部分疾病在某一段时间发病率急剧增加，如禽流感、甲型流感、非典型肺炎等传染性疾病会使相关的治疗和预防的医药产品（如板蓝根、抗病毒药品、医用口罩和消毒水等）在某一段时间内需求量迅速增加，呈现出大幅度波动的现象。

4. 医药市场具有较强的公共福利性 医药产品与人类生命健康具有密切的关系，为了保证医药产品的可获得性和可负担性，即保证人民群众能买得起药和买得到药，国家实施了基本药物制度和基本医疗保障制度，医药费用通常由个人、政府、社会和医疗保险机构共同负担。在紧急情况下，如发生了重大的灾情、疫情和其他突发事件时，医药企业有义务和责任向社会提供必需的医药产品，这体现出医药市场具有较强的公共福利性。

第二节 医药市场营销概述

一、市场营销与医药市场营销的含义

基于对市场和对营销行为范围的不同理解，市场营销学者对市场营销的宏观角度和微观角度的定义不尽相同。微观的市场营销是指某一个企业或者组织的经济活动，宏观的市场营销则可理解为社会经济活动的过程。从微观角度进行定义，经典的定义有：1960 年，著名市场营销学家麦卡锡（E. J. Macarthy）认为，市场营销是企业经营活动的职责，它将产品及劳务从生产者直接引向消费者或使用者以便满足顾客需求及实现公司利润；1984 年，著名市场营销学家菲利普·科特勒（Philip Kotler）将市场营销定义为，“市场营销是指企业的这种职能，认识目前未满足的需要和欲望，估量和确定需求量大小，选择和决定企业能最好地为其服务的目标市场，并决定适当的产品、劳务和计划（或方案），以便为目标市场服务”。从宏观角度进行定义，经典的定义有以下几种：麦卡锡定义是，市场营销是一种社会经济活动过程，其目的在于满足社会或人类需要，实现社会目标；菲利普·科特勒则认为，市场营销是与市场有关的人类活动，市场营销意味着和市场打交道，为了满足人类需要和欲望，去实现潜在的交换；美国市场营销协会（American Marketing Association，AMA）于 1960 年对市场营销的定义是，市场营销是引导产品或劳务从生产者流向消费者的企业营销活动。

随着市场经济的不断发展，对于市场营销的定义也在不断变化，美国市场营销协会于 1985 年对市场营销进行了更完整和全面的定义：市场营销是对思想、产品及劳务进行设计、定价、促销及分销的计划和实施的过程，从而产生满足个人和组织目标的交换。2009 年，菲利普·科特勒又分别从社会和管理角度对市场营销进行了定义。从社会角度，市场营销是个人和组织通过创造、提供和出售并同别人自由交换产品和价值，来获得其所需所欲之物的过程。从管理角度看，市场营销是计划和执行有关商品、服务和创意的观念、定价、促销和分销，以创造符合个人和组织目标的交换，需要选择目标市场，通过创造、传递和沟通卓越的顾客价值来获得、保持与增加顾客。2013 年 7 月，经美国市场营销协会董事会一致审核通过，市场营销定义又被表述为“在创造、沟通、传播和交换产品中，为顾客、客户、合作伙伴以及整个社会带来价值的一系列活动、过程和体系”。

以上的定义体现出市场营销的概念在不断完善，产品的概念在不断扩大，不仅包括产品和服务，还包括思想；市场营销活动的范围扩大了，不仅包括营利性经营活动，还包括非营利性组织的活动；市场营销强调交换过程，并突出了营销计划的制订与实施。本书结合上述概念，对市场营销的定义为：以满足和引导消费者需求为出发点和中心，通过分析环境，选择目标市场，确定和开发产品或服务，进行定价、分销和促销及它们之间的协调配合，进行最佳组合，通过与他人交换产品和价值以实现企业目标的管理过程。

二、市场营销的管理观念

市场营销的管理观念是企业营销活动的指导思想，是有效实现市场营销功能的基本条件，即企业管理人员对市场的根本看法和态度。营销的管理观念贯穿于营销活动的全过程，并制约着企业的营销目标和原则，是实现营销目标的基本策略和手段。市场营销的管理观念正确与否，直接关系到企业营销活动的质量及其成效。

（一）生产观念

生产观念（production concept）认为，消费者喜欢那些可以随处买到和价格低廉的商品，企业应当组织和利用所有资源，集中一切力量提高生产效率和扩大分销范围，增加产量，降低成本，其典型表现就是“我们生产什么，就卖什么”。该观念盛行于 19 世纪末 20 世纪初。生产观念是一种重生产、轻营销的指导思想，以生产观念指导营销活动的企业，称为生产导向企业。

案例 1-2　我国医药行业的“生产观念”阶段

在计划经济时代，我国医药行业一直奉行以生产为导向的营销管理观念，当时医药生产和流通完全分开，药品生产企业根据国家下达的指令与计划进行药品生产，医药经营公司负责流通调拨。中国医药总公司和中国药材总公司在全国按省、地、县分设一级、二级和三级供应站，其中，一级供应站设置在北京、上海和广州等几个特大城市或省会城市中，二级供应站则设置在部分省会城市和铁路沿线的城市，三级供应站设置在各个县或区。当时的药品只能逐级调拨到医院和城乡药店，二级供应站不能甩掉一级供应站从厂家进货，三级供应站也不能甩掉二级供应站。最终由医生通过处方将药品用于患者。在当时医药供应短缺的情况下，医院院长和药剂科主任围着医药公司经理转，希望能得到充足的供应。药品生产企业在这种体制下根本不用考虑销售问题，药品生产企业也没有设置专门的销售职能部门，而是将供应部门和销售部门合并，称为“供销科”。在此背景之下，药品生产企业主要考虑的问题就是如何降低生产成本和提高生产效率。这种生产观念一直持续到20世纪80年代末，随着社会主义市场经济体制的建立，医药行业的快速发展、跨国制药公司和国际医药巨头的涌入，我国医药企业的营销观念才得以向现代市场营销观念改变。

问题：

1. 我国医药行业的生产观念是怎么形成的？
2. 结合案例，分析生产观念存在的主要问题是什么？

（二）产品观念

产品观念（product concept）是与生产观念并存的一种市场营销观念，都是重生产轻营销。产品观念的典型表现是“我们生产最好的产品”，这种观念认为消费者喜欢高质量、多功能和具有某些特色的产品，其特点是过分迷恋于产品本身的好，而忽视了市场的变化，导致“营销近视症”。所谓“酒香不怕巷子深”，因此，企业管理的中心是致力于生产优质产品，并不断精益求精。在这种观念的指导下，市场营销的管理者常常迷恋自己的产品，以至于没有意识到产品可能并不迎合时尚，甚至市场正朝着不同的方向发展。他们在设计产品时只依赖工程技术人员而极少让消费者介入。

（三）推销观念

推销观念（selling concept）假定消费者具有购买惰性或抗衡的心理，认为若顺其自然，消费者不会自觉地购买大量的本企业的产品，因此市场营销的核心任务是大力开展推销工作，以诱导消费者购买产品。该观念盛行于二十世纪三四十年代，产生于西方资本主义经济由“卖方市场”向“买方市场”的过渡阶段，其典型表现是，“我们卖什么，就设法让人们买什么”，认为只要做广告和开展促销活动，就能把产品卖出去。奉行推销观念的企业，称为推销导向企业。在推销观念的指导下，企业认为产品是“卖出去的”而不是“被买去的”。他们致力于产品的推广和广告活动，以求说服甚至强制消费者购买。他们雇佣了大批推销员，投入大量广告，对消费者进行无孔不入的促销信息“轰炸”。

但是，推销观念与前两种观念一样，也是建立在以企业为中心的“以产定销”，而不是满足消费者真正需要的基础上。因此，前三种观念被称为市场营销的旧观念或传统观念。

（四）市场营销观念

市场营销观念（marketing concept）认为，实现企业各个目标的关键在于正确确定目标市场的需要和欲望，一切以消费者为中心，并且比竞争对手更有效、更有利地传送目标市场所期望满足的东西。该观念形成于20世纪50年代，是以消费者需要和欲望为导向的经营哲学，是顾客主权论的体现。市场营销观念的产生，是市场营销哲学的一种质的飞跃和革命，它不仅改变了传统旧观念的逻辑思维方式，而且在经营策略和方法上也有很大突破。它要求企业营销管理贯彻“顾客至上”的原则，将管理重心放在善于发现和了解目标顾客的需要上，并千方百计去满足它，从而实现企业目标。因此，企业在决定其生产经营时，必须进行市场调研，根据市场需求及企业本身条件选择目标市场，组织生产经营，最大限度地提高顾客满意程度。

（五）社会营销观念

社会营销观念（socictal marketing concept）的基本核心是：企业的任务是确定目标市场的需要、欲望和利益，并以保护或者提高消费者和社会福利的方式，比竞争者更有效地、更有利地向目标市场提供所期待的满足。社会营销观念以实现消费者满意及消费者和社会公众的长期福利作为企业的根本目的与责任，认为理想的营销决策应同时考虑消费者的需求与愿望的满足、消费者和社会的长远利益、企业的营销效益。以社会长远利益为中心的市场营销观念，是对市场营销观念的补充和修正。从 20 世纪 70 年代起，随着全球环境破坏、资源短缺、人口爆炸、通货膨胀和忽视社会服务等问题日益严重，要求企业顾及消费者整体利益与长远利益的呼声越来越高。在西方，市场营销学界提出了一系列新的观念，如人类观念、理智消费观念、生态准则观念等。其共同点都是认为，企业生产经营不仅要考虑消费者需要，而且要考虑消费者和整个社会的长远利益，这类观念统称为社会营销观念。

三、医药市场营销的特点

由于医药产品的特殊性，医药市场营销有不同于一般产品市场营销的特点。

（一）营销过程更注重专业化

医药产品具有与其他产品不同的特殊性，医药产品的专业性较强，无论是研制、生产、流通还是使用的各个阶段均需要专业化的管理，才能保证质量。因此，医药产品的营销过程更注重专业化，如在医药产品推销的过程中，企业需要组建专业化的推销队伍，掌握所推销医药产品的专业知识和医疗相关知识，向医药专业人士传递的广告信息还应使用科学的专业术语名词。

此外，医药产品的分销渠道和购买地点也具有一定的专业性。比如，药品的购买地点是预先选择的，并且具有专业性，主要有医院（包括各级医疗机构）和零售药店这两种渠道。而不像其他产品有多样和广泛的购买渠道。这也是由处方药和非处方药分类管理所决定的。处方药需要医生开具的处方，其购买地点一般都在医院；而对于非处方药，消费者一般以自主消费为主，其选择购买地点，受零售药店产品的种类、品牌、地理位置、药价和促销政策等因素的影响。医药企业应根据生产经营药品的种类采取不同的渠道策略和促销策略，对于处方药主要以医院渠道为主，采取人员推销的策略；对于非处方药主要以零售药店为主，采取广告和销售促进的策略。

（二）营销更具有时效性

医药产品营销需要在合适的时间将合适的产品送到合适的消费者手中。因此，医药产品在消费者的购买时间上有与其他产品不同的特点。比如，当消费者对药品有需求的时候，需要有恰当的药品在恰当的时间能够满足他。一个生命垂危的患者在医院的急诊室里，那么就需要立即给他注射急救复苏的药品。确保药品在急需时候的可获得性不仅是医疗机构的责任，也是医药企业的责任。医药消费者服用药品一般情况下都是在患病之后，除了一些家庭有常备药外，消费者购买药品时间也是在患病之后。但是对于整个市场来说，药品的季节性比较明显。例如，春冬季节是感冒、心血管病等疾病的高发期，治疗这一类疾病的药品的销量就会比较高，所以需要掌握消费者在购买时间上的规律性。此外，新药的上市时间也是医药营销需要考虑的因素。新药上市需要考虑药物的特点。如果在夏天上市一种治疗冻疮的药物是不合时宜的。

（三）营销终端的多元化

普通产品的营销终端只有各种形式的商业销售场所，不包括各种非营利性机构。然而，药品的营销终端有三类：第一类终端指的是各种公立和营利性医院的药品使用和销售；第二类终端指的是社会药店的药品销售；第三类终端则为除医院药房、药店（包括超市的药品专柜）之外的，直接面向消费者开展医药商品销售的所有零售场所。第三类终端主要场所是农村和城镇的居民小区，如社区和农村的个体诊所、企业和学校的医疗保健室、乡村医生的小药箱、农村供销合作社及个体商店中常用的药品销售小柜等。因此，医药产品的营销终端分为两类：一类是提供各种医药产品的社会商业组织，包括零售药店、超市、保健品商店等，另一类是各种类型的医疗机构，不仅提供医药产品，而且提供医疗卫生服务。相比较其他商品，医药产品的营销终端具有一定的复杂性。

（四）营销道德的重要性

医药产品是满足消费者对健康这种与生命相关的需求，营销道德在医药市场营销中就尤为重要。当前，医药营销的道德问题主要表现在这几个方面：在产品上对医药产品质量把关不严；在定价方面，很多医药产品存在虚高定价的现象，远远高于其成本价；在促销方面做虚假宣传、夸大产品的疗效、回避不良反应和副作用及进行商业贿赂等。企业需要有长远的眼光，一家有社会责任、以消费者健康为重的企业，最终会得到消费者的青睐。美国的默克公司就是一个很好的例子：它看到了河盲症给非洲人民造成的痛苦，虽然明知道开发治疗该病的药物不会有收益，依然研发该药物，并免费发放给非洲人民，它也因此赢得了消费者的尊重。

（五）营销法律规制的全面性

医药产品的质量关系到人类生命健康，因此，医药市场营销行为较多地受到国家法律、法规的规制。比如，为加强药品监督管理，保证药品质量，保障人体用药安全，维护人民身体健康和用药的合法权益，我国立法机关制定了《中华人民共和国药品管理法》《麻醉药品与精神药品管理条例》《药品经营质量管理规范》等法律和法规，不仅对药品的研制、生产和使用进行了严格管理，而且对药品流通领域的各种行为进行了全面规制。因此，医药市场营销必须严格遵守各种医药管理的法律、法规及规章，一些在别的行业中可以使用的促销策略和手段，在医药行业因为受到较严格的法律规制而不能使用。

第三节 医药市场营销学概述

一、医药市场营销学概念

医药市场营销学是基于市场营销学的基本原理，以研究医药市场营销活动及其规律性为主要内容，由医药学与社会科学相互交叉形成的应用科学，是一门以经济科学、行为科学、管理理论、营销理论和现代科学技术为基础，研究以满足消费者需求为中心的医药企业市场营销活动及其计划、组织、执行、控制的应用科学。

与医药市场营销学相关的几个核心概念如下。

1. 需要、欲望和需求 这三个概念既有密切关联，又存在区别，理解和掌握这三个核心概念是开展医药市场营销活动的前提条件。需要（needs），是指一种没有得到某些基本满足的感受状态；欲望（wants）是一种人们想得到某种需要满足物的愿望；需求（demands）则是一种有能力购买而且愿意购买某种产品的欲望。需求是一定条件下的欲望，欲望是需要的具体表现，需要是人类固有的客观存在。开展医药市场营销，不能创造需要，只能满足需要，但是可以影响人们的欲望和需求。未满足的需要和欲望代表着市场机会。因此，医药企业要善于识别市场上未满足的需要和欲望，并在此基础上生产适销对路的产品。只有这样，才有可能赢得顾客，赢得市场。同时，企业必须根据对需求水平和需求时间的预测，决定产品的生产数量和供给时间（见图 1-1）。

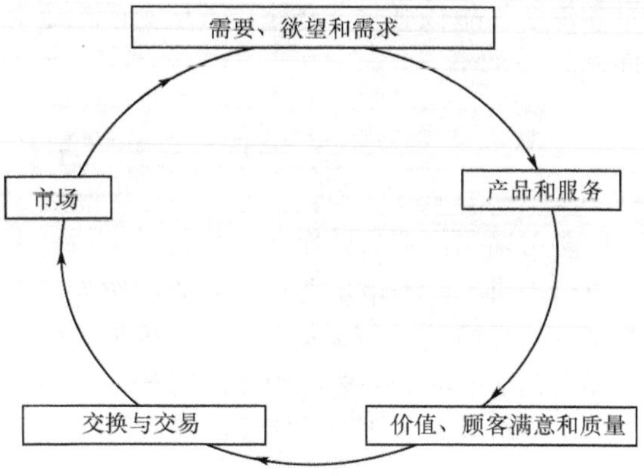

图 1-1 医药市场营销学的核心概念

2. 产品和服务 据本章前文所述，产品（products）是指能够满足人们需求的任何事物。而服务（services）是指一种不可触摸也不会涉及所有权的活动或利益。通常来说，产品是有形物，即看得见、摸得着，占据一定的空间，而服务则是无形的。医药产品常常和医疗卫生服务相互整合，如医院提供的医疗卫生服务中也包含着药品、医疗器械等有形产品。

案例 1-3 MX 社会药房的慢性病专业健康照顾服务

MX 医药国际连锁药房公司已在我国 30 多个城市的连锁药房相继推出了“高血压专业健康照顾案”，为高血压病患提供特殊的健康照顾。“健康照顾案”是该公司自美国引进，专门针对慢性疾病患者所设计的专业健康照顾流程，此流程提供药学监护（pharmaceutical care）的具体策略，以改进或达到治疗及经济上的目标，并改善病人的生活品质。在国外，药店开展慢性病专业健康照顾案已经十分普遍，而在国内这种健康照顾还没有在其他药店推广。MX 公司在国内率先推出了“骨质疏松症专业健康照顾案”，得到了顾客的充分肯定。“高血压专业健康照顾案”，以“心脏健康，从控制血压开始”为主题，进行为期两个月的高血压疾病疗效追踪与用药指导。在 MX 药房，药师的角色与传统药店不同，他们扮演着现代化的、专业化的病患照顾者的角色，努力提升病人的健康水平与生活品质。在此次活动期间，所有 MX 药房的顾客都可以获得药师提供的关于高血压的免费检测、咨询、指导与追踪，包括：教导如何正确用药，以及遵照指示用药的重要性；定期追踪用药顺从度，以及药物副作用的问题；提供高血压等与疾病相关的健康资讯及病患教育。药师会为每一位高血压患者进行相关的评估，并为其建立健康档案，进行为期两个月的追踪记录。MX 公司还将从美国总部引进更多已在国际广泛推行的慢性病健康照顾专案，为更多的慢性病患者提供专业服务。

问题：

1. 根据市场营销理论，什么是服务？
2. MX 药房的市场营销的产品策略包含哪些方面？
3. 结合医药行业的特点，谈一谈你对医药市场营销中“服务”的理解。

3. 价值、顾客满意与质量 价值（value）是指顾客对产品满足其需要的能力的评估。价值等于得到（gets）与付出（gives）之比即利益与成本之比。顾客满意（customer satisfaction）是指顾客感知效果与顾客的期望之间的关系。如果顾客在购买使用医药产品或服务之后，所感知的效果符合期望，则通常会感到满意；质量（quality）是指产品或服务所具有的满足顾客需要的性质和特征的总和。顾客通常会根据医药产品或服务提供的价值做出购买决策。

4. 交换与交易 交换（exchange）是指提供某种东西作为回报，从某人那取得想要的东西。交易（transaction）是指买卖双方之间的价值交换，可以是货币交易也可以是易货交易。交换和交易发生的条件为：至少有两方；每一方都拥有被对方认为具有交换价值的物品；每一方都能沟通信息和传送物品；每一方都能自由接受或拒绝对方的物品；每一方都认为与另一方交换适当和称心如意。

二、医药市场营销学的研究对象

医药市场营销学的研究对象是以满足消费者需求为中心的医药企业市场营销活动过程及其规律。具体来讲，医药市场营销学要研究作为卖主的医药企业如何在动态的医药市场上有效地管理其与买主的交换过程和交换关系及相关市场营销活动过程。医药市场营销学研究对象的外延既包括市场营销学的原理、医药市场的特征，还包括国家医药政策法规对医药流通领域的影响、医药产品的研发及具体企业的具体产品的营销策略。

三、医药市场营销学的性质

市场营销学是一门以经济学、行为学、心理学、统计学和管理学为基础的，研究以满足顾客需求为中心、以管理顾客价值为主要内容的市场营销活动及其规律的综合性应用科学。随着市场营销活动在医药行业的开展，医药市场营销活动的特殊性逐渐出现，引起了市场营销学者和企业管理学者的关注，相关大学、研究机构开始对医药市场营销进行深入研究，使医药市场营销学逐渐形成了自身的特点和体系，成为市场营销学的分支学科之一。

医药市场营销学是一门以市场营销学、经济学、管理学、行为学、心理学、统计学、医学和药学等学科的理论为基础，研究以满足顾客需求为中心，以市场分析为前提，以管理顾客价值为主要内容，科学设计医药企业营销过程的理论与方法体系的应用科学。

医药市场营销学具有应用性的特点，具有独立的概念、理论和研究方法，它综合应用多种手段对医药企业市场营销活动的规律进行总结和归纳，借鉴经济学、心理学、管理学、医学和药学的相关理论和方法，形成了跨学科的知识体系，医药企业可以在实践中运用医药市场营销学指导自身实践，医药市场营销学者又可以对各个医药企业的实践进行总结和归纳，不断完善和发展医药市场营销学。

四、医药市场营销学的研究方法

（一）系统研究法

系统是指由两个或两个以上的相互影响、相互作用的部分所构成的统一整体。医药企业的营销活动过程实际上也是一个非常复杂的大系统，它一般包括以下一些相互关联的因素（构成部分）：①企业自身（内部系统）；②营销伙伴（渠道）（如医药经销公司、医院等）；③目标顾客（患者）；④竞争对手；⑤医药企业面临的公众（如政府部门、新闻媒介、银行、社团组织、合作者等）；⑥外部宏观环境（技术环境、自然环境、政治法律、社会文化等）。

医药市场营销的系统研究方法是指医药企业进行市场营销管理决策时，要把与具体营销活动有关的环境和营销活动过程看成是一个系统，按照系统论的客观要求，统筹兼顾其营销系统中的各个相互影响、相互作用的构成部分，内外一致、内外协调，千方百计地使各个部门协同行动，密切配合，产生“1+1＞2”的效果。

任何医药企业想要成功地为其目标市场服务，提高经营效益，在制定营销策略时必须统筹兼顾，全面审视和考虑企业本身、目标市场、营销渠道、竞争对手、周围公众和宏观环境力量等各个方面的情况，使市场营销系统的各个因素（或称构成部分、或称子系统）在行动上步调一致，密切配合，从而产生“增效作用”。这与目前较为流行的整合营销观念是不谋而合的。

（二）实证分析研究和规范研究法

医药营销学研究既有实证分析方面也有规范研究方面。实证分析试图说明市场现象之间的相互关系即因果关系。这种解释构成了预测的基础，而预测是否准确又是制定营销策略的关键。规范分析回答按照某种标准应该是什么的问题。由于实现同一经营目标可能有不同的措施选择，对于决策者来说，使用哪种措施能够最好地实现目标是一个重要问题。对于营销理论分析来说，实证分析是规范分析的基础和前提，只有把握市场是怎样运行后，才能回答该如何营销。在一个营销问题上往往需要有事实判断（即问题是什么）和价值判断（即事情应该是什么）。实证分析就是解决事实判断问题而规范分析就是解决价值判断问题。

（三）案例研究法

案例研究法是以典型案例为基本素材，创设一个真实、特定的营销情境和营销过程，通过多方之间的多向互动，共同直接参与对案例的分析、讨论、评价，以寻求解决营销问题的对策。案例分析已经成为管理学科主要的教学与研究方法。市场营销的原理和方法来源于实践中发生的案例，因此，案例研究法是市场营销学中最重要的研究方法之一。进行案例研究第一，要进行研究设计，明确研究的问题是什么。第二，进行案例选择，案例选择的标准与研究的对象与研究要回答的问题有关，它确定了什么样的属性能为案例研究带来有意义的数据。第三，进行数据收集。第四，分析资料。第五，撰写报告。在案例研究的过程中，要建立包括建构效度、内在效度、外在效度、信度的质量指标，以保证案例研究的质量。案例研究能够给研究者提供系统的观点，通过对研究对象尽可能完全直接地考察与思考，从而能够建立起比较深入和周全的理解。案例研究是工商管理常用的研究方法，我国医药营销领域成功的案例比较少，有些案例虽然短期内取得了成功，但是还有待时间的检验。国外的医药市场营销案例很多，但是适合于我国企业的并不多，所以建立本土化的医药营销案例库既是科学研究的需要也是改善企业经营的需要。现在着手对医药企业的营销案例进行跟踪研究，将事半功倍。所以案例研究是医药市场营销学的一个重要研究任务。

第四节 医药市场营销学的产生和发展

一、市场营销学的产生和发展

（一）市场营销学的产生

彼得·德鲁克（Peter Druker）认为，市场营销作为企业的自觉实践最早起源于17世纪的日本，而不是西方。他指出：17世纪50年代，日本三井家族的一位成员为其在东京成立的世界上第一家百货商店制定了经营原则。250年之后，美国的希尔斯-罗巴克公司才提出类似原则。该原则的基本内容是：公司充当顾客的采购员；为顾客设计和生产适合需要的产品；保证满意，否则原款奉还；为顾客提供丰富多样的产品；等等。

直到19世纪中叶，市场营销作为企业的自觉实践才在美国国际收割机公司出现。第一个把市场营销当作企业的中心职能，并把满足顾客需求当作管理的专门任务的是美国国际收割机公司的赛勒斯·H. 麦考密克（Cyrus H. McCormick）。在历史书籍中只提到他是收割机的发明者，而事实上，他还创造性地提出了现代市场营销的一些基本工具和理念——市场研究与市场分析、市场定位观念、定价政策、向顾客提供零部件和各种相关服务、提供分期付款信贷等。

到20世纪初，市场营销才成为美国学术界的研究领域，进而登上企业经营管理的舞台。1902

年，密歇根大学开设了“美国工业分销和管理”课程，内容涉及产品的分类、品牌、批发和零售等方面。1904 年，W. E. 克鲁希（W. E. Kreusi）在宾夕法尼亚大学首次以“市场营销”这个名词作为大学课程的名称。1910 年，拉尔夫·斯达·巴特勒（Ralph Starr Butler）在威斯康星大学讲授了一门名为“市场营销方法”的课程。在市场营销思想发展过程中，美国的大学教师起了十分重要的作用。尽管当时尚不存在“市场营销”这个术语，但正是这些早期的市场营销教师最先洞察到市场营销的未来发展趋势，坚信随着社会经济的不断发展，市场营销必将有着远大的发展前途，并为市场营销思想的发展做出了历史性的贡献。

（二）市场营销学的发展

市场营销学起始于 20 世纪初，至今已有一百多年的历史。这期间，市场营销学的发展大体经历了四个发展阶段。

1. 市场营销学萌芽时期（1900～1920 年） 20 世纪初，越来越多的学术研究关注开始投向商业系统中一个快速发展、大有作为的组成部分——分销体系。美国高校承担大学商科教学的教师们开始注意到交换领域的定价、分销和广告问题的研究，在这一时期的后半段，学者们开始运用发展起来的产品研究法、机构研究法、职能研究法进行市场营销研究。同时，学术界陆续提出一些本学科的新概念，初始的学科体系逐渐形成。这一时期的市场营销实践内容局限于分销和流通领域，以经济学理论为背景，以生产观念为导向，侧重产品供给，研究内容偏重于推销和广告，尚未形成真正的市场营销观念。然而，市场营销已经从企业生产活动中分离出来，这是企业生产经营管理的一大进步。

2. 市场营销学形成时期（1920～1950 年） 自 20 世纪 20 年代开始，市场营销从学术讲坛开始走向实践应用。尤其是 20 年代末至 30 年代，西方主要国家发生了资本主义经济危机，造成了生产过剩，商品积压在仓库中销售困难，工商企业纷纷倒闭。企业的首要问题是不再是扩大生产和提高产量，而是如何解决产品的销售问题，即如何把仓库中的产品卖出去。为了帮助企业解决销售问题，学术界开始建立相关组织，对市场营销进行深入研究。1937 年，美国成立了市场营销权威组织——美国市场营销学会，标志着市场营销学真正进入了社会应用阶段。面临需求复杂、竞争激烈的买方市场，市场营销实践活动无法再依据以卖方市场为基础的旧的市场营销理论体系，以研究推销为主的旧市场营销理论体系已经无法适应企业的需要。于是，市场营销学者开始转而从新的角度提出以顾客为中心的新的市场营销理论，代替了以产品、推销为核心的旧市场营销理论。

3. 市场营销学迅速发展时期（1950～1980 年） 这一时期，营销思想的领域被相当程度地扩大了，行为科学和数学几乎同时出现于市场营销学主流之中，对市场营销思想的发展起到了很大的促进作用。这一时期市场营销学的主要特征是：①致力于从管理角度观察市场营销领域，提出了许多意义重大的概念，如营销观念、4P 组合理论（产品、价格、促销和渠道）、品牌形象、营销管理及营销近视症等；②广泛吸收其他学科的概念、原理，使理论体系更加系统，并注重市场营销决策研究和定量研究；③市场营销理论的阐述更加准确；④市场营销学从总论性研究分化出许多子学科，如服务营销学等；⑤市场营销实践开始强调社会责任、社会义务和商业道德。

4. 市场营销学重构时期（1980 年至今） 1980 年以来，营销内外部环境发生了巨大变化，如经济全球化的趋势更加明显，这些变化使子学科——国际市场营销学进一步理论化、系统化，并在国际范围内迅速扩散，广为采纳，促进了市场营销学的分化和重构。进入 20 世纪 90 年代，专门化研究进一步发展，使得数据库营销、网络营销、关系营销、直复营销、绿色营销、大市场营销、文化营销和体验营销等新的营销理论不断涌现和发展，极大地丰富了市场营销学的理论内容。总之，探索市场营销在新经济、新技术革命条件下的走向，成为这一时期市场营销学研究的热点问题。

二、医药市场营销学在中国的传播和发展趋势

（一）市场营销学在我国古代的应用

虽然现代意义的市场营销在我国的历史比较短，本土化的医药市场营销学则更是刚刚起步。但早在几千年前的我国春秋战国时代，市场营销学的思想萌芽就已经在我国诞生了。我国是四大文明古国之一，诞生于我国古代的发明创造为世界文明的进程做出了巨大的贡献。在我国上下五千多年的文明历史进程中，商品的生产和交换活动起到了重要的推动作用。无论是商品交换的规模，还是营销理念的先进性，我国古代的市场营销活动均是当时世界上其他国家无法望其项背的。比如，著名的唐代陆上丝绸之路连接亚洲、非洲和欧洲的古代陆上商业贸易，最初的作用是运输古代中国出产的丝绸、瓷器等商品，后来成为东方与西方之间在经济、政治、文化等诸多方面进行交流的主要道路。明代郑和下西洋创造的海上丝绸之路则是古代中国与世界其他地区进行经济文化交流交往的海上通道，它从我国东南沿海，经过中南半岛和南海诸国，穿过印度洋，进入红海，抵达东非和欧洲，成为中国与外国贸易往来和文化交流的海上大通道，并推动了沿线各国的共同发展。古代中国进出口贸易的数量、品种、对象和地理距离均在世界上位居前列，而且贸易的品种中就包括乳香、没药、安息香、沉香、檀香、芦荟、胡椒等医药商品。只要有商品交换就会出现有关商品买卖的朴素理论。比如，民间俗称的“生意经”，这些诞生于早期商品交换过程的营销理论的核心观念至今仍然指导着我国企业的市场营销活动。又如，商品买卖要讲究信用、公平买卖、童叟无欺等。一些古代的政治家、军事家、经济学家总结归纳了有关商品交换的相关理论，提出了各种有关市场营销和市场经济的观点，至今被证明与现代市场营销理论不谋而合，如春秋战国时代的经济学家、军事学家范蠡运用计然之策提出的“积著之理”，揭示了市场供求关系的规律。

然而，漫长的封建社会阻碍了商品经济的自由发展，自给自足的封闭小农经济和长期占主导地位“重农抑商”的经济思想使得现代市场营销观念无法在我国古代诞生。值得指出的是，虽然现代市场营销学的理论和观念没有在我国古代提出，但是由于我国古代政治、军事、经济密不可分，很难一一区分，有关市场营销的思想亦融合在这些领域之中。

知识链接 1-1　范蠡、计然之策与积著之理

范蠡（公元前 536—公元前 448 年），字少伯，是春秋末著名的政治家、军事家、经济学家和道家学者。范蠡被后人尊称为“商圣”，“南阳五圣”之一。虽出身贫贱，但是博学多才。因不满当时楚国政治黑暗、非贵族不得入仕而投奔越国，辅佐越国勾践。传说他帮助勾践兴越国，灭吴国，一雪会稽之耻。功成名就之后急流勇退，后定居于定陶（今山东菏泽市定陶区），期间三次经商成巨富，三散家财。后代许多生意人皆供奉他的塑像，称之财神。计然是春秋时期著名谋士、经济学家，范蠡尊计然为师，计然曾授范蠡七条计策，范蠡辅佐越王勾践，打败吴国就是使用了计然之策。

范蠡也运用计然之策指导经营活动，富甲天下，人称之为陶朱公。“积著之理”是其中最著名的计策，即：“积著之理，务完物，无息币。以物相贸，易腐败而食之货勿留，无敢居贵。论其有余不足，则知贵贱。贵上极则反贱，贱下极则反贵。贵出如粪土，贱取如珠玉。”积著，就是积微成著。原指细微的事物积多之后，便成显著。意思是要保证商品的流通，不使停滞。时鲜的货物不能保存，不能抬高价格，要利用因供求关系的变化而引起的物价涨落、不失时机地进行贱买贵卖，使商品和货币保持正常的运转，以获取厚利。这一原理不仅揭示了市场供求的基本规律，还告诉现代企业在经营过程中，要特别注意保持资金流转的通畅，流动如水，还要注意资金的成本和盈利能力。资金流动性管理的核心追求就是流动性和效益性的最佳状态。

（二）现代市场营销在我国的引进与发展

市场营销学最早传入我国是在20世纪30年代。1933年由丁馨伯编译的《市场学》是我国第一部市场营销学的教材。然而，长年的战乱导致经济发展受到极大的破坏，市场营销学在我国没有足够的实践空间。新中国成立后，由于我国长期实施计划经济体制，市场营销学的研究和发展基本中断。

20世纪70年代末，我国开始实行改革开放的经济政策，为市场营销学在我国的重新引进和发展提供了良好环境。从20世纪80年代起，通过邀请国外学者、专家来华访问、讲学，并派出学者和专家出国学习市场营销学相关理论与知识，市场营销学逐渐在我国传播开来。1984年，我国成立了全国高等财经院校综合大学市场教学研究会，后更名为中国高等院校市场学研究会，开始在我国大规模推广市场营销的理念。我国高校开始开设市场营销类的课程，并设置了市场营销专业，培养市场营销的专门人才。1992年后，随着我国社会主义市场经济体制的建立，市场营销学进入了快速发展时期，不仅全国高校、研究机构的学者、专家出版了大量的有关市场营销的专著、教材和论文，而且市场营销学的理论开始指导我国企业实践，一些企业将市场营销的原理灵活地运用到实践中去并取得了理想的效果，为企业创造了良好的经济效益，提高了企业的综合实力，树立了企业良好的知名度和美誉度。

（三）医药市场营销学在我国的应用和发展

我国医药企业的市场营销的活动始于20世纪80年代末90年代初。20世纪80年代之前，在计划经济体制下，我国医药企业根据上级主管部门计划安排进行生产活动，整个经济运行过程完全执行政府下达的指令和计划，生产和市场完全分离，加之当时医药产品供应短缺，医药企业的重点在生产产品，无需考虑市场营销的任何问题，客观上没有产生市场营销观念的条件。进入20世纪80年代，医药行业开始出现产能过剩的问题，一些产品出现供过于求的局面，市场竞争激烈，一些医药企业开始注重产品推销活动，把原来的销售部门和供应部门分离开来，组建专门的市场营销部门。但是，此时的医药企业大多数没有把市场营销与推销活动区分开来，在推销观念的指导下，雇佣大量的医药推销员在医疗机构内面向医生等医务人员推销医药产品，甚至采用了带金销售等违法的推销手段。

20世纪90年代，我国医药市场基本结束了供不应求的局面，买方市场全面形成。随着我国在2001年年底加入世界贸易组织（World Trade Organization，WTO），大量外资企业涌入我国医药市场，市场竞争更加激烈，促使我国医药企业必须树立现代市场营销观念，在掌握了市场需求变化的基础上，将市场营销原理与方法用于实践，采取各种营销手段满足市场需求。近年来，随着我国的医药产品招标采购制度、医疗保障制度、分级诊疗制度和医师多点执业制度等医药卫生政策的出台与逐步完善，医药行业将向更高效、更合理的方向发展，医药市场营销实践也将面临更大的挑战。在此背景之下，医药企业迫切需要将市场营销学理论与医药市场营销实践的特点结合起来，需要在考虑医药产品特殊性和医药市场特殊性的前提下搞好医药市场营销工作。因此，一些营销学者和医药企业管理学者开始涉足医药市场营销学的研究，并取得了一系列研究成果，医药市场营销学作为市场营销学的分支学科开始独立出来。我国医药类高校普遍开设了面向药学类专业和临床医学类专业本科学生的医药市场营销学课程，部分医药高校还设置了医药市场营销学或医药贸易专业。医药企业也开始积极开展以现代市场营销观念为基础的营销活动，聘用了大量的具有医药知识和市场营销学、管理学双重知识结构的专门人才开展营销活动，取得了良好的成绩，创造了较高的经济效益，提高了医药企业的综合经营管理水平。医药市场营销学在我国得到了进一步的发展和运用，初步形成了中国特色的医药市场营销体系与实践。

案例 1-4 云南白药与邦迪的创可贴市场大战

曾几何时，在消费者的眼中，“邦迪”就是创可贴的代名词。1992 年，美国强生公司的明星产品——邦迪创可贴全面进入中国市场，在此之前，中国的小创伤口护理市场一直由云南白药散剂占据。经过邦迪连续十年（1992～2001 年）的精心布局，云南白药散剂一度在各大城市的药店中难觅其踪。

如果此时从正面出击，云南白药几乎没有任何机会抗衡邦迪。经反复研究发现，邦迪创可贴严格说来不是药，只是一块应急胶布，胶布不能消毒杀菌、不能促进伤口愈合，邦迪是无药的胶布，而云南白药是有药的，这才是真正的“创可贴”，云南白药找到抗衡邦迪的机会：为“胶布加点白药”，核心差异马上建立了起来，从实质上避开了与邦迪的正面冲突，胶布和药界限清晰，云南白药完全颠覆了邦迪主导的游戏规则，云南白药无需在传统创可贴市场里与邦迪白刃相见。

2001 年，云南白药创可贴首先发起广告攻势，人们发现，在地铁车厢里，云南白药创可贴的广告铺天盖地，面市当年，云南白药创可贴就实现了销售回款 3000 万元。在价格方面，强生邦迪防水创可贴 5 片装售价 3.8 元，云南白药便携型 6 片装售价仅为 2 元。在云南白药的步步围逼下，邦迪一时难以招架。当年的销售利润率首次出现负增长，比上一年降低了 0.5 个百分点。

邦迪无法模仿云南白药的“含药”创可贴，而使用了一种差异化竞争策略，借助奥运合作伙伴身份，邦迪一举推出各种奥运卡通造型的新产品，企图牢牢抓住青少年消费者。邦迪的这种印有卡通图案的创可贴很受消费者的欢迎。可白药却亦步亦趋，立即推出了与对手类似的“卡通”产品。不但如此，云南白药公司还印刷了大量生动有趣的卡通海报和小册子投放终端。

2008 年 12 月，邦迪终于恍然发现，在中国每年 5 亿元的小创伤护理品市场中，有将近一半不得不拱手让给云南白药，而对手的市销值从 2001 年的 3000 万元已经飙升至将近 3 个亿。不经意间，云南白药创可贴一举超越邦迪，成为国内第一大品牌。

问题：

1. 云南白药与邦迪在市场竞争中分别运用了哪些营销策略？
2. 结合本案例，谈一谈你对医药市场营销学研究对象的看法。

本章思考题

1. 什么是医药市场营销？
2. 简述医药产品的含义、分类和特点。
3. 简述我国医药市场营销的历史发展状况。
4. 医药市场营销学的研究方法有哪些？
5. 结合医药行业的特点，简述市场营销的观念。

（泰山医学院 王 滨）

第二章　医药市场营销环境分析

案例 2-1　互联网新环境对传统医药营销渠道的冲击

有业内人士认为，在互联网的冲击影响下，未来将有50%以上的传统中小型医药企业，甚至大型品牌企业倒闭，取而代之的将是适应互联网时代新环境、新趋势的新的医药企业。

或许很多人对于以上观点不予理会，但不管信或不信，互联网时代已经到来，它正以其独特的方式影响着各行各业，医药行业自然也不例外，将会被冲击、被颠覆。

天猫医药馆、壹药网这种适应互联网时代新的医药企业正用我们所不了解、所不懂的方式蚕食着传统医药市场份额。如果认为这些不足以撼动你在传统医药行业的地位，认为医药行业特殊、医药互联网难以有发展等，但当网售处方药解禁，当网售药品医保放开，当网售药品监管法规完成，当国家药监行政部门对网售药品监管方式成熟时，医药互联网将引来空前的发展机会及速度，那时就已来不及了。

在互联网出现之前，顾客买药只能在实体药店，互联网普及之后，消费者不再坐在电视机前被动地接受企业的信息宣传，人们开始在计算机和智能手机里自主获取其想获取的海量信息，如果企业继续依赖电视、纸媒传播信息，品牌推广将不再奏效。消费者购物渠道也有了新的选择，这个选择就是互联网。医药行业受政策和体制的影响较大，互联网化较其他行业慢了很多，但不是永远能置身互联网之外。互联网技术革命，这是一波不可阻挡的趋势，医药行业也不例外，我们能做的就是顺着这个潮流，从自身改革自己。

问题：

你认为现在的医药商业模式是不是适应互联网新环境？如果不是，它会被什么方式取代？我们应该如何改变？

第一节　医药市场营销环境概述

企业是一种社会经济组织，按照系统论的观点，医药企业、医药行业作为社会的一个子系统，必然会受到社会多种因素的影响；组织的经营是在一定的环境条件下开展的，组织的营销活动只有处理好与内外因素的关系，相互适应、相互协调，才能实现预期目标。

一、医药市场营销环境的含义

现代营销学之父菲利普·科特勒对市场营销环境的定义是：影响企业的市场和营销活动的不可控制的参与者和影响力。任何企业都如同生物有机体一样，总是存在于一定的环境之中，企业的营销活动不可能脱离周围环境而孤立地进行。这些因素既可以为企业创造市场机会，也可能给企业带来某种威胁。因此，重视研究市场营销环境及其变化，是企业营销活动的最基本的课题。

医药市场营销环境是指一切能够作用于医药企业营销活动的各种因素的集合，是影响医药企业生存和发展的各种内外部条件的总和。

医药市场营销环境的内容既广泛又复杂，根据环境要素与企业营销活动的相关程度来分，医药市场营销环境可分为宏观环境和微观环境。宏观营销环境是指能够广泛影响企业营销活动的社会性因素，主要包括人口、经济、自然、科学技术、政治法律、社会文化等因素。微观营销环境是指能够直接影响企业营销活动的各种参与者，包括企业本身、供应商、营销中介、顾客、竞争者及公众。微观营销环境直接影响和制约医药企业的市场营销活动，而宏观营销环境主要以微观营销环境为媒介间接影响和制约医药企业的市场营销活动。两者之间并非并列关系，而是主从关系，即直接营销环境受制于间接营销环境，间接营销环境通过直接营销环境对医药企业起作用。医药企业营销环境构成要素见图 2-1。

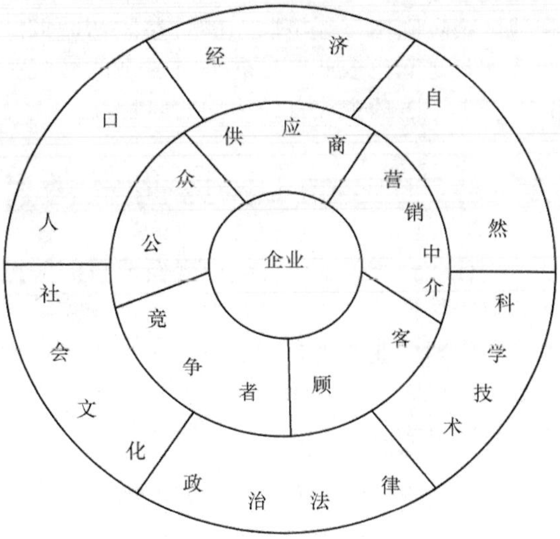

图 2-1　医药企业营销环境

二、医药市场营销环境的特征

医药市场营销环境是一个多因素、立体化且不断变化发展的综合体，它具有如下特点。

（一）客观性

医药企业总是在特定的社会经济和其他外界环境条件下生存并发展的。环境本身是客观的，环境的变化发展也是客观的。因此，医药企业只要从事市场营销活动，就必须面对各种各样环境因素的影响和制约，同时，环境对企业营销活动的影响具有强制性和不可控性的特点。所以说医药市场营销环境存在着客观性。

（二）差异性

不同的国家或地区在人口、经济、社会文化、政治、法律、自然地理等各方面存在着广泛的差异性，不同的环境对医药企业的营销活动的影响不同，同一种环境对不同企业的营销活动的影响也不相同。企业应根据环境的变化趋势和行业特点，采取相应的营销策略。

（三）相关性

医药市场营销环境是一个系统，在这个系统中，各种影响因素是相互依存、相互作用和相互制约的。比如，药品的价格不仅受市场供求关系的影响，还受到政府政策的影响，也会受到当地经济水平和生活水平的影响。因此，医药企业需要对环境因素进行综合分析和利用。

（四）动态性

医药企业市场营销环境不是一成不变的，而是处于不断变化的过程中，如国家法律法规的修订、政府产业政策的调整、人口结构的变化、企业的重组和技术的进步等。因此，医药企业需要时刻关注环境的变化，提高对环境变化趋势的预判能力。

（五）复杂性

当今的世界经济发展呈现出全球经济一体化与区域经济协同发展的特点。一方面，各个国家和地区市场间由于经济联系的日益紧密而彼此产生着重要影响；另一方面，营销环境系统内的各构成因素之间也彼此产生着非常复杂的影响。所有这些增加了医药企业营销环境分析的难度，同时也增加了医药企业营销活动的风险性。

三、医药市场营销环境分析的意义

现代营销理论认为，企业经营成败的关键，在于企业能否适应不断变化着的市场营销环境，能否对市场信息变化及时掌握，对市场需求开展科学研究。全球化时代，企业所面临的环境瞬息万变，医药企业的生存和发展，越来越决定于其适应环境变化的能力。而随着市场竞争的加剧，市场的不稳定性、复杂性、多变性和不规则性将更为剧烈。因此，对市场营销环境做出正确的分析与判断对于医药企业具有重要的意义。

（一）环境分析是医药企业生产经营活动的基点

医药企业生产经营活动的开展与社会生产力状况、医药科学技术水平、金融管理体制等诸多因素密切相关。例如，医疗保险制度和药品价格政策，都会直接和间接地影响着医药企业的产品策略、价格策略、渠道策略等。任何一家医药企业都必须认真调查与分析经营环境，抓住一切有利机会、避开可能的障碍，能动地适应社会经济变化的要求，及时调整市场营销战略与策略，使企业的生产经营活动与国际、国家医药事业的发展相协调，实现企业生存与发展的目标。

（二）环境分析是企业寻找市场机会的前提

医药企业市场营销环境的变化最终都会集中地反映在医药市场的需求与供给的关系上。只有认真分析并掌握营销环境和医药市场供求、竞争状态的变化，才能发现和把握市场机会，选择正确的目标市场，生产经营符合市场需要的医药产品。

（三）环境分析是企业制定各种营销战略与营销策略的客观依据

医药产品的特殊性，决定了医药企业的生产经营活动对环境更具敏感性和依附性。医药企业营销战略与策略的制定，离不开对营销环境的详细而科学的调查分析。医药企业的营销活动从本质上讲只有适应和服务于内外部环境变化趋势，充分挖掘医药企业内外部有利条件，扬长避短，发挥优势，寻找和发现市场机会，并通过正确的战略、策略使内外环境和条件协调平衡，才能创造发展机遇，实现经营目标。

第二节　医药市场宏观营销环境

一、人口环境

市场是由具有购买愿望同时又具有购买力的人构成的。因此，人口是构成市场的第一要素，人口的数量直接决定市场的潜在容量，人口越多，市场规模就越大。而人口的年龄结构、地理分布、婚姻家庭状况、出生率、死亡率、人口密度、人口流动性及其文化教育等特征，会对市场格局产生深刻影响，并影响医药企业的市场营销活动。

（一）人口数量与增长速度对医药企业营销的影响

一般情况下，在发病率一定情况下，如果人口数量上升，则发病者势必会增多，对医药产品的需求量就大，该市场规模就变大；反之变小。当前世界人口仍然在持续增长，这说明市场总规模仍在增大。

(二)人口结构对医药企业营销的影响

人口结构主要包括自然构成和社会构成，前者如人口的年龄结构、性别结构；后者如家庭结构、社会结构及民族结构等。

1. 年龄结构 不同年龄的消费者对商品的需求不一样。比如，老年人口对中药材的需求集中在心脑血管疾病，而少年儿童则集中在上呼吸道感染、退热、消化不良等。如果一个国家或地区青少年人口比例较大，反映到市场上，婴幼儿和少年儿童用品及结婚用品的需求将明显增长。而目前我国人口老龄化现象正逐渐成为一个严重的问题，我国老年人口增长快、数量大（2014 年年底我国 60 岁以上老年人口规模已超 2 亿人，65 周岁及以上人口 1.38 亿人，占总人口的 10.1%），老龄人口患病率高、病情复杂、残疾问题严重，这些都会导致老年医疗及生活照料需求量大，保健品等市场潜力不可限量。

2. 性别结构 人口的性别不同，其消费需求结构和需求方式必然会有明显的差异，而反映到市场上就会出现男性用品市场和女性用品市场。例如，保健品市场上，妇女更多需要减肥、健美类产品，男性则更需要壮阳产品等。值得注意的是，调查显示，我国现阶段男女比例达到了 1.17：1，男性明显多于女性，应该引起注意。

3. 家庭结构 家庭是购买、消费的基本单位。家庭因素有总户数、每户人口数、居住环境（指建筑面积、房间数、水电气等）等。家庭总户数与某些商品的需要量的关系很密切，它是研究市场需求的一个基本数据单元。

4. 社会结构 我国农村人口约占总人口的 70%，因此，农村是个广阔的市场，有着巨大的潜力。我国城乡差异较大，农村居民的收入水平通常比城市居民低，这一社会结构的客观因素促进了许多医药企业，尤其是一些中小医药企业，可以考虑以农村居民为主要营销对象，注意开发价廉物美的医药产品以满足农民群众的需要。

5. 民族结构 我国是一个多民族国家。民族不同，其生活习性、文化传统也不相同，如许多藏民还比较倾向于用传统的藏药，这些反映到市场上，就是各民族的市场需求存在着很大的差异。因此，企业营销者要注意民族市场的营销，重视开发适合各民族特性、受其欢迎的产品。

知识链接 2-1 人口老龄化促使中国医药市场容量快速增长

全球著名咨询公司波士顿咨询（BCG）2014 年 1 月 23 日在北京发布最新报告《中国医药市场制胜的新规则》，报告预测随着中国人口老龄化加剧，中国医药市场正经历一场重要变革，未来近 10 年内，中国医药市场年均增速有望达到两位数。

这份报告指出，当下中国人口老龄化进程正在加快，到 2020 年全国 50 岁以上人口的比例，将从 2010 年的 24%，攀升至 33%。此外，慢性疾病发病率日渐升高，预计到 2020 年，将有 1/3 的成年人患高血压，1/10 的成年人患 2 型糖尿病。这将促使中国政府加快医疗市场改革，届时中国医保保障范围将不断扩大，政府相应的支出比例也将不断提高。受这些因素的共同作用，2011～2020 年，中国医药市场年均增速有望达到 13%～15%。

受中国医药市场强势增长的影响，未来几年内，中国医疗改革也将带来医药市场格局的巨大变化。BCG 的这份报告认为，医疗改革带来的影响主要体现在五个方面：药品价格持续降低、逐步降低医院对药品收入的依赖、提升医保覆盖范围、日益强调合规的重要性和本土药企实力不断增强。

BCG 亚洲区医疗保健专项负责人指出，为了应对这一新挑战，跨国药企有必要提升在上市推广和市场准入方面的能力，以便成功投放新产品，并争取将更多新产品纳入医保报销体系。对于本土企业，黄培杰认为市场格局变化为其带来的机遇大于挑战，本土药企应强化研发，提升品牌塑造能力和营销能力。

（三）人口的地理分布及区间流动对企业营销的影响

首先，人口密度与市场营销的关系很密切。人口密度越高，市场越集中，企业进入这类市场就越有利。我国东部沿海地区人口密度高，很多地区平均密度高于100人/千米^2，而西部地区人口密度低，有些地区不足1人/千米^2。我国医药市场的“东热西冷”现象与此不无关系。其次，人口的流动趋势、不同地区人们的疾病结构，都会影响消费方式和消费水平，这也是企业开展市场营销所必须重视的。最后，有些疾病的发生与地理环境有密切的关系，如气候、地形等，从而也就决定了当地人群的用药需求与习惯。另外，由于地理区域的不同，消费者的经济收入、消费观念、价值观念等都有所不同。以上这些因素都会影响医药企业市场营销工作的开展。

二、经 济 环 境

经济环境（economic environment）是指能够影响顾客购买力和消费方式的经济因素，是医药企业营销活动所面临的外部社会条件，其运行状况及发展趋势会直接或间接地对医药企业营销活动产生影响。

（一）国家宏观经济状况

1. 国民经济运行情况 国民经济是一个有机的整体，它由生产、分配、交换和消费各个领域、各部门、各行业及无数生产流通企业所组成。一些部门和行业之间存在着密不可分的共存共荣的相互促进、相互影响的关系。就医药行业而言，它与我国的医疗卫生事业、社会保障事业、化学工业、机械制造、包装工业、物流业、农业中的养殖和种植业和海洋开发与利用等有着十分紧密的联系。当整体经济呈现上升趋势时，市场需求旺盛，企业生产充分，供销两旺；当整体经济呈现衰退态势时，企业开工不足，市场需求萎缩，产品销路不畅。宏观经济的这种起伏跌宕的形势影响的不仅是一个部门或一个行业，而是普遍的。因此，在医药企业进行市场营销活动时，绝不能忽视经济大环境的影响。

2. 国内生产总值与人均收入情况 国内生产总值和人均收入是反映一个国家和地区经济发展水平和购买力的重要指标。

（1）国内生产总值与国民收入：国内生产总值（gross domestic product，GDP）是指一个国家（国界范围内）所有常驻单位在一定时期内生产的所有最终产品和劳务的市场价值。国民收入（national incomes，NI）是为生产这些产品和劳务而向生产要素所有者支付的全部收入的总和。这是衡量一个国家经济实力与购买力的重要指标。通过对国内生产总量、国民收入、消费与积累的比重，以及国民经济发展计划确定的规模与结构的分析，可以预测其对医药行业发展和医药产品需求的影响状况。

（2）人均收入：人均收入是指消费者从各种来源获得的全部经济收入，是用国民收入总量除以总人口而得到的指标。它与消费者的购买能力和消费水平密切相关。例如，目前我国由于人均收入水平较低（2014年全国居民人均可支配收入20 167元），根据2013年世界卫生统计报告，我国人均卫生费用是271美元，发达国家在3000美元以上，而美国高达8516美元。

知识链接 2-2 2011～2015年国内生产总值及其增长情况

2015年，面对错综复杂的国际形势和艰巨繁重的国内改革发展稳定任务，党中央、国务院团结带领全国各族人民，按照“五位一体”总体布局和“四个全面”战略布局的总要求，牢固树立和贯彻落实创新、协调、绿色、开放、共享的发展理念，适应经济发展新常态，坚持改革开放，坚持稳中求进工作总基调，坚持稳增长、调结构、惠民生、防风险，不断创新宏观调控思路与方式，深入推进结构性改革，扎实推动大众创业、万众创新，努力促进经济保持中高速增长、迈向中高端水平，转型升级步伐加快，改革开放不断深化，民生事业持续进步，经济社会发展迈上新台阶，实现了“十二五”圆满收官，为“十三五”经济社会发展、决胜全面建成小康社会奠定了坚实基础。

全年国内生产总值 676 708 亿元，比上年增长 6.9%。其中，第一产业增加值 60 863 亿元，增长 3.9%；第二产业增加值 274 278 亿元，增长 6.0%；第三产业增加值 341 567 亿元，增长 8.3%。第一产业增加值占国内生产总值的比重为 9.0%，第二产业增加值比重为 40.5%，第三产业增加值比重为 50.5%，首次突破 50%。全年人均国内生产总值 49 351 元，比上年增长 6.3%。全年国民总收入 673 021 亿元。2011～2015 年国内生产总值及其增长速度如图 2-2 所示。

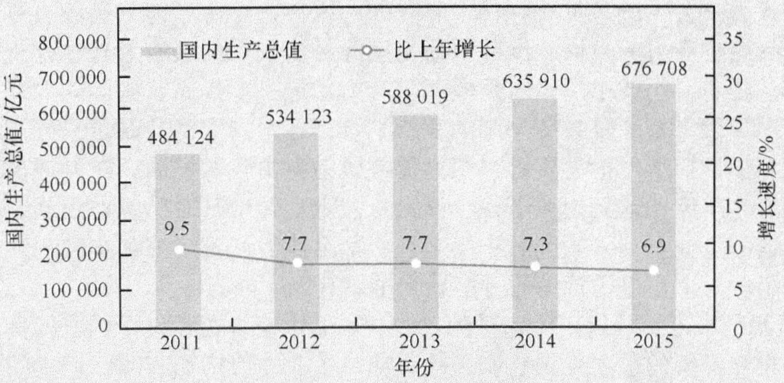

图 2-2　2011～2015 年国内生产总值及其增长速度

（二）财政金融政策

1. 财政政策　财政政策包括税收和政府开支两个方面。从市场营销角度来看，财政政策在许多方面直接制约着医药企业的市场营销活动。一方面政府直接订货的增加或减少会使得相关企业的生产经营产生波动，某些财政补贴性产品（如计划生育用品、计划免疫疫苗等）也会受财政政策的影响；另一方面，税收变动也会直接或间接影响企业生产和经营。例如，增值税会使属于增值税范围内的商品和服务价格提高，通常情况下，这会使这些产品和服务的需求减少（减少程度需视具体产品的需求价格弹性而定）。增加税收可以增加国家的财政收入，但同时会减少国家的总需求，从而降低对生产要素的使用，进而降低公众的收入水平。这种情况通常就使得企业只能采用降价策略而不能使用提价策略。

2. 金融政策　金融政策主要是指国家利用利率、贷款条件等手段来影响经济的发展。

（1）银行通过利率、贷款条件的变化来影响医药企业投资规模。在市场经济条件下，一个企业的生产经营，除了少量的自有资金外，大部分资金需要通过银行贷款获得（具备条件的企业能够通过股市发行股票的方式筹集资金）。企业贷款的数量，取决于利率和贷款期限等条件。如果银行提高利率，限制贷款限期，则企业往往不得不削减贷款数量，进而缩小生产规模或是降低流通及广告促销费用，最后影响各项营销活动的开展。另外，利率也会影响汇率，进而影响企业进出口的创汇能力。高利率会吸引外资流入本国，从而提高本币的价值，使本国产品成本提高，丧失其在国际市场的价格竞争力，同时进口商品则更具价格优势。其直接的表现是出口营销规模的缩小和进口营销规模的扩张。

（2）银行通过提高或降低储蓄利率影响消费者行为。银行提高利率，人们可能趋于多储蓄少花钱，消费者购买力下降，从而减少了市场需求。同时，在银行存款比持有股票作为财富更具有吸引力，因而股票价格就可能会下跌。无论哪一种情况的发生，医药企业营销活动都会受到影响。

（3）银行通过信贷活动直接影响市场营销活动。信贷是体现一定经济关系的不同所有者之间的借贷行为，是以偿还为条件的价值运动特殊形式，是债权人贷出货币，债务人按期偿还并支付一定利息的信用活动（即通过转让资金使用权获取收益）。信贷有广义和狭义之分。广义的信贷是指以银行为中介、以存贷为主体的信用活动的总称，包括存款、贷款和结算业务。狭义的信贷通常指银行的贷款，即以银行为主体的货币资金发放行为。比如，中国银行的长城卡、中国工商银行的牡丹卡、中国农业银行的金穗卡、交通银行的太平洋卡等信用卡，都给予消费者一定额度的消费信贷，从而使市场需求得到扩张。

（三）外贸管理制度

国际贸易是人类社会生产力发展到一定阶段的产物，它以生产力为基础，并受其制约，但反过来又可以促进社会生产力的发展。国际贸易是国际经济关系的基本形式，是世界所有国家经济发展的重要杠杆。随着科学技术的飞跃发展和生产力的进一步提高，国际间的联系和依赖程度日益加强。但由于国际贸易会涉及各交易国的贸易利益，各个国家都会制定一些有利于本国经济和对外贸易的政策和保护措施。世界贸易组织为促进贸易自由化的发展，对各成员国贸易措施的约束和规范做出了许多规定，这无论对于一个国家从宏观上管理其对外贸易活动，还是对于一个具体从事进出口营销的企业顺利开拓国际市场来说，都是值得深入研究和正确遵守、合理利用的。一个国家的贸易制度对企业市场营销的直接影响主要有以下内容。

1. 汇率 汇率是用另一种货币所表示的一种货币的价格，也是一个国家的货币可以兑换成其他国家货币的比率。汇率的重要性是它能影响进出口企业的价格和利润。汇率的变动，会制约一个国家出口商品国内价格的变动。如果以本币所表示的外币价格高涨，则外币购买力强，国外进口商就会在营销上采取增加对本国出口商品需求的策略；如果以本币所表示的外币价格下降，则外币的购买力下降。本币价格提高，出口商就要采取相应的促销手段，以避免可能引起对本国出口商品需求的减少，从而引起出口商品价格的下降。如果汇率稳定，企业营销也必须与之相适应，否则市场潜力就不会得到充分的实现。如想要增加出口，就必须增加新的销售渠道，采取新的促销活动。

2. 贸易保护政策 贸易保护主义是指对国家之间的贸易给予的限制措施。一国政府通常要采取保护措施来减少与其他国家的贸易赤字，或者保护需要保护的特殊行业和企业。贸易保护通常的措施有关税壁垒和非关税壁垒。这些措施都会直接影响出口医药企业的市场营销活动。

案例 2-2 我国医药产品对巴西出口应警惕贸易保护主义升级

2015 年 1 月 30 日，巴西政府出台了一项新的临时措施法案（No.668/2015），拟提高包括药品在内的进口产品的社会一体化税（PIS）和联邦社会援助缴款（COFINS）。在所涉及的产品类别中，药品的拟增税幅度相对较高。其中，进口药品的 PIS 税率从原来的 2.10%提高至 2.76%，COFINS 税率从 9.90%提高至 13.03%。

在国内需求扩大和政府鼓励政策的支持下，巴西医药制造业发展迅速。但由于制药行业起步较晚，药品生产规模和产品结构无法满足本国市场的需求，该国医药市场对进口的依赖度较高，加之制药行业研发能力不足，所生产的药品国际竞争力相对较弱，多重因素叠加导致该国医药贸易长期逆差，且逆差额逐年走高。

2014 年，我国对巴西医药产品出口实现快速增长，全年出口额共计 12.84 亿美元，同比增长 15.41%。从出口产品结构来看，我国对巴西出口医药产品以原料药为主，2014 年出口额为 7.81 亿美元，同比增长 15.55%，占同期我国对巴西医药产品总出口额的 60.83%，占药品（不含医疗器械）出口额的 83.89%。而同期我国自巴西进口医药产品量则出现大幅下滑，全年进口额仅为 1.79 亿美元，同比下降 14.50%。

基于以上分析可知，近期巴西众议院对此项临时增税措施的批准，不仅是一个独立的风险事件，还反映出巴西通过升级贸易保护主义来控制医药贸易逆差、保护本国医药产业的政策导向。

问题：

1. 案例中巴西政府出台的临时措施预案的本质目的是什么？
2. 基于上述背景，我国医药企业面临怎样的机遇和挑战？

（四）消费者状况

1. 消费者的收入变化　消费者的购买力来自消费者的收入，因此，消费者的收入高低，直接影响购买力的大小，从而决定了市场规模的大小和消费者的支出模式。比如，有调查显示，收入水平在 10 000～15 000 美元的美国居民只有 7.8%的收入用于医疗。营销学者除了关心消费者的收入总量外，还对“可支配的个人收入”和“可任意支配的个人收入”两个概念感兴趣。“可支配的个人收入”是指个人收入中扣除税款和非税性负担之后所剩的余额。它是个人收入中可以用于消费支出或储蓄的部分，直接决定了消费者的购买力和支出的规模。“可任意支配的个人收入”是指在“可支配的个人收入”中减掉用于购买生活必需品的支出和固定支出后所剩余的部分。这部分收入是消费者需求变化中最活跃的因素。

此外，在进行具体分析时，还需要注意区分货币收入与实际收入之间的差别，它们之间的差距主要取决于市场物价的变动。

2. 消费者的支出变化　消费者支出的变化是指其消费模式和消费结构的变化。在研究一个国家或地区的总体消费模式时，往往利用“恩格尔系数”来评价。19 世纪德国著名的统计学家恩格尔根据统计资料，得出了这样一个结论：一个家庭收入越少，家庭收入中或家庭总支出中用来购买食物的支出所占的比例就越大；一个国家越穷，每个国民的平均收入中用来购买食物的费用所占比例就越大；随着家庭收入的增加，家庭收入中或家庭支出中用来购买食物的支出将会下降。西方经济学家后来证明，不仅是食物消费，而且在衣服、住房等生活必需品的消费上也存在着类似的规律性。

消费模式和消费结构的变化既受收入数量的影响，也会受年龄、职业、价值观念、消费观念、社会风尚、生活负担等影响。例如，年轻人一般消费意识超前，敢于冒险，消费支出大多围绕学习、体育锻炼、旅游、时尚商品等方面，而老年市场畅销的主要是防病治病、延年益寿的食品、药品和保健品等。在医药领域，可穿戴设备给心脏病、糖尿病等慢性病人带来福音。现在已有公司研发可检测心电图的传感芯片，此芯片可嵌入手机外壳，只需把两个手指同时放在手机壳的触摸区，就能立刻在手机上生成心电图，准确率达 95%。目前斯坦福医学院将这种便携设备推荐给刚做完手术的心脏病患者，进行自助辅助检测，检测数据实时上传到电子病历，供医生诊断。可以预见，随着人们越来越重视自身健康，除运动手环，能测量人体多个部位脂肪含量的蓝牙电子秤、能跟踪运动量和睡眠的魔豆项链等健康类穿戴设备也陆续面世。

3. 消费观念与心理的变化　消费观念既受个人收入、年龄的影响，也随着人们对未来的预期心理和社会保障、社会福利事业的变化而变化。其最突出的标志就是储蓄与信贷的变化对市场需求的影响。当人们对未来充满信心时，就会减少储蓄，扩大信贷规模，从而使需求规模扩大。相反，人们就会减少目前的开支，增加储蓄，社会购买力就会下降。

（五）其他经济状况

影响企业市场营销活动的经济环境因素除了上述因素以外，还应包括能源、交通运输、邮电通信及商业基础设施等的状况。比如，在我国西部建立医药企业可能劳动力成本比较低，但将产品推向东部储运等费用可能会增高。基础设施在各国、各地存在着很大差异，医药企业市场营销活动当然更倾向于基础设施比较好的国家和地区。

三、自然环境

自然环境（natural environment）包括一个国家、一个地区的自然资源、地形地貌和气候条件等，这些因素都会不同程度地影响医药企业的营销活动。企业要避免由自然地理环境带来的威胁，最大限度地利用环境变化可能带来的市场营销机会，就应不断地分析和认识自然地理环境变化的趋势，根据不同的环境情况来设计、生产和销售产品。

（一）自然资源

自然资源是进行商品生产和实现经济繁荣的基础，和人类社会的经济活动息息相关。比如，中药企业设置在中药种植基地附近，一般会降低原材料价格及运输成本等，这样在其他方面类似的情况下，选择在基地附近建厂其产品价格方面就具有竞争优势。现代社会，环境污染已成为举世瞩目的问题。针对严重的污染问题，各个国家、地区政府都采取了一系列措施，对环境污染问题进行治理。当然，在这个过程中，必然会限制某些行业的发展，如某些医疗器械生产企业被责令停产。但同时，也为企业制造了两种营销机会：一是治理污染的技术和设备；二是不破坏生态环境的新的生产技术和包装方法。与此同时，政府对自然资源管理的干预也逐步增多。例如，我国早在 1987 年就颁布了《野生药材资源保护管理条例》对野生药材资源的管理原则、国家重点保护的野生药材物种、野生药材的采猎规则、野生药材资源保护区的建立和管理、野生药材的经营管理和出口、野生药材的价格、等级标准、奖励和处罚等作了规定。总之，面对着原材料数量的日益短缺、能源成本急剧上升、环境污染不断加剧，政府对自然资源管理的干涉日渐增多，医药企业组织应该有所准备。

（二）地理环境

一个国家或地区的地形、地貌和气候，是企业开展市场营销所必须考虑的地理环境因素，这些地理特征对市场营销有一定影响。例如，安徽、江西等省份是血吸虫病的高发地区，所以在这些地区，针对血吸虫病的药品和医疗服务就有较大的营销空间，而在东北三省、山东等地区就基本上没有血吸虫病，那么这些地区上述产品和服务就难以有生存空间。再如，从经营成本上考虑，平原地区道路平坦，运输费用比较低，而山区、丘陵地带道路崎岖，运费自然就高。因此，医药企业开展营销活动，必须使其营销策略能适应当地的地理环境。

四、科学技术环境

科学技术是影响人类前途最大的力量。通常而言，科学技术一旦与生产密切结合起来就将直接或间接地带来相关行业的变化和发展，伴随而来的是新兴产业的出现、传统产业的改造、落后产业的淘汰。所以，科学技术的不断进步与新技术的问世，将会给医药企业带来各种契机和前途，当然也存在种种威胁。医药企业要搞好营销活动，必须充分重视医药科学技术环境的变化。

（一）科学技术环境对企业营销的影响

在科学技术高速发展的今天，企业所面临的技术环境就是技术的不断进步和新技术的不断问世，即所谓的新技术革命。新技术革命对医药企业的营销产生如下几个方面的影响。

1. 消费者的购买行为发生改变 医药科学技术的发展突飞猛进，一方面为消费者提供大量品种不同、功效各异的医药新产品；另一方面，又唤起消费者独特的消费欲望，使他们不再满足药品的实体消费，而是追求消费的个性化和多样化。随着人们医疗卫生知识的增长，自主诊治、自主服药、自我保健的现象将越来越普遍。这给医药企业目标市场的定位，以及产品和服务的定位带来了前所未有的挑战。

2. 药品流通方式与结构发生变化　随着医药科学技术的发展，传统的商业机构与药品消费模式将逐渐被新型的商业机构和消费模式所替代，与此同时，还出现了新型的零售方式，如邮购、电话订购、送货上门和网上销售等。所有这些改变将为消费者购买带来极大的方便，同时也为医药企业开拓更广阔市场创造了新的机遇。例如，随着公众的自我健康保健意识日益增强，不仅要求 OTC 药品范围不断扩大，而且使销售方式更多地从传统的人员推销、医生决定变成较多的自我诊疗服务。

3. 新技术为开发新产品提供了条件　医药新科技的不断出现，既为医药新产品的问世提供了有利条件，也可使许多企业在某一特定的领域内，不经过传统技术，而直接采用新技术来开发新产品。这对于我国医药行业赶超世界先进水平，对于医药企业保证获得长期利润都有深远的意义。由于科学技术的迅速发展，新产品开发周期大大缩短，产品更新换代越来越快。这种形势下，开发新产品是医药企业开拓新市场和赖以生存发展的唯一途径。因此，医药企业要不断创新，做好医药新技术的专利保护、开发工作，给市场带来更多更好的新产品。

（二）医药科技环境分析的内容

医药行业是高科技、高投入的知识密集型行业，医药科学与技术是人类科学技术体系中的重要组成部分。在当今科学技术越来越综合和越来越分化的两种发展趋势并存的条件下，医药科学和技术的发展一方面依赖于其他科学和技术的发展；另一方面其自身的发展又会对其他科学、技术的发展产生强烈影响和促进作用。因此，医药科学和技术自身发展的需求及所取得的成果，对科学、技术体系的整体发展就具有极其重要的战略意义，在科学、技术体系结构的复杂网络中，也就占有重要位置。例如，20 世纪中叶控制论、信息论、系统论的产生和发展及相应的技术产生与广泛应用，对生物控制、生物信息和生命系统的研究提供了重要的理论基础与技术手段，为医药科学的理论发展、药物研制及应用提供了新的思路、新的方法和技术手段。反之，医药科学理论与实践成果，又促进了这些学科的更深入研究。

对于医药生产经营企业而言，其科技环境是指新技术、新工艺、新材料的研究开发及应用情况。分析医药科技环境的目的在于判明医药行业生产力发展水平和工业化程度，并通过对技术装备条件的考察来具体了解医药企业面向未来的能力；了解新旧产品的替换范围、程度及时间，掌握医药产品的寿命周期及需求发展的层次趋向。

医药企业必须掌握以下情况：①当前本行业本产品的生产技术、工艺发展水平及其变化趋势；②本企业的生产技术和工艺水平，与当前国内、国外先进水平的差距及变化趋势；③国内外与本企业有关的新产品开发及上市程度；④产品所处的寿命周期阶段及新旧替代情况；⑤医药新产品研究开发的重点领域和趋势等。

企业在分析科技环境时，除了明确本企业的技术力量和潜在的研究开发能力外，还要正确估计竞争对手的技术水平及研究动向。我国的医药工业，科技含量偏低，长期以来是以仿制为主，创制能力较弱，有世界性专利的新药很少。因此，医药企业要争取国家的重视和支持，采取多种途径加大对新药研究的投资。根据医药的国际化产业的特点和我国医药行业的现状，医药企业应积极发展现有技术和资源优势的产品，应有计划、有步骤地采用国内外先进的生产工艺、技术、装备、检测仪器和先进的经营管理手段，以高质量、低消耗、多品种为目标，生产疗效用途确切、质量性能可靠的药品。在药物制剂方面要开发新剂型、新品种、新辅料，向提高生物利用度、控释、缓释、透皮给药、趋靶、使用方便的方向发展；在化学原料药如抗生素、维生素、激素、氨基酸等类品种的生产中，要采用生物工程技术，发展高产菌种、高效酶；对化学合成药要发展催化（包括光催化）反应技术。

五、政治法律环境

政治环境包括与企业市场营销活动有关的国内、国际的政治环境。从国内看，主要是指国家从发展国民经济的全局出发，制定的经济和社会发展的战略、方针和政策，这将影响产业的发展，引导市场的需求，改变某些资源的供应，从而引导企业的市场营销活动。此外，社会是否安定对于企业的市场营销关系极大。国际政治环境则包括世界局势、各国关系和世界和平等。法律环境包括国际法、国际惯例和本国政府、地方政府、主管部门所颁布的各项法律、法规、法令、条例等。医药企业进行政治法律环境分析主要包括以下内容。

（一）国家或地区的政治局势

政治与经济是密不可分的。全世界有 224 个国家和地区，其在政治制度、法律、经济体制及发展状况等方面存在不同的特点，甚至存在着较大的差异。政体、国体、制度是建立国家经济、文化、外交等政策的基础。各个不同的政党、政权，代表了不同阶级、阶层的利益。我国的对外开放政策和政治稳定性吸引了大批国外大制药公司来华投资。判别政局稳定与否对于市场营销是至关重要的。我们需要了解外国执政党和在野党间政权的更迭趋势，认识许多国家政局不稳定的因素，尽可能避免我国外贸、国际营销的风险。

（二）医药产业政策

医药产业政策作为国家及有关政府部门为推动医药产业发展而制定的发展战略，它表明国家一定时期内在医药科研、生产、经营销售等活动中提倡什么、鼓励什么、限制什么、反对什么，并以此调动或约束人们在医药行业的各项活动中的行为。

我国是产业部门比较齐全的国家，但对各产业的发展则根据不同时期的实际情况有所侧重，或重点扶持，或抑制发展。例如，2012 年 1 月，国家工业和信息化部发布的《医药工业“十二五”发展规划》指出，“十二五”主要发展任务包括以下内容：增强新药创制能力。坚持原始创新、集成创新和引进消化吸收再创新相结合，在恶性肿瘤、心脑血管疾病等重大疾病领域，加快推进创新药物开发和产业化，推动相关企业在药物设计、新药筛选、安全评价、临床试验及工艺研究等方面开展与国际标准接轨的研发外包服务，创新医药研发模式，提升专业化和国际化水平。又如，2015 年 5 月，国家发展和改革委员会发布《关于印发推进药品价格改革意见的通知》，要求自 2015 年 6 月 1 日起，除麻醉药品和第一类精神药品外，取消原政府制定的药品价格。麻醉、第一类精神药品仍暂时由国家发展和改革委员会实行最高出厂价格和最高零售价格管理。有着 15 年历史的药品最高零售限价政策正式走入历史，标志着我国医改向前迈出重要一步。

（三）医药行业法律法规

医药行业的法律法规，是国家及有关部门为推动医药行业发展而制定的规范与准则。医药行业的法律法规系统较为复杂，主要表现在：从医药行业的生产经营活动过程看，包括科学研究、技术开发、科技成果转化、技术交易、药品生产、市场销售等一系列领域；从医药产品构成体系看，包括化学药物、中药、生物药物与基因工程药物等领域。医药行业的法律法规，就是由上述各方面有关推动医药行业健康发展的法律法规综合而成的系统。

医药企业一方面可以凭借这些法律、法规维护自己的正当权益，另一方面也必须严格依据其要求来进行生产和营销活动。发达国家的国际著名医药企业不仅聘请了法律顾问为企业市场营销决策提供咨询，而且成立了专门法律事务机构，研究政府有关法律影响，甚至分析政府的立法动态，以便在经营决策中采取相应对策。

相比于其他行业，国家在医药领域的管制措施相对较多。因此，与医药企业市场营销活动有关的法律、法规很多，其中有的是为了维护市场秩序、保护公平竞争，有的是为了维护消费者利益，有的是为了社会利益、保护环境等。我国已颁布的与医药市场营销有关的法律、法规和规章主要包括：《中外合资经营企业法》《对外贸易法》《合同法》《破产法》《公司法》《广告法》《商标法》《专利法》《标准化法》《税收征收管理法》《中国人民银行法》《反不正当竞争法》《消费者权益保护法》《劳动法》《药品管理法》《药品管理法实施条例》《麻醉药品和精神药品管理条例》《医疗用毒性药品管理办法》《放射性药品管理办法》《野生药材资源保护管理条例》《药品经营质量管理规范》《药品进口管理办法》《医疗器械监督管理条例》《处方药与非处方药分类管理办法》等。

（四）公众利益集团的发展

公众利益集团指代表一定公众利益的民间社团组织，如消费者协会、老年协会、旅游者俱乐部、环境保护组织等。这些利益集团不是官方组织，不具有强制性，但因为是某个群体的利益代言人，所以颇具影响力和号召力。例如，某类消费者利益集团，往往对其群体的消费需求有引导或抑制的作用，构成对企业的营销行为和市场地位的压力。企业在做出营销决策时，必须认真考虑消费者利益集团的影响。

自从“消费者主权论”问世以来，消费者权益保护运动蓬勃发展，公众利益集团的数量、规模和影响力都有增无减，已成为一种重要的社会力量。

案例 2-3　某跨国药企案件：整顿中国医药市场的良机

近期，某跨国药企在华高管涉嫌受贿，并用受贿所得再行贿政府官员和医生等，被公安部门调查。这起案件格外惹眼。这不仅因为其具有涉案金额巨大、包括性贿赂等特点，更因为它也是一家关系到千万家庭健康的跨国医药企业。

这种行贿行为的蔓延已成为业内“潜规则”，其导致的结果：一方面自然是贿赂成本转嫁到患者身上，使得药品价格虚高——医药销售有暴利，药品价格中 20%～30%的比例都源自这些成本；另一方面也造成了医疗业内腐败风气的蔓延，行业的荣誉和尊严自然无从谈起。

近年来，在我国的医疗改革中，如何打破“以药养医”的恶性循环，是一个重要的突破口。药品价格虚高，不仅阻碍了医疗体系改革，更成为看病贵、看病难顽症和医患关系紧张的助推力。

对于跨国药企来说，它们本应该凭借自身的国际行业技术优势、管理体制优势和影响力，在中国的医药行业中率先垂范。它们既是中国市场开放的获益方，就应该成为中国法律的遵守者、医药市场的规则引导者。而以该企业“潜规则”为代表的行为，不仅破坏了市场秩序，同时表现出了对法律的藐视。

因此，对于此类案件，要穷尽全力进行查处，并且持之以恒予以监管。因为这样的“潜规则”牵一发动全身，甚至关系到医疗体制改革的未来。尽管目前该公司已经道歉，并且支持中方行动，但是这次案件的查处，应该只是开端。面对中国医疗体制改革的复杂变局，面对中国公众的期待与信任，持之以恒的查处和监管，才是医疗业健康发展的根本。

问题：

1. 跨国药企在华行贿行为会带来哪些影响？
2. 应该采取哪些更加有效的监管措施，进一步整顿中国医药市场？

六、社会文化环境

社会文化环境（有时简称文化环境，cultural environment）包括一个社会的基本价值、观念、偏好和生活准则等。它对市场营销的作用不像其他环境那样显而易见和易于理解，但却无时无刻不在影响着市场营销活动，对其影响比较大的主要有以下几方面。

（一）教育水平

消费者受教育程度在社会文化因素中占据主导地位。教育水平的高低不仅关系人们整体素质，而且也能影响或改变原有的价值观念和风俗习惯，直接影响人们的消费行为和消费结构；同时消费者受教育水平的高低也制约着企业的市场营销活动。受教育程度高的消费者对商品的内在质量、外观形象及技术说明和服务有着较高的要求，而教育水平低的消费者则往往要求更多的实物样品和通俗易懂的说明书。药品不同于一般商品，在其消费过程中，需要有一定的文化知识作支撑。例如，医生一般不会轻信夸大疗效功能的药品宣传，他们更注重药品的药理作用和临床反应。即使是 OTC 药品，也需要消费者具备相应的知识，做到对症买药、按时按量服药，从而避免误服药品或耽误治疗。在教育水平低的地区，与消费者交换意见难，进行市场调查研究和预测工作也难，人们对新产品接受能力弱，购买产品时的理性程度低，不易接受文字宣传的影响。而教育水平高的地区则正好相反。因此，医药企业在制定产品营销策略时，应使产品的复杂程度、技术性能与目标消费者的受教育水平适应。在文盲率较高的国家或地区，做广告宣传最好不用文字形式，而改用电视、广播或当场示范表演等方式。

（二）价值观念

从营销的角度来说，价值观念可被看成是对某一事物所具有的信念、看法和道德判断。消费者的价值观念会引导他们的消费观念，影响他们的购买决策。因此，营销人员在开展营销活动之前，应预先了解当地消费者的某些价值观念，如对生命的理解、对待财富的态度、时间观念、对新事物的态度等，并据此设计产品和组织营销，而不是让消费者适应他的产品。比如，美国文化强调财富，喜好新奇和探险精神，这有利于新产品的研发、设计、生产、销售。企业营销人员在开拓市场时就要注意目标市场消费者的不同价值观念。

（三）宗教信仰

世界各地聚居着各种不同的宗教信仰者。“物以类聚，人以群分”，宗教信仰对社会体系及营销方式的影响不可低估，它决定着教徒的人生观、生活方式、风俗、购买目的和方式及价值观念。佛教、基督教和伊斯兰教为世界三大宗教，影响较广，教徒分布地域较广，其分支教派也很多。每一宗教的教徒均有其最喜爱和厌恶的色彩，这有其宗教的渊源。佛教徒崇尚的是黄色，因为黄色是代表太阳的颜色，表示华丽和光辉。信仰佛教的地区，居民多以红色为吉庆色，以白色为丧事用色。与佛教不同，伊斯兰教视黄色为死亡的象征，因而黄色特别不欢迎。基督教把蓝色视作象征天国的颜色，也视为海洋之色，欧洲人历史上把蓝色视为高贵身份的表示。所以蓝色被选为欧盟的代表色，许多公司的标志、产品目录、包装设计都以蓝色为主色。

伊朗、阿富汗、也门、沙特阿拉伯、土耳其等国家，药品的包装颜色以绿色最多，因为绿色是伊斯兰教徒喜爱的色彩，绿色为沙漠中肥沃的绿洲之色，象征吉祥和相爱。同时，伊斯兰教国家均禁用女性人体作商品广告和包装图案，他们还禁忌六角星，因六角星是以色列国旗图案。

（四）风俗习惯

世界上许多国家的人口是由多民族构成的，如我国就有 56 个民族。由于国家和民族不同，人们有各自的思维逻辑、价值观念、道德准则、行为规范，其风俗习惯与审美观念也就有很大差异，会有一些独特的喜爱和忌讳。因此，从事市场营销必须重视对目标市场的风俗习惯与审美观念的研究。例如，为西方民族所宠爱的狗，却为泰国、阿富汗、北非伊斯兰国家所禁忌；大象在美国、英国及英联邦地区被认为是无用之物，是令人生厌的东西，而印度、斯里兰卡则视大象为庄严的象征；日本人认为荷花表示不吉利；法国、比利时、西班牙、日本都把菊花（特别是白菊花）作为葬礼用物；西方人忌讳数字 13，日本人忌讳数字 4 等。

欧洲药品包装设计简练、大胆、艳丽、醒目而明快，如英国的一款止痛药就采用了能代表其本民族地域特征的深蓝色和暗红色。审美观念与一个国家、地区、民族的爱好与习俗有关，也与物质文化水平、教育水平相联系。从国际市场营销学的角度来看，企业要了解的是各国消费者对于颜色、线条、图形、标志与符号的偏好是什么；他们偏爱或忌讳的动物、植物各有哪些，针对这些不同的爱好，企业需以不同的产品设计、不同的包装及不同的商标和广告设计来满足。

案例 2-4　东阿阿胶的宏观环境分析

东阿阿胶近年来提出了价值回归的战略："集中优势和资源，聚焦阿胶主业，做大阿胶品类，实施主业导向型的单焦点多品牌的发展战略，塑造'东阿阿胶'高端品牌形象，回归阿胶上品价值、回归主流人群；延伸产业链条，引领行业发展；通过继承、创新引领阿胶行业发展，产品现代化、市场国际化和资源全球化进程，实现从优秀到卓越的跨越。"

1. 人口分析　东阿阿胶定位于大健康概念，目前主要有三个产品：阿胶块、复方阿胶浆、阿胶糕，均为直接面对终端人群，对人口变化高度敏感，人口特征的变化对东阿阿胶的影响是根本的和巨大的。

2. 经济环境　中国内地的经济环境可以简单概括如下：已经经历了 35 年的高速发展(GDP 增速在 8%以上)，现在比较一致的预测是接下来会经历较长时期的平稳发展期，经济增速在 4%～6%。但考虑到中国正在进行的结构转型及收入分配改革，可以预期中国的人均可支配收入会维持 8%～10%。

3. 政治法律环境　目前中国政局稳定：第一，政治环境，在较长时期内保持稳定；第二，从法律环境看，中国正逐渐走入法制化社会，为全体企业和公民营造公平合理的竞争环境。在全社会的关注下，食品药品方面的立法和监管将趋于严格。

4. 社会文化环境　随着中国经济文化的发展，人们对中国传统文化的兴趣与信任日趋增加，对中国传统文化代表的中医药越来越青睐，对传统中药推崇备至。历史上有熬膏方的习惯，目前这一习惯已在广东、上海普及，并向全国推广。

5. 技术环境　东阿阿胶是全国首批"中华非物质文化遗产传承人薪传奖"获得者，被联合国教科文组织认定为非物质文化遗产。东阿阿胶还遵循和恢复古法生产，恢复了九朝贡胶的古法生产，这不仅是传承技艺，也是对中医药文化的敬仰和守护。

6. 自然因素　东阿水对于提升阿胶质量功效起到关键作用。在东阿阿胶的炼制过程中，这种富含游离态矿物质的水，因稳定性能好，加热后不结垢，所以可以分离其中的杂质，取其精华。驴皮是阿胶面临的第二个自然环境，驴皮价格从 2012 年初的 80 元/千克，增长到 2013 年的 170 元/千克。驴皮价格的上涨，虽然给东阿阿胶带来了原材料价格上涨、成本增加等不利影响，但也增加了竞争对手的成本；同时东阿阿胶提出了价值回归的战略，成本涨价就给了东阿阿胶提价的客观理由，高度契合价值回归战略。

问题：

1. 东阿阿胶的价值回归的战略是否科学，为什么？
2. 基于价值回归战略，东阿阿胶应该制定怎样的营销策略？
3. 面对国内的阿胶市场的宏观环境，其他阿胶生产企业应如何应对？

第三节　医药市场微观营销环境

一、医药企业内部环境

医药企业的内部环境是指公司内部组织机构和层级及非正式组织所构成的整体，包括生产、采购、研究与开发、财务、营销等部门。这些内部环境共同决定着企业综合素质的状况，形成了企业的自下而上的发展能力，是企业市场营销环境的中心。

彼得·德鲁克说："市场营销是企业的基础，不能把它看成是单独的职能。从营销的最终成果亦即从顾客的观点来看，市场营销就是整个企业。"这说明任何企业的市场营销活动都不是企业某个部门的孤立行为，企业进行营销决策，制订营销计划，开展营销活动，无一不以企业的内部环境条件为基础。营销管理者在制订营销计划时，不仅要考虑企业外部环境力量，而且要考虑企业内部资源分布，必须考虑到营销部门与公司其他部门（如计划、财务、采购、生产、研究与开发、主管部门等）的协调，以及其他业务部门的情况，最高管理层的意图，并与之密切协作，以企业任务、目标、战略和政策等为依据，共同研究制订年度和长期计划。

（一）市场营销组织设计的原则

1. 目标原则 医药企业目标一般包括营销组织要承担的任务、长远发展规划、规模与效益、市场发展战略等。战略目标是企业发展的出发点，任何医药企业市场营销组织的设计与管理都要服从于企业整体目标的实现。为了贯彻目标原则，医药企业市场营销部门组织机构的设计必须做到组织与目标的统一，所承担的任务与达到的目标相统一，同时要做好营销组织的目标与其他相关部门相互衔接与协调，只有这样才能达到市场营销部门组织机构的合理化。

2. 统一领导原则 医药企业的营销机构是由多个部门和环节组成的，是一个有机的统一体，应该贯彻局部服从全局，实行统一领导的原则。实践经验表明，局部业务与效益的最大化，并非意味着企业整体效益的增加。例如，营销部门为完成销售任务而增加网点，支出费用与预算的增加可能削弱广告等部门的宣传力量，可能导致企业整体利益受损。统一领导和指挥是维护企业营销机构整体性的必要条件，部门划分细、管理层次多，统一领导就显得更加重要。应该避免权力过于分散、政出多门的现象，当然也要注意权力过分集中，妨碍各职能部门发挥其积极性和主观能动性。

3. 效率原则 营销组织机构与市场环境的复杂多变有着直接的联系，市场营销机构的设置要求灵活多样，应该遵循效率原则。相对而言，当医药企业面对不利的市场环境时，应当适当减少营销规模和范围，此时应以保证企业生存为基本点，相反，则应适当扩大营销规模和范围。企业的营销活动应配合企业整体战略，配合医药企业整体战略的实施与运作。

4. 责权利相统一原则 市场营销部门的建立与发展，从企业的角度，应该遵循责权利相统一的原则。营销部门时时刻刻与环境发生联系，并且相互影响。为了激发组织与个人的潜能，营销部门的设置，在明确其任务与目标的前提下，必须搞清每一个职位的职责范围，明确权力，把职责、权力与经济利益联系起来。只有三者有机结合，才能促使营销部门发挥更加有效的职能，完成规定的各项工作指标。

（二）市场营销组织的演变

医药企业营销部门的设计是企业市场营销工作的组织保证。符合实际需要的、科学的营销部门设计，可以大大减少企业内部各部门间的矛盾和摩擦，将企业营销工作提升到一个新的高度。

现代医药企业营销组织经历了长期发展过程，它至少可以划分为五个阶段。

1. 简单的销售部门 早期医药企业的营销组织部门设置比较简单，功能也比较单一，通常称为供销科，主要担任销售企业产品的任务。通常由一名主管销售的副总经理领导，带领一批推销队伍，同时兼管企业简单的市场调研与广告工作。

2. 兼有营销功能的销售部门 这种模式下，医药企业销售部门兼有较多的营销调研、广告、消费者服务工作。为完成这些工作，销售总经理必须聘请有经验的人员处理各种销售活动，还可以聘请一位营销主管来管理这些增添的营销功能。

3. 独立的营销部门 随着医药企业的不断发展，市场营销的其他职能如营销调研、新产品开发、广告和销售促进、顾客服务等相对于销售队伍本身来说更为重要。公司总经理最终也认识到，设立一个相对独立的营销部门是有好处的。营销部门由主管营销的副总经理领导，营销副总经理与销售副总经理共同向总经理或常务副总经理负责。

4. 现代营销部门　如果销售活动和营销活动之间冲突太大时，企业总经理可以将营销活动置于销售副总经理的管理之下，也可以交由常务副总经理处理那些可能出现的矛盾，或者也可以由营销副总经理全权处理这类事务，包括负责对销售队伍的管理。许多企业采纳后一种解决办法，并形成了现代营销部门的基础，即由营销副总经理领导营销部门，管理下属的全部营销功能，包括销售管理工作。

5. 现代营销公司　在现代企业中，营销部门的组织系统已不断细化，并延伸到越来越广的范围。与此同时，营销部门与非营销部门的划分已经成为一个越来越模糊的概念。正如美国西北大学史蒂文·伯内特教授所说："在真正伟大的营销组织中，难以判定谁是营销部门的人，组织中的每一部门都必须根据顾客可能造成的影响来做出决策。"

一个企业可能设有现代化的营销部门，但还不能说就可以按现代营销公司行事。是不是现代营销公司，要取决于公司其他主管人员怎样看待营销功能，是否具有全员营销管理的概念。如果只把营销活动看做是销售功能，或者将营销活动仅仅看成是营销部门的事，那么企业管理者就没有抓住要领。只有当企业管理者懂得：企业一切部门都是为顾客而工作，营销不是一个部门的名称，而是公司上下的整体概念，是公司的创业宗旨，这些公司才能成为现代营销公司。

（三）医药企业营销部门机构的设计

现代医药企业营销部门有多种设计方法，常见的营销组织机构有以下三种。

1. 职能型组织机构　这是医药企业中最常见的营销机构组织形式。即根据各营销职能需要设立相应部门，各种营销职能部门处于平等地位，均隶属于企业主管营销的副总经理，各部门对营销副总经理负责，营销副总经理负责协调他们的活动。这种机构基本上由五个部门组成：营销行政事务、广告部、销售部、市场部和新产品部。除此之外，还可根据实际需要增加其他部门，如客户服务部、药品配送部等。

按照营销职能设置的营销机构的主要优点是易于管理。但是，随着企业产品的增多和市场的扩大，这种形式越来越暴露出其处事效率太低的弱点。首先没有人对产品或市场负完全的责任，因而就会发生某些产品和特定市场的计划工作不完善的情况，未受到各职能部门偏爱的产品就会被搁置一旁。其次，各职能部门都争相要求使自己的部门获得比其他部门更多的预算和更重要的地位，营销副总经理不得不经常仔细审核相互竞争的各职能部门所提出的各种要求，并面临着如何进行协调的难题。

2. 包含地理区域设置的营销机构　如果医药企业建立有健全的营销网络，医药产品在全国范围销售，则通常都需按照地理区域设立销售机构，以负责该地区的营销工作。这种机构实际是对上一种模式的改进。企业可以在全国划分若干个销售大区，每个大区又包含若干销售地区，每个地区配备若干名医药代表和商务代表。

在这样的营销组织机构中，由销售部经理全面负责销售工作，其他营销职能部门各司其职。销售地区机构成为具体实现企业营销计划的承担者。地区经理的职责是代表企业管理好地区营销资源，将营销终端工作做精做细。这种营销组织机构形式是目前我国医药企业常用的模式。

3. 产品或品牌管理模式　生产经营多种产品或品牌的企业，常建立一种产品或品牌经理组织机构。我国医药行业中的一些中外合资企业采用的就是此种形式。

从根本上讲，这种模式并没有取代职能型管理组织，只不过是在前面两种模式的基础上增加一个管理层次而已。如果企业生产经营的产品差异很大或产品品种数量太多，以至于按职能设置的营销组织无法处理，建立产品或品牌经理制度是合适的。1927 年在美国宝洁公司首先出现了产品管理组织模式，当时是一种叫佳美的肥皂新产品销售欠佳，一位年轻的销售经理麦克埃尔罗伊，提出了产品管理并成为佳美肥皂的产品经理，他的工作获得了成功。因此，生产多种产品或品牌的公司，常常设立这样的一个机构产品或品牌管理组织，这种机构为企业的发展创造了机会。

（四）医药企业内部因素分析

1. 高层管理者的意图 任何一家企业的市场营销活动不是企业某个部门的孤立行为，医药市场营销部门也不例外。最高管理层负责制定企业的任务、目标、发展战略及其重大决策。营销部门在制定和执行营销战略或具体的市场营销计划时，必须在企业总体发展战略的指导下，获得企业最高管理层的批准和支持，并与其他部门搞好分工协作，要考虑最高管理层的意图。

2. 其他职能部门的支持与配合 医药市场营销活动是一项系统工程，离不开医药企业各职能部门（如生产、采购、研究与开发、质保、营销、财务等部门）的密切协作。能否与企业的其他部门协调配合将直接影响营销部门的绩效。因此，医药产品的开发计划能否实现，不仅取决于其本身是否有市场，还取决于与各部门的协作是否和谐。

3. 企业资源的整合 市场营销就是整个企业的营销行为。不同的企业，内部环境要素不一样，包括人员、厂房设备、资金、信息等。人员是企业最主要的资源，企业的市场竞争归根到底是人才的竞争。企业管理水平高低直接影响营销效果。企业文化在培养企业员工共同价值观，增强企业凝聚力，发挥员工的主动创造力等方面具有越来越重要的作用。建立企业营销信息系统是完成营销工作的重要保证。企业的管理者必须整合所有资源，有效地集中并合理利用所有的人力、物力、财力及信息，才有可能实现共同的企业营销目标。

案例 2-5 上海 HL 股份有限公司的组织结构安排

上海 HL 股份有限公司是一家以生产与销售保健品为主业的企业。在其组织结构图中，共有 21 人向总经理汇报工作。包括：负责人力资源、生产、市场营销、物流、财务、研究与发展业务和资本运作业务的 7 名副总经理，11 个保健品部的产品经理，以及公司秘书、法律顾问和投资顾问。

公司的董事会由 9 名董事组成，其中有 3 名独立董事。独立董事李某某是上海某高校管理学院的教授。根据现代管理理论，一个企业老总的最佳管理幅度应该在 7～13 人，而目前的管理跨度显然已超出了正常的范围。李教授希望总经理能对他的组织结构安排做出解释。

总经理的观点是，“我们公司拥有一支受过良好教育和培训的工作团队，他们有着一流的业务素质。我的下属将会得到我明确的授权，并根据授权有效地处理各类问题。只有他们遇到例外的或者无法解决的问题时，才需要向我汇报。因此，我们公司组织结构的设计是合理的，管理跨度也将是有效可行的”。

李教授并不满意总经理的解释，他坚持认为总经理的负担过重。

总经理反驳道：“通用电气的重型燃气轮机制造基地全厂有 2000 多职工，年销售收入达 20 多亿美元。全厂由总经理负责，他下属包括几位生产线经理，如叶片生产线、装配线、调试线等，每个生产线经理直接面对 100 多名工人。没有班组长，也没有工长、领班，更没有任何副职。既然人家能管这么多人，我们为什么就不行呢？”

李教授仍坚持自己的观点，并建议应该设立 1～2 名副总经理来管理 11 个保健品产品部。

问题：

1. 通用电气公司为何能采取较宽的管理跨度？
2. HL 公司是否应该设立 1～2 名副总经理来管理 11 个保健品部？

二、供 应 商

供应商是指企业资源的供应者，即向企业供应原材料、部件、能源、劳动力和资金等资源的企业和组织。原材料、零部件、能源及机器设备等货源的保证，是企业营销活动顺利进行的前提。

供应商对企业的营销活动有重要影响，其所供应的原材料数量和质量将直接影响产品的数量和质量，所提供的资源价格会直接影响产品成本、价格和利润，这些很明显会影响企业产品的销售，从而影响企业的综合竞争能力；供应商提供材料的交货时间会影响企业的生产能否正常进行，如企业在开发新产品时，若无开发新产品所需的原材料或设备的及时供应，就不可能成功。有些比较特殊的原材料生产设备，还需供应商为其单独研制和生产。因此，企业要对供应商的影响力有足够的认识，并与其保持良好的关系。

企业必须和供货人保持密切联系，及时了解供货商的变化与动态，使货源供应在及时性和连续性上能得到切实保证，特别是在进行新产品研制、需要新型原材料或特种材料和设备或者原料短缺时；除了保证商品本身的内在质量外，还要有各种售前和售后服务；对主要原材料和零部件的价格水平及变化趋势，也要做到心中有数，应变自如。企业在处理好与供应商的关系时，还要避免对某一供应商的过分依赖，以防其任意提价或限制供应，即企业必须慎重选择供应商，并尽可能多地做到多渠道供应，以确保企业生产活动的顺利运行。根据不同供应商所供货物在营销活动中的重要性，企业可按照诚信状况、货源规格与质量、在供应商中的地位及地理位置、交通运输状况等将供应商分为不同的类别和等级，从而有选择、有重点地与之联系。

（一）供货的稳定性与及时性

市场经济中，药品市场需求千变万化，医药企业必须针对瞬息万变的市场及时调整计划，而这一调整又需要供应商及时提供相应资源的支持。医药企业为了在时间上和连续性上保证得到适当的资源，应该和供应商保持良好的关系，只有这样才能保证企业的正常运行。

（二）供货的价格变动

供应物资的价格水平直接影响药品的成本和利润，最终影响药品在市场上的竞争能力。这就意味着企业在营销中应密切注意供货价格的变化趋势，特别要密切注意构成药品关键部分的材料价格的变化。

医药企业为了协调与供应商的关系，应做好以下几方面的工作。

1. 实现“互利共赢”　即通过互惠互利的交易，双方均为胜利者。企业和供应商虽有竞争关系，但更应该是合作伙伴。因此，医药生产或经营企业应注意建立长期的、稳定的合作供应链，使外部交易成本下降，避免两败俱伤。

2. 加强与供应商的信息沟通　企业应及时将自身的经营状况、产品调整情况、企业对供应货物的要求（价格、供货时间、质量标准等）与供应商进行沟通，以便协调双方的立场。

3. 对供应商进行分类管理　企业应根据供应商所供应货物的重要程度、稀缺程度、供应量大小、信誉状况、在供应商中的地位、地理位置、交通运输状况等划分为不同等级，以便重点协调，兼顾一般。

4. 提高选择供应商的自由度　企业若过分依赖一个或几个供应商，会导致供应商任何的细微变化都将影响企业的价格的正常经营运作，也会加大供应商对原料或药品价格的操控能力，从而增加企业的经营风险。为此，药品生产经营企业应建立多个供应渠道来增加选择上的自由度，使企业居于有利位置。

5. 保持供应商的相对稳定　《药品生产质量管理规范》（Good Manufacture Practice of Drugs，GMP）要求药品生产企业有相对固定的原料、辅料及包装材料供应商，以保证药品质量相对稳定。

（三）供货的质量水平

药品供应商提供的生产资料的质量直接影响药品本身的质量，从而影响药品的销售。当然，供货的质量还包括各种服务，尤其是一些制药设备的供应，如果没有配套的服务如安装、调试、零部件供应等，药品生产就没有保障，药品营销就会陷入被动状态。

三、营 销 中 介

营销中介（marketing intermediaries）是指协助医药企业促销、分销其产品给最终购买者的企业，包括中间商（拥有商品所有权的商人中间商和不拥有商品所有权的代理中间商）、实体分配公司（运输企业、仓储企业）、营销服务机构（广告公司、营销调研企业、营销咨询企业等）和财务中间机构（银行、信托公司、保险公司等）。企业要达到实现潜在交换、满足顾客需要的目标，离不开这些营销中介的共同配合，所以说营销中介都是医药市场营销活动不可缺少的环节。

（一）医药中间商

医药中间商是指介于生产者与消费者之间专门从事医药流通活动的经济组织，包括零售商、批发商和代理商，如药店、连锁药店、药材公司、医药公司及代理机构。对生产企业而言，若把供应商比作上游企业，那么中间商就是下游企业。目前药品市场供大于求，竞争日趋激烈，协调好与中间商的关系更为重要。

（二）配送机构

配送机构包括医药产品的运输和储存机构。企业应结合自身产品的特点，在综合考虑储存和运输的费用、安全性、速度等因素后，选择最适宜的药品物流公司。把储运工作交由专业的现代化物流企业完成，可以提高效率、降低经营成本。

（三）营销服务机构

营销服务机构是帮助医药生产或经营企业寻找目标客户和帮助企业促销的机构，主要有市场调研机构、广告公司、传播媒介公司、市场营销咨询机构等。大多数医药经营企业要借助这些服务机构来开展销售活动。医药生产或经营企业在选择这些机构时，需对它们所提供的服务、质量、创造力等方面进行评估，并定期考核其业绩。

（四）金融机构

金融机构又称财务中介机构，是指那些协助厂商融资或保障货物购销储运风险的机构，如信托公司、保险公司和银行等部门。为保证融资渠道畅通，企业应根据金融机构提供的服务条件选择财务中介机构。

四、顾 客

医药企业的一切营销活动都是以满足顾客的需要为中心的，因此，顾客是医药企业营销最重要的环境因素。顾客是医药企业服务的对象，也就是医药企业的目标市场。顾客市场一般可以分为五种。

（一）消费者市场

消费者市场是指为满足个人或家庭需要而购买商品和服务的市场。药品的特殊性，导致消费者在购药时利益聚焦在产品对其健康的益处，因而更注重功效和品牌，并且需求弹性比较小。

（二）生产者市场

生产者市场是指为赚取利润或达到其他目的而购买商品和服务来生产其他产品和服务的市场。

（三）中间商市场

中间商市场是指为利润而购买商品和服务以转售的市场。由于医药产品的特殊性，法律或法规对医药经销商的运作、资格等往往都有比较多的限制条件。

（四）政府市场

政府市场是指为提供公共服务或将商品与服务转给需要的人而购买商品和服务的政府和非营利机构。

（五）国际市场

国际市场是指国外买主，包括国外的消费者、生产者、中间商和政府等。

顾客是企业服务的对象，也是营销活动的出发点和归宿，忠诚的顾客是企业最宝贵的财富。企业的一切营销活动都应以满足顾客的需要为中心，顾客是企业最直接、最重要的环境因素。顾客不断变化的需求，会影响企业营销决策的制定和服务能力的形成，企业要以不同的方式提供相应的产品和服务，只有不断满足顾客变化发展的消费需求，才能获得市场，获得效益。

五、竞　争　者

市场经济最突出的特征之一就是竞争，优胜劣汰是市场竞争的根本法则。没有竞争，社会就不可能发展，企业产品质量、服务水平都会受其影响。面对日益激烈的国际国内市场竞争，医药企业必须提高认识，苦练内功，从全方位提高企业的综合竞争实力。竞争力既来自企业的产品、技术、服务等有形方面，也来自经营理念、企业化、企业形象等无形方面。医药企业面临的竞争环境，既包括同行业企业间的直接竞争，也要考虑与未来新加入企业间的潜在竞争；既包括有形的竞争，如技术、产品的竞争，也包括无形的竞争，如形象、声誉等因素的竞争；既有国内市场、国际市场的竞争，也有国内市场上自主企业与外国企业的竞争。

医药企业欲在竞争中取得成功，必须熟知并适应竞争环境。在不同的时间、地点和条件下，企业所承受的竞争压力是不相同的。竞争环境分析的目的就是要深入了解每一种竞争力量的态势，并不时地将自身的各方面情况与竞争者做一比较，这样才能辨别竞争优势与劣势之所在，知己知彼方能制定出有效的竞争策略，既可以对竞争者发动正确的攻击，也可进行最佳的防御。

（一）竞争者分类

从消费者需求角度看，可以把医药企业的竞争者分为愿望竞争者、普通竞争者、产品形式竞争者和品牌竞争者。

1. 愿望竞争者　是指提供不同产品以满足不同需求的竞争者，如生产药品的厂商可以将生产医疗器械、卫生材料等满足不同需求的厂商作为自己的竞争者，因此，如何使顾客首先购买药品、更多地消费药品是这种竞争的实质所在。

2. 普通竞争者　是指提供能够满足同一种需要的不同产品的竞争者。例如，生产青霉素 G 的厂商可以将生产先锋霉素、头孢氨苄的厂商作为自己的竞争对手。

3. 产品形式竞争　是指生产同种产品但不同规格、型号、式样的竞争者。例如，生产青霉素 G 的公司可能认为所有青霉素生产者都是自己的竞争者。

4. 品牌竞争者　是指生产相同产品，并且规格、型号、样式也相同的竞争者。例如，生产青霉素 G 的公司的主要竞争者是生产价格、规格、剂量、档次相似青霉素产品的一些企业。

（二）竞争环境分析的主要内容

医药企业进行竞争环境分析时需要了解竞争者的信息至少有下列五项：谁是竞争者？竞争者

的策略是什么？竞争者的目标是什么？竞争者的强势与弱点何在？竞争者对竞争的反应是什么？

1. 确认企业的竞争者 ①确认现有竞争者（指医药行业内生产同类产品的企业），目前我国大多数企业对竞争者的分析，主要是对现有竞争者的分析。一般来说，应根据各企业的经营特点和要求从竞争对手的数量、目标、战略、实力等四个方面进行分析。②确认潜在竞争者（指由新建企业及老企业转产后加入本行业的竞争者），在商品经济下，由于潜在竞争者的加入，必然会加剧行业内部的竞争，包括争夺市场和争夺原料。这样，也必然使原有企业对潜在竞争者做出必要的对策和反应。

2. 确认竞争者的策略 医药企业最接近的竞争者就是那些与本企业采用相同策略并且追逐相同目标市场的企业。对于竞争者策略的分析，主要包括竞争者的产品质量、特性及组合，顾客服务，价格政策，目标市场，销售策略，广告与销售促进计划，新产品开发与研究，财务以及其他功能性的策略等内容。

3. 判定竞争者的目标 判断每一个竞争者的目标主要是搞清竞争者在目标市场上寻求什么？竞争者各项行为背后所隐藏的直接动机是什么？

竞争者通常的目标是追求利润最大化。即使如此，还需要明确竞争者所追求的是短期还是长期利润，追求“满意的”利润还是“最大化的”利润等。

如果每一个竞争者有不同权数的目标组合，就需要去了解目前在获利能力、市场占有率成长、现金流量、技术领导地位、服务领导地位等方面，竞争者所赋予各项目标的相对权数如何。了解竞争者目标权数的组合后，便可知道竞争者是否满意于其目前的财务状况，它对各种不同的竞争会如何反应等。例如，一个以成本领导地位为主的公司，对于其他竞争者制造技术的突破，往往比遭受广告竞争，更令它难以承受。

此外，企业还要密切监视竞争者的扩张计划，以便掌握竞争者的动向，进而提前拟订相应策略。

4. 评估竞争者的优势与弱点 确认每一个竞争者的优势与弱点，应当搜集竞争者的一些重要资料，特别是销售额、市场占有率、利润率、投资报酬率、回款额、呆坏账额、新投资计划、产能利用率等。此外还需围绕竞争对手的企业文化、团队精神、营销队伍与人员素质等进行定性的分析，以找出竞争对手的优劣势。

5. 了解竞争者的反应形态 竞争者的反应是指竞争者对于降价、促销活动或新产品上市等可能采取的行动及强度。通常竞争者的反应形态有沉默回避型、勇猛反击型、选择反击型和不定型四类。掌握主要竞争者的反应形态有助于企业在制定营销策略时充分地预见相关策略的直接后果。

六、公　众

公众是指对企业实现其目标的能力有兴趣或有影响力的各种团体或个人。公众对于医药营销具有十分重要乃至决定性的意义。一般来说，对医药营销有影响的公众主要有以下几种。

（一）融资公众

融资公众是指关心和影响企业融通资金能力的各种金融组织和社会集团，如银行、投资公司、证券、保险业等。

（二）媒介公众

媒介公众是指那些联系企业与外界的传播媒体。主要指报纸、杂志、广播、电视、网络等。

（三）政府公众

政府公众是指负责管理企业业务、经营活动的有关政府机构。对于医药企业来说，由各级食品药品监督管理局颁发药品生产或经营许可证、GMP证书、《药品经营质量管理规范》(Good Supply

Practice，GSP）证书等。此外还有环境保护局、工商行政管理局、物价局、税务局等政府机构。

（四）群众团体

群众团体是指各种保护消费者权益组织、环境保护组织及少数民族组织等。例如，消费者协会、绿色和平组织。

（五）地方公众

地方公众是指企业周围的居民和团体组织。他们对企业的态度会影响企业的营销活动。

（六）企业内部公众

企业内部公众是指企业内部从上到下的组织成员，包括股东、管理人员、职工等。处理好内部公众关系、增强凝聚力是建设和谐社会的前提。

社会公众对企业的存在和发展产生巨大的影响，对企业的各项营销活动既可能产生积极的推动作用，也可能产生消极的妨碍作用。因此，企业必须密切关注各类公众的态度，运用公共关系手段加强与各种公众的交流和沟通，主动处理好同公众的关系，树立企业的良好形象，打造优秀品牌。

第四节　医药市场营销环境分析方法

一、波特五力模型

波特五力模型是迈克尔·波特（Michael Porter）于20世纪80年代初提出的，他认为行业中存在着决定竞争规模和程度的五种力量，这五种力量综合起来影响着产业的吸引力及现有企业的竞争战略决策。五种力量分别为行业内竞争强度、潜在竞争者进入的能力、替代品竞争能力、供应商讨价还价能力、客户讨价还价能力，见图2-3。

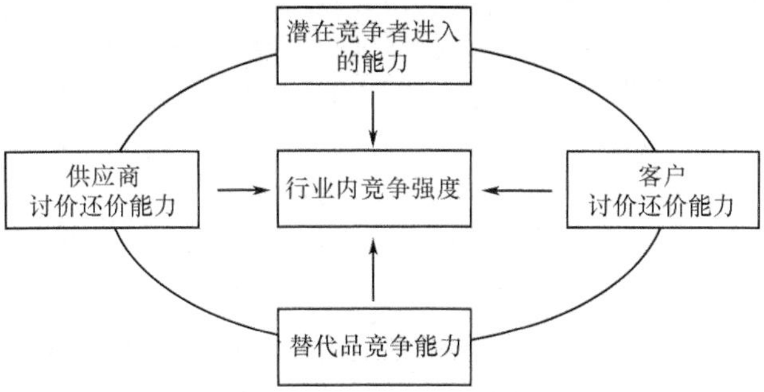

图2-3　波特五力模型

1. 行业内竞争强度　大部分行业中的企业，相互之间的利益都是紧密联系在一起的，作为企业整体战略一部分的各企业竞争战略，其目标都在于使得自己的企业获得相对于竞争对手的优势，所以，在实施中就必然会产生冲突与对抗现象，这些冲突与对抗就构成了现有企业之间的竞争。

一般来说，出现下述情况将意味着行业中现有企业之间竞争的加剧，这就是：行业进入障碍较低，势均力敌竞争对手较多，竞争参与者范围广泛；市场趋于成熟，产品需求增长缓慢；竞争者企图采用降价等手段促销；竞争者提供几乎相同的产品或服务，用户转换成本很低；一个战略行动如果取得成功，其收入相当可观；行业外部实力强大的公司在接收了行业中实力薄弱企业后，发起进攻性行动，结果使得刚被接收的企业成为市场的主要竞争者；退出障碍较高，即退出竞争要比继续参与竞争代价更高。

2. 潜在竞争者进入的能力 新竞争者在给行业带来新生产能力、新资源的同时，将希望在已被现有企业瓜分完毕的市场中赢得一席之地，这就有可能会与现有企业发生原材料与市场份额的竞争，最终导致行业中现有企业盈利水平降低。竞争性竞争威胁的严重程度取决于两方面的因素，这就是进入新领域的障碍大小与预期现有企业对于竞争者的反应情况。

进入障碍主要包括规模经济、产品差异、资本需要、转换成本、销售渠道开拓、政府行为与政策、不受规模支配的成本劣势、自然资源、地理环境等方面。预期现有企业对竞争者的反应情况，主要是根据采取报复行动的可能性大小，取决于有关厂商的财力情况、报复记录、固定资产规模、行业增长速度等。

3. 替代品竞争能力 两个处于同行业或不同行业中的企业，可能会由于所生产的产品是互为替代品，从而在它们之间产生相互竞争行为，这种源自替代品的竞争会以各种形式影响行业中现有企业的竞争战略。替代品价格越低、质量越好、用户转换成本越低，其所能产生的竞争压力就强；而这种来自替代品生产者竞争压力的强度，可以通过考察替代品销售增长率、替代品厂家生产能力与盈利扩张情况来加以描述。

4. 供应商讨价还价能力 供方主要通过提高投入要素价格与降低单位价值质量的能力，来影响行业中现有企业的盈利能力与产品竞争力。供方力量的强弱主要取决于它们所提供给买主的是什么投入要素，当供方所提供的投入要素其价值构成了买主产品总成本的较大比例、对买主产品生产过程非常重要或者严重影响买主产品的质量时，供方对于买主的潜在讨价还价力量就大大增强。一般来说，满足如下条件的供方集团会具有比较强大的讨价还价力量：①供方行业为一些具有比较稳固市场地位而不受市场激烈竞争困扰的企业所控制，其产品的买主很多，以至于每一单个买主都不可能成为供方的重要客户。②供方各企业的产品各具有一定特色，以至于买主难以转换或转换成本太高，或者很难找到可与供方企业产品相竞争的替代品。③供方能够方便地实行前向联合或一体化，而买主难以进行后向联合或一体化。

5. 客户讨价还价能力 客户者主要通过其压价与要求提供较高的产品或服务质量的能力，来影响行业中现有企业的盈利能力。客户议价能力主要有以下影响因素：①购买者的总数较少，而每个购买者的购买量较大，占了卖方销售量的很大比例。②卖方行业由大量相对来说规模较小的企业所组成。③购买者所购买的基本上是一种标准化产品，同时向多个卖主购买产品在经济上也完全可行。④购买者有能力实现后向一体化，而卖主不可能实现前向一体化。

医药产业，无论是国内的或国际的，无论生产有形产品的或提供无形服务的，竞争规律都将体现在这五种竞争的作用力上。因此，波特五力模型从一定意义上来说隶属于外部环境分析方法中的微观分析。波特五力模型通过对竞争战略的分析，可以有效地了解客户的竞争环境。我们可以运用波特五力模型对医药产业盈利能力和吸引力做静态断面扫描，以此说明医药产业中的企业平均具有的盈利空间，所以这是一个产业形势的衡量指标，而非企业能力的衡量指标。通常，这种分析法也可用于医药企业创业能力分析，以揭示本企业在本产业或行业中具有何种盈利空间。

二、SWOT 分析法

SWOT 分析法是医药企业经常用来确定企业自身的竞争优势、竞争劣势、机会和威胁，从而将公司的战略与公司内部资源、外部环境有机地结合起来的一种科学的分析方法。S（strengths）是优势、W（weaknesses）是劣势，O（opportunities）是机会、T（threats）是威胁。

优势（S），是组织机构的内部因素，具体包括有利的竞争态势、充足的财政来源、良好的企业形象、技术力量、规模经济、产品质量、市场份额、成本优势、广告攻势等。

劣势（W），也是组织机构的内部因素，具体包括设备老化、管理混乱、缺少关键技术、研究开发落后、资金短缺、经营不善、产品积压、竞争力差等。

机会（O），是组织机构的外部因素，具体包括新产品、新市场、新需求、外国市场壁垒解除、竞争对手失误等。

威胁（T），也是组织机构的外部因素，具体包括新的竞争对手、替代产品增多、市场紧缩、行业政策变化、经济衰退、客户偏好改变、突发事件等。

1. 机会与威胁　随着经济、科技等诸多方面的迅速发展，特别是世界经济全球化、一体化过程的加快，全球信息网络的建立和消费需求的多样化，企业所处的环境更为开放和动荡。这种变化几乎对所有企业都产生了深刻的影响。正因为如此，环境分析成为一种日益重要的企业职能。环境发展趋势分为两大类：一类表示环境威胁；另一类表示环境机会。环境威胁指的是环境中一种不利的发展趋势所形成的挑战，如果不采取果断的战略行为，这种不利趋势将导致公司的竞争地位受到削弱。环境机会就是对公司行为富有吸引力的领域，在这一领域中，该公司将拥有竞争优势。

2. 优势与劣势　每个企业都要定期检查自己的优势与劣势。当两个企业处在同一市场或者说它们都有能力向同一顾客群体提供产品和服务时，如果其中一个企业有更高的赢利率或赢利潜力，那么，我们就认为这个企业比另外一个企业更具有竞争优势。

竞争优势可以指消费者眼中一个企业或它的产品有别于其竞争对手的任何优越的东西，它可以是产品线的宽度、产品的大小、质量、可靠性、适用性、风格和形象及服务的及时、态度的热情等。虽然竞争优势实际上指的是一个企业比其竞争对手有较强的综合优势，但是明确企业究竟在哪一个方面具有优势更有意义，因为只有这样，才可以扬长避短，或者以实击虚。

由于企业是一个整体，而且竞争性优势来源十分广泛，所以，在做优劣势分析时必须从整个价值链的每个环节上，将企业与竞争对手做详细的对比，如产品是否新颖、制造工艺是否复杂、销售渠道是否畅通及价格是否具有竞争性等。如果一个企业在某一方面或几个方面的优势正是该行业企业应具备的关键成功要素，那么，该企业的综合竞争优势也许就强一些。需要指出的是，衡量一个企业及其产品是否具有竞争优势，只能站在现有潜在用户角度上，而不是站在企业的角度上。

企业在维持竞争优势过程中，必须深刻认识自身的资源和能力，采取适当的措施。因为一个企业一旦在某一方面具有了竞争优势，势必会吸引到竞争对手的注意。一般地说，企业经过一段时期的努力，建立起某种竞争优势；然后就处于维持这种竞争优势的态势，竞争对手开始逐渐做出反应；而后，如果竞争对手直接进攻企业的优势所在，或采取其他更为有力的策略，就会使这种优势受到削弱。

从整体上看，SWOT 可以分为两部分：第一部分为 SW，主要用来分析内部条件；第二部分为 OT，主要用来分析外部条件。利用这种方法可以从中找出对自己有利的、值得利用的因素，以及对自己不利的、要避开的因素，发现存在的问题，找出解决办法，并明确以后的发展方向。如图 2-4 所示。

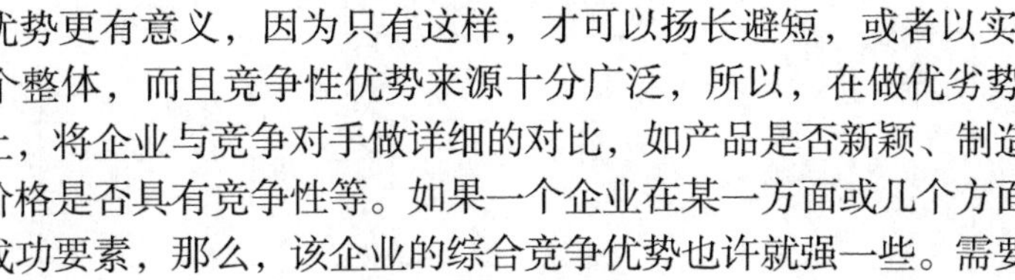

图 2-4　SWOT 组合矩阵图

图 2-4 中出现的四种不同战略是：SO 战略，即扩张型战略，企业内部拥有优势，而环境又提供了机会，这是理想的最佳状态；WO 战略，即扭转型战略，面对某种市场机会，企业可能并不具有相应的竞争优势，但可以利用外部的一些机会，调整自己的弱势，从而取得更好的成绩；ST 战略，即多元化战略，利用自身优势加大产品差异化提升产品服务及质量避免或者减轻与威胁正面碰撞，避免威胁对企业带来的影响；WT 战略，即防御型战略，企业高度重视在业务发展中所可能出现的各种风险，并注意到在面对风险时所存在的不足之处。

三、PEST 分析法

PEST 分析法常常运用于宏观环境的分析，宏观环境又称一般环境，泛指一切影响行业和企业的宏观因素。对宏观环境因素作分析，不同行业和企业根据自身特点和经营需要，分析的具体内容会有差异，但一般都应对政治环境（political factors）、经济环境（economic factors）、社会环境（sociocultural factors）和技术环境（technological factors）这四大类影响企业的主要外部因素进行分析。见图 2-5。

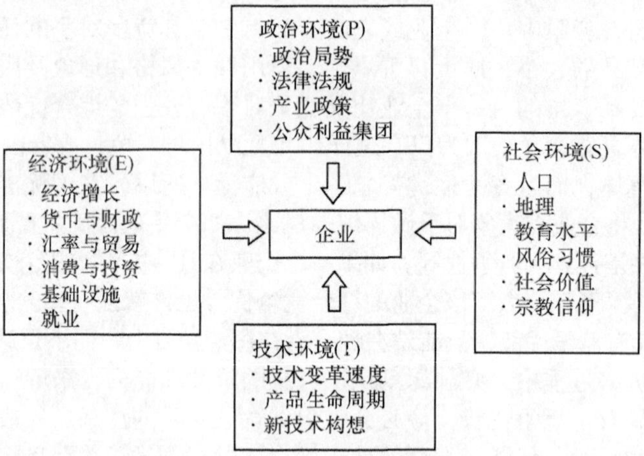

图 2-5 PEST 分析模型

1. 政治环境 政治环境包括一个国家的政治局势，社会制度，执政党的性质，政府的方针、政策、法令等。不同的国家有着不同的社会性质，不同的社会制度对组织活动有着不同的限制和要求。即使社会制度相同的同一国家，在不同时期，由于执政党的不同，其政府的方针特点、产业政策倾向、公众利益集团对组织活动的态度和影响也是不断变化的。

2. 经济环境 经济环境主要包括宏观和微观两个方面的内容。宏观经济环境主要指一个国家经济增长趋势，国民收入、国民生产总值与变化情况及通过这些指标能够反映的国民经济发展水平和发展速度。微观经济环境主要指企业所在地区或所服务地区的消费者的收入水平、消费偏好、储蓄情况、就业程度等因素。这些因素直接决定着企业目前及未来的市场大小。

3. 社会环境 社会环境包括一个国家或地区的居民受教育程度和文化水平、宗教信仰、风俗习惯、价值观念、审美观点等。文化水平会影响居民的需求层次；宗教信仰和风俗习惯会禁止或抵制某些活动的进行；价值观念会影响居民对组织目标、组织活动及组织存在本身的认可与否；审美观点则会影响人们对组织活动内容、活动方式及活动成果的态度。

4. 技术环境 除了要考察与企业所处领域的活动直接相关的技术手段的发展变化外，还应及时了解国家对科技开发的投资和支持重点、该领域技术发展动态和研究开发费用总额、技术转移和技术商品化速度、专利及其保护情况等。

四、专家分析法

专家分析法主要是对有关医药市场营销专家进行相应的咨询和调查，从而得到正确的结论。专家分析法是否有效的前提是对咨询专家的界定和选择，以及专家对所研究问题的熟悉程度、关注程度和掌握相关资料的多少等。常见的有个别专家询问调查、专家会议法、类推法和德尔菲法等。

案例 2-6　阿里巴巴宣布整合在线医药业务进入阿里健康

2015 年 4 月 15 日，阿里巴巴集团宣布和香港上市的阿里健康信息技术有限公司达成最终协议。根据协议，阿里巴巴集团将转让天猫在线医药业务的营运权给予阿里健康，以换取阿里健康新发行的股份和可转股债券。

阿里巴巴集团目前拥有阿里健康约 38%的股权，交易完成后，持股将上升到约 53%（如可转债完全兑换以后，将上升到约 54.6%）。阿里健康将成为阿里巴巴集团的子公司。

目前，186 家拥有互联网药品交易服务资格的药房在天猫平台上销售非处方药、医疗器械、隐形眼镜和其他保健产品。2014 年 3 月至 2015 年 3 月，天猫在线医药业务的总商品交易额达到了 47.4 亿元人民币。在交易完成后，消费者将能继续在天猫上在线购买相关产品，阿里健康在后台负责运营商家，集中产品供应，以向消费者提供高质量和大范围的选择。整合在线医药业务，有利于阿里健康在医疗健康电商领域战略聚焦，并将服务拓展至中国医疗健康行业的更多参与方。

阿里巴巴集团首席运营官张勇表示，"阿里集团已把健康领域的生态建设列为未来的重要战略方向之一。这次整合，阿里集团希望打造基于阿里健康的医疗健康生态体系，更好地帮助产业链各方共同成长，最终为用户提供更好的医疗、健康方面的服务和体验"。

阿里健康表示，在未来政策允许的情况下，将充分把握机会进军在线处方药市场。阿里巴巴集团表示，将会继续支持阿里健康发展为阿里巴巴在健康医疗领域的旗舰平台。

问题：

1. 相对于传统药品销售渠道，互联网药品交易的竞争优势是什么？
2. 面对电商进军医药领域，传统渠道应如何应对？
3. 互联网药品交易可能存在的风险有哪些？

本章思考题

1. 什么是医药市场营销环境？在营销中分析环境的意义何在？
2. 如何理解宏观环境与微观环境之间的关系？
3. 人口环境对医药营销有何影响？
4. 简述竞争环境分析的主要内容。
5. 简述 SWOT 分析法在医药市场营销环境分析中的作用。

（江西中医药大学　王　力）

第三章 医药消费行为分析

案例 3-1 跨国医药公司的预见式营销

S 公司是一家知名跨国医药公司，在中国经营数年。近年来，面对庞大的中国医药市场，原有的医药经营方式面临着不可逾越的挑战：渠道下沉、终端扩张、数据采集频率难以跟上、渠道数据难以处理、销售人员绩效考核难以管理、终端促销计划难以执行等问题频现。

这些致命弊病使 S 公司不可接受，因为要在竞争日趋激烈的市场中赢得先机，必须真正掌握渠道数据，才能对快速变化的市场做出正确响应和决策，此时寻求战略合作伙伴迫在眉睫。

S 公司成立专项小组，由商务和 IT 负责人亲自率队正式向国内外优秀经销商数据采集供应商招标。最终，公司选择拥有独特运营服务体系和高品质服务水平的 A 公司作为合作伙伴。

其后，经过 S 公司与 A 公司共同努力，上线了渠道透明化平台。项目就此开始，A 公司以每周 30 家的速度迅速完成了一期 400 多家经销商的数据接入工作，终端客户的主数据超过 15 万个企业记录（包括医院、社区服务中心、零售总部、单体零售店、KA 总部及分支机构等），实现了全渠道可视化，至次年年末，接入规模超过 1000 家。A 公司高效的数据处理流水线，保证了数据的“日清日结”，也就是说：当天接入，当天处理，当天展示和导出，实现了“即接即用”。

通过使用该“渠道透明化”服务，S 公司的进销存数据采集频率已从原先的 45 天提高到 1 天，数据精确度超过 98%，彻底实现了“补救式营销”到“预见式营销”的转变。

问题：

1. 相比“补救式营销”，“预见式营销”赢在哪里？
2. 通过渠道透明化平台，S 公司可以获取哪些方面的客户信息？
3. 你认为“预见式营销”将如何促进企业与客户间关系？

消费者行为（consumer behavior）研究的是个人、群体和组织如何挑选、购买、使用和处置产品、服务或体验来满足他们的需要和欲望的过程。分析消费者购买行为是医药市场营销中的一个重要环节。医药市场的顾客有两大类：一类是为了满足自身或他人健康需求而购买医药产品和相关服务的个人或家庭消费者，另一类是为了研发、生产、销售或医疗服务等目的而购买医药产品的组织型购买者。这两类购买者在购买目的、购买方式、购买时间等购买行为方面存在很大差异，对不同类型消费者购买行为应采取针对性的营销策略。

第一节 医药消费者购买行为

一、医药消费者购买行为模式

研究消费行为首先要研究七个问题（即“6W+1H”）：市场由谁构成（who）、购买何物（what）、为何购买（why）、何时购买（when）、何处购买（where）、谁参与购买（who）和如何购买（how）。而对这七个问题的回答就需要确定：购买者（occupants）、购买对象（objects）、购买目的（objectives）、购买时机（occasions）、购买地点（outlets）、购买组织（organizations）和购买行动（operations）。

由于这七个答案的英文均为“O”开头，又被称为7O's理论。研究人们消费行为要解决的七个问题与其答案的对应关系如下。

市场由谁构成？（who）——购买者（occupants）。

购买何物？（what）——购买对象（objects）。

为何购买？（why）——购买目的（objectives）。

何时购买？（when）——购买时机（occasions）。

何处购买？（where）——购买地点（outlets）。

谁参与购买？（who）——购买组织（organizations）。

如何购买？（how）——购买行动（operations）。

医药产品消费者不同于一般产品的消费者，因此医药消费者购买行为既符合消费者购买行为的一般规律，又有其特殊的购买模式。

（一）医药消费者在处方药市场的行为模式

根据有关规定，医药企业和中间商都不能将处方药直接提供给患者，但可以合法地提供给证照齐全且合法经营批发或零售处方药的企业及具有执业资格的医院、诊所。

处方药市场是医药企业、药品中间商、医院及其他医疗机构等组织销售药品的市场。各类医疗机构购买药品的目的不是满足组织自身的最终消费，而是给患者治病以此维系组织的运营或获取利润。普通消费品及非处方药直接面对的是使用者，所以营销手段多为针对直接使用者设计。而处方药是由医生开处方后病人才能使用，在这个环节里医生是主动的执行者，直接使用者是被动的消费者。医生在对处方药有充分的了解后，要考虑病人的病情、病人的要求及病人的经济状况等，来选择某一个药品并开具处方。处方药的终端一般设立在医疗服务机构内部，一方面可以保证药品的质量与真实性，另一方面方便患者购药。

从以上分析可以看出，处方药的销售业绩，主要取决于医生对药品的认可程度。通常医生对药品的态度有以下几类。

一是反对型。医生对药品持反对态度时，表明他们不承认该药品的优点，自然也不会将该药品列入处方中。医生持此态度，可能是由于此前该药品的使用过程中发生过一些问题，医生不信任该药品，从而产生敌意；也可能是该药品的医药代表等医药企业的人员在与医生的接触中发生矛盾冲突，或销售人员未能以恰当的方式推广药品。医生基本上不会在处方上开具他们持反对意见的药品。

二是未知型。由于医药市场上会不断出现新的药品，从而会有医生不认识某药品或者只是听说过某药品的情况，对药品既没有使用经验，也没有从其他同事那里听到过药品的疗效反馈，因此对药品无法形成任何看法。出于用药的谨慎原则，医生一般不会在处方上开具此类未知型药品。

三是中立型。中立型态度指医生知道某药品，甚至对药品有过一两次的处方经验，但态度并不积极，持不反对也不赞同的态度。对此类药品医生没有特殊的兴趣，会根据以往的使用情况进行一定程度的替代使用。

四是赞同型。通过长期的处方实践，医生认同某类医药产品在疗效或服务等方面的优点，对药品的特性等产生了相当的好感，对药品的使用积累了好的经验，对此类药品持积极的态度，从而会在同类病症中只开该药品的处方。

五是支持型。比赞同型更进一步的是，医生除了称赞此类药品的优点和坚持将其开入处方外，还会鉴于药品的特殊疗效等原因在各种场合帮助宣传和推荐该药品。

（二）医药消费者在非处方药市场的行为模式

随着新的医疗保险办法的实施与药品分类管理办法的出台，非处方药品目录的公布，大量零售药店的出现，消费者从公开渠道购买非处方药的机会大大增加，药品零售额快速增长，非处方药市场充满机遇。更多的医药生产企业进入零售市场，希望通过广告等促销手段，建立自己的非处方药品牌，获得长久的经济效益。在这一领域获得成功的关键是企业直接向消费者进行营销的能力，即制定有效的非处方药市场营销策略并付诸实施的能力。此时，医药企业应弄清以下几个问题。

1. 非处方药的购买者 非处方药的购买者通常符合以下几个基本条件：①成年人；②有一定的疾病判断能力，能较为准确地判断疾病的类别和病情严重程度；③有一定的用药经验，特别是一些慢性病患者；④文化程度较高，医疗保健意识较强。

2. 非处方药的选择 消费者购买非处方药时，往往会考虑治疗的疾病类别、制造商、品牌、价位、剂型、包装等问题，有时还会因为药品是否进入医疗保险报销目录而有不同的选择。消费者对非处方药的认识基于三方面：①非处方药属性，如包装外观、药品外观及开启的方便性、服用方便性、口感等；②非处方药利益，如疗效、副作用、起效速度及安全性等；③非处方药价值满足，如品牌地位。此外，在医保全面覆盖之后，进入医疗保险目录对于非处方药的推广销售也很重要。

3. 非处方药购买原因 购买者购买非处方药的原因主要是：治疗小病痛、方便、省时、节约费用等。有研究显示，近 70%的消费者表示，去药店最主要的原因是有小病痛，自己能够察觉症状并且可以判断缓解的程度。所以使用非处方药是消费者治疗日常小病症常用的方法。患者使用非处方药对一些常见病、轻微病症进行自我治疗，省掉了排队看病、等待治疗的时间；同时，非处方药的市场销售价格比处方药便宜，因此也可以节省消费者的经济花费。

4. 非处方药购买时机 非处方药购买方便，无需医生处方就可以很方便地在药店购买。而且一般质量稳定，保质期长（基本在 2～3 年），一次购买量大也不必担心过期变质。所以消费者一般有疾病发生时去购买非处方药，或者方便时购买、顺便购买以备不时之需。

5. 非处方药购买途径 购买非处方药可以去医院、社区卫生服务机构等各级各类医疗机构，也可以去各类正规药店，其中关注价格的消费者或者需要长期用药的消费者更愿去平价药房；注重药品质量的消费者更愿意去大型的连锁药店买药。近几年，也有部分消费者选择在网络药店购买非处方药，能够足不出户买到价格实惠的药品。

6. 非处方药购买的参与者 非处方药的购买，其发起者应是患者；影响者是家人、朋友、医生、药店销售人员、广告代言人等；决策者则是做出是否买、如何买、在哪里买等方面的最后决策的人。与处方药相比，非处方药具有安全性高、疗效确定、质量稳定、使用方便等特点，所以购买决策过程相对简单。消费者低度介入，显示出与其他日常消费品类似的购买特征。

二、医药消费者购买决策的影响因素

医药消费者的购买决策受到文化因素、社会因素、个人因素和心理因素等的影响。

（一）文化因素

文化、亚文化和社会阶层对消费者的购买行为具有非常重要的影响。

文化（culture）是指人类在社会发展过程中所创造的物质财富和精神财富的总和，它是根植于一定的物质、社会、历史传统基础而形成的特定价值、观念、信仰、思维方式、宗教习俗的综合体。文化具有传承性，是影响人们的欲望和行为的基本决定因素。从影响消费者购买行为的文化因素看，使人们形成特定的价值观、道德观、信仰和风俗习惯是影响其消费行为的根本。

在某一种文化中，还包含许多的亚文化群（subculture）。亚文化群以特定的价值观和影响力将各成员联系在一起，从而形成生活格调和行为方式相同或相近的群体。亚文化有许多类型，其中对消费者购买行为影响较大的有：民族亚文化、宗教亚文化、地理亚文化及种族亚文化。

事实上，所有人类社会都存在社会分层，一般根据经济因素、相互关系因素、政治因素将人们归入不同的社会阶层（social class）。社会阶层是指在一个社会中具有相对同质性和持久性的群体，他们按等级排列，每一阶层的成员具有类似的价值观、兴趣爱好和行为方式。同时，同一阶层中的人们，因经济状况、价值取向、生活背景和受教育程度相近，其生活习惯、消费水准、消费内容、兴趣和行为也相近，所以体现在医药消费行为上，他们会对某些药品、品牌、药店、传播媒体等有共同的偏好。医药企业应适应不同阶层的消费特点，以便有的放矢地采取最佳的营销策略。

（二）社会因素

除了文化因素，医药消费者的购买行为还受到一系列社会因素的影响，如参考群体、家庭、社会角色与社会地位等。

1. 参考群体　参考群体（reference groups）是指对个人的态度、意见偏好和行为有直接或间接影响的群体。

存在直接影响的群体称为成员群体（membership groups）。有些成员群体是主要群体，包括家庭成员、亲朋好友和同学同事等，成员间较持续且非正式地互动。另外，人们还从属于次要群体，如宗教、职业和工会群体，这类成员间的互动更正式但互动的持续性较弱。成员群体对医药消费者的购买行为产生直接或间接的影响。

消费者还会受到非隶属群体的影响。例如，一个人希望加入的群体称为期望群体（aspiration groups），而他反对其价值观或行为的群体叫疏离群体（dissociation groups）。尽管消费者并不属于这些群体，但这类群体成员的态度、行为对消费者也会有正面或负面的影响。

参考群体对医药消费者购买行为影响的主要方式是：①影响消费者的生活方式进而影响其医药购买行为；②引起消费者的购买欲望，从而促进其医药购买行为；③影响医药消费者对药品品牌及商标的选择。

意见领袖（opinion leader）是指对一个特定产品或产品种类提供非正式建议或信息的人，如某个品牌的产品最好或如何使用某个产品等。意见领袖的建议和行为，往往被追随者接受和模仿。因此，意见领袖们一旦使用了某种药品，就会起到有效的宣传和推广作用。为了拉近意见领袖，医药营销人员应试图去识别他们的人口统计与心理统计特征，确定他们经常使用的媒体，并将信息直接传送给他们。

总之，医药企业在市场营销过程中必须充分重视消费者的参考群体对其购买行为的影响力。在制定营销策略时，选择好目标市场。以关系最密切、传递信息最迅速、影响力最大的参考群体为中心，了解其消费心理与爱好，做好产品营销推广，以便提高医药企业和产品的知名度，扩大产品销售。

2. 家庭　家庭是社会上最重要的消费与购买组织，而且家庭成员构成了最有影响力的主要参考群体，应受到市场营销人员的足够重视。家庭由居住在一起的、彼此有血缘、婚姻或抚养关系的人群组成。家庭的重要性，在于从一个人幼年时就开始给他以种种倾向性的引导，这种影响可能终其一生。家庭又是一个消费单位和购买决策单位。在不同家庭中，夫妻参与购买决策的程度不同；在同一家庭中，夫妻参与购买决策的程度又因产品的不同而有很大差异。一般把家庭决策方式概括为四种类型：妻子主导型、丈夫主导型、自主决定型、联合决定型。医药产品营销者应了解不同药品的购买特征，分辨出在一个家庭中谁对某类药品的购买有较大的影响力。

知识链接 3-1　家庭生命周期与消费者行为

家庭生命周期（family life cycle）指的是一个家庭诞生、发展直至消亡的运动过程，它反映了家庭从形成到解体呈循环运动的变化规律。家庭随着家庭组织者的年龄增长，而表现出明显的阶段性，并随着家庭组织者的寿命而消亡。家庭生命周期概念最初是美国人类学学者 P.C. 格里克于 1947 年首先提出来的。

在家庭生命周期的不同阶段，消费者的行为呈现出不同的主流特性。

（1）青年单身期：处于单身阶段的消费者一般比较年轻，几乎没有经济负担，消费观念紧跟潮流，注重娱乐产品和基本的生活必需品的消费。

（2）家庭形成期：经济状况较好，具有比较大的需求量和比较强的购买力，耐用消费品的购买量高于处于家庭生命周期其他阶段的消费者。

（3）家庭成长期：家庭成长期分两个阶段。第一阶段是指最小的孩子在6岁以下的家庭。处于这一阶段的消费者往往需要购买住房和大量的生活必需品，常感到购买力不足，对新产品感兴趣并且倾向于购买有广告的产品。第二阶段是指最小的孩子在6岁以上的家庭。处于这一阶段的消费者一般经济状况较好但消费慎重，已经形成比较稳定的购买习惯，极少受广告的影响，倾向于购买大规格包装的产品。

（4）子女教育期：指夫妇已经上了年纪但是有未成年的子女需要抚养的家庭。处于这一阶段的消费者经济状况尚可，消费习惯稳定，可能购买富余的耐用消费品。

（5）家庭成熟期：家庭成熟期分两个阶段。第一阶段是指子女已经成年并且独立生活，但是家长还在工作的家庭。处于这一阶段的消费者经济状况最好，可能购买娱乐品和奢侈品，对新产品不感兴趣，也很少受到广告的影响。第二阶段是指子女独立生活，家长退休的家庭。处于这一阶段的消费者收入大幅度减少，消费更趋谨慎，倾向于购买有益健康的产品。

（6）退休养老期：退休养老期分两个阶段。第一阶段，尚有收入，但是经济状况不好，消费量减少，集中于生活必需品的消费。第二阶段，收入少，消费量小，主要需要医疗产品。

3. 社会角色与社会地位 每个人都会存在于多个群体中，如家庭及各类组织。群体经常会成为重要的信息来源，帮助人们确认行为准则。个人在群体中的位置可通过社会角色和社会地位来确定。角色（role）由一个人应该进行的各项活动组成。每一个角色都伴随着一种地位（status）。人们购买的商品往往反映着他们的地位和在社会中实际承担的角色。营销人员必须认识到产品和品牌有可能成为地位的象征，在药品及保健品销售中依据产品定位做好营销策划与推广宣传。

（三）个人因素

个人因素包括年龄、职业和经济状况、个性和自我概念、生活方式和价值观等，购买者的决策也受到这些个人特征的影响。

不同年龄、不同职业和经济状况、不同个性和价值观的消费者，其购买欲望、兴趣和爱好不同，他们购买药品的种类和档次也有所区别。

不同年龄的消费者购买方式也各有特点。青年人缺少经验，容易在各种信息影响下出现冲动性购买；中老年人经验比较丰富，常根据习惯和经验购买，一般不太重视广告等商业性信息。医药营销企业可以制订专门的营销计划来满足处于不同年龄段消费者的需要。

一个人的经济状况，取决于其可支配收入水平、储蓄和资产、借款能力及对消费与储蓄的态度。由此决定的个人购买能力，在很大程度上制约着个人的购买行为。消费者一般都在可支配收入的范围内考虑以最合理的方式安排支出，以便更有效地满足自己的需要。收入较低的顾客往往比收入较高的顾客更关心价格的高低。例如，保健品与居民购买力密切相关，其营销人员应特别注意居民个人收入、储蓄率的变化及消费者对未来经济形势、收入和商品价格变化的预期。

个性（personality）是一组显著的人类心理特质，如自信或自卑、冒险或谨慎、倔强或顺从、独立或依赖、合群或孤傲、主动或被动、急躁或冷静、勇敢或怯懦等。个性会使人对环境做出比较一致和持续的反应，可以直接或间接地影响其购买行为。例如，喜欢冒险的消费者容易受广告的影响，成为新产品的早期使用者；自信的或急躁的人购买决策过程较短；缺乏自信的人购买决策过程较长。

生活方式（lifestyle）是一个人的生活模式，表现为其活动、兴趣和看法。生活方式包含消费者对时间和金钱的态度及其做出消费抉择的形式。生活方式是个体在成长过程中，在与社会诸因素交互作用下表现出来的活动、兴趣和态度模式，即如何生活、如何花费和如何消磨时间等。它是由过去的经历、固有的个性和现在的情境所决定的。生活方式影响消费行为的所有方面。因此，要求营销人员竭力寻找其产品与不同生活方式间的关系。

消费者的决策也受核心价值观（core value）的影响，核心价值观是形成态度与行为的信念体系，但它比信念和行为更深入，基本上决定着人们的长期决策与需求。因此，根据价值观来判断目标消费者的营销人员认为，如果能够吸引人们的内在自我，就有可能影响他们的外在自我，即他们的购买行为。

（四）心理因素

营销人员认识消费者心理的起点是图 3-1 所示的刺激-反应模型。从模型中可以看出，营销和环境的刺激进入消费者的意识之后，一套反映消费者特征的心理过程导致了决策过程和购买决策。营销人员的任务就是弄清从受到外部刺激到最终购买决策之间，在消费者意识里究竟发生了什么。

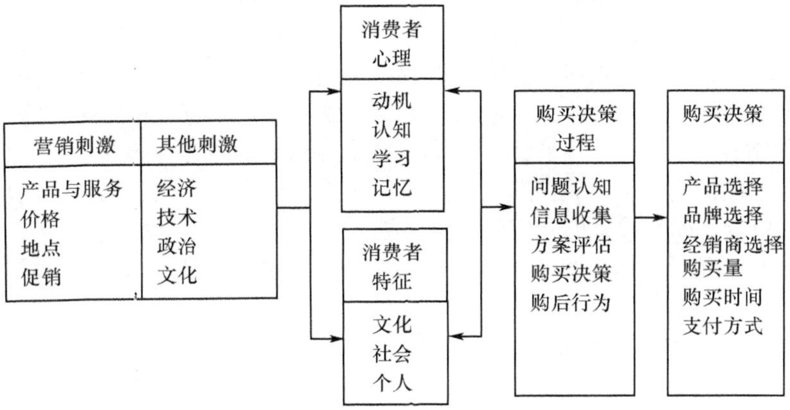

图 3-1　刺激-反应模型

资料来源：菲利普·科特勒，凯文·莱恩·凯特. 2012. 营销管理[M]. 王永贵，陈荣. 何佳讯，等译. 北京：中国人民大学出版社

同样，医药消费者的购买行为也会受其心理的支配。影响医药消费者购买行为的心理因素主要有动机、认知、学习、情感、观念和态度等方面。

1. 动机　心理学认为，人类的行为是由动机（motive）支配的，购买行为也不例外。而动机由需要引起。一种尚未满足的需要，会产生内心的紧张或不适，当它达到迫切的程度，便成为一种驱使人行动的强烈的内在刺激，称为驱动力。驱动力被引向一种可以满足需要的刺激物，如某种商品时，便成为一种动机。在一定时期，人们有许多需要，只有其中一些比较迫切的需要会发展成为动机。因此，营销人员要努力去激发潜在消费者的购买动机。

2. 认知　消费者有了购买动机后，就要采取行动。至于怎样采取行动，则受到认知（perception）过程的影响。消费者的认知过程，是对商品等刺激物和店容、店貌等情境的反应过程，它由感性认识和理性认识两个阶段组成。

感觉和知觉是指消费者的感官直接接触刺激物或情境所获得的直观、形象的反应。刺激物或情境的信息，如某药品的包装、剂型、颜色、气味等，刺激了人的感官，使消费者感觉到它的个体特性。随着感觉的深入，各种感觉到的信息在头脑中被联系起来进行初步的分析综合，使人形成对药品或销售情境的整体反应，这就是知觉。

每人都以各自的方式注意、整理、解释感觉到的信息，因此不同消费者对同种药品或销售情境的知觉很可能是不同的，存在三类认知：选择性注意（selective attention）、选择性扭曲（selective distortion）和选择性保留（selective retention）。一般来说，人们倾向于注意那些与其当时需要有关的、他们期待的或与众不同的刺激物，这就是选择性注意。人们接受了外界信息的刺激，但却并不一定会像信息发布者预期的那样去理解或客观地解释这些信息。选择性扭曲是指按照先入之见来解读信息的倾向。消费者经常会扭曲信息，使其符合之前自己对产品和品牌的信念和预期。选择性保留是指消费者常常不能记住太多接触到的信息，而仅记住某些证实了自己的态度和信念的信息。例如，人们可能很容易记住自己所喜欢品牌的优点，而记不住其他竞争厂家产品的优点。医药企业为了形成消费者对产品的最佳感觉，更好地刺激需求，必须采取多种营销手段，把医药产品的外观、色泽、功能、特性等充分展现给消费者，引起消费者的注意，加强其印象，以激发购买。

3. 学习 学习（learning）是指由经验改变行为的过程。即消费者在购买和使用商品的实践中，逐步获得和积累经验，并根据经验调整自己购买行为的过程。学习是通过驱策力、刺激物、提示物、反应和强化几者间的相互作用而形成的。两种经典的学习研究方法是经典条件反射法和操作性条件反射法。

诱因（cue）是指那些决定一个人何时、何地及如何做出反应的次要刺激。学习理论告诉营销人员，他们可以把学习和强烈驱动力联系起来，运用刺激性诱因和提供积极强化等手段来建立对产品的需求。例如，一家医药企业可以采用与竞争对手相同的驱动力并提供相似的诱因并以此来进入市场，因为购买者更有可能将品牌忠诚转向与之相似的品牌。

当学习取决于消费者对结果所作的推论或解读（如一次糟糕的购买经历是源于劣质产品还是源于消费者没有遵循使用说明）时，一些研究者更赞成采用主动的认知方法。趋乐偏见（hedonic bias）指的是人们常有的把成功归于自己而把失败归于外在因素的普遍倾向。鉴于这种倾向的存在，消费者更有可能把过错归咎于产品而非自己，所以医药营销人员应注意把药品的功能明确地标注在精心设计的外包装、标签或者推介广告、网页等之上。

4. 情感 消费者的反应不总是理性的，多数反应是感性的并且可以唤起不同的情绪，称为情感（emotion）。一个品牌或产品可能让消费者感到兴奋或自信；一则产品广告也可以带给消费者愉悦、反感或疑惑。所以医药营销人员在营销策划时不能忽视受众的情感体验。

三、医药消费者购买决策过程

（一）消费者购买决策模型

当前西方国家已有一些成熟的消费者行为理论，其中，恩格尔模式（即EKB模式）是目前消费者行为中较为完整而清晰的一种理论，其重点是从购买决策过程去分析消费行为。该模式是由恩格尔（Engel）、科特拉（Kollat）和克莱布威尔（Blackwell）三个人于1968年提出，并于1984年修正而成理论框架。

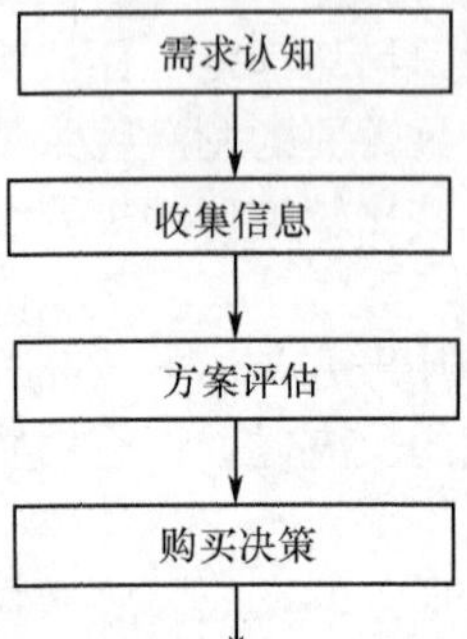

图3-2 恩格尔模式下的消费者购买决策模型

恩格尔模式认为，外界信息在有形和无形因素的作用下，输入中枢控制系统，即对大脑引起、发现、注意、理解、记忆与存储的个人经验、评价标准、态度、个性等进行过滤加工，构成了信息处理程序，并在内心进行研究评估选择，对外部探索即选择评估，产生决策方案。整个决策研究评估选择过程，同样要受到环境因素，如收入、文化、家庭、社会阶层等影响。最后产生购买过程，并对购买的商品进行消费体验，得出满意与否的结论。此结论通过反馈又进入了中枢控制系统，形成信息与经验，影响未来的购买行为。该理论认为，购买决策过程有五个阶段，即需求认知、收集信息、方案评估、购买决策和购买后行为（图3-2）。

需求认知（problem recognition），当消费者感知到理想状况和目前的实际状况有差异存在时，便产生了需求的认知。

收集信息（information search），当消费者认识到需求存在后，便会去寻求此需求的相关信息。

方案评估（evaluation of alternatives），当消费者收集到所需要的信息后，便可以据此去评估各项可能的方案。

购买决策（purchase decision），当消费者评估了各种可能的方案后，便会选择一个最能解决原始问题的方案并采取购买行动。

购买后行为（post-purchase behavior），当消费并使用了某产品后，可能发生满意或购买认知失调，并存储于记忆当中。

（二）医药消费者购买决策过程

医药消费者的购买决策，从表面上看非常简单，而事实上却是一个复杂的过程，通常遵循恩格尔模式下的消费者购买决策步骤。

1. 发现需要　消费者购买药品，都是为了满足某种需求或解决某种问题。例如，引起消费者购买非处方药的原因，可能是疾病发作，产生不适的症状；或者疾病多发季节的即将到来，提前考虑购买非处方药（像季节交替之时，购买预防感冒的非处方药）；或者受购药环境影响（看到药店的产品展示、促销活动等）引起非计划购买行为发生，特别是养生类、保健类药品更容易产生计划外冲动性购买。

此阶段企业必须通过市场调研，弄清促使消费者认识到需要的具体因素。营销活动应致力于做好两项工作：一是发掘消费驱策力；二是刺激、强化需要。

2. 收集信息　当药品消费者对某种药品很熟悉，如多次购买时，其需求能很快得到满足。但如果是因突发性需要而购买药品时，由于消费者不具备相应的专业医药知识，不能自己做出用药的判断，此时消费者常见的做法是去医院或者是去药店，由医生或专业药师对疾病做出诊断并决定用药品种和数量。也有的是向一些有经验的人咨询，着手收集有关产品、品牌、价格、功能、质量和疗效及已经购买者的评价等方面的信息资料，这种情况在非处方药市场较为常见。非处方药消费者信息来源有四种：个人来源，如家庭、朋友、邻居和熟人；商业来源，如广告、推销员、经销商、包装、陈列；公共来源，如大众传播媒体、消费者评审组织；经验来源，如使用产品。这些信息来源有营销人员可以控制的和不能控制的，有来自个人的和非个人的。非处方药营销人员应该通过媒体广告、店堂布置、店堂广告、促销和包装，以及人员推销等方式提供给消费者信息，使一些无意识的、潜在的需要变成现实的需要。另外，医生、药店销售人员、消费者、家人、朋友等均可传递药品信息，所以在营销策划中要重视各类人群的作用。

企业营销任务是设计适当的市场营销组合，尤其是药品品牌广告策略，宣传药品的质量、功能、价格等，以便使消费者最终选择本企业的品牌。

3. 评价药品　药品消费者对已经获得的药品信息进行比较、评价、判断和选择后，才能最后做出购买什么（品牌）、购买多少（数量）的决定。企业营销首先要注意了解并努力提高本企业药品的知名度，使其列入消费者比较评价的范围之内，这样才可能被选为购买目标。同时，还要调查研究人们比较评价某类药品时所考虑的主要因素，并突出进行这些方面的宣传，以期对消费者购买选择产生最大影响。

例如，对非处方药品牌的评价包括功效、安全性、服用方便性、价格、包装、公司声誉等多方面的因素。非处方药多为治疗一般疾病的常备药品，如感冒药、止痛药、肠胃药、皮肤药等，这些药品一般在生产技术上都比较成熟，不具有专利技术方面的竞争优势。而正因为技术工艺的简单，又使此类药品的生产厂家众多，市场上同一种非处方药往往具有多个品牌，市场竞争异常激烈。品牌代表药品品质和信念，容易成为消费者购买非处方药的导向，所以成功的非处方药销售必须树立起良好的品牌形象。

实际上，鉴于品牌对于非处方药评价的重要性，除了医生意见和自身经验之外，广告成为人们了解药品的重要来源和影响人们购买决策的重要因素。对企业来说，使某种商品具有独一无二的特色并不是工作的全部，关键是产品特色要与消费者心目中的决定性因素相结合，这样才能吸引消费者并满足消费者的迫切需要。这种思想已经被许多医药企业所运用，它们在广告中不断地宣传产品能迎合消费者决定性因素的功能。例如，强调抗过敏药的无嗜睡性等。

4. 购买决策 药品消费者经过上述几方面的权衡比较后，才会最后做出购买决定并产生购买行为。但有时也会受他人态度和意外事件等的影响而改变购买决定。消费者改变、推迟或取消某个购买决定，往往是受认知风险的影响。企业营销应尽可能设法减少导致消费者改变购买决定的风险，以推动消费者购买。

例如，尽管非处方药无需医生处方，消费者即可在药店购买，但毕竟药品是用来治病救人的，且药品知识的专业性较强，还不是一种普及性知识，所以消费者在购买和使用非处方药时，十分关注专业人士如医生、药师等的意见。因此，药店销售人员与消费者的交流是市场营销中的重要环节。有调查表明，药店销售人员对消费者购药决策的影响大于除电视广告之外的各种媒体广告与宣传。一旦药店销售人员向消费者推荐某种药品，约有 70%的消费者会接受其建议。

5. 购买后行为 营销人员要重视消费者的购后感觉与再购行为之间的关系，因为消费者的购后评价具有巨大的“反馈”作用，关系到这个产品在市场上的命运。营销传播应提供一些信念和评价来加强消费者的选择，并帮助他们对原先购买的品牌留有好感。因此，营销人员的工作并非在消费者购买后就结束了，他们必须跟踪调查消费者的购后满意度、购后行动和产品的购后使用与处置。

购后满意度取决于期望和产品感知性能之间的接近程度。如果产品感知性能低于期望，消费者会失望；如果达到期望，消费者会满意；如果超过期望，消费者会高兴。这些感觉会影响消费者是否再次购买该产品并形成他们对产品的口碑。

消费者的期望与消费者所购产品间的差异被称为双向差异。当期望与性能之间的差距越大，不满意程度就会越大。当产品存在瑕疵，消费者的期望与产品感知性能之间的差距就会扩大，从而导致不满意度程度加大；产品生产企业应了解并缩小这一差距，从而降低不满意度。双向差异的校正主要由医药营销部门来执行，如检查药品说明是否给消费者正确的指导、广告内容是否过于夸张、药品制造是否尚存在缺陷等。另外，对技术要求较高的产品，企业对消费者进行专门指导和培训是十分重要的。例如，销售处方药时通过组织学术会议的方式来让医生深入了解药品的适应证、药效及用药反应等；在医疗设备销售安装之后紧跟技术指导服务。

对产品满意的顾客更有可能再次购买该产品，并且往往会向他人称赞该品牌。而不满意的顾客可能会丢弃或退回该产品，或者寻求能够确认产品高价值的信息。他们还可能采取公开行动——向公司或其他群体（如政府机构）投诉、找律师解决等；也有可能会采取个人行动——决定不再购买该产品或告诫朋友等认识的人不要购买。因此，营销人员应经常征求顾客意见，加强售后服务和保证等，力求使消费者的不满降到最低，此外还可以提供良好的渠道以便快速解决顾客投诉。

营销人员还应该跟踪调查药品购买者使用药品的情况，了解他们用药的数量和效果，给他们提出使用建议，并在药品即将用完时提供再次购买建议。

一般来讲，药品都有详细的使用说明书，消费者按照说明书文字就可以很方便地使用。而使用效果是否满意，是否有不良反应发生，首先取决于该药品的选择是否对症。如果购买的药品不对症，不仅治疗效果大打折扣，还有可能产生不良反应。如果对症，消费者会关注产品本身的功效，看是否疗效好，起效快。消费者如果使用药品后感到满意，必然强化他的产品信念，刺激下次购买。

总而言之，加强消费者的购买决策过程研究可以让营销人员更有针对性地开展营销活动。

案例 3-2　新常态下零售医药市场的消费需求变化

经济步入新常态后，零售医药市场的消费需求也随之发生变化，个性化、差异化的消费需求已成为主流，如何更好地满足消费者需求成为零售药店获取竞争优势的关键。

对 C 市零售连锁药店消费者的调查发现，消费者在患有轻微疾病时，超过 70%的人选择去零售药店买药进行自我治疗。而去社区医院就诊的人群由 2012 年的 6%上升为为 21%，这说明人们对健康越来越重视，加之，社区卫生服务的健全、药价下调、医保范围扩大等降低了医疗费用，使更多人群选择去医院看病，药店非处方药的销量呈现下降趋势。

同时，随着生活水平不断提高，消费者更注重养生保健。调查显示，近 50%的消费者希望药店能成为社区中的健康和防病顾问，提供中医养生与保健等方面的咨询；近 45%的受访者表示愿意在药店购买保健药品或保健器械，约 40%的受访者愿意在药店购买功能性食品。可见，消费者的选择由过去着眼于病后康复，扩大到保健消费；消费目的由防病、治病扩大到抗衰老、健身益智等。

此外，消费者在选择零售药店时，最关注的是药店所提供的专业药学服务，其次是购药的便利性及药店的口碑，关注度最低的是购药成本。这表明，由于新医改的推进，价格差异带来的吸引力已逐渐消退。

问题：

1. 新常态下，C 市零售医药市场的消费者行为发生了哪些变化？原因何在？
2. 零售药店应该如何转变经营思路来应对以上社区消费者的需求变化？

（三）医药消费者购买行为类型

医药消费者购买行为会随着其购买决策类型不同而有所不同。在较为复杂的和花钱多的购买决策中，购买者往往要反复比较、权衡，并且可能还需要其他人（如家庭成员、朋友、销售人员等）参与购买决策。根据购买过程中消费者的介入程度和品牌间的差异程度，可以将消费者购买行为分为习惯性购买行为、减少失调的购买行为、寻求多样化的购买行为和复杂的购买行为四种类型。

1. 习惯性购买行为　许多药品的购买是消费者在低度介入、品牌间差别很小的情况下完成的。消费者有时会长期购买同一种品牌的药品，特别是那些慢性病患者。但这只是出于习惯，而非对品牌的忠诚。消费者并没有对品牌信息进行广泛研究，对决定购买什么品牌也不重视，而仅仅因为他被动地接受了一些外部信息，熟悉某品牌才选择它。医药消费者对大多数价格低廉、经常购买的药品的购买行为都属于这一类。

营销人员可以使用几种方法将低度介入产品转为高度介入产品。首先，可将该药品与某个引人注意的问题联系起来，如小葵花口服液与“孩子咳嗽老不好”问题联系；其次，可以将药品同某些个人的具体需求相联系，如补钙产品可以与中老年人补钙需求相联系；还可以在一般产品上增加一种重要属性，如康泰克强调迅速缓解感冒症状。这些战略能把产品从低介入提高到一种适度的介入水平，但不能将购买行为推进到高介入度的复杂购买行为行列。

2. 减少失调的购买行为　还有一些需要消费者中度到高度介入但品牌差异不大的药品，消费者对于购买这类药品持较慎重态度。他们往往把处于某个价格区间的药品看成是类似的，在了解相关特性后，会较快地做出购买决策。但是消费者在药品购买后有时会产生一种购后不协调的感觉，因为他注意到了药品有一些令人困扰的缺点，或是听到有关其他品牌药品的一些优点。于是，消费者开始学习更多东西，试图证明自己的决策是正确的，以减少购后的不协调感。

在这种情况下，营销沟通工作就显得非常重要，营销人员要通过恰当的沟通让消费者感到真正满意，以培养顾客的忠诚度。营销沟通的主要目的在于增强消费者信念，以便他们对已选择的产品和品牌感到满意。

3. 寻求多样化的购买行为 某些药品的购买过程中，消费者低度介入但品牌差异很大。在这种情况下，消费者会经常进行品牌转换。消费者在前一次购买中选择某一品牌，但在下一次购买时也许因为想尝新而转向买另一品牌。这样的品牌转换常起因于药品种类众多，而不是对药品不满意。

针对这一购买行为，处于不同市场地位的药品往往会采取不同的营销策略。龙头企业会试图通过摆满药品货架，避免脱销及经常做广告来鼓励习惯性的购买行为。而挑战者企业会采用压低价格，提供各种优惠、赠券、免费样品及宣传试用新药品活动来刺激顾客进行多样化搜寻，试图打破消费者的购买规律，使消费者有充分的理由尝试新药品。

4. 复杂的购买行为 药品消费者对价格高且品牌差异大的商品，在购买时介入度非常高。多数消费者对药品的品牌、质量、品种了解较少，需要大量学习。在购买前和购买过程中，他们会向其他人进行咨询和请教。例如，有些第一次患病的消费者对自己要买的药品一无所知，这时他需要医生处方指导或药品销售人员介绍，并研究各不同药品品牌的差异，才能决定购买哪种药品。

营销人员必须知道如何向高度介入的消费者收集信息并评估其行为，并协助购买者学习有关药品的知识。此外，营销人员还有必要利用一些印刷媒体和叙述翔实的广告文稿来描述产品的优点。

知识链接 3-2 精细加工可能性模型

佩蒂（Richard Petty）和卡乔波（John Cacioppo）提出的精细加工可能性模型（elaboration likelihood model）是一个颇具影响力的关于态度形成与改变的模型。该模型描述了消费者在低度介入和高度介入的状态下是怎样做出评估的。

模型解释了两种说服途径：一种是中央路线（central route），即态度的形成或改变是源于消费者对最重要的产品信息进行的大量认真而理性的思考；另一种是边缘路线（peripheral route），即态度的形成或改变并非基于充分的思考，而是源于消费者根据正面或负面的边缘线索所形成的品牌联想。消费者的边缘线索（peripheral cues）包括名人的宣传、可靠的信息来源或者任何可以引起正面感觉的事物。

只有具有充分的动机、能力和机会时，消费者才会采取中央路线。换言之，消费者必须仔细地评估某品牌，掌握必要的品牌和商品或服务的知识，并且拥有充足的时间和适当的环境。缺少任何一个条件，消费者便会采取边缘路线进行决策，这时他们考虑的更多的是外来因素，而不是关于产品本身的重要信息。

第二节 医药组织市场购买行为

如前所述，购买医药产品和服务的不仅有直接消费者，还有各种组织，如医药生产企业、医药流通企业、各级各类医疗机构、政府机构等。与医药消费者市场相比，医药组织市场的购买者是组织而非个人，其购买目的是进一步生产或销售，而不是为了个人消费，因此医药组织市场与医药消费者市场之间的购买行为存在着较大差异。

一、医药组织市场的类型与特征

医药组织市场是医药相关组织为了从事生产、销售和服务等业务活动而购买药品所构成的市场。由于医药组织市场是以组织为购买主体的市场，其购买又称为集团购买。医药组织市场一般由医药生产企业、医药批发企业、医药零售企业、医药代理企业、各级各类医疗机构、政府机构等组成。

(一)医药组织市场的类型

我们可以将医药组织市场分为医药生产者市场、医药中间商市场、非营利性医药组织市场与营利性医疗组织市场等。各类市场间的联系如图3-3所示。

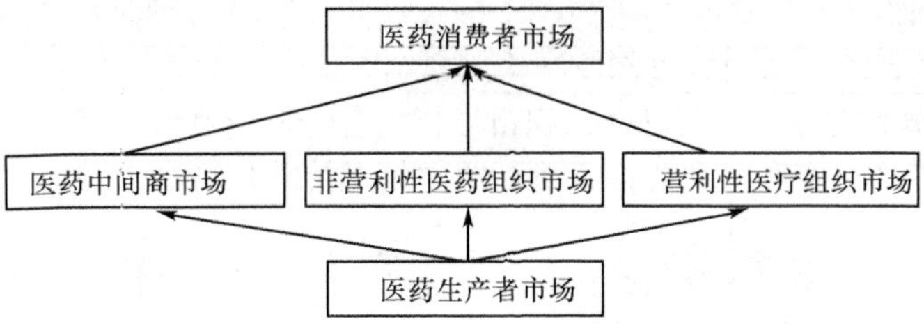

图3-3　医药组织市场分类

1. 医药生产者市场　医药生产者市场是指由那些为了进一步加工、生产成其他药品而购买药品的组织或个人所构成的市场，如由制药企业所组成的市场。

对于制药企业来说，原材料成本一般占药品生产成本的60%左右，所以如果采购环节成本控制不佳，就很难控制药品的生产成本；若是采购原材料质量不过关，对于制药企业来说更是一种致命的打击。因此，控制原材料采购至关重要。制药企业应该选择产品质量好、信誉高的供货商，还可以通过招标等方式降低原材料的采购成本。

医药生产者市场的发展与国家的经济发展密切相关。在国家经济繁荣发展时期，医药生产者市场规模会加速扩大，反之则发展较慢。

2. 医药中间商市场　医药中间商市场是指由购买目的为通过转售来获取利益的医药组织所构成的一类市场。其主体包括代理商、批发商和零售药店等。

案例3-3　中国的医药商业市场

当前我国药品批发企业数量有1.3万余家。国家药品监督管理部门2010年年底的数字显示，医药商业企业数量首次出现了负增长，减少了132家。商务部的统计数据表明前100强药品批发企业（集团）的销售额已达全国市场份额的78%，行业集中度有所提高。

中国经济的梯度发展使得各区域的医药商业市场发展各异。从主要区域市场的分布来看，华东、华北和华南是较大的三个区域市场，也是中国经济最发达的三个区域。这三个区域消费了中国超过70%的药品资源，并拥有一些共有特征：①消费能力较强，高端药品消费多集中于此；②市场运行相对规范；③医疗终端销售回款时间相对较短，如上海地区医疗机构回款天数在60天左右，而东北、西北地区大约在180天以上。在这些区域市场当中，国有企业仍然占主导地位。比如，华东地区的上海医药、国控上海，华北地区的北医股份、国控股份、国控北京，华南地区的一致药业、广州医药等。

《中国医药商业市场前瞻与投资战略规划分析报告》统计数据显示，2014年中国医药商业企业排名前十位的依次是：国药控股股份有限公司、国药集团一致药业股份有限公司、国药集团药业股份有限公司、上海医药集团股份有限公司、南京医药股份有限公司、广州医药有限公司、安徽华源医药股份有限公司、华润医药商业集团有限公司、九州通医药集团股份有限公司、天津医药集团有限公司。

问题：

1. 中国的医药商业市场发展具有哪些特点？
2. 你认为目前中国医药商业市场存在哪些优势和弊端？
3. 谈一下你对中国医药商业市场未来发展趋势的看法。

医药中间商数量的多寡通常会影响该市场的产品价格及购买行为。若医药中间商数量非常少，可能形成寡头垄断市场，此时每个垄断企业对整个行业的价格都有举足轻重的影响。例如，美国的医药批发企业三巨头占据全国 90%的市场份额，法国前三位的药品批发商占据全国 80%的市场份额，这些医药批发商就属于垄断企业。相反，若医药中间商数量多，则有可能形成完全竞争市场。在我国，药品中间商市场竞争较为激烈，全国正规的医药经销企业有一万多家，且集中度非常低，这是极不正常的现象，亟须通过产业结构调整等方式予以改善。

3. 非营利性医药组织市场 非营利性组织市场指由各种非营利性组织所构成的一类市场。非营利性组织的运作并不是为了产生利益，其目标通常是支持或处理个人关心或者公众关注的议题或事件。

非营利性医药组织主要包括非营利性医疗机构及红十字会等公益性卫生组织。非营利性医疗机构指为社会公众利益服务而设立运营的医疗机构，不以营利为目的，其收入用于弥补医疗服务成本。非营利性医疗机构一般具有自己特色或擅长科室，协助政府执行社会医疗职能。非营利性医药组织主要是通过政府拨款、募捐等方式筹资，进而采购药品，或是以接受捐赠的方式获得药品。例如，进入非洲的外国药品多是由世界卫生组织、国际红十字会、联合国儿童基金会等组织免费向非洲落后地区提供的，免费药品主要针对疟疾、结核、禽流感、艾滋病等疾病。可见非营利性医药组织市场的购买主要用于公益事业。并且此类采购通常都有特定的流程规定，如我国规定非营利性医疗机构的医疗器械采购均应参加集中采购。

4. 营利性医疗组织市场 目前，除了公立医疗机构外，还存在一些营利性的非政府举办的医疗机构，这类组织以民营医院、私人诊所为主，其医疗服务所得收益可作为投资者的经济回报。营利性医疗机构是以营利为目的，自主经营，企业化管理，可以在各级政府区域医疗规划以外设置。

由于营利性医疗机构的投资性质为非公有制，以企业化管理模式运营，所以在医药采购方式上，不同于非营利性医疗机构的药品集中采购模式。

（二）医药组织市场的特征

与医药消费者市场相比，医药组织市场具有以下特征。

1. 购买者较集中，购买数量大 药品生产市场上购买者的数量远比其他医药消费者的数量少，但所有的药品都要经过这些医药组织购买者才能进入零售领域。为了维持生产、销售或医疗服务，医药组织购买者往往一次购买的数量很大，有时会几百吨、几千吨地购买某种药品，一张订单的金额就能达到几万甚至数百万元。

2. 购买者地理位置相对集中 药品市场的组织购买者往往集中在某些区域，以至于这些区域的购买量占据全国市场的很大比重。购买者所处位置与国家的经济政策、经济条件、自然资源、投资环境等因素密切相关。例如，我国的医药企业密集区以东部沿海经济发达的地区为主，如上海、广州、天津、山东、江苏、浙江等省、市。另外，大型医药批发企业、零售企业和大型医院一般都集中在大中城市。

3. 供需双方关系密切 组织购买者需要有源源不断的货源，药品生产商需要有长期稳定的销路，彼此间具有重要的战略意义，互相保持着密切的关系。有些组织购买者在采购时会在产品的质量、交货期、服务项目等方面提出特殊要求，此时供应商应加强与买方的沟通，详细了解其需求并尽最大努力予以满足。

4. 购买者的需求为派生需求 派生需求（derived demand）又称引致需求，是指对一种生产要素的需求来自（派生自）对另一种产品的需求。西方经济学中指由于生产某种产品的需求而引起的对其他某种生产要素的需求。组织市场的顾客购买药品或服务是为了给自己的服务对象提供所需的药品或服务，因此，医药组织购买者的需求最终取决于医药消费者市场的需求，对原料药、中间体、化工原料、中药材等的需要取决于医药消费者市场对以这些药品为原料的制剂产品的需求。例如，医院对药品的需求是由患者对药品治病的需求而引发的；中药生产企业收购中药材是用来生产中成药的，所以对中药材的需求量取决于中药产品的销量。

5. 购买需求弹性小 医药组织者市场对产品和服务的需求总量受价格变动的影响较小。由于市场结构的原因，一般情况下，中间产品价格的波动敏感性不大，医药组织购买者不像医药消费者会因为价格的变化而改变投向。离消费者越远的产品，需求弹性越小。

6. 采购的专业性强 通常来讲，药品市场采购人员的专业水平较高，既具备专业药学知识，又具备市场营销知识。同时，参与购买决策的人员较多，审批程序复杂。因此药品生产企业应当向采购人员提供详细的技术资料，从技术的角度说明本企业产品和服务的优点。营销人员应掌握相应的营销与沟通技巧。

7. 购买具有连续性和稳定性 医药组织购买技术性强、产品替代性差、质量要求严、需求具有连续性和稳定性，并且一旦合作成功，其关系会较长久维持下去，因此，药品生产企业应当派出训练有素的、有专业知识和人际交往能力的销售代表与买方的采购人员和采购决策参与人员沟通、谈判。

二、医药组织购买决策的影响因素

医药组织做出购买决策时，常会受到经济因素、环境因素、组织内部因素、人际关系因素等的影响。

（一）经济因素

影响医药组织购买决策的首先是经济因素，即医药产品的性价比。

医药组织的购买动机比较单纯，直接目的是业务或经营的连续，降低经营成本；最终目的则是为了获得经济利益。因此，在不同供应商所提供医药产品的质量、价格和服务基本没有差异的情况下，医药组织的采购人员就可以直接选择；反之，当不同供应商所提供产品的质量、价格和服务差异较大时，医药组织的采购人员会高度重视这些因素，仔细收集和分析资料，进行理性的选择。

从这一点来看，医药组织的购买行为与医药个体消费者购买行为是完全不同的。因为正如前一节所述，个人消费者经常会因受到众多非技术因素的干扰和影响而改变需要，医药组织则不然。

尽管如此，经济因素也并不是影响医药组织购买行为的唯一因素，环境因素、社会因素、心理因素等都会对组织购买行为产生一定影响。

（二）环境因素

环境因素是指影响医药组织购买者生产经营的外部环境因素，包括政治、法律、医药科技、市场竞争、经济、人口、社会文化等方面。这些外部因素既可以为医药组织购买者提供市场机会，也可能制造生存障碍；同时，还直接制约着医药组织购买者的市场规模和经营范围，并用经济、行政、法律、舆论等手段对它们的市场行为做出评判与选择。

由于医药产品的特殊性，国家对医药组织购买行为的监督管理非常严格，有关药事法律和法规对医疗机构的药品采购及相关事宜有着明确而具体的规定。鉴于医药产品经营者与医药组织购买者间紧密的依存与合作关系，医药产品营销人员必须密切注意外部环境的发展变化，并对变化可能带给组织购买者的影响做出正确判断，及时转变营销策略。

（三）组织内部因素

组织内部因素是指医药组织购买者内部状况对购买行为的影响，包括经营目标、战略、政策、采购程序、组织结构、制度等。在医药组织市场中，医药企业营销人员必须对这些方面进行深入了解，如医院药品采购程序、药事委员会的构成、参与采购的人员、对供货时间与产品质量等的规定，以便制定出恰当的营销策略。

（四）人际关系因素

人际关系因素是指参与购买过程的各种角色的地位、态度及利益等因素和相互关系对购买行为的影响。在医药购买组织内部，参与购买过程的部门和人员较多，所承担的角色各不相同，人际关系的变化有时会影响组织的购买决策。营销人员对于这些人际关系因素要深入了解，仔细辨析，努力促成交易。

尽管医药组织购买经常被认为是一种理智的行为，但当医药企业提供的医药产品的质量、价格、服务等相类似时，医院采购人员的个人因素，如年龄、性格、兴趣、职位及职业道德等就会产生较大的作用。因为人是有情感的，在其决策过程中会受到感情因素的干扰。所以，医药企业的营销人员不仅要做好服务，制定恰当的价格，还要与采购人员建立良好的合作伙伴关系，使合作关系更加稳固。

三、医药组织购买行为分析

与个体医药消费者购买决策过程相似，医药组织的购买过程也有着一系列连续的相互关联的环节。而不同类型的医药组织，其购买决策环节也有所不同。

（一）医药生产者购买行为

医药生产者的购买对象主要是化学原料药、中药材或中间体。

1. 医药生产者购买行为类型 根据其购买次数和特点，医药生产者购买行为可分为直接续购、修正重购、新购三类。

（1）直接续购：直接续购的特点是按照以往惯例再行采购。这时，医药生产企业的营销重点是尽力维护药品和服务质量，降低客户重购成本，进一步提高客户忠诚度。

（2）修正重购：修正重购是购买时在前期合作基础上，双方就产品品种、价格、发货条件等加以调整。对此，医药生产企业的营销重点是了解修正的原因，掌握新的标准，稳固已占有的市场份额。

（3）新购：新购是首次购买某种药品或服务。医药生产企业的营销重点是全面研究购买决策过程及影响因素，制定营销策略，并在首次成交后注重购买者的购后反应，维护好客户关系，使之成为长期顾客。

2. 医药生产者购买决策过程 医药生产者购买决策主要经过认识需要、确定需要、搜寻可行方案、评估可行方案和购后行为等阶段。

（1）认识需要：需要通常由内在或外在刺激引起。当生产者组织面临的环境发生变化时，如市场上推出了新药特药、国家政策变动、更换不理想的供应商等，生产者就会产生新的需求。因此，认识需要是生产者组织购买的起点。在该阶段，供应方营销策略是通过展览会、研讨会、广告、登门拜访等方式吸引潜在客户，发现客户候选人。

（2）确定需要：该阶段采购方要确定所需药品的总体特征及需要的数量，对复杂的采购项目会同其他部门共同商定，如新药的安全性、可靠性、价格等。这是将潜在需求变为现实需求的关键环节，供方营销人员应努力与客户候选人建立联系，介绍药品优势，了解客户的需求。

（3）搜寻可行方案：在搜寻可行方案阶段，医药购入方要寻找合适的供应商和品牌。通常是通过网络、广告、展览会、其他公司推荐等方式进行广泛选择。此时，供方营销人员应深入了解客户候选人的背景、采购中心的构成、有关制度和决策标准、企业文化等，有针对性地结合客户需要介绍药品和服务的具体优势。

（4）评估可行方案：该阶段医药生产者邀请合格的供应商提交供应建议书，并加以分析评价以确定合适的供应商。供应商的营销策略是深入分析客户需要，开展有深度的调查研究，提供翔实的营销文件，强调口头表达和沟通技能。

（5）购后行为：该阶段医药生产者对供应商满足需要、履行承诺、售后服务等方面进行评价，形成对该供应商的态度。供方的营销策略是与内部有关部门密切合作，保证圆满履行合同；检查发货情况，安排客户培训；与客户保持密切联系，随时掌握客户的意见和要求，做好协调工作。

（二）医药中间商购买行为

1. 医药中间商购买行为类型　根据医药中间商购买过程中对产品、供应商的不同要求，可以将购买行为划分为以下几个类型。

（1）直接重购：指中间商的采购部门按照过去的订货目录和交易条件继续向原先的供应商购买产品。

（2）寻求更优条件：即中间商并不想更换供应商，但试图从原有供应商那里获得更为有利的供货条件，如更及时的供货、更合适的价格、更积极的促销合作等。

（3）最佳供应商选择：即医药中间商已经确定要购买的药品种类，但仍需考虑选择最佳的供货商，确定从哪家进货。当中间商拟用定牌生产，或限于自身条件只能销售部分供应商的产品时，就需要从众多的供应商中选择最优者。

（4）新购：此类购买行为即医药中间商首次购买某种从未采购过的药品。在这种情况下，可根据其市场需求强度、市场前景优劣、产品获利的可能性等多方面因素，决定是否购买。购买决策过程的步骤类似医药生产者的购买行为。

2. 医药中间商的购买决策模式　一般来说，在购买医药产品时，医药中间商会做出以下几方面的购买决策。

（1）购买时间和购买量决策：由于医药中间商的购买都是以转卖为目的的，他们对购买时间和购买数量的要求较其他类型的购买者更为苛刻。为了降低存储成本和避免占用大量资金，中间商会尽可能提前汇总下家的购买信息，并在合同允许范围内把购买时间尽量向后推迟，做出最佳购买时间和数量决策。

（2）供应商决策：中间商购买药品大多属于理性，对供应商的选择比较慎重。他们寻求的是能够让自己获得最大经济利益的供应商；另外还希望供应商经营的药品品种全面，质量有保证，这当然也是缘于中间商市场的需求是派生的，而最终医药消费者的需求是十分多样化的。

（3）经营类型决策：医药中间商的经营类型主要有三种，中间商可以根据自身情况来进行选择。

一是独家经营，即中间商只代理或经销一家医药生产企业的药品。采用这种决策的中间商一般规模较小，知名度低，如为数众多的医药代理商。

二是专卖型，即中间商代理或经销多家企业生产的药品，但药品都属于某一产品大类，某些专业药房便属于此类型。例如，西安一家药店推出的西北首家“肿瘤药店”，给自己的竞争力增加了不少砝码。该专业药店囊括了市场上大部分的常用肿瘤药品品种。药店的目标人群是在医院结束治疗后需要继续服药的病人，以及没有医保、需要自费购药的病人。药店的药价平均比医院便宜 20%～60%，但店内所售肿瘤用药多是处方药，患者只有凭处方才能购药。如果患者所需药品很难买，求助到药店后，药店还可通过各种渠道代购。

三是综合型，即中间商代理或经销多家制药企业的多种药品，这种中间商是当前主流的药品中间商类型。

（三）非营利性医疗机构医药购买行为

非营利性医疗机构的性质是公益性福利事业，不以营利为目的，并承担着各级政府赋予的任务，分担政府对人民健康的护卫责任。在医药集中采购改革之前，我国医疗机构采购药品大部分以分散采购为主，各机构按照自身需求进行购买。这种采购方式的优点是能够灵活及时地购买所需药品，然而在医药市场的供过于求与医疗机构“以药补医”环境下，其缺点日益显现，如出现了药品加价率过高、带金销售等问题。因此，我国政府为了规范医药采购市场秩序，由卫生部等国务院部门联合颁发了《医疗机构药品集中招标采购工作规范（试行）》和《关于印发医疗机构医药集中采购工作规范的通知》等文件，明确规定公立医疗机构实施医药集中采购制度。药品集中采购是指多家医疗机构采用联合采购方式购买药品和伴随服务的行为。采购方式包括公开集中招标采购和竞价采购。

1. 药品集中采购管理机构及采购平台

（1）药品集中采购管理机构：根据《医疗机构药品集中招标采购工作规范（试行）》规定，各省（自治区、直辖市）人民政府负责成立由相关部门组成的药品集中采购工作领导机构、管理机构和工作机构，建立非营利性药品集中采购平台。

卫生行政部门牵头组织药品集中采购工作，汇总并提出本地区有关医疗机构集中采购药品的品种、规格和数量，负责对医疗机构执行集中采购结果和履行采购合同情况进行监督检查。

纠风、监察部门负责对药品集中采购工作的监督，受理有关药品集中采购的检举和投诉，对违纪违规行为及时进行调查处理。

价格管理部门负责对企业递交的价格文件、按集中采购价格和规定加价政策确定的集中采购药品零售价格进行审核，并对价格执行情况进行监督检查。

工商行政管理部门负责对参加药品集中采购的药品生产经营企业提供的营业执照信息进行核对，对药品集中采购过程中的不正当竞争行为进行调查处理。

食品药品监督管理部门负责对参加药品集中采购的药品生产经营企业及其申报药品的资质及有关证明文件进行审核，对入围药品的质量进行监督检查，提供药品质量和药品生产经营企业不良记录等信息，加大对明显低于成本投标药品质量的监督检查力度。

药品集中采购工作管理机构设在卫生行政部门，承办日常事务的处室责任明确。同时，纠风、物价、药监等相关部门派专人参加管理机构工作。

（2）药品集中采购平台：药品集中采购平台是政府建立的非营利性药品集中采购、监督管理平台，政府拥有平台的所有权和使用权。采购平台设置在药品集中采购工作机构内，不准许单独设置。采购平台努力做到安全可靠、功能完善、数据齐全、监管严密。

药品集中采购平台通常具备以下功能：进行药品集中采购各个环节、各类信息的公示；开展网上药品评价；提供药品采购载体和网络技术支持；向采购双方提供与集中采购相关的信息查询和服务；准确汇总动态采购数据和统计分析数据；实现网上采购动态监管；药品集中采购工作管理机构的其他要求。

2. 非营利性医疗机构采购行为 医疗机构必须按照卫生行政部门规定成立药品与治疗委员会，由委员会根据有关规定，在省级集中采购入围药品目录范围内列出本院使用的药品目录，具体采购渠道为政府建立的非营利性药品集中采购平台。

药品集中采购的履约流程如图 3-4 所示。

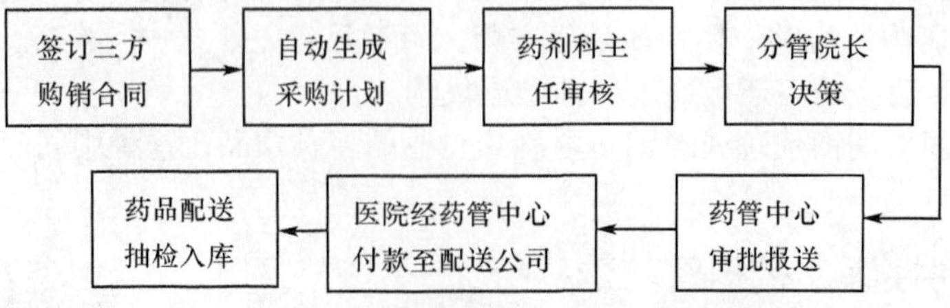

图 3-4 公立医院药品集中采购履约流程图

（1）由医院与当地卫生局、医药配送公司签订药品集中采购配送合同，确定此后该医院的临床用药由该公司负责配送。

（2）医院药剂科或药学部通过内部电脑网络，根据每一种药品上个月实际销售数量制定该品种采购库存再订点。当库存数低于再订点时，电脑自动生成该品种采购计划，每个月电脑自动生成医院临床用药采购计划1～2次。

（3）由药剂科或药学部主任审核，报分管院长批准后形成电子、书面采购计划，报当地药品管理中心审核批准最终采购数量和金额，并由药品管理中心报配送公司进行药品采购。

（4）医院财务科每个月下旬之前将上个月采购款项汇至药管中心专用账户，由药管中心拨付给配送公司，配送公司接到药管中心的该医院药品采购计划后随即开始逐个品种备货、配送至医院药品库房；由医院库房验收员、库管员进行抽样验收，合格药品逐一入库。

药品集中采购的主要优势在于：有利于破除“以药补医”机制，加快公立医院改革；有利于降低药品虚高价格，减轻人民群众用药负担；有利于预防和遏制药品购销领域腐败行为，抵制商业贿赂；有利于推动药品生产流通企业整合重组、公平竞争，促进医药产业健康发展。

案例 3-4　挂网采购的两种模式

A 挂网模式：A 省对药品招标做了一个重大改革，取消药品中介代理的招标模式。由 68 家医疗机构组建了省药品集中招标采购医院工作联合委员会，取代中介机构，自主进行招标，减少了中间环节，只要符合指定的准入限价就可以挂网销售。如此，医院选择的范围扩大了，医药价格的透明度更高了。实行全省统一中标价、统一临时零售价，使中心城市与边远地区用药能同质同价。实行阳光操作，全程公开。开标结果、中标品种、中标药品临时零售价公开公示，中标药品在网上公开采购交易，接受社会和政府部门的监督。

B 挂网模式：B 省药品集中招标模式有以下四个特点。①统一标书，统一平台。B 省药品集中招标采购实行“二统一”，即统一招标文件、统一招标评标采购平台。②投标限价。招标文件规定，同一厂家、同一剂型、同一规格品种的投标报价不得高于上一年度投标价。③合并招标。在剂型合并上，引入了临床、药学等学科知识，合理地将一些剂型和临床方面具有相同特征的药品进行合并招标，这是一个创新。④配送规定。凡符合条件的药品经营企业，均可在网上报名，同时按地级市确定配送范围。同一经销商可以选择多个地级市报名。

问题：

1. A 模式与 B 模式的主要区别何在？
2. 针对不同的挂网模式，医药企业应该如何做好药品的投标工作？

根据 2015 年 2 月颁布的《国务院办公厅关于完善公立医院药品集中采购工作的指导意见》，医院药品集中采购应注意以下几方面。

（1）实行药品分类采购：对临床用量大的基本药物和非专利药品，应多发挥省级集中批量采购优势。

（2）落实带量采购：医院应依照不低于上年度药品用量 80%的采购量来制订采购计划和预算，并具体到品种、剂型和规格。

（3）加强药品购销合同管理：医院签订药品采购合同时，应当明确采购品种、剂型、规格、价格、数量、配送批量和时限、结算方式和结算时间等内容。

（4）加强药品配送管理。药品可由中标生产企业直接配送或委托有配送能力的药品经营企业配送到指定医院。受委托的药品经营企业应在省级药品集中采购平台上备案。

（5）加强医疗机构药品使用管理。加强医务人员合理用药培训和考核，规范医生处方行为。建立健全以基本药物为重点的临床用药综合评价体系，推进药品剂型、规格、包装标准化。加强对药品价格执行情况的监督检查，严厉打击制售假冒伪劣药品行为。

（四）营利性医疗机构医药购买行为

由于营利性医疗机构为非公有制，以企业化管理模式运营，在药品采购方面，不同于非营利性医疗机构的政府药品集中采购模式，采取的是医院自主采购或招标采购模式。

1. 自主采购 营利性医疗机构的药品自主采购程序如下。

（1）由临床医生根据患者用药需求，或医疗、教学和科研需要，提出用药要求，并提交科室主任，经科室主任审批后，提交药剂科。

（2）由药剂科或药学部根据临床医生申请，结合药品库存情况，确定拟采购药品的品种、规格和数量等，填写药品购买申请单（药品计划申购单或新特药品计划申购单）。由药剂科主任对拟采购药品种类、品牌厂家及数量进行初步审核，初步确定后，由采购部门确定采购计划，再报主管院长进行审批。主管院长审核通过后，药剂科的采购部门便可进行采购并跟踪入库。

（3）药品入库后，由药库保管员负责对药品的管理，并根据用药要求将药品分发到门诊药房和住院部药房。药房根据医生处方情况，配发药品用于临床。

（4）若药品临床用药效果好、用量大，一般会重复采购，否则可能会降低用药量或转向其他用药。

医院的自主采购程序见图 3-5。

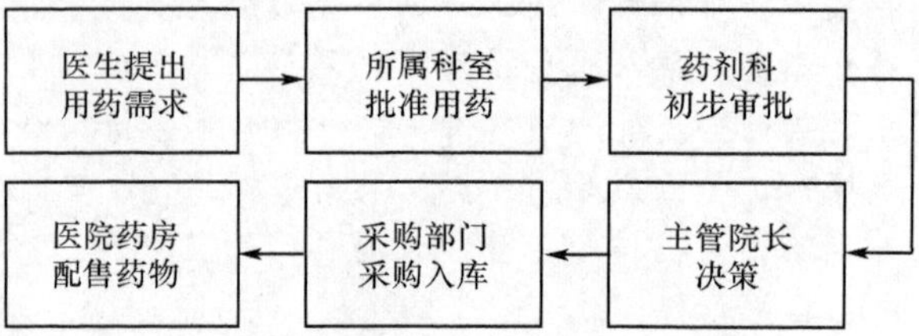

图 3-5 医院自主采购药品程序图

2. 药品招标采购 药品招标采购程序如下。

（1）委托招标：医疗机构委托药品招标采购服务机构，对外公开招标采购所需药品。药品招标采购服务机构既可以是医疗机构联合组织的招标采购机构，也可以是依法设立、从事药品集中招标代理业务的社会中介机构。医疗机构进行委托招标时，必须了解招标单位的组织信誉、公正程度及招标采购人员的配备情况；同时还要明确拟采购药品品种、规模和数量，做好采购计划。

（2）药品招标采购机构组织招标：①招标准备，汇总药品招标采购需求，并组织专家委员会进行审议，确定招标方式，编制招标文件；②邀约，发出招标公告或投标邀请信；③审标，审核投标人的合法性及其信誉，以及投标药品的相关批准文件和质检文件的有效性；④评标和议标，组织招标委员会进行评标和议标，届时会有各方面专家参加，包括医疗机构代表、相关领域专家和招标机构人员等；⑤开标，确定中标企业并公布中标结果。

（3）签约：由中标单位在招标规定时间内，与委托招标医疗机构之间按中标条件签约，内容主要包括药品种类、数量、价格、交货条件、回款问题等。

（4）履约：由中标人按照合同履行供货合同，医疗机构会严格监督中标企业的履约情况，若履约不当处按合同要求处理。

案例 3-5 再扩基本药物直接采购目录

H 省医药采购服务中心发布的通知显示，由于原材料价格上涨、新版 GMP 认证、企业产能不足等原因，部分中标的廉价基本药物不能保证正常供应，因此将阿苯达唑片等 167 个中标药品列入该省基本药物直接采购目录。各级医疗卫生机构采购目录内药品时，可根据需要自主选择药品生产企业和配送企业，采购价不得高于国家或该省公布的零售指导价，并必须通过省医药集中采购平台进行采购。

这并非H省首次对基本药物直接采购目录进行扩围。统计发现，仅2012年，该省医药采购中心先后两次将共计百余种药品纳入了基本药物直接采购目录。此次公布的基本药物直接采购目录中，基本都是价格不高的普通药物，并无独家药品。以阿莫西林片为例，该药品在国家食品药品监督管理总局的官方网站有多达660条记录，一百多个生产厂家。纳入基本药物直接采购目录的品种主要分为两种：一是此前中标价格低的药品，如部分大输液品种，此前有公司中标价不足一元，远低于生产成本；二是用量少的产品，如阿苯达唑片是防虫药，现在用量特别少。医院直接采购可以让这部分企业避免亏损，在保证药品供应的同时也有利于提高药品质量。这意味着所有的企业均可视为中标企业，而政府规定的零售指导价和出厂价之间一般都有一定的差距，企业有一定的操作空间。直接采购药品基本上是竞争白热化的产品，成本等方面比较透明，即使直接采购，价格也不会提高很多。

另有多个省（直辖市）也采取了相关措施对低价药品进行政策倾斜。例如，有的省（直辖市）对于进入低价药、短缺药目录的药品，直接挂网，不再以价格高低作为中标依据；有的省份则规定只要符合经济技术指标，能够入市的生产企业均可中标。此外，国家相关政府部门也在酝酿出台低价药品目录，并拟取消最高零售价，改为在费用范围内生产企业自主定价。

问题：

1. 为什么要对一些基本药物实施直接采购？直接采购和集中采购有何区别？
2. 你认为直接采购能否有效缓解这些基本药物的“采购难”问题？为什么？

本章思考题

1. 医药市场的顾客主要有哪两大类？
2. 请运用7O's理论框架分析医药消费者购买非处方药的行为模式。
3. 医药消费者的购买行为主要有哪几类？
4. 与医药消费者市场相比，医药组织市场具有哪些特点？
5. 请简述医药生产者购买决策过程。

（潍坊医学院　张　黎　李　伟）

第四章　医药市场营销调研与预测

现代市场营销观念强调消费者导向，要求企业重视顾客的需要。要做到这一点，企业必须通过市场营销调研，广泛收集、准确掌握消费者需要等市场信息，了解市场需求及竞争者情况，从而保障企业制定科学的市场营销决策。

案例 4-1　2017 年我国 CRO 市场规模将达到 402 亿元

2013 年，全球 CRO（医药研发外包）市场规模为 286 亿美元，预计 2017 年将达到 431 亿美元，2010～2017 年复合增长率预计达到 10.5%。2013 年，中国 CRO 市场规模约在 179 亿元，约占全球 CRO 总规模的 9.2%。国内 CRO 企业主要分布在北京、上海、南京、上海、广州、南京、无锡、成都，领先的国内 CRO 企业为药品康德、尚华医药、泰格医药。

我国 CRO 快速发展的同时也面临着诸多挑战，如审批时间太长、技术创新含量不高、本土 CRO 对中心实验室的需求还相当有限、国内制药企业不太重视与临床前 CRO 的合作等。

当然，与外资或合资的 CRO 相比，我国本土的 CRO 也具有自身的独特优势，如熟悉本国的医药政策，了解本土的医药状况、地域特点和管理方式，与相关行政管理部门、基地有良好的关系，而且收费低、临床样本量大，等等。

综上所述，随着国内新药研发热潮的兴起，预计未来 3～5 年我国 CRO 服务行业将保持 22%～25%的增长。预计 2017 年我国 CRO 对全球 CRO 的占比将达到 13.7%，约为 402 亿元人民币。

问题：

1. 我国 CRO 服务业的利好因素是什么？
2. 与外资或合资的 CRO 相比，我国的 CRO 所面临的困难是什么？
3. 我国 2017 年的 CRO 市场预测规模是如何计算的？

第一节　市场营销调研概述

一、市场营销调研的含义和作用

医药市场营销调研是指系统地、客观地收集、整理和分析市场营销活动的各种资料或数据，在市场营销观念的指导下，运用科学的方法，系统地搜集、记录、整理、分析和研究有关医药市场各种基本状况及其影响因素的信息资料，为医药企业制定相应的市场营销策略提供依据的活动和过程。市场营销调研有狭义和广义两种理解。狭义的市场营销调研仅指对消费者的调查，了解消费者购买和消费的各种行为、动机及偏好。广义的市场调研则是针对营销过程的每一阶段，对消费者、营销环境、市场运行状态、营销效果等进行调研。

市场营销调研的作用体现在以下几个方面。

第一，通过市场营销调研，企业可以了解市场总的供求情况，并据以调整和确定企业今后的发展方向。有利于企业认识市场、驾驭市场。

第二，通过市场营销调研，企业可以进行准确的市场定位并按照消费者的需求组织生产和销售。消费者的需求多种多样并不断变化，企业只有通过市场调研才能了解和掌握市场动态及消费者需求变化状况，进行准确的市场定位。因此，市场营销调研有利于企业进行科学的预测和决策。

第三，通过市场营销调研，可以不断发现市场机会并促使企业开发新的产品。企业要想在竞争中处于主动地位就必须不断地寻找新的市场和增长点。

第四，通过市场营销调研，企业可以了解采用哪种方式最适合宣传自己的产品，可以达到最佳宣传效果，有利于企业提高营销水平。

二、市场营销调研的类型和内容

（一）市场营销调研的类型

按调研目的和性质，市场营销调研可分为探测性调研、描述性调研、因果性调研和预测性调研。

1. 探测性调研　探测性调研用于探询企业所要研究的问题的一般性质。研究者在研究之初对所欲研究的问题或范围还不很清楚，不能确定到底要研究些什么问题。这时就需要应用探测性研究去发现问题、形成假设，至于问题的解决则有待进一步的研究。

2. 描述性调研　描述性调研是通过详细的调查和分析，对市场营销活动的某个方面进行客观的描述。大多数的市场营销调研都属于描述性调研，如市场潜力和市场占有率、产品的消费群结构、竞争企业的状况的描述。描述性调研的目的更加明确，研究的问题更加具体。但是描述性调研并不需要说明市场变量之间的相互关系。

3. 因果性调研　因果性调研的目的是找出关联现象或变量之间的因果关系，即某个变量是否引起或决定着其他变量的变化。因果性调研的目的就是寻找足够的证据来验证这一假设。

4. 预测性调研　市场营销所面临的最大的问题就是市场需求的预测，这是企业制订市场营销方案和市场营销决策的基础和前提。预测性调研就是企业为了推断和测量市场的未来变化而进行的研究，它对企业的生存与发展具有重要的意义。

此外，市场营销调研还可以从其他角度进行分类。比如，按照调研要解决问题的目的不同，可分为消费者购买行为调研、促销调研、产品调研、价格调研、分销渠道调研；按调研区域范围的不同，可分为地方性市场调研、地区性市场调研、全国性市场调研、国际市场调研等。

（二）市场营销调研的内容

1. 市场营销环境调研　市场营销环境调研包括对政治环境、经济环境、社会环境、科技环境等的调研。市场营销调研按照不同的调研目的、性质、方法等因素不同，需要调研的内容也有所不同，一般来说，市场营销调研主要有以下四个方面的内容。

（1）政治环境调研：包括对企业产品的主要用户所在国家或地区的法律法规、政府现行政策及政治形势的稳定程度等方面的调研。

（2）经济发展状况调研：主要是调查企业所面对的市场在宏观经济发展中将产生何种变化。调研的内容有各种综合经济指标所达水平和变动程度。

（3）社会文化因素调研：主要是调查一些对市场需求变动产生影响的社会文化因素，如文化程度、职业、民族构成、宗教信仰及民风、社会道德与审美意识等。

（4）技术发展状况与趋势调研：主要是为了了解与本企业生产有关的技术水平状况及趋势，同时还应把握社会相同产品生产企业的技术水平的提高情况。

2. 竞争环境调研　竞争环境调研主要包括以下几个方面。

（1）行业内现有竞争者：行业内竞争的基本状况、主要竞争对手的实力及竞争对手的发展方向。

（2）潜在竞争对手：行业准入门槛的情况及企业有可能采取的应对措施。

（3）替代品：有哪些产品有可能替代本企业提供的产品、替代品的类型及威胁程度。

（4）供应商：供应商的供应能力、企业寻找其他供应渠道的可能性及供应商讨价还价的能力。

（5）顾客：顾客的需求潜力及顾客讨价还价的能力。

3. 市场需求调研 主要包括市场需求量和市场潜量调研、产品需求调研、市场行情调研等。

（1）市场需求量和市场潜量调研：主要包括现有和潜在的市场需求量和市场潜量、本企业产品的市场需求量和市场潜量等。

（2）产品需求调研：主要包括供给商品或服务的供给总量、供给变化及趋势、市场占有率；产品供给的充足程度、市场空隙、库存状况、消费者对本企业产品的意见、评价、要求、态度等。

（3）市场行情调研：主要包括本企业和竞争对手的现有市场占有率等情况的调查分析、同类产品成本价格、利润的比较等。

4. 市场营销组合要素调研 包括产品调研、价格调研、销售渠道调研和促销方式调研等。

（1）产品调研：包括有关产品性能、特征和顾客对产品的意见和要求的调研；产品寿命周期调研，以了解产品所处的寿命期的阶段；产品的包装、名牌、外观等给顾客的印象的调研，以了解这些形式是否与消费者或用户的习俗相适应。

（2）价格调研：包括产品价格的需求弹性调研、新产品价格制定或老产品价格调整所产生的效果调研、竞争对手价格变化情况调研等。

（3）销售渠道调研：包括企业现有产品分销渠道状况，中间商在分销渠道中的作用及各自实力，用户对中间商尤其是代理商、零售商的印象等项内容的调研。

（4）促销方式调研：包括人员推销、广告宣传、公共关系等促销方式的实施效果的调研。

三、市场营销调研的程序

市场营销调研是一项有序的活动。它包括准备阶段、实施阶段和总结阶段三个部分。

（一）调研准备阶段

这一阶段主要是确定调研目的、要求及范围并据此制订调研方案。在这阶段中包括三个步骤。

1. 明确调研的目的 营销调研人员根据决策者的要求或市场营销调研活动中所发现的新情况和新问题，提出需要调研的课题。

2. 确定调研的范围和要求 根据调研目的初步收集有关资料进行分析，找出症结，为进一步调研打下基础。

3. 制订调研方案 确定具体的调研方法、调研过程的步骤与时间等。在设计调研方案时，重点是设计取得数据的方法和如何进行数据分析，制订好分析计划。

（二）调研实施阶段

在这一阶段的主要任务是根据调研方案，组织调查人员深入实际收集资料。

1. 组织并培训调研人员 要开展营销调研首先必须对调研人员进行一定的培训，目的是使他们对调研方案、调研技术、调研目标及与此项调研有关的经济、法律等知识有一明确的了解。

2. 收集资料 首先要收集第二手资料（secondary data），也称为次级资料。其来源通常为国家机关、金融服务部门、行业机构、市场调研与信息咨询机构等发表的统计数据，也可以是有关学术著作或学术论文上的数据。其次，通过实地调查收集第一手资料（即原始资料），这时就应根据调研方案中已确定的调查方法和调查方式，以及确定好的选择调查单位的方法，先一一确定每一被调查者，再利用设计好的调查方法与方式来取得所需的资料。

（三）调研总结阶段

1. 资料的整理和分析 通过营销调查取得的资料往往相当零乱，有些只是反映问题的某个侧面，带有很大的片面性或虚假性，所以对这些资料必须做审核、分类、制表工作。审核即是去伪存真，不仅要审核资料的正确与否，还要审核资料的全面性和可比性。分类是为了便于资料的进一步利用。制表的目的是使各种具有相关关系或因果关系的经济因素更为清晰地显示出来，便于进行深入的分析研究。数据的分析主要是运用统计分析技术对采集到的原始数据进行运算处理，并由此对研究总体进行定量的描述与推断，以揭示研究对象内部的数量关系和变化规律。

2. 编写调研报告　它是调研活动的结论性意见的书面报告。调研报告大致可以分为三类：数据型报告、分析型报告和咨询型报告。数据型报告的特征是只提供调查所获得的数据。分析型报告则是在数据的基础上对数据所反映的情况做进一步的分析，这种类型是营销调研报告的主要形式。咨询型报告则是在分析型报告的基础上进一步延伸，提出决策和行动的建议和方案。

调研报告的编写原则应该是客观、公正、全面地反映事实，以求最大限度地减少营销活动管理者在决策前的不确定性。调研报告包括的内容有：调研对象的基本情况、对所调研问题的事实所作的分析和说明、调研者的结论和建议。

第二节　医药市场营销的调研方法

案例 4-2　精准的市场调研带来企业成功

宝洁 1923 年成立市场研究部，每年在 60 个国家研究 500 万人以上的消费者，每年开展 15 000 个调研项目，每年花费 3.5 亿美元（约 22 亿人民币）用于市场调研，市场研究费用占销售额的 0.4%。目前，宝洁的中国市场研究部拥有了超过 100 人的专业市场研究队伍。宝洁还创立了消费者研究和调查访问的质量标准。调查内容涉及中国老百姓生活中的各个细节，如几时起床，起床后是先刷牙还是先洗脸，用什么样的牙刷、牙膏，每次挤多少牙膏，洗发时是洗一遍还是洗几遍，几天洗一次，用什么东西洗等。

正是凭借这样细致入微的市场调研，宝洁推出了适应中国市场需要的一系列产品。其每年在中国市场上的营销调研支出超过 1 亿元人民币。

问题：

1. 宝洁公司是如何取得市场数据的？
2. 如何保证这些数据的准确性和针对性？

一、医药市场信息类型

（一）市场信息与医药市场信息

市场信息是指对市场上各种经济关系和各种经济活动现状、经济活动的变化情况及与市场营销有关的各种消息、情报、图表、数据资料的总称。狭义的市场信息是指与消费者需求相关的所有信息的总和，包括客户信息、竞争信息、政策信息、市场信息、价格信息、需求信息等。

医药市场信息包含宏观环境信息、医药产品信息、医药市场价格信息、医药市场分销渠道信息、医药市场促销及竞争信息等。

市场信息对企业营销活动具有重要作用。

第一，市场信息是企业制定经营战略与策略，进行市场竞争的重要依据。企业内部的各种主观条件，企业外部环境的现状及变化情况都以一定的信息形式出现，企业要制定正确的经营战略与策略，必须依靠这些信息，才能充分发挥主观条件，灵活地适应外部环境，在企业竞争中立于不败之地。

第二，重视市场信息是企业提高经济效益的有效途径。企业通过分析市场信息，可以掌握和利用经营机会，提高企业的经营收益。同时，市场信息作为一种资源，也可以直接用于交换，为企业增加财富。

第三，市场信息是企业发掘经营机会的源泉，经营机会来源于企业主观条件的改变和客观环境的变化。主观优势的发现，市场环境机会的掌握，都离不开一定的经营信息作先导。对经营信息的及时搜集和分析，可以及时发现经营机会。

第四，市场信息是企业生产经营的先导。市场信息可以反映企业竞争的参与状况、市场的变化及其发展趋势；反映产品供应状况、销售渠道，对广告和推销方式的适应情况。企业通过对这些信息的搜集、整理、传递、储存、运用来制定本企业的产品销售渠道、促销活动与价格战略和策略，使企业在激烈的市场竞争中求得生存和发展。可见，在市场营销活动中，市场信息是企业的重要资源、无形资产，是企业的市场机会。企业能否在瞬息万变的市场竞争中求得生存和发展，在很大程度上取决于掌握市场信息的变化情况。因此，企业只有树立信息观念，才能发挥企业优势，不断开拓市场。

（二）医疗市场信息的分类

1. 宏观环境信息 环境信息主要指与市场营销有关的政治、经济、文化、社会、法律、技术、自然方面的信息。

2. 医药市场产品信息 主要包括：①目标市场某种医药产品的总供求量；②目标市场该产品的替代产品和互补产品情况；③目标市场该产品的前伸需求和派生需求；④目标市场消费者对该产品的特殊要求及原因分析；⑤目标市场对该产品的性能、质量、商标、包装、装潢等的要求；⑥目标市场对该产品的购买习惯、购买动机和禁忌偏好；⑦目标市场对该产品的潜在购买者和潜在购买力情况；⑧目标市场上该产品所处的生命周期阶段及发展趋势；⑨目标市场上该产品销售地区的分布情况；⑩目标市场的新产品情况。

3. 医药市场价格信息 主要包括：①目标市场上同类产品的定价目标和定价方法；②目标市场上该类产品的价格需求弹性大小；③目标市场上该产品与其他产品的比价情况及同类产品的差价情况；④国际市场及目标市场上该产品的替代产品和互补产品的价格情况；⑤在不同的细分市场上，不同消费者对不同企业产品的价格反应；⑥目标市场上不同企业处于不同生命周期阶段的同类产品的价格策略和价格差距；⑦目标市场上中间商对该产品的加价比例和幅度；⑧目标市场上有关价格的法律规定、价格惯例；⑨目标市场上的价格领袖、价格歧视、倾销等情况；⑩目标市场上该产品的行情及变化趋势等。

4. 医药市场分销渠道信息 主要包括：①目标市场上的分销渠道种类及市场惯例；②目标市场上产品实体分配的方式及利弊；③目标市场上经营该产品中间商的实力、优势、业务范围、市场地位及信誉；④目标市场上分销渠道策略的比较；⑤目标市场上分销渠道和中间商的变化趋势等。

5. 医药市场促销信息 主要包括：①目标市场上促销的各种具体形式、种类、可利用程度及比较；②目标市场上人员推销的成本、优势、障碍及利弊；③目标市场上营业推广的具体方式及中间商与消费者的反映；④市场上公共关系的具体方式、特点及可借鉴的经验教训；⑤目标市场上各种不同媒体的效果比较及法律规定；⑥目标市场上中间商在促销方面的协助情况；⑦目标市场上的促销惯例等。

6. 医药市场竞争信息 主要包括：①主要竞争对手是谁，其实力、优势、劣势如何；②目标市场上采用的是哪种竞争方式；③目标市场上各竞争对手的产量、销量、利润和市场占有率情况；④目标市场上该类产品的垄断情况；⑤目标市场上各竞争对手的营销计划、战略及目标市场上各竞争对手的形象、信誉、声誉；⑥目标市场上有没有市场机会或市场空当等。

二、医药市场调研方法

市场调研方法的选择是否合理会直接影响调研结果的可靠性。因此，选择适合的调研方法是市场营销调研工作的重要环节。市场营销调研的方法主要有：文案调研法、实地调查（包括访问法、观察法）及市场实验法。

（一）文案调研法

文案调研法是指利用企业内部和外部现有的各种信息、资料，对调查内容进行研究的一种调查方法，也称为间接调查法、室内调查法、案头调查法等。

文案调研法具有以下的特点：①调查所收集的数据是已经经过加工的二手数据；②调研以收集文献性信息为主；③文案调研侧重于收集反映市场变化趋势的历史数据。

1. 企业内部资料　企业内部资料主要指企业经济活动的各种记录。

（1）业务资料：与企业经营有关的各种资料，如订货单、进货单、发货单、发票、合同、销售记录、业务员报告等。

（2）统计资料：企业的各种统计数据及报表。

（3）财务资料：主要指财务部门提供的各种会计核算资料。

（4）企业积累的其他资料：如例会简报、经验总结、顾客建议、各种调研报告、台账等。

2. 企业外部资料　指企业外部存在的医药市场的有关历史资料。其收集渠道主要包括：①政府组织；②社会组织和行业组织；③市场研究咨询机构；④各种公开出版物；⑤各种博览会、展销会和订货会；⑥各种新闻媒体；⑦在线数据库。

文案调研法所分析的资料是已有的、现成的，其主要优点是节省费用，缩短调研时间，超越时空限制，搜集信息方便、自由、迅速。其主要缺点是时效性差，难以反映和适应正在发生的新情况和新问题；某些市场资料匮乏，可靠性不稳定等；对调查人员要求比较高，需要掌握比较广泛的理论知识，掌握深厚的专业知识和技能。

（二）实地调查

实地调查是指由调研人员亲自收集第一手并经过分析判断而得出调研结论的过程，是系统地设计、收集、分析并报告与公司面临的特定市场营销状况有关的数据和调查结果。

1. 询问法（访问法）　是指通过直接访问、电话调查、邮寄问卷等方式从被访问者获得数据资料的调查方法。

（1）个别访问法：用直接提问的方式访问被调查者。其优点是地点灵活；调查深度，受过训练的调查者能吸引应答者并解释较复杂的问题；速度快。缺点是人均调查成本高；应注意避免因访谈员的参与而影响受访人的回答，访谈员对受访对象的选择、问话方式，受访者可能为取悦受访者而说谎。

（2）电话访问法：电话访问的优点是比较快地获得一定数量的个人信息；较信函调查高的回应率；对调查对象的控制较好。缺点是人均调查成本较信函调查高；难以收集个人隐私的信息；可能受到询问者说话方式的影响，而且访问只限于有电话的家庭，谈话时间受限制，不能问太多问题。

（3）邮寄问卷调查法：该法的优点是以较低的人均成本收集大量的信息；相比当面或电话访谈能得到更诚实的回答；没有调查者左右应答者的答案。缺点是主要问题的用语必须简单明白且问题不能太多；邮寄问卷的反应速度太慢且反应率也最低；等待时间长；无法控制信函问卷的对象。

（4）集合调查法：针对一个集团或一个消费者群体采取召开座谈会、参观样品、听取意见等形式进行调查。集合调查法的特点是快速、相对便宜；主持人激励技巧的运用至关重要；与个人深度访谈一样，不提供统计意义上的信息（人数太少且通常非概率样本），而提供感知、情感方面的信息。因此，这种方法适用于大规模调研前的预调研、为开发新产品提供创意或初步测试不同的市场策略。

2. 观察法 是指调查人员亲临现场观察或通过机器设备观察相关的人、行为和环境来收集原始数据的方法。观察法包括人员观察法、机器观察法。观察法用于获取人们不愿或不能提供的描述性信息，如消费偏好、购买行为等，可由人、或机器公开或隐蔽地进行。

观察法主要优点在于客观实在，能如实反映问题。不足之处是运用这种方法很难捕捉到被观察者的内在信息，如他们的收入水平、教育程度、心理状态、购买动机及对产品的印象等。此外，对被观察者的行为或环境无法加以控制。

（三）市场实验法

市场实验法又称因果调查法，它是指市场调查者有目的、有意识地改变一个或几个影响因素，来观察市场现象在这些因素影响下的变动情况，以认识市场现象的本质特征和发展规律的一种方法。询问法和观察法一般是不改变环境的情况下进行信息和资料的采集的，调查者只是一个被动的信息收集者。而在市场实验法下，则需要通过改变一些环境变量来收集相应的信息，调查者是研究过程中的主动的、积极的参与者。

常用的市场实验法有以下几种。

1. 实验前后无控制对比实验 它是在同一市场内，实验前后在正常情况下进行测量，收集到必要的数据。然后，进行现场实验。经过一定的实验期后，收集实验过程中的资料数据，进行实验前后对比，并通过观察，研究分析实验变量的效果。

2. 实验前后有控制对比试验 这种方法是指将控制组事前事后实验结果同实验组事前事后实验结果进行对比的一种实验调查方法。

3. 所罗门四组设计 该方法的思想与实验前后有控制对比实验相似。但是，为了控制所有干扰变量对实验有效性的影响，加入了第二个实验组和控制组，并且第二个实验组不接受预先测量，而直接接受后期测量。

4. 实验后有控制对比实验 该方法是一种在医药市场实验调查中最常用的方法。在实验时要选择两组条件相当的研究对象，设定其中一组为实验组，另一组为控制组。改变实验组的自变量，一如实验激发，二控制组标尺不变并在实验后对比分析实验组合控制组的结果。

三、抽样调查法

（一）市场调查的主要方式

按照市场信息搜集的途径市场调查分为普查、重点调查、典型调查、抽样调查。

普查，就是对被研究总体中的所有单位进行的全面调查和调研。优点是可以取得调查总体全面的原始资料和可靠数据，全面反映客观事物；不足是工作量大、时间长、费用高甚至可能因为组织不够周密产生较大的调查失误。

重点调查，就是对被研究总体中具有举足轻重地位的单位进行调查，以此获得总体基本情况资料的一种非全面调查方式。重点单位是指在被调查对象中处于十分重要地位的单位，或者在总体某项标志性总量中占绝大比重的一些单位。重点调查的优点在于需选定为数不多的单位，用较少的人力、较少的费用，较快地掌握被调查对象的基本情况；不足是只能对总体情况做出粗略估计，可能以偏概全。

典型调查，就是对被研究总体中具有代表性的个别单位进行的专门调查，目的是以典型样本的指标推断总体的指标。优点是调查对象少，可对调查单位进行细致透彻的调查，可取得调查单位的详尽资料；不足是如果典型选择不当，即被调查单位不具有代表性，则调查结果毫无意义。

抽样调查，就是在被研究总体中抽取一定数量的单位，即样本，根据对样本观察的结果，推算总体情况的一种调查方式。目前市场营销调研大多采用这种方式。

（二）抽样调查的特征

在运用抽样调查法取得数据时，市场调查人员必须首先设计好抽样方案，它涉及三个方面的问题：一是抽查对象，市场调查人员必须对总体有个清晰的认识和定义，确定了总体目标才能保证总体中的样本均有同等被调查的机会；二是样本数量多少的选择，样本的多少直接影响调查结果的可信度；三是抽样方法的运用。即使针对同一个总体，不同的抽样方法得出的结果也会存在一定的差异，抽样方法合理的话，即使样本数量有限也可以获得较好的可信度，因此选择适合的抽样方法尤为重要。

抽样的特点是总体中含量大的部分被抽中的概率也大，可以提高样本的代表性。抽样的主要优点是：①抽样调查可以减少调查的工作量，调查内容可以求多、求全或求专，可以保证调查对象的完整性。②可以从数量上以部分推算总体，利用概率论和数理统计原理，以一定的概率保证推算结果的可靠程度，起到全面调查、认识总体的功能，可以保证调查的精度。③因为抽样调查是针对总体中的一部分单位进行的，抽样调查可以大大减少调查费用，提高调查效率。④收集和整理数据、综合样本的速度快，保证调查的时效性。

（三）抽样调查的相关概念

1. 总体和样本

（1）总体即调查对象的全体，如要对广州市药店经营情况进行调查，则广州市所有药店就构成一个总体。

（2）样本是总体的一部分，它由总体中按一定原则和程序选择的部分个体所组成。样本也是一个集合，每个被抽中进入样本的单位称为入样单位。样本中包含的入样单位数量称为样本量。抽样调查中调查的具体实施对象是样本。

对于一些市场营销调研的问题，有可能获得总体数据，因为该总体的规模不大，容易处理。但大部分市场数据只能通过抽样调查代替普查。比如，当总体规模很大，调查整个总体是不切实际的，或者预算约束使得不能进行普查，又或者时间限制效率要求，不能通过普查获得总体的数据。这些情况下，可以使用抽样调查法选取有效样本进行分析得到近似普查的结论。

2. 总体参数与样本统计量

（1）总体参数是指调查者所关心的变量的数字特征，它是根据总体中所有单位的数值计算的。例如，在对广州市药店进行的调查中，药店的零售额就是一个总体参数。换句话说，总体参数就是未知的总体指标值，是调查者通过调查了解的目标。常用的总体参数有总体总量、总体均值、总体比例、总体方差等。

（2）样本统计量是根据样本中各单位数值计算的。常用的样本统计量有样本均值、样本比例、样本方差等。样本统计量是样本的函数，如果样本是随机抽取的，则在大样本的情况下，样本统计量区域正态分布。调查者可以根据样本统计量对未知的总体参数进行估计，并计算抽样误差。

3. 抽样框 抽样框是可供抽样的所有单位的名单。在抽样框中，可以对每个单位进行编码，由此可按一定随机化程序进行抽样。抽样框有很多种形式，常用的有名录框，如企业名录、电话簿、人名单等，也可以是其他适当的形式。但不管什么形式，抽样框中的单位必须是有序的、便于编号的。

（四）抽样方法

1. 随机抽样法

（1）简单随机抽样：这种抽样方法简单，误差分析较容易，但需要样本容量较多，适用于个体之间差异较小的情况。

（2）等距随机抽样：这种抽样方法是先将总体各单位按某一标志顺序排列，编上序号，然后用总体单位数除以样本单位数求得抽样间隔，并在第一个抽样间隔内随机抽取一个单位作为样本单位；最后按计算的抽样距离作等距抽样，直到抽满 n 个单位。

（3）分层随机抽样：这种抽样方法是根据某些特定的特征，将总体分为同质、不相互重叠的若干层，再从各层中独立抽取样本，是一种不等概率抽样。分层随机抽样利用辅助信息分层，各层内应该同质，各层间差异尽可能大。这样的分层抽样能够提高样本的代表性、总体估计值的精度和抽样方案的效率，抽样的操作、管理比较方便。但是抽样框较复杂、费用较高，误差分析也较为复杂，此法适用于总体复杂，个体之间差异较大、数量较多的情况。

（4）分群随机抽样：这种抽样方法先将总体单元分群，可以按照自然分群或按照需要分群，在交通调查中可以按照地理特征进行分群，随机选择群体作为抽样样本，调查样本群中的所有单元。整群抽样样本比较集中，可以降低调查费用。例如，在进行居民出行调查中，可以采用这种方法，以住宅区的不同将住户分群，然后随机选择群体为抽取的样本。此法优点是组织简单，缺点是样本代表性差。

2. 非随机抽样方法

（1）任意非随机抽样：这种抽样方法也称便利抽样，这是纯粹以便利为基础的一种抽样方法。街头访问是这种抽样最普遍的应用。这种方法抽样偏差很大，结果极不可靠。一般用于准备性调查，在正式调查阶段很少采用。

（2）判断非随机抽样：这种抽样方法是根据样本设计者的判断进行抽样的一种方法，它要求设计者对母体有关特征有相当的了解。在利用判断抽样选取样本时，应避免抽取“极端”类型，而应选择“普通型”或“平均型”的个体作为样本，以增加样本的代表性。

（3）配额非随机抽样：这种抽样方法与分层随机抽样法类似，要先把总体按特征分类，根据每一类的大小规定样本的配额，然后由调查人员在每一类中进行非随机的抽样。这种方法比较简单，又可以保证各类样本的比例，比任意非随机抽样和判断非随机抽样样本的代表性都强，因此实际上应用较多。

（4）自愿样本：自愿样本不是经过收取，而是由自愿接受调查的单位组成。例如，在医院的服务台放置调查表，就医者可以自愿填答。自愿样本有一些特点：首先，样本集中于某些特定的群体，只有能够接触到调查问卷的人才有机会参与调查；其次，构成样本的那些单位往往对调查内容感兴趣，并愿意陈述自己的看法，因此这类调查的样本结构具有独特性，与总体结构差异性比较大。

（五）抽样调查结果的误差

抽样调查结果和真实值之间存在的差异称为误差。误差分为随机误差和系统误差两部分。随机误差是由于样本与总体之间的随机差异导致的，它存在于所有取样过程中，是无法避免的，这种类型的误差不会影响估计参数的均值，通常所计算的抽样误差就是这部分随机误差。对随机误差的研究，由于有强有力的概率论与数理统计理论和方法的支持，其理论已非常成熟，只要能设计出样本估计量，就能给出相应估计量的随机误差公式。但是对抽样调查中的系统误差，由于导致系统性误差的原因很多，而且多属非随机性因素，主要受主观因素的影响，致使系统性误差的出现是无规律的。

抽样调查法构成系统误差的因素有多种，大致可归纳为四种类型。

1. 设计误差（error in design） 是指因在抽样调查方案设计过程中的错误而导致产生的系统性误差。在抽样方案的设计中，涉及抽样框的编制、目标量和估计量的设计、样本容量的确定和抽样方式的选择等，抽样方案的设计还直接关系到在样本的抽取过程中是否严格地遵循随机性原则，若破坏了随机性原则，必然会产生系统性误差。

2. 估计量的偏误（bias of estimator） 是指所选择的估计量（实则是估计方法）破坏了估计的优良标准之一——无偏性，致使产生统计性误差。

3. 调查误差（error in survey） 是指在取得样本数据资料过程中产生的误差。这部分误差通常与调查者、回答者、资料搜集方式和问卷等因素有关，它们会形成在调查过程中出现无回答和回答出现偏误等情况，进而形成系统性误差。

4. 编辑误差（processing in error） 是指在取得样本资料之后，在整理、汇总、归类、计算、录入等过程形成的误差。

因此，为了提高调查精度，一方面可以采取完善抽样调查方案、合理选择抽样方法、提高抽样调查数据的准确性、减少编辑误差和调查误差等手段，即减少系统误差；另一方面要合理确定样本量的大小，即减少随机误差。

通过对误差分析可知，如果要提高调查的精度，一个重要方面就是确定合理的样本量。样本量大小的确定是一个平衡问题，如果在数据收集和分析过程采用大的样本容量，达到给定研究目标和精度要求的费用就很高。太少的样本则使结果受变异性的影响。

（六）抽样调查的流程

进行一项抽样调查的流程大致需要七个步骤。

1. 明确调查总体 为满足调研目的的需要，必须详细明确可提供信息的有关个体所具有的特征。识别过滤不符合要求的对象，划定总体的范围。

2. 选择数据收集的方式 数据收集的方式对抽样的过程和结果有重要影响，需要结合调查目的和性质进行审慎选择。

3. 选择抽样框 抽样框的描述不需要罗列出所有总体成员，只要指明如何找到每个抽样单元就足够了。

4. 选择抽样的方法 随机抽样或者非随机抽样。

5. 确定样本容量 样本容量不足，会影响样本对总体的代表性，进而影响抽样调查结果的准确性；样本过多，又会造成调查成本的增加。

6. 制定选择样本单位的操作程序。

7. 抽样计划的实施 实施抽样计划分为两个部分：一是收集数据；二是进行样本有效性检验。当样本有效性检验失败时，有必要进行重新抽样。

四、问 卷 设 计

在现代市场调查中，应有事先准备好的询问提纲或调查表作，这些文件统称问卷。它系统地记载了所需调查的具体内容，是了解市场信息资料、实现调查目的和任务的重要工具。采用问卷进行调查是市场调查中最常见的调查方式。

（一）问卷设计的概念和格式

所谓问卷设计，它是根据调查目的，将所需调查的问题具体化，使调查者能顺利地获取必要的信息资料，并便于统计分析。由于问卷方式通常是靠被调查者通过问卷间接地向调查者提供资料，所以，作为调查者与被调查者之间中介物的调查问卷，其设计是否科学合理，将直接影响问卷的回收率，影响资料的真实性、实用性。因此，在市场调查中，应对问卷设计给予足够的重视。

一份完整的调查问卷通常包括标题、问卷说明、被调查者基本情况、调查主题内容、编码、调查者情况等内容。

1. 标题 问卷的标题概括说明调查研究主题，使被调查者对所要回答什么方面的问题有一个大致的了解。标题应简明扼要，易于引起回答者的兴趣。例如，"保健品消费状况调查"，"我与中医——公众中医保健治疗意识调查"等。而不要简单采用"问卷调查"这样的标题，它容易引起回答者因不必要的怀疑而拒答。

2. 问卷说明 问卷说明旨在向被调查者说明调查的目的、意义。有些问卷还有填表须知、交表时间、地点及其他事项说明等。问卷说明一般放在问卷开头，通过它可以使被调查者了解调查目的，消除顾虑，并按一定的要求填写问卷。问卷说明既可采取比较简洁、开门见山的方式，也可在问卷说明中进行一定的宣传，以引起调查对象对问卷的重视。

3. 被调查者基本情况 这是指被调查者的一些主要特征，如在消费者调查中，消费者的性别、年龄、民族、家庭人口、婚姻状况、文化程度，职业、单位、收入、所在地区等。又如，企业调查中的企业名称、地址、所有制性质、主管部门、职工人数、商品销售额（或产品销售量）等情况。通过这些项目，便于对调查资料进行统计分组、分析。在实际调查中，列入哪些项目，列入多少项目，应根据调查目的、调查要求而定，并非多多益善。

4. 调查主题内容 调查的主题内容是调查者所要了解的基本内容，是调查问卷中最重要的部分。它主要是以提问的形式提供给被调查者，这部分内容设计的好坏直接影响整个调查的价值。主题内容主要包括以下几方面：①对人们的行为进行调查。包括对被调查者本人行为进行了解或通过被调查者了解他人的行为。②对人们的行为后果进行调查。③对人们的态度、意见、感觉、偏好等进行调查。

5. 编码 编码是将问卷中的调查项目变成数字的工作过程，大多数市场调查问卷均需加以编码，以便分类整理，易于进行计算机处理和统计分析。所以，在问卷设计时，应确定每一个调查项目的编号和为相应的编码做准备。通常是在每一个调查项目的最左边按顺序编号。

6. 调查者情况 在调查表的最后，附上调查员的姓名、访问日期、时间等，以明确调查人员完成任务的性质。如有必要，还可写上被调查者的姓名、单位或家庭住址、电话等，以便于审核和进一步追踪调查。但对于一些涉及被调查者隐私的问卷，上述内容则不宜列入。

（二）问卷设计的原则

一个成功的问卷设计应该具备两个功能：一是能将所要调查的问题明确地传达给被调查者；二是设法取得对方合作，并取得真实、准确的答案。但在实际调查中，由于被调查者的个性不同，他们的教育水准、理解能力，道德标准、宗教信仰、生活习惯、职业和家庭背景等都具有较大差异，加上调查者本身的专业知识与技能高低不同，将会给调查者带来困难，并影响调查的结果。具体表现为以下几方面：①被调查者不了解或是误解问句的含义，不是无法回答就是答非所问。②回答者虽了解问句的含义，愿意回答，但是自己记忆不清应有的答案。③回答者了解问句的含义，也具备回答的条件，但不愿意回答，即拒答。④回答者愿意回答，但无能力回答，包括回答者不善于表达意见、不适合回答和不知道自己所拥有的答案等。例如，当询问消费者购买某种商品的动机时，有些消费者对动机的含义不了解，很难做出具体回答。

问卷设计时应遵循如下原则和程序。

1. 目的性原则 问卷调查是通过向被调查者询问问题来进行调查的，所以，询问的问题必须是与调查主题有密切关联的问题。这就要求在问卷设计时，重点突出，避免可有可无的问题，并把主题分解为更详细的细目，即把它分别做成具体的询问形式供被调查者回答。

2. 可接受性原则 调查表的设计要比较容易让被调查者接受。由于被调查者对是否参加调查有着绝对的自由，调查对他们来说是一种额外负担，他们既可以采取合作的态度，接受调查；也可以采取对抗行为，拒答。因此，请求合作就成为问卷设计中一个十分重要的问题。应在问卷说明词中，将调查目的明确告诉被调查者，让对方知道该项调查的意义和自身回答对整个调查结果的重要性。问卷说明问要亲切、温和，提问部分要自然、有礼貌和有趣味，必要时可采用一些物质鼓励，并代被调查者保密，以消除其某种心理压力，使被调查者自愿参与，认真填好问卷。此外，还应使用适合被调查者身份、水平的用语，尽量避免列入一些会令被调查者难堪或反感的问题。

3. 顺序性原则　是指在设计问卷时，要讲究问卷的排列顺序，使问卷条理清楚，顺理成章，以提高回答问题的效果。问卷中的问题一般可按下列顺序排列：①容易回答的问答（如行为性问题）放在前面，较难回答的问题（如态度性问题）放在中间；敏感性问题（如动机性、涉及隐私等问题）放在后面。②封闭性问题放在前面，开放性问题放在后面。这是由于封闭性问题已由设计者列出备选的全部答案，较易回答，而开放性问题需被调查者花费一些时间考虑，放在前面易使被调查者产生畏难情绪。③要注意问题的逻辑顺序，如可按时间顺序、类别顺序等合理排列。

4. 简明性原则　简明性原则主要体现在四个方面：①调查内容要简明。没有价值或无关紧要的问题不要列入，同时要避免出现重复，力求以最少的项目设计必要的、完整的信息资料。②调查时间要简短，问题和整个问卷都不宜过长。设计问卷时，不能单纯从调查者角度出发，而要为回答者着想。调查内容过多，调查时间过长，都会招致被调查者的反感。根据经验，一般问卷回答时间应控制在 30 分钟左右。③问卷设计的形式要简明易懂、易读。

5. 匹配性原则　匹配性原则是指要使被调查者的回答便于进行检查、数据处理和分析。所提问题都应事先考虑到能对问题结果做适当分类和解释，使所得资料便于做交叉分析。

（三）问卷设计的程序

问卷设计是由一系列相关工作过程所构成的，为使问卷具有科学性和可行性，需要按照一定的程序进行。

1. 准备阶段　准备阶段是根据调查问卷需要确定调查主题的范围利调查项目，将所需问卷资料一一列出，分析哪些是主要资料，哪些是次要资料，哪些是调查的必备资料，哪些是可要可不要的资料，并分析哪些资料需要通过问卷来取得，需要向谁调查等，对必要资料加以收集。同时要分析调查对象的各种特征，即分析了解各被调查对象的社会阶层、行为规范、社会环境等社会特征，文化程度、知识水平、理解能力等文化特征，需求动机、行为等心理特征，以此作为拟定问卷的基础。在此阶段，应充分征求有关各类人员的意见，以了解问卷中可能出现的问题，力求使问卷切合实际，能够充分满足各方面分析研究的需要。可以说，问卷设计的准备阶段是整个问卷设计的基础，是问卷调查能否成功的前提条件。

2. 初步设计　在准备工作基础上，设计者就可以根据收集到的资料，按照设计原则设计问卷初稿。主要是确定问卷结构，拟定并编排问题，在初步设计中，首先要标明每项资料需要采用何种方式提问，并尽量详尽地列出各种问题，然后对问题进行检查，筛选、编排，设计每个项目。对提出的每个问题，都要充分考虑是否有必要，能否得到答案。同时，要考虑问卷是否需要编码，并且需要向被调查者说明调查目的、要求、基本注意事项等。这些都是设计调查问卷时十分重要的工作，必须精心研究，反复推敲。

3. 试答和修改　一般说来，所有设计出来的问卷都存在着一些问题，因此，需要将初步设计出来的问卷，在小范围内进行试验性调查，以便弄清问卷在初稿中存在的问题，了解被调查者是否乐意和能够回答所有的问题，哪些语句不清、多余或遗漏，问题的顺序是否符合逻辑，回答的时间是否过长等。如果发现问题，应做必要的修改，使问卷更加完善。试调查与正式调查的目的是不一样的，它并非要获得完整的问卷，而是要求回答者对问卷各方面提出意见，以便于修改。

4. 付印　付印就是将最后定稿的问卷，按照调查工作的需要打印复制，制成正式问卷。

（四）问卷的询问技术

问卷的语句由若干个问题所构成，问题是问卷的核心，在进行问卷设计时，必须对问题的类别和提问方法仔细考虑，否则会使整个问卷产生很大的偏差，导致市场调查的失败。因此，在设计问卷时，应对问题有较清楚的了解，并善于根据调查目的和具体情况选择适当的询问方式。

1. 问题的主要类型及询问方式

（1）直接性问题、间接性问题和假设性问题：直接性问题是指在问卷中能够通过直接提问方式得到答案的问题。直接性问题通常给回答者一个明确的范围，所问的是个人基本情况或意见，这些都可获得明确的答案。

间接性问题是指那些不宜于直接回答，而采用间接地提问方式得到所需答案的问题。通常是指那些被调查者因对所需回答的问题有顾虑，不敢或不愿真实地表达意见的问题。

假设性问题是通过假设某一情景或现象存在而向被调查者提出的问题。例如，“有人认为目前的电视广告过多，您的看法如何?”“如果在购买汽车和住宅中您只能选择一种，您可能会选择何种?”这些语句都属于假设性提问。

（2）开放性问题和封闭性问题：所谓开放性问题是指并不列出问题所有可能的答案，而是由被调查者自由作答的问题。开放性问题一般提问比较简单，回答比较真实，但结果难以做定量分析，在对其做定量分析时，通常是将回答进行分类。

所谓封闭性问题是指已事先设计了各种可能的答案的问题，被调查者只要或只能从中选定一个或几个现成答案的问题。封闭性问题由于答案标准化，不仅回答方便，而且易于进行各种统计处理和分析。但缺点是回答者只能在规定的范围内被迫回答，无法反映其他各种有目的的、真实的想法。

（3）事实性问题、行为性问题、动机性问题和态度性问题：事实性问题是要求被调查者回答一些有关事实性的问题。通常在一份问卷的开头和结尾都要求回答者填写其个人资料，如职业、年龄、收入、家庭状况、教育程度、居住条件等，这些问题均为事实性问题，对此类问题进行调查，可为分类统计和分析提供资料。

行为性问题是对回答者的行为特征进行调查。例如，“您是否尝试过中医疗法？”

动机性问题是为了解被调查者行为的原因或动机问题。例如，“为什么购某物?为什么做某事？”在提动机性问题时，应注意人们的行为可以是有意识动机，也可以是半意识动机或无意识动机产生的。

态度性问题是关于对回答者的态度、评价、意见等问题。例如，“您是否喜欢××牌子的创可贴?”

2. 问句的答案设计 在市场调查中，无论是何种类型的问题，都需要事先对问题答案进行设计。在设计答案时，可以根据具体情况采用不同的设计形式。

（1）二项选择法：二项选择法也称真伪法或二分法，是指提出的问题仅有两种答案可以选择。“是”或“否”，“有”或“无”等。这两种答案是对立的、排斥的，被调查者的回答非此即彼，不能有更多的选择。例如，您是否尝试过中医疗法？答案只能是“是”或者“不是”。

这种方法的优点是：易于理解和可迅速得到明确的答案，便于统计处理，分析也比较容易。但回答者没有进一步阐明理由的机会，难以反映被调查者意见与程度的差别，了解的情况也不够深入。这种方法，适用于互相排斥的两项择一式问题，以及询问较为简单的事实性问题。

（2）多项选择法：多项选择法是指所提出的问题事先预备好两个以上的答案，回答者可任选其中的一项或几项。

例如，“您喜欢下列哪一种品牌的创可贴?”（在您认为合适的□内打√）

邦迪□　美愈□　海氏海诺□　云南白药□　开颜□　曼秀雷敦□

由于所设答案不一定能表达出填表人所有的看法，所以在问题的最后通常可设“其他”项目，以便使被调查者表达自己的看法。这个方法的优点是比二项选择法的强制选择有所缓和，答案有一定的范围，也比较便于统计处理。但采用这种方法时，设计者要考虑以下两种情况：要考虑到全部可能出现的结果及答案可能出现的重复和遗漏；要注意选择答案的排列顺序。有些回答者常常喜欢选择第一个答案，从而使调查结果发生偏差。此外，答案较多，会使回答者无从选择或厌烦。一般这种多项选择答案应控制在 8 个以内，当样本量有限时，多项选择易使结果分散，缺乏说服力。

（3）顺位法：顺位法是列出若干项目，由回答者按重要性决定先后顺序，顺位方法主要有两种：一种是对全部答案排序；另一种是只对其中的某些答案排序，究竟采用何种方法，应由调查者来决定。具体排列顺序，则由回答者根据自己所喜欢的事物和认识事物的程度等进行排序。

例如，“您选购红外线治疗仪的主要条件是（请将所给答案按重要顺序 1，2，3…填写在□中）

价格便宜□　外形美观□　维修方便□　牌子有名□　经久耐用□　其他□

顺位法便于被调查者对其意见、动机、感觉等做衡量和比较性的表达，也便于对调查结果加以统计。但调查项目不宜过多，过多则容易分散，很难顺位，同时所询问的排列顺序也可能对被调查者产生某种暗示影响。这种方法适用于对要求答案有先后顺序的问题。

（4）比较法：比较是采用对比提问方式，要求被调查者做出肯定回答的方法。

例如，“请比较下列不同牌子的小儿氨酚黄那敏颗粒，哪种口感更好、更容易被儿童接受?”（在各项您认为好喝的牌子方格中打√）

海王□　护彤□　华润三九□　蜀中制药□　石药欧意□

比较法适用于对质量和效用等问题做出评价。应用比较法要考虑被调查者对所要回答问题中的商品品牌等项目是否相当熟悉，否则将会导致空项发生。

（5）自由回答法：这种方法是指提问时可自由提出问题，回答者可以自由发表意见，并无已经拟定好的答案。例如，“您觉得中药冲剂哪些优、缺点？”这种方法的优点是涉及面广，灵活性大，回答者可充分发表意见，可为调查者搜集到某种意料之外的资料，缩短问者和答者之间的距离，迅速营造一个调查气氛，缺点是由于回答者提供答案的想法和角度不同，因此在答案分类时往往会出现困难，资料较难整理，还可能因回答者表达能力的差异形成调查偏差。同时，由于时间关系或缺乏心理准备，被调查者往往放弃回答或答非所问，因此，此种问题不宜过多。这种方法适用于那些不能预期答案或不能限定答案范围的问题。

（6）过滤法：过滤法又称“漏斗法”，是指最初提出的是离调查主题较远的广泛性问题，再根据被调查者回答的情况，逐渐缩小提问范围，最后有目的地引向要调查的某个专题性问题。这种方法询问及回答比较自然、灵活，使被调查者能够在活跃的气氛中回答问题，从而增强双方的合作，获得回答者较为真实的想法。但要求调查人员善于把握对方心理，善于引导并有较高的询问技巧。此方法的不足是不易控制调查时间。这种方法适合于被调查者在回答问题时有所顾虑，或者一时不便于直接表达对某个问题的具体意见时所采用。例如，对那些涉及被调查者自尊或隐私等问题，如收入、文化程度、妇女年龄等，可采取这种提问方式。

3. 问卷设计应注意的问题

（1）对问卷设计总的要求是：问卷中的问句表达要简明、生动，注意概念的准确性，避免提似是而非的问题，否则很难达到预期效果，可具体提问，如“您认为某百货商场商品品种是否齐全、营业时间是否恰当、服务态度怎样?”

（2）避免用不确切的词：例如，“普通”“经常”“一些”等，以及一些形容词（如“美丽”）等。这些词语，各人理解往往不同，在问卷设计中应避免或减少使用。

（3）避免使用含糊不清的句子，提问要具体：一个问句最好只问一个要点，一个问句中如果包含过多询问内容，会使回答者无从答起，给统计处理也会带来困难。

（4）避免引导性提问：如果提出的问题不是“执中”的，而是暗示出调查者的观点和见解，力求使回答者跟着这种倾向回答，这种提问就是“引导性提问”。例如，“消费者普遍认为××牌子的红外线治疗仪好，你的印象如何?”引导性提问会导致两个不良后果：一是被调查者不加思考就同意所引导问题中暗示的结论；二是由于引导性提问大多是引用权威或大多数人的态度，被调查者考虑到这个结论既然已经是普遍的结论，就会产生心理上的顺向反应。这种提问是调查的大忌，常常会引出和事实相反的结论。

（5）避免提断定性的问题：例如，“你一天抽多少支烟？”这种问题即为断定性问题，被调查者如果根本不抽烟，就会造成无法回答。正确的处理办法是此问题可加一条“过滤性”问题，如“你抽烟吗?”如果回答者回答“是”，可继续提问，否则就可终止提问。

（6）避免提令被调查者难堪的问题：注意回避个人隐私，注意不适用带有贬义的词语。

（7）问句要考虑到时间性：时间过久的问题易使人遗忘，缩小时间范围可使问题回忆起来较容易，答案也比较准确。

（8）避免使用冗长复杂的句子。

总之，一份良好的问卷，应具备三项条件：能达到市场调查目的，即将调查目的，以询问方式具体化、重点化地列举在问卷上；促使被访问者愿意合作，提供正确情报，协助达成调查目的，正确表达访问者与被访问者的相互关系。

第三节　市场预测

一、市场需求测量

（一）市场需求与市场潜量

1. 市场需求　是指一定时间内和一定价格条件下，消费者对某种商品或服务愿意而且能够购买的数量。市场需求的构成要素有两个：一是消费者愿意购买，即有购买的欲望；二是消费者能够购买，即有支付能力，两者缺一不可。

市场需求的主要影响因素主要有以下几个方面。

（1）消费者偏好：在市场上，即使收入相同的消费者，由于每个人的性格和爱好不同，人们对商品与服务的需求也不同。消费者的偏好支配着他在使用价值相同或相近的商品之间的消费选择。但是，人们的消费偏好不是固定不变的，而是在一系列因素的作用下慢慢变化的。

（2）消费者的个人收入：一般来说，消费者收入增加，将引起需求增加，反之亦然。但是，对某些产品来说，需求是随着收入的增加而下降的。随着经济的迅速增长，消费者的收入水平将不断提高，在供给不变或供给增长率低于收入增长率的情况下，一方面使得市场价格徐徐上升，另一方面也将引起商品需求量的增加。

（3）产品价格：产品价格是影响市场需求的最重要因素。一般来说，产品价格和市场需求的变动呈反方向变化关系。

（4）替代品的价格：一般来说，在相互替代商品之间某一种商品价格提高，消费者就会把需求转向可以替代的商品上，从而使替代品的需求增加，被替代品的需求减少，反之亦然。

（5）互补品的价格：在互补商品之间，其中一种商品价格上升，需求量降低，会引起另一种商品的需求随之降低。

（6）市场预期：预期是人们对于某一经济活动未来的预测和判断。如果消费者预期价格要上涨，就会刺激人们提前购买；如果预期价格将下跌，许多消费者就会推迟购买。

（7）其他因素：如商品的品种、质量、广告宣传、地理位置、季节、国家政策等。其中，影响需求最关键的因素还是该商品本身的价格。

2. 市场潜量　是指市场需求的最高界限，既指在一定区域、一定时间内及一定营销环境和一定的营销费用水平条件下，消费者可能购买的商品总量。市场潜量是在既定的营销环境中，当行业营销支出达到一定水平之后，再增加营销支出，市场需求却不会随之增加，市场潜量即市场需求所趋向的极限值。

（二）企业市场需求量与企业市场潜量

广义上说，企业需求就是企业经营要实现的目的和能力。狭义上讲，企业需求就是在市场总需求中企业所占的需求份额。用数学公式表示为

$$Q_i = S_i \times Q$$

式中，Q_i是企业 i 需求；S_i是企业 i 的市场占有率；Q 是市场总需求。

企业的市场占有率与其营销努力成正比，而营销努力又与营销费用支出成正比：

$$S_i = \frac{M_i}{\sum M_i}$$

由于不同企业的营销费用支出所取得的效果不同，以 α_i代表公司营销费用的奏效率，则 i 公司的市场占有率计算公式为

$$S_i = \frac{\alpha_i M_i}{\sum \alpha_i M_i}$$

公司预测一般指公司销售预测，是与企业选定的营销计划和假定的营销环境相对应的销售额，即预期的企业销售水平。

企业潜量即公司销售潜量，指公司的营销努力相对于竞争者不断增大时，企业需求所达到的极限。

二、市场需求估计

（一）总市场潜量

总市场潜量是对未来市场需求前景的展望和推测。它是市场预测的一个重要组成部分。一个经济部门或销售机构在对某种产品销售潜量做出判断以前，必须首先对市场潜量做出判断。总市场潜量是指在一定时期内、在一定的行业营销努力水平和一定的环境条件下，一个行业中所能获得的最大销量（数字和金额）。通常以下式估计总市场潜量：

$$Q = nqp$$

式中，Q 是总市场潜量，n 是一定的假设条件下特定产品或市场的购买者数量；q 是每个购买者的平均购买量；p 是单位产品平均价格。

例如，某医药公司对某地区某种感冒药品市场需求潜量进行估计，该地区人口约为 500 万人，经过市场调查，估计大约每年有 10%的人口使用此种感冒药，且每人每年平均使用量为 2 盒，每盒价格为 10 元，则此城市的这种感冒药的市场需求潜量为 10 000 000.00 元。

$$Q = nqp = 5\ 000\ 000 \times 10\% \times 2 \times 10 = 10\ 000\ 000.00\text{（元）}$$

上式中最难估计的是特定产品或市场的购买者数量。在实际预测中，需要从总人口中剔除显然不会购买该产品的人数，余下的可能购买者作为 n，以计算总市场潜量。

（二）地区市场潜量

企业面临着最佳销售区域，并在各种销售区域中实现营销预算的恰当分配问题。因此，企业需要估计不同地区的市场潜量。主要有两种方法：一种是适用于厂商市场的市场组合法；另一种是适用于消费者市场的多因素指数法。

1. 市场组合法 市场组合法需求辨别在每个市场上的所有潜在购买者，并估计其潜在购买

量，然后将一个市场上所有潜在购买者的潜在购买量相加，就可得到每个市场的购买潜量。但实际上企业很难拥有所有潜在购买者的清单，更难以估计每一位购买者的购买需求。

2. 多因素指数法 由于消费者市场上购买者数量众多，企业不可能知道消费者名单，也不可能使用市场组合法，所以面向消费者市场的企业常常运用多因素指数法来估计地区市场需求潜量。使用这种方法，要找出影响需求的因素，并根据各因素的重要性分别赋予一定的权数，进行加权平均，即可求出多因素指数。

例如，在某地区，可利用下述购买力指数公式计算其地区市场潜量。

$$B_i = 0.5y_i + 0.3r_i + 0.2p_i$$

式中，B_i是地区 i 的购买力占全国总购买力的百分比；y_i是地区 i 的个人所支配收入占全国的百分比；r_i是地区 i 零售额占全国的百分比；p_i是地区居住人口占全国的百分比。

公式可用于反映许多药品的市场潜量，但不适用于廉价药品和高价药品。另外，对不同的产品，权数可能有不同的取值，同时，企业还可能因为其他一些额外因素而对区域市场潜量进行必要的调整。

（三）企业销售增长率与市场占有率

除了要估计总市场潜量和地区市场潜量，企业还要估计企业的销售增长率和市场占有率。

销售增长率一般指企业当年销售额与上年相比增长的幅度，销售增长率为正且大，说明企业的用户购买量在增长，反映了企业竞争能力的提高；反之则表明企业竞争能力在衰退。企业的销售增长率往往只有与行业发展速度和国民经济的发展速度相对比分析才有意义。如果企业的销售额当年比上年有所增长，当增长的幅度低于行业或国民经济的发展速度，则表明经济背景是有利的，市场总容量在不断扩大，但扩大的部分被企业占领的比重则相对减少，大部分新市场被其他企业占领了，因此本企业的竞争能力相对下降了。

市场占有率是指市场总容量中企业所占的份额或在已被满足的市场需求中有多大比例是由本企业占有的。预计本企业在未来时期可以达到的市场占有率大小，可以为企业生产经营规模和制订具体的产品销售计划提供依据。

企业市场占有率预测一般采用企业销售预测与市场需求预测相对比的办法。企业产品的市场占有率是企业产品的市场竞争能力的综合表现。市场占有率的预测可采用马尔可夫预测法。

马尔可夫预测法的步骤如下：

首先，调查目前本企业产品市场占有率状况，得到市场占有率向量 A。由于市场上生产与本企业相同产品的企业有许多家，我们最关心的是本企业产品的市场占有率。一般情况下，可以运用问卷形式进行抽样调查，得出与本企业有关的同类产品目前在市场上占有率向量 $A=（E_1，E_2，E_3，\cdots，E_n）$ 1，2，3，…，n 代表有 n 家同类企业，且 $E_1+E_2+E_3+\cdots+E_n=100\%$。

其次，调查消费者的变动情况，计算转移概率矩阵 P。对于众多的消费者而言，购不购买本企业的产品纯粹是偶然事件，但是若本企业生产的产品在质量、价格、营销策略相对较为稳定，众多消费者偶然的购买变动，就会演变成必然的购买行为。因为原来购买本企业产品的消费者在将来可能仍然购买本企业的产品，也可能转移到购买别的企业的同类产品，而原来购买其他企业产品的消费者，在将来可能会转移到购买本企业产品，两者互相抵消，就能形成相对稳定的转移概率。通过市场调查，能得到购买本企业和其他企业产品的转移概率矩阵：

$$P=\begin{bmatrix} P_{11} & P_{12} & \cdots & P_{1n} \\ P_{21} & P_{22} & \cdots & P_{2n} \\ \vdots & \vdots & & \vdots \\ P_{n1} & P_{n2} & \cdots & P_{nn} \end{bmatrix}$$

矩阵 P 称为转移概率矩阵，且要求矩阵的各行元素之和为 1，即购买某种产品的消费者中，将来购买本企业产品和购买非本企业产品的消费者人数的比重之和等于 1 或 100%。

最后，利用向量 A 和转移概率矩阵 P 预测下一期本企业产品市场占有率。若已知某产品目前市场占有率向量 A 又根据调查结果得到未来转移概率矩阵 P，则未来某产品各企业的市场占有率可以用 A 乘以 P 求得。

三、医药市场预测

市场预测是关于市场未来状况的预报和推测。市场预测活动是在市场营销调研基础上，分析研究各种数据、资料和信息，运用科学方法技术，对市场需求、企业需求及影响需求变化的因素进行分析研究，探讨供求趋势，预报和推测未来一定时期内供求关系变化的前景，并据此调节市场营销活动，从而为企业的营销决策提供科学依据。

1. 市场预测的内容

（1）环境预测：环境预测也称为宏观预测或经济预测，它是通过对各种环境因素，如国家财政开支、进出口贸易、通货膨胀、失业状况、企业投资及消费者支出等因素的分析，对国民总收入和有关的总量指标的预测。环境预测是市场潜量与企业潜量预测、市场预测和企业预测的基础。

（2）市场潜量与企业潜量预测：市场潜量和企业潜量预测是市场需求预测的重要内容。市场潜量是从行业的角度考虑某一产品的市场需求的极限值，企业潜量则是从企业角度考虑某一产品在市场上所占的最大的市场份额。市场潜量和企业潜量的预测是企业制定营销决策的前提，也是进行市场预测和企业预测的基础。

（3）市场预测与企业预测：市场预测是在一定营销环境下和一定营销力量下，对某产品的市场需求水平的估计。企业预测是在一定的环境下和一定的营销方案下，企业预期的销售水平。企业预测不是企业制定营销决策的基础或前提，而是受企业营销方案影响的一个函数。

2. 市场预测的类型

（1）市场需求预测：包括需求总量预测；地区需求预测；需求影响因素变化预测。重点从市场潜力、销售前景入手进行预测。公司必须全面调查市场产品销售潜力，从政治、人口、文化、消费习惯、销售渠道特点、品牌基础、竞品分析等方面预测产品的销售前景。

（2）市场购买力预测：重点预测当地现有的经济水平、购买力水平、潜在的购买力水平及消费结构情况。及时了解各项政府政策因素对购买力的影响，增强预测前瞻性、准确性。

（3）新产品开发预测：从消费者需要出发，结合企业现状预测新品的开发方向、结构变化，并注重竞争品的分析，及时开发市场竞争需要产品，保证公司建立具有综合竞争力的产品线。

（4）产品资源预测：预测产品供应市场的可能来源及供应量，预测是否能够保证新产品投入市场后的上游原料供应，是否能够创建收编上游原料供应链，保证竞争优势，同时考虑竞争品的资源需求因素。

（5）产品价格变动趋势预测：包括价格总水平及走势和变化幅度预测及价格变化对生产经营及消费的影响预测。科学预测价格涨落情况，对于公司利润及竞争优势十分重要。没有系统的预测，将会出现不必要的损失。卖场往往都有市场行情预测机构，他们往往知己知彼，预测产品价格未来走势，时机成熟便会与公司签订一定时间段的贸易采购单。公司没有系统预测，稍不注意，便会掉到价格陷阱里，失去巨额利润，乃至赔钱。

（6）产品库存预测：预测产品库存情况，充分了解市场经销商、二批商终端等环节库存，建立淡旺季安全库存，以此为依据建立自有的各时期安全库存。同时要结合生产能力并考虑竞争因素。对于特殊市场行情要及时调整库存数量。

（7）市场占有率预测：预测产品上市销售中在市场上的占有率、变化情况和发展趋势。这是某些公司规定中与销售任务同等重要的指标，其决定产品在市场的地位，体现公司持续发展力、竞争力。对于整体产品线的综合开发也有着重要作用。

（8）产品生命周期预测：预测产品市场发展水平处在何种周期，并针对产品处在导入期、成长期、成熟期、衰退期不同的生命周期，制定不同的应对方法，保证产品充分完成公司的使命，达到各项目标。

（9）营销效果预测：对市场产品各个时期经销的营销效果进行预测。保证公司追求的品牌、利润、销量等各项目标的顺利实现。

3. 市场预测的步骤

（1）确定预测目标：市场预测首先要确定预测目标，明确目标之后，才能根据预测的目标去选择预测的方法、决定收集资料的范围与内容，做到有的放矢。

（2）选择预测方法：预测的方法很多，各种方法都有其优点和缺点，有各自的适用场合，因此必须在预测开始根据预测的目标和目的，根据企业的人力、财力及企业可以获得的资料，确定预测的方法。

（3）收集市场资料：按照预测方法的不同确定要收集的资料，这是市场预测的一个重要的阶段。

（4）进行预测：此阶段就是按照选定的预测方法，利用已经获得的资料进行预测，计算预测结果。

（5）预测结果评价：预测结果得到以后，还要通过对预测数字与实际数字的差距分析比较及对预测模型的理论分析，对预测结果的准确和可靠程度给出评价。

（6）预测结果报告：预测结果的报告从结果的表述形式上看，可以分成点值预测和区间预测。点值预测的结果形式上就是一个数值，如某行业市场潜量预计达到 5 亿元，就属于点值预测。区间预测不是给出预测对象的一个具体的数值，而是给出预测值的一个可能的区间范围和预测结果的可靠程度。例如，95%的置信度下，某企业产品销售额的预测值在 5500 万～6500 万元。

四、医药市场定性预测方法

定性预测法，又称主观判断预测法，是指通过直观材料或判断的方法对事物未来发展变化趋势进行分析与预测。预测者依靠熟悉业务知识、具有丰富经验和综合分析能力的人员与专家，根据已掌握的历史资料和直观材料，运用个人的经验和分析判断能力，作为预测未来的主要依据。

（一）定性分析的特点

定性分析是市场调查资料的基础分析方法之一，它主要具有以下几个特点。

1. 定性分析注重整体的发展的分析 定性分析的目的在于把握事物本质的规律性，因此必须立足于对研究对象的整体分析，获得对研究对象的完整透视。

2. 定性分析的对象是描述性资料 定性分析以事物的描述性资料为研究对象。这些资料通常以书面文字或图片等形式表现，而不是精确的数据形式；这些资料是在各种自然场合，以定性研究的方法（如通过参与观察和深入访谈）得来的资料，带有很大程度的模糊性和不确定性；定性分析的资料来自小的样本及特殊的个案，而不是随机选择的和大的样本。正由于此，决定了定性分析有自己独特的分析方法，且需要定量的资料来进行补充。

3. 定性分析的研究程序具有一定弹性 在分析程序上，定性分析也不同于定量分析。定量分析有一个标准化程序，使用数学方法可获得定量的结果，用数学语言表示事物的状态、关系和过程，在此基础上加以推导、演算和分析，以形成对问题的解释和判断，具有逻辑上的严密性和可靠性。而定性分析是一个不太严格的研究程序，前一步搜集资料的数量与质量往往决定下一步应该怎么做，其原因是调查对象作为一个不断变化的主体所具有的动态性，使定性分析过程常常出现变动，具有很大的灵活性和弹性。

4. 定性分析的方法是对搜集资料进行归纳的逻辑分析 归纳分析有不同于演绎分析的一般

程序。演绎分析是先有一个假设，然后搜集能检验假设的资料或者事实，将事实与假设加以比较分析后得出结果。而归纳分析却是先列出事实材料，将这些资料与事实加以归类，然后从中得到一些启示，抽象概括出概念和原理。这是一种自下而上的分析路径。定性分析的客观性取决于所研究对象是否有丰富的合乎实际的材料，它不仅可以从各个不同的事物经验中找出共同性的联系，而且也可以从许多不同的观察事例中找出共同的特点，同时研究事物的特例，找出相异之处及其原因。

5. 定性分析中的主观因素影响及对背景的敏感性　定性分析是一种价值研究，一方面很容易受到研究者和被研究者的主观因素影响，如研究者的能动性、独立性和创造性。若干差异的存在及较强的主观体验色彩，会影响分析的客观性。另一方面，市场调查对象的表现状况又总是与特定的情境相关联，离开这一特定情境，一定的市场现象就不会发生，这就是背景的敏感性。因此，定性分析很注重对背景的分析。

（二）医药市场定性预测的主要方法

1. 专家意见集合法　专家意见集合法是指医药企业的经营管理人员、业务人员根据自己的经验和判断，对医药产品市场未来的发展趋势做出预测的方法。

（1）集合经营与管理人员意见法（最高决策人判评法）：这种方法是由企业决策人把与市场经营有关或熟悉市场情况的各职能部门负责人和业务骨干召集起来，共同研讨，做出判断，最后通过汇总、整理、分析与综合，形成预测结果。这种方法迅速、及时、经济，高效，但同时预测结果受主观因素影响大，缺乏量化指标与准确测算。

（2）集合销售（业务）人员意见法：这种方法的优点是一线业务人员经常接近购买者，对购买者意向有较全面深刻的了解，比其他人有更充分的知识和更敏锐的洞察力，尤其是对受技术发展变化影响较大的产品。由于销售人员参与企业预测，因而他们对上级下达的销售配额有较大的信心完成。通过这种方法，也可以获得按产品、区域、顾客或销售人员划分的各种销售预测。

但集合销售（业务）人员意见法也有明显的不足。比如，销售人员的主观判断总会有某些偏差，受其最近销售成败的影响，他们的判断可能会过于乐观或过于悲观，即常常走极端；销售人员可能对经济发展形势或企业的市场营销总体规划不了解，为使其下一年度的销售大大超过配额指标，以获得升迁或奖励的机会，销售人员可能会故意压低其预测数字；销售人员也可能对这种预测没有足够的知识、能力或兴趣。

2. 专家会议法　专家会议法是指根据预测的目的和要求，通过会议的形式邀请专家对预测对象及前景进行评价，在综合专家分析判断的基础上，对医药市场未来变化趋势做出预测的方法。

参与会议的专家应满足一下要求：①专家要有代表性；②专家要具有本领域丰富的知识和经验；③专家要具有一定的市场调查和预测方面的知识和经验；④专家人数要适当，一般控制在10～15人比较恰当。

专家会议法的优点在于：由专家做出的判断和估计具有更高的准确性，同时这种方法本身可以使与会专家畅所欲言，自由辩论，集思广益，使预测的准确性提高。但这种方法容易受专家个性和心理因素或个别权威专家意见的影响或左右，同时受参加人数和讨论时间的限制，最后的综合意见有可能不能完全反映专家的全部正确意见，从而影响预测的准确性。

3. 专家小组法（德尔菲法）　最常用的专家意见法是德尔菲法。德尔菲法的具体实施步骤如下。

第一步，组成专家小组。按照课题所需要的知识范围，确定专家。专家人数的多少，可根据预测课题的大小和涉及面的宽窄而定，一般不超过20人。

第二步，向所有专家提出所要预测的问题及有关要求，并附上有关这个问题的所有背景材料，同时请专家提出还需要什么材料。然后，由专家做书面答复。

第三步，各个专家根据他们所收到的材料，提出自己的预测意见，并说明自己是怎样利用这些材料并提出预测值的。

第四步，将各位专家第一次判断意见汇总，列成图表，进行对比，再分发给各位专家，让专家比较自己同他人的不同意见，修改自己的意见和判断。也可以把各位专家的意见加以整理，或请身份更高的其他专家加以评论，然后把这些意见再分送给各位专家，以便他们参考后修改自己的意见。

第五步，将所有专家的修改意见收集起来，汇总，再次分发给各位专家，以便做第二次修改。逐轮收集意见并为专家反馈信息是德尔菲法的主要环节。收集意见和信息反馈一般要经过三四轮。在向专家进行反馈的时候，只给出各种意见，但并不说明发表各种意见的专家的具体姓名。这一过程重复进行，直到每一个专家不再改变自己的意见为止。

第六步，对专家的意见进行综合处理。

德尔菲法的优点是：能充分发挥各位专家的作用，集思广益，准确性高；能把各位专家意见的分歧点表达出来，取各家之长，避各家之短。其缺点是：权威人士的意见影响他人的意见；有些专家碍于情面，不愿意发表与其他人不同的意见；出于自尊心而不愿意修改自己原来不全面的意见；应用德尔菲法要花费较长时间。

五、医药市场定量预测法

定量预测方法也叫统计预测方法。它是在掌握大量数据资料的基础上，运用现代数学方法进行数据处理，建立反映有关变量之间规律性联系的数学模型，近似地揭示预测对象的数量变化程度及其结构关系，并据此对预测目标做出定量的测算。应该指出，在使用定量预测方法进行预测时，要与定性预测方法结合起来，才能取得较好的预测效果。定量预测的特点是以数据资料为基础，建立数学模型作为定量预测的工具。定量预测的主要方法有需求弹性预测法、时间序列预测法、回归分析法。

（一）需求弹性预测法

需求弹性是指由于某一相关因素的变化所引起的商品需求量发生变化的幅度。需求弹性主要有价格弹性和收入弹性。需求的价格弹性是指价格的变化所带来的需求量的变化率。需求的收入弹性是指消费者收入的每一单位的变化所带来的需求量的变动率。

在一般情况下，需求量变化与价格水平变化的方向相反，即价格上升，需求量下降；价格下降，需求量上升。需求量的变化与消费者收入水平的变化方向相同，即收入上升，需求量上升；收入下降，需求量下降。

$$E_d = \frac{\text{需求量变动的百分比}}{\text{价格变动的百分比}} = \frac{\dfrac{\Delta Q}{Q}}{\dfrac{\Delta P}{P}} = \frac{\Delta Q}{\Delta P} \cdot \frac{P}{Q}$$

$$E_d = \frac{\text{需求量变动的百分比}}{\text{收入变动的百分比}} = \frac{\dfrac{\Delta Q}{Q}}{\dfrac{\Delta I}{I}} = \frac{\Delta Q}{\Delta I} \cdot \frac{I}{Q}$$

（二）时间序列预测法

一般来说，随着时间的变化，市场变动趋势往往呈现出某种规律性，根据变动趋势的不同特征，可将其分为四种类型：一是直线变动趋势；二是季节变动趋势；三是循环变动趋势；四是不规则变动趋势。直线变动趋势是指市场变动在一定时期内呈现直线发展变化的趋势，一般有三种状态，即向上发展的趋势、向下发展的趋势和呈稳定水平发展的趋势。季节变动趋势通常是指在一个年度内，市场变动呈现某种规律性起伏、周期性变化的趋势。循环变动趋势又称周期变动趋势，其形式类似于季节变动，一般是指在相当长的时期内，市场变动呈现出规律性的上下波动趋势。不规则变动趋势是指受随机性变动因素的影响，没有一定规则的变动趋势。

时间序列分析法是将一组市场统计资料按照时间顺序进行排列，得到一组数据序列，应用科学的数学统计分析方法，使其向外延伸，预测市场未来发展趋势的一种预测方法。

1. 半数平均法 半数平均法是指将原序列的各项数值分为两个部分，先分别求出各部分的平均数，然后在直角坐标系中确定这两个点，并将两点连成一条直线（趋势直线），并建立数学模型的一种预测方法。半数平均法的预测模型为 $y=a+bt$。

2. 平均发展速度法 在一定时期内，如果时间序列中除了第一期之外的其余各期的环比发展速度比较相近，说明市场以比较稳定的状态在发展，就可以通过历史统计数据的观察分析，掌握市场发展变化一般趋势的速度，并根据这种速度，预测市场未来的发展趋势。平均发展速度法是常用的预测医药市场的销售增长率、需求增长率的方法。

平均发展速度法的具体预测步骤如下。

（1）先计算总的发展速度，计算公式为

$$V_{总}=Y_i/Y_1$$

式中，$V_{总}$是观察期总的发展速度；Y_i是最近一期的观察期值；Y_1是第一期的观察期值。

（2）计算平均发展速度，计算公式为

$$V_{平}=\sqrt[t-1]{V_{总}}$$

式中，$V_{平}$是观察期总发展速度的集合平均值；t 是观察期时间点。

（3）利用平均发展速度进行预测，计算公式为

$$Y_{t+T}=Y_t \times V_{平}^{T}$$

式中，Y_{t+T}是第 T 期的预测值；T 是从第 t 期之后开始计算的预测点的时间间隔。

3. 移动平均法 一次移动平均法包括一次移动平均法和二次移动平均法。

（1）一次移动平均法。移动平均法是将观察期的数据，由远而近按一定跨度进行平均，取其平均值，随着观察期的推移，按一定跨越期的观察数据也相应向前移动，逐一求得移动平均值，并将接近观察期的最后一个移动平均值作为确定预测值的依据。

该法是假定离预测期最近的若干期实际业务量数据对预测值的影响最大，远者则次之，因此用分段平均逐步推移的办法，分析时间序列的变动趋势，以离预测期最近的一段的平均值作为预测值。这种方法通过不断引进市场中发生的新的实际数据加以移动平均，这样可消除历史数据中随机波动干扰，从而可以在“修匀”历史数据的基础上提示出隐含着的某种规律，据此可以预测未来市场变化趋势，提高预测的准确性。计算公式为

$$\hat{y}_{t+1}=M_t^{(1)}=\frac{y_t+y_{t-1}+\cdots+y_{t-n+1}}{n}=\frac{1}{n}\sum_{i=t-n+1}^{t}y_i$$

式中，$\hat{y}_{t+1}$是第 $t+1$ 期的预测值；y_i是第 i 期的实际值；n 是预测移动平均项数，又称跨越期。

应用一次移动平均法时，n 的取值对于预测值的准确度有着重要的影响。当 n 取值大时，移动平均值的敏感性低，曲线较平滑，受奇异点的干扰小些，但落后于实际可能发展趋势；当 n 取值小时，移动平均值波动灵敏，但易把奇异点当成趋势，造成错觉。一般对 n 的取值，应考虑实际数据变动性的大小和数据期数的多少，通过多次试取来确定。一次移动平均法一般用于时间序列具有明显水平变化趋势的预测，一般用于短期预测和近期预测。

（2）二次移动平均法。如果时间序列数据呈明显的上升或下降线性变化趋势，则不宜用一次移动平均法预测，而使用二次移动平均法，原因是一次移动平均值存在的滞后偏差将使预测值偏低。二次移动平均法是在一次移动平均法的基础上再进行一次移动平均，进行二次移动平均的目的不是直接用于预测，而是通过两次移动平均，寻求滞后偏差的变化规律，建立预测模型进行预

测。二次移动平均法的计算公式为

$$M_t^{(2)}=\frac{M_t^{(1)}+M_{t-1}^{(1)}+\ldots+M_{t-n+1}^{(1)}}{n}$$

式中，$M_t^{(1)}$是第 t 期的一次移动平均值；$M_t^{(2)}$是第 t 期的二次移动平均值；n 是计算移动平均值的跨越期，t 是周期序号。

二次移动平均预测法的预测模型为

$$F_{t+T}=a_t+b_tT$$

$$a_t=2M_t^{(1)}-M_t^{(2)}$$

$$b_t=\frac{2}{n-1}(M_t^{(1)}-M_t^{(2)})$$

式中，T 是向未来预测的期数；a_t是截距，即第 t 期现象的基础水平；b_t是斜率，即第 t 期现象单位时间的变化量。

例如，某药房 2014 年前 10 个月的某药品销售记录如表 4-1 所示。请用二次移动平均法预测 2014 年 11 月和 12 月的销售量（取 n=3）。

表 4-1 某药店 2014 年前 10 个月的某药品销售记录 （单位：件）

时间序号	实际销售量	一次移动平均值	二次移动平均值
1	375		
2	363		
3	370	369.33	
4	379	370.67	
5	391	380.00	373.33
6	385	385.00	378.57
7	382	386.00	383.67
8	390	385.67	385.56
9	394	388.67	386.78
10	401	395.00	389.78

一次移动平均值的计算：

$M_{10}^{(1)}$=（$Y_{10}+Y_9+Y_9$）/3=（401+394+390）=395，同理

$$M_9^{(1)}=388.67，\ M_8^{(1)}=385.67$$

二次移动平均值的计算：

$$M_{10}^{(2)}=\frac{M_{10}^{(1)}+M_9^{(1)}+M_8^{(1)}}{3}=389.78$$

参数计算：

$$a_{10}=2M_{10}^{(1)}-M_{10}^{(2)}=2\times395-389.78=400.22$$

$$b_{10}=\frac{2}{3-1}\times(M_{10}^{(1)}-M_{10}^{(2)})=395-389.78=5.22$$

建立预测模型进行预测：$Y_{t+T}=400.22+5.22\times T$

2014 年 11 月的销售量：Y_{11}=400.22+5.22×1=405.44（件）

2014 年 12 月的销售量：Y_{12}= 400.22+5.22×2=410.66（件）

4. 指数平滑法 运用指数平滑法进行预测时，只利用最近 n 期资料便可进行预测，并假定这 n 期资料同等重要，全部历史资料的参考价值没有得到体现。应用指数平滑法就可以克服这方面的不足。指数平滑法是在移动平均法的基础上发展起来的一种预测方法，是一种特殊的加权移动

平均法，其加权的目的在于体现远近资料对预测值的不同影响。

（1）一次指数平滑法。这种方法一般适用于时间序列数据无明显的上升或下降变化趋势的预测。一次指数平滑法是将本期实际值与上一期一次指数平滑值的加权平均数作为下期预测值的一种方法，一般用于短期和近期预测。其预测数学模型为

$$\hat{y}_{t+1} = S_{t+1}^{(1)} = \alpha y_t + (1-\alpha)S_t^{(1)}$$

式中，$\hat{y}_{t+1}$是第 t+1 期的预测值；y_t是第 t 期的实际值；$S_t^{(1)}$是第 t 期的预测值（第 t 期的一次平滑值）；α 是平滑系数，$0 \leqslant \alpha \leqslant 1$。

使用指数平滑法进行预测，需要确定平滑系数 α 和初始值 S_0。一般来说，数据波动比较平稳（趋势变动不明显）时，α 应取较小值（$0.1<\alpha<0.3$）；数据波动较大（有明显趋势变动）时，α 应取较大值（$0.6<\alpha<0.8$），以加重近期观察值对预测的影响程度。初始值的选择有两种方法：一是选用时间序列的第一期的实际观察值作为初始值；二是选用最初几期实际观察值的平均数作为初始值。

（2）二次指数平滑法。这种方法是在一次指数平滑法的基础上，对一次指数平滑再作一次平滑。如果时间序列具有明显的上升或下降线性变化趋势，则应使用二次指数平滑法。二次指数平滑值一般不直接用于预测，而是通过计算二次指数平滑值，建立数学模型进行预测。

二次指数平滑法计算公式如下：

$$S_t^{(2)} = \alpha S_t^{(1)} + (1-\alpha)S_{t-1}^{(2)}$$

式中，$S_t^{(1)}$是第 t 期的预测值（第 t 期的一次平滑值）；$S_t^{(2)}$是第 t 期的二次指数平滑值。

二次指数平滑法的预测模型为

$$\hat{y}_{t+T} = a_t + b_t T$$

式中，a_t和 b_t是参数变量，随着时间自变量 t 的变化而变化，即直线在各时期的截距和斜率是可能不同的；T 是从 t 期开始的预测期数。

运用二次指数平滑法求解模型公式可得参数变量的表达式，即

$$\begin{cases} a_t = 2S_t^{(1)} - S_t^{(2)} \\ b_t = \dfrac{\alpha}{1-\alpha}\left(S_t^{(1)} - S_t^{(2)}\right) \end{cases}$$

例如，一家医疗器械公司连续 10 个季度的某产品销售记录如表 4-2 所示，请用指数平滑法预测下一个季度和下两个季度的销售量。

表 4-2　某医疗器械公司连续 10 个季度的产品销售记录　　（单位：台）

时间序号	实际销售量	一次指数平滑值	二次指数平滑值
0		51.00	51.00
1	51	51.00	51.00
2	53	51.60	51.18
3	55	52.62	51.62
4	57	53.93	52.31
5	63	56.65	53.62
6	67	59.76	55.46
7	70	62.83	57.67
8	74	66.18	60.22
9	77	69.43	62.98
10	82	73.20	66.05

从表 4-2 中数据可看出，实际数据具有明显的线性增长趋势，所以选用二次指数平滑法进行预测。令平滑系数 α =0.3，初试值 $S_0=Y_1$=51.00

一次指数平滑值计算：

$\hat{y}_{t+1}=S_{t+1}^{(1)}=\alpha y_t+(1-\alpha)S_t^{(1)}$

$S_1^{(1)}$=0.3×51+（1–0.3）×51=51.00

$S_2^{(1)}$=0.3×53+（1–0.3）×51=51.60

……

$S_{10}^{(1)}$=0.3×82+（1–0.3）×69.43=73.20

二次指数平滑法的计算：

$S_t^{(2)}=\alpha S_1^{(1)}+(1-\alpha)S_{t-1}^{(2)}$

$S_1^{(2)}$=0.3×51+（1–0.3）×51=51.00

$S_2^{(2)}$=0.3×51.60+（1–0.3）×51=51.18

……

$S_{10}^{(2)}$=0.3×73.20+（1–0.3）×62.98=66.05

参数计算：

a_{10}=2 $S_{10}^{(1)}-S_{10}^{(2)}$=2×73.20–66.05=80.35

$b_{10}=\dfrac{a}{1-a}(S_{10}^{(1)}-S_{10}^{(2)})=\dfrac{0.3}{(1-0.3)}(73.20-66.05)$ =3.06

建立预测模型进行预测：

Y_{t+T}=80.35+3.06×T

下一个季度的销售量预测：Y_{11}=80.35+3.06×1=83（台）

下两个季度的销售量预测：Y_{12}=80.35+3.06×2=86（台）

（三）回归分析法

回归分析法是通过研究事物发展变化的原因，找出原因和结果之间的内在关系，用数学模型以预测事物未来发展趋势的方法。根据预测对象相关因素的多少，可分为一元线性回归法、多元线性回归法、非线性回归法等。这里主要介绍一元线性回归预测的方法。

如果医药市场的变化趋势（因变量 Y）只受一个相关因素（自变量 X）的影响，且两者具有线性相关关系时，就应用一元线性回归预测分析。

一元线性回归预测模型的数学表达式为

$$Y=a+bX$$

式中，Y 是因为量；X 是自变量；a 和 b 是回归系数。

确定 a 和 b 两个回归系数是建立直线回归方程的关键，通常根据 X 和 Y 的历史数据，采用最小二乘法来求解 a、b 两个参数值。

$$a=\overline{Y}-b\overline{X} \qquad b=\frac{\sum_{i=1}^{n}X_iY_i-n\overline{X}_i\overline{Y}_i}{\sum_{i=1}^{n}X_i^2-n(\overline{X}_i)^2}$$

例如，某地区抽样调查结果表明，高血压患者的家庭收入（x）与购买降血压的非处方药的消费水平（y）密切相关，调查数据及相关计算结果如表 4-3 所示。请预测家庭月收入达到 6 千元时，降血压药消费水平。

表 4-3　家庭月收入（x）与降血压药消费额（y）调查结果

序号	家庭月收入 x_i（千元）	降血压药消费额 y_i（元）	x_i^2	x_iy_i
1	1.5	50	2.25	75.0
2	2.0	60	4.00	120.0
3	2.5	70	6.25	175.0
4	3.0	85	9.00	255.0
5	3.5	110	12.25	385.0
6	4.0	125	16.00	500.0
7	4.5	135	20.25	607.5
8	5.0	143	25.00	715.0
9	5.5	160	30.25	880.0
合计	31.5	938	125.25	3712.5

（1）建立回归预测模型：$y = a + bx$。

（2）求参数 a 和 b 的值。

通过计算得知：$\overline{x}=3.50$，$\overline{y}=104.22$，$b=\dfrac{3712.5-9\times3.50\times104.22}{125.25-9\times3.5^2}=28.64$，$a=104.22-28.64\times3.5=3.98$

（3）求得回归预测模型：$y = 3.98 + 28.64x$。

（4）家庭收入为 6 千元时，降血压药消费水平为 $y = 3.98 + 28.64\times6 = 175.82$（元）。

复习思考题

1. 规范的营销调研应具有哪些组成部分？
2. 如果某制药企业想要了解顾客对新产品的反应，如何设计一份合格的市场调查问卷？
3. 营销人员在进行街头访问获取信息时应注意哪些问题？
4. 公司应如何更加准确地测定和预测需求？

（广州中医药大学　张开翼　饶远立）

第五章 医药市场营销竞争战略

案例 5-1 全球医药行业竞争激烈 医药巨头掀起并购潮

2014 年随着药物研发成本不断提高，专利药物到期，市场上仿制药步步紧逼，全球医药行业的市场竞争日益激烈。医药行业百亿美元级的超级并购持续涌现，全球医药行业呈现三大并购趋势。

第一个明显的趋势是医药企业通过并购增强其产品线，拓展其强势领域的市场份额。拜耳 142 亿美元收购默沙东的保健品业务，以增强在多个治疗领域和地区中的非处方药业务，从而一跃成为非处方药领域全球亚军，仅次于诺华和葛兰素史克合并后的业务规模。罗氏制药以 83 亿美元收购美国生物制药公司 Intermune，增强呼吸系统药物产品线。罗氏制药为收购 Intermune 支付了较高溢价，而高的溢价水平在生物科技领域并购案中并不鲜见，说明大型制药商对前景光明的新药物的争夺异常激烈。

第二个明显的趋势是医药企业通过并购丰富其产品多样性，扩大医药产品市场的竞争力。Actavis 660 亿美元收购 Allergan，Allergan 以肉毒杆菌药物 Botox 闻名，Botox 在美容领域应用广泛。双方在眼科、皮肤科及美学领域的产品可以互补，合并后的新公司年销售额将高达 230 亿美元，跻身全球前十大制药公司。

第三个并购趋势是医药企业剥离非核心领域，将重点放在强势领域。这种资源整合也是制药公司降低风险的一个快捷方式，将主要的精力放在了更有优势的领域，剥离竞争力较弱的业务。全球医药巨头也开始专注于各自的强势领域，2014 年 5 月，诺华和葛兰素史克交换了逾 200 亿美元的资产。这种并购改组的方式最终目的是提高研发效率，在公司各自擅长的领域获得规模优势。

问题：

1. 该案例中，医药巨头面对激烈的竞争制定了哪些应对战略？
2. 结合本案例试分析我国医药企业该如何面对日益激烈的竞争格局。

竞争是市场经济的主旋律。随着医药市场的逐渐规范，跨国医药企业及非医药企业纷纷进入，国内医药行业的竞争越来越激烈。医药企业要想获得成功，需要充分理解竞争，有效识别分析竞争者，制定具有针对性的竞争优势战略和竞争地位战略，积极应对日益激烈的竞争格局。

第一节 医药企业竞争优势战略

竞争形成的本质，就是为了应付竞争所需。塑造竞争优势是医药企业竞争战略的核心，“竞争战略之父”迈克尔·波特（Michael E. Porter）基于波特五力模型从竞争优势的角度提出了三种一般性竞争战略（generic competitive strategies），亦称为通用竞争战略或基本竞争战略，本书称为竞争优势战略。竞争优势战略包括总成本领先战略、差异化战略和集中化战略。

一、总成本领先战略

（一）总成本领先战略的含义

总成本领先战略（overall cost leadership strategy），也称为低成本战略，是指企业通过有效途径降低成本，使成本低于竞争对手，甚至是同行业中最低的，从而获取竞争优势的一种战略。总成本领先战略是建立在规模效益和经验效益理论基础之上的，首先是规模效益，当生产规模不断扩大时，单位产品的生产成本就会随之不断降低，从而获得由规模扩大而带来的效益；其次是经验效益，随着生产数量的增加，人们的生产、管理技术与经验水平不断提高，从而降低单位产品成本，为企业带来效益。

（二）总成本领先战略的实施途径

迈克尔·波特提出了获取成本优势的两种主要途径：一是在企业价值创造的每一个环节上实行有力的成本控制手段；二是重新构建新的成本更低的价值链。无论采用哪种方法实现成本领先战略，都需要以下措施作保障。

1. 塑造企业成本文化，实现成本的有效控制　追求成本领先的企业应着力塑造注重细节、精打细算、严格管理、以成本为中心的企业文化。使"降低成本"成为企业文化的核心，一切行动和措施都应体现这个核心。在生产经营过程中，控制外部成本的同时也应控制内部成本；控制战略性成本的同时也应控制作业成本；注重短期成本的同时更要注重长期成本。

2. 批量生产经营，实现规模经济　生产产量越大，单位产品平均成本越低。随着规模的扩大，有形成本会降低，无形成本也会降低，因而产品大批量生产和经营是实现成本领先最重要的途径。

3. 做好供应商营销，以降低和分摊成本　所谓供应商营销，就是与上游供应商建立起长期稳定的合作关系，以便获得廉价、稳定的上游资源，降低和分摊成本，并能影响和控制供应商，对竞争者建立起资源性壁垒。

4. 提高生产经营各环节的效益，以有效控制成本费用　根据企业在各价值链环节的优势，选择不同的总成本领先战略，简化产品型成本领先竞争战略，改进设计型成本领先竞争战略、材料节约型成本领先竞争战略、人工费用降低型成本领先竞争战略、生产创新及自动化型成本领先竞争战略、营销和管理费用降低型成本领先竞争战略。

5. 利用成本领先优势，打好"价格战"　发动价格战的企业一般是具有成本领先优势的企业，当产品价格与竞争对手相同时，成本较低的企业其单位产品可获得较高的利润，但需要注意的是，打价格战要选准时机，衡量自己的产品是否适合价格战，考虑价格战会对自己企业产生什么影响。

（三）总成本领先战略的实施条件

1. 外部条件　总成本领先战略实施的外部条件主要为：①医药企业所处行业的产品基本上是标准化或者同质化的，如中药材行业；②企业产品的市场需求具有较大的价格弹性；③实现产品差异化的途径少；④现有企业之间的价格竞争非常激烈；⑤消费者的转换成本很低。

2. 内部条件　总成本领先战略实施的内部条件主要为：①医药企业必须具有必需的技能和资源，主要包括持续良好的资本投资和融资能力；②精湛的生产加工工艺技能；③严格的劳动监督；④所设计的产品易于生产；⑤具有低成本的分销系统；⑥具有低成本的采购系统；⑦前期投资高；⑧低成本会给企业带来高额边际收益；⑨企业在组织上结构分明，责任明确，有良好的激励措施，能够进行严格的成本控制，可以提供经常和详细的控制报告。

（四）实施总成本领先战略的优势和风险

1. 实施总成本领先战略的优势　主要包括：①能形成高进入障碍；②能有效地防御来自竞争对手的进攻；③能获得高于行业平均水平的利润；④能对抗强有力的买方；⑤能有效应对来自替代品的竞争；⑥能实现"低成本、高收益"的良性循环。

2. 实施总成本领先战略的风险　主要包括：①行业的新加入者通过模仿或者依靠对高新技术的投资能力，以更低的成本参与竞争，后来者居上，致使企业容易丧失成本领先地位；②技术上的突破和变化会使企业过去投资的设备和通过学习积累的经验失效，成为无效资源；③总成本领先企业往往依靠低价位来保持竞争优势，一旦出现差异化的竞争者，其降价的竞争方式势必使其获利空间大大缩小；④在企业内部，由于高层管理人员或营销人员将注意力过多地集中在成本控制上，而影响其他方面的质量控制，并极少关注顾客的偏好和要求，可能导致产品价格虽低却不为顾客喜欢。

（五）总成本领先战略的实施误区

实施误区主要有五个方面：①忽视采购成本；②只重视制造活动成本，而忽视其他活动成本；③忽视间接或小规模活动成本；④缺少对价值活动的内在联系的协调和优化；⑤忽视价值链的创新活动。

案例 5-2　叮当快药联合药企药店力推“常年低价”

叮当快药是仁和集团旗下一款基于 O2O 的医药健康类互联网产品，通过协助旗下加盟药店提供信息展示的方式，承诺成功下单的药品“核心区域 7×24 小时服务、28 分钟免费送到家”。

通过强力促销，2015 年“双十一”当天，叮当快药销售额突破 1167 万元，总订单量 8.7 万单。“双十一”过去一周多，叮当快药发布“将双十一进行到底”的口号，宣布该平台于“双十一”期间推出的系列促销活动将在“双十一”结束后继续进行，并依托 260 家直供药企资源“将常年低价进行到底”。

传统医药行业销售环节多，利润分配复杂，成本居高不下导致价格下降困难。仁和集团联合 260 家药企共同组建了 FSC 药企联盟，通过在医药产业链最前端实现原辅料和包材集中采购，降低联盟会员整体采购成本，进而使降低药品价格成为可能。而且叮当快药借助“双十一”的契机，刺激了消费需求，各方合作已经能够有效降低流通环节的成本，打通了配送和盈利的“最后一公里”，因此能够持续推出后续的让利活动。

在内需稳步提升的大背景下，2015 年被称为是医药 O2O 元年。“双十一”的系列促销活动让更多消费者适应了医药产品的电商购物方式，行业未来市场空间巨大。但同其他电商行业一样，只有整合整个产业链实现真正的降低成本，提高用户体验，才能可持续发展并留住用户。

问题：

1. 该案例中，叮当快药实施了哪种竞争战略？是如何实施的？
2. 结合本案例试分析我国零售药店该如何面对日益激烈的竞争格局。

二、差异化战略

（一）差异化战略的含义

差异化战略（differentiation strategy）是指企业设法向顾客提供与竞争者存在差异的产品和服务，在行业范围内树立起别具一格的经营特色，以特色来获取竞争优势。差异化战略要求企业通过差异化将自己与竞争对手区分开来。但差异化战略并不是简单地追求形式上的特点与差异，其关键是在消费者感兴趣的方面和环节上塑造特色。

（二）差异化战略的实施途径

医药企业在市场细分的基础上，可以从许多角度寻求差异化，如医药产品、服务、人员、渠道和形象等。

1. 产品差异化战略　产品差异化是医药企业差异化战略实施的核心，没有一流的产品就不会有一流的企业。产品差异化的切入点有特色、性能、一致性、耐用性、可靠性、风格、设计等，其核心在于满足消费者的差异化需求。因此，实施产品差异化战略的起点是分析消费者的差异化需求。

随着经济增长带来的生活水平提高，人们对生活质量的要求随之提高，对医药产品也呈现多样化需求。据此医药企业可以实施差异化战略，生产和销售满足不同需求的医药产品赢得市场，提高市场竞争力。例如，湖北远大天天明制药有限公司根据消费者对安全的需求，推出的滴眼液不含防腐剂无角膜毒性，一次性封装，日剂量包装避免二次污染。我国维生素C的生产技术世界领先，但长期以来主要出口原料。江山制药是国内三大维生素C生产基地之一，该企业抓住消费者经济能力和保健意识不断增强的市场机遇，推出了“艾兰得”维生素C含片，将片剂设计成异型片，口味为橘子、草莓等各种水果味，以白色、粉色、绿色区分，配以美观的包装，而且长期服用不会蛀牙，该产品上市后受到极大欢迎，在很多地区已经成为家庭必备药品。

2. 服务差异化战略　无论是医药生产企业还是医药流通企业，服务差异化战略都是赢取竞争优势的最有力的竞争武器之一。医药企业可以通过为顾客提供服务塑造差异化竞争优势，主要包括药品配送、客户培训、咨询、信息化服务等，还可以通过开展大众健康服务热线提供常见疾病问题的解答，进行社区健康宣教，让健康知识真正走入百姓家。例如，美信药房从最初进入中国市场开始，就着重提升服务质量，全面引入美国总部采用的慢性病专业健康照顾专案，为社区的慢性病患者建立健康档案，如“高血压专业健康照顾案”及“骨质疏松症专业健康照顾案”，对慢性病患者进行跟踪和照顾。

3. 人员差异化战略　通过塑造人员素质实现差异化。例如，能力方面，具有产品生产或销售的技能和知识；态度方面，热情友好，尊重别人，体贴周到；品质方面，使人感到坦诚和信赖；可靠方面，能够始终如一、准确无误地完成工作；反应方面，对顾客提出的请求和问题迅速做出反应；交流方面，力求理解顾客并清楚地传达有关信息。

4. 渠道差异化战略　医药企业可以通过设计差异化的分销渠道获得竞争优势，如提高渠道的覆盖率、专业性和效益。以印度医药企业为例，它们注重对国际市场分销渠道的开发，主要面向欧美市场出口高附加值制剂及特色原料，市场容量大，利润高。

5. 形象差异化战略　即企业通过成功的形象战略、良好的品牌战略，借助媒体宣传，在消费者心目中树立起优异企业和产品形象，从而培养顾客认可品牌购买的习惯，把企业的品牌和形象根植于顾客心目中。实施形象差异化战略，不仅要求企业持续提升品牌形象、建立清晰的品牌架构、完善品牌管理体系，而且品牌的维护也相当重要。例如，康泰克曾因含PPA而被相关监管部门停止使用，品牌资产损失重大。但经过努力，改良后的新康泰克迅速上市，充分利用原有品牌知名度，同时引入“新”的概念做解释推广，不仅夺回了市场份额，而且重新塑造了品牌形象。

（三）差异化战略的实施条件

1. 实施差异化战略的外部条件　差异化战略实施的外部条件主要为：①存在创造与竞争对手产品之间差异的很多途径，并被顾客认可；②顾客对产品的需求是多元化的，即顾客需求是有差异的；③采用差异化战略的竞争对手不多；④技术变革快，市场上竞争的焦点主要集中在不断地推出新的特色产品。

2. 实施差异化战略的内部条件　差异化战略实施的内部条件主要为：①具有很强的研究开发能力，研究人员具有创造性；②在行业中具有产品质量或技术领先的声望；③在行业中历史悠久，善于吸取其他企业的技术优势自成一体；④具有很强的市场营销能力；⑤能够得到各种销售渠道强有力的合作；⑥研发和市场营销等职能部门能够实现密切协作；⑦企业具备能吸引高级研究人员、创造性人才和高技能职员的物质基础和良好氛围。

（四）实施差异化战略的优势和风险

1. 实施差异化战略的优势　差异化战略是使企业获得高于行业平均利润水平的一种有效战略，其优势是：①降低顾客的价格敏感程度；②形成强有力的进入壁垒；③增强讨价还价的能力；④防止替代品的威胁。

2. 实施差异化战略的风险 在实施差异化战略时，也存在一些风险：①差异化的不合适风险，忽视及时向购买者宣传差异化的价值，仅仅依靠内在产品属性来获得差异化；②差异化的高代价风险，实现差异化的成本很高，从而形成了较高的销售价格，如果价格超过了顾客的承受能力，顾客就会放弃差异化产品的诱惑，转而选择物美价廉的产品，这时实行低成本战略的企业就会占据竞争优势；③差异化的模仿风险，由于竞争对手的模仿降低了产品特色，或使差异趋同化，顾客感受不到产品个性化给他们带来的愉悦，差异的优势也就慢慢消失；④差异化的竞争和转移风险，竞争对手推出差异化更强的产品，使得企业的原有购买者转向竞争对手。

（五）差异化战略的实施误区

实施误区主要有：①溢价太高；②塑造无意义的独特性；③不能正确认识市场需求；④只重视产品而忽视整个价值链。

案例 5-3 康美培育新鲜人参消费习惯，打造舌尖上的美味中药

康美药业 OTC 事业部从 2015 年 8 月中旬正式启动新鲜人参销售。此前，中国大众对人参认知度高、消费量小、消费人群少、消费频率低且多是医生处方红参（人参的蒸熟炮制品）。至于新鲜人参中国国内还没有消费习惯，消费还未开始。康美在四个省有人参 GAP 规范种植基地，可以提供充足的新鲜人参。康美药业决定打造一个新的品类——新鲜人参，为塑造人参的新鲜性这一差异性，开始了全面营销活动。

采用微信营销，全面介绍新鲜人参。在自己和连锁客户的微信公众号中发布新鲜人参软文和视频等，系统介绍其功效作用、与红参的差异、食用方法、适合人群、储藏方法、注意事项、生产储运等。

采用体验营销，培育新鲜人参消费市场。在各地连锁门店进行体验营销推广活动，通过煲新鲜人参鸡汤、泡人参酒、新鲜人参切片泡蜂蜜等方法，让消费者认识和接受新鲜人参。

采用活动营销，发动新鲜人参代言活动。在康美社区发起“我为康美新开河新鲜人参代言”话题，在连锁老总、经理、店长、店员、消费者、康美员工及其亲属中寻找最帅最美的康美新开河新鲜人参代言人。

采用事件营销，开展寻参之旅活动。组织全国 50 多家连锁的老总走进新鲜人参 GAP 种植基地，观摩了解选参、挖参、装参、运参的整个环节。

康美药业打造“舌尖上的美味新鲜中药”，改变了消费者对中药难吃、难喝的印象，与连锁药店一起培育新鲜中药增量品类，获得“2015 年中国医药十大营销案例”。

问题：

1. 该案例中，康美药业实施的是哪一种竞争优势战略？
2. 康美药业是如何实施该战略的？

三、集中化战略

（一）集中化战略的含义

一些企业由于受资源和能力的制约，既无法成为成本领先者，也无法成为差异化者，而是介于其间，因此，这些企业就无法获得这两种战略所能形成的竞争优势。但如果这种企业能够约束自己的经营领域，集中资源和能力于某一部分特殊的顾客群，或者某个较小的地理范围，或者仅仅集中于较窄的产品线，那么，它们也可同样在一较小的目标市场上获得竞争优势。因此，集中化战略就是以选定的某一特定细分市场为对象进行专业化服务的战略。

集中化战略（focus strategy），也称市场“聚焦”战略，是指企业将目标市场集中于行业内某个有限的细分市场，充分发挥有限的资源，在局部市场中赶超竞争对手，赢得竞争优势。

（二）集中化战略的实施途径

实施集中化战略的主要依据为：企业能比竞争对手更有效地为某一部分顾客群体服务；从总体市场看，也许集中化战略并未取得成本领先或差异化优势，但它确实在较窄的市场范围内取得了上述一种或两种地位。所以，关于集中化战略医药企业有两种选择，即成本集中和差异化集中。前者，医药企业在局部市场中寻求成本领先；后者，则是差异化战略在局部市场中的运用。

案例 5-4　达因药业专注于儿童用药

达因药业自 1994 年成立以来，以“使千千万万中国儿童健康强壮”为己任，始终专注于儿童健康领域产品的研发与生产。公司现有产品主要涉及儿童药品、食品和用品领域，形成了以“儿童保健和治疗”为核心的儿童健康产业格局。

公司注重科技创新，积极开展、量身定制儿童药物的研究工作，建成了国内首个儿童用药研发中心。2013 年，公司被新华社《经济参考报》定为“中国儿童用药调研基地”。2014 年，公司与山东大学药学院共建“儿童用药新剂型实验室”。另外，公司还与沈阳药科大学建立创新药物产学研战略联盟。

公司在经营实践中始终坚持“创新成就品牌，专业运作市场”的专业化推广方式，打造出了一支专业化素质高、执行力强、遍及全国的优秀营销团队，采用“品类教育+品牌教育+品牌强化”的新媒体矩阵式整合营销，配合电视、广播、平面、线下等全方位推广品牌形象，在儿科专业用药领域取得了良好的口碑和覆盖率，在儿童用药市场树立了良好的品牌形象，深受行业的信任与消费者的认可。2008 年伊可新®获得中国驰名商标，2010 年达因®获山东省著名商标，旗下明星产品伊可新（维生素 AD 滴剂胶囊型）年销量突破 7 亿元、市场占有率连续 14 年位居同类产品第一。

公司在取得良好经营业绩的同时，多年来一直积极参与社会公益和慈善事业，通过出资建设“达因希望小学”、参与西部贫困地区“我要上学”大型助学活动，以及向灾区、特困儿童等持续捐赠等多种形式回报社会，不断践行使命。

问题：

1. 达因药业实施的是什么战略？
2. 达因药业是如何实施此战略的？

一般来说，集中化战略与总成本领先战略和差异化战略的区别在于：总成本领先和差异化战略多着眼于整个市场、整个行业，从大范围谋求竞争优势；集中化战略则把目标放在某个特定的、相对狭小的领域内，在局部市场争取成本领先或差异化，建立竞争优势。具体见表 5-1。

表 5-1　集中化战略与总成本领先战略和差异化战略的区别

战略名称		竞争范围	竞争优势
总成本领先战略		全行业	低成本
差异化战略			差异化
集中化战略	成本集中	限于某个特定的市场	低成本
	差异化集中		差异化

（三）集中化战略的实施条件

一般而言，资源限制较为明显的企业往往采取集中化战略。企业实施集中化战略的关键是选好战略目标，要尽可能地选择竞争对手最薄弱环节和最不易受替代产品冲击的目标。具体实施条件为：在所选定的目标细分市场中，没有其他的竞争对手采用这一战略；企业拥有足够的能力和资源，能在目标市场上站稳脚跟；企业可以凭借其建立起来的顾客商誉和产品来防御行业中的竞争者。有时，在整个市场上，企业难以获得低成本或差异化优势，而在一个较小的细分市场中却能取得这些方面的优势，一般来说中小型企业多采用这一战略。

（四）实施集中化战略的优势和风险

1. 实施集中化战略的优势 通过采用集中化战略也能在本行业中获得高于一般水平的收益。主要表现在以下几方面：①该战略目标集中明确，经济效益易于评价，战略管理过程易于控制，管理便利；②可以避开行业中的各种竞争力量，化解替代品的威胁，针对竞争对手最薄弱的环节采取行动；③便于集中使用企业资源和力量，更好地服务于某一特定市场。

2. 实施集中化战略的风险 实施集中化战略也有相当大的风险，主要表现在以下几方面：①由于企业将全部力量和资源都投入到了一种产品或服务或一个特定的市场，当顾客偏好发生变化，出现技术创新或新的替代品时，会导致这部分市场对产品或服务的需求下降，冲击很大；②竞争者可以打入企业选定的部分市场，并且采取优于企业的更集中化的战略；③如果产品销量减少，产品要求不断更新，会造成生产费用增加，采用集中化战略企业的成本优势被削弱。

需要注意的是，没有哪一种战略对于所有企业来说都是最好的。医药企业在选择竞争优势战略时，必须权衡行业特点、自身实力及竞争状况等方面的情况，有针对性地选择最合适的战略。即使在同一个企业内，不同的业务和产品也可能要求实施不同的战略。

知识链接 5-1 价值信条模型

Micheael Treacy 和 Fred Wiersema 两位营销顾问从顾客价值角度提出了三种新的营销竞争战略，亦称为价值信条，认为企业可以追寻价值信条来让渡卓越的顾客价值。

运营卓越：企业通过创造在行业内的价格领先和便利性领先向顾客提供卓越的价值，主要为那些期待优质产品或服务而又要求便宜和便利的顾客服务。因此，企业需要努力降低成本，创造出一种精干而又高效的让渡价值系统。

产品领先：企业通过提供不断淘汰自己和竞争者的产品的创新产品来让渡卓越的顾客价值，主要服务于那些为了追求顶尖产品和服务而不计较价格和便利性成本的顾客。这些企业欢迎新理念、新构思，努力寻求新的解决方案，不断将新产品推向市场。

亲近顾客：企业通过精确划分细分市场，进而将其产品和服务定制化以精准满足目标顾客的需求，主要服务于那些愿意为精确地满足自己需要的产品和服务而支付溢价的顾客。企业需要建立详细的顾客数据库，细致了解顾客需求，建立紧密的顾客关系，满足顾客独特的需求。

企业在应用价值信条时需要坚持四个原则：在三个价值信条中寻找一个，努力成为最好；在其他两个信条中也要获得好的绩效水平；在某一已选择的信条上持续改进，占领市场；构建协调良好的运营模型，实现价值的传递。

价值信条模型类似于竞争优势战略。但也有不同：价值信条模型中的三个信条不可偏废，在某一信条追求卓越的同时，另外两个信条必须保持较好的水平。根据 Porter 的竞争优势战略理论，建议企业一般最好选择一种战略。

第二节 医药企业竞争地位战略

企业在市场中往往具有不同的竞争地位，可以根据其所占市场份额区分所属的竞争地位：市场领导者、市场挑战者、市场追随者和市场补缺者。

假设某一医药产品市场由表 5-2 所示的所有企业所占领，其中 40%的市场份额由市场领导者所占领；30%的市场份额由市场挑战者所占领；20%的市场份额由市场追随者所占领；10%的市场份额由市场补缺者所占领。每一种地位的竞争者的战略核心是不同的。

表 5-2　不同地位的竞争者及其竞争战略核心

市场份额（%）	市场地位	竞争地位战略核心
40	市场领导者	保持市场份额的领先地位：扩大总体市场需求、保护市场份额和扩大市场份额
30	市场挑战者	进攻：正面进攻、间接进攻
20	市场追随者	模仿：紧紧模仿、距离模仿
10	市场补缺者	专业化：在市场、顾客、质量–价格、服务等方面实现专业化

资料来源：菲利普・科特勒，凯文・莱恩・凯勒. 2012. 营销管理[M]. 王永贵，陈荣，何佳讯，等译. 北京：中国人民大学出版社

一、医药市场领导者战略

所谓市场领导者（market leader），是指在相关产品的市场中具有最高市场份额，并且通常在新产品开发、价格调整、分销网络覆盖和促销力量等方面处于主导地位的企业。市场领导者是行业中公认的“领头羊”，它是市场竞争的主导者，也是其他企业挑战、追随或回避的对象。这种市场领导者几乎每个行业都有，它们的地位在竞争中自然形成，但不是固定不变的。因此，市场领导者战略（market leader strategy）的核心是保持市场份额的领先地位，其可以选择的战略包括扩大总体市场需求、保护市场份额和扩大市场份额。

（一）扩大总体市场需求

一般而言，市场领导者在市场总规模扩大时受益也最多。因此，市场领导者在扩大总体市场需求方面具有很大的热情。其实现的途径包括开发产品的新用户、寻找产品的新用途和增加顾客使用量。

1. 开发产品的新用户　开发产品的新用户主要有三种方式：①转变未来使用者，即通过加大促销力度说服那些尚未使用本行业产品的人开始使用，将潜在顾客转变为现实顾客。②进入新的细分市场。例如，江中集团极力为其健胃消食片寻找新的消费者，推出了针对儿童的产品，对于产品、包装、广告等进行重新设计，推荐儿童使用。③地理扩展，是指寻找尚未使用本产品的地区，开发新的地理市场。例如，地奥心血康问世就以确切的疗效、良好的信誉、低廉的价格，赢得了患者好评。经过多年探索，2006 年 3 月，地奥集团开展了与荷兰应用科学院下属生物医药研究所的合作，开启了中国中药进入欧盟市场的跋涉历程。2010 年 1 月，地奥心血康胶囊正式获得欧盟 GMP 证书。2012 年 3 月 22 日，地奥心血康成功获得荷兰药品评价委员会批准注册上市。

2. 寻找产品的新用途　是指设法找出产品的新用法和新用途以增加销量。例如，凡士林刚开始被用作机器润滑油，后来发现了其他用途：做润肤膏和药膏。泛酸钙，即维生素 B5，是用了几十年的老药品，后来发现其有广泛的药理作用，可用于白内障、类风湿关节炎及某些皮肤病变等许多中老年常见病的防治，所以临床应用日见增多。

3. 增加顾客使用量　市场领导者通过说服消费者在更多场合更多地使用该产品，从而在顾客规模不变的条件下增加产品销量。可以通过提高使用频率、增加每次使用量和增加使用场所来增加顾客使用量。

（二）保护市场份额

市场领导者在极力扩大整体市场“版图”时，还必须时刻注意保护已有“阵地”。保护市场份

额的途径有两种，即进攻与防御。

1. 进攻战略 市场领导者保护阵地最有建设性的途径是进攻，即持续创新。市场领导者应拒绝满足现状，在产品创新、提高服务、分销效益及降低成本等方面始终处于行业领先地位，不断增加其竞争优势和顾客价值，同时抓住对手的弱点主动出击。

2. 防御战略 市场领导者如果不发动主动进攻，就应该加强防御，不给挑战者可乘之机。一般来说，市场领导者不可能全面防守，关键在于认真权衡哪些环节应不惜代价严防死守。防守战略的基本思路是减少受到攻击的可能性，将受攻击目标引到威胁较小的区域，并设法减弱进攻的强度，主要的防御战略有以下六种。

（1）阵地防御：阵地防御是指围绕企业目前的主要产品和业务建立牢固的防线，依据竞争者在产品、定价、渠道和促销方面可能采取的进攻战略制定防御战略。这是一种静态防御，是防御的基本形式，有助于在消费者心目中占据最佳位置，使品牌形象坚不可摧。然而，单纯防守现有的业务领域或产品，容易患"营销近视症"。因此，医药企业更重要的任务是技术更新、新产品开发和扩展业务领域。

（2）侧翼防御：侧翼防御是指企业在自己主阵地的侧翼建立某些辅助性的基地作为防御阵地，或必要时作为反攻基地。

（3）先发防御：先发防御是指在竞争者对自己发动进攻之前先发制人，这是一种较为积极的防御策略。有时候，这种以攻为守注重心理作用，并不一定付诸行动，而是向挑战者发出"警告"信号。例如，某大型制药企业位居某种药品的领导地位，每当听说竞争对手要建立新厂生产这种药品时，就发布消息说自己正在考虑扩建新厂并降价，以此阻击新竞争者。

（4）反攻防御：反攻防御是指当市场领导者遭到进攻后，向对手做出反击以示回应。反攻防御所包含的战略选择有：正面进攻、迂回攻击对方侧翼，或发动钳式进攻及"围魏救赵"迫使对方撤回以保卫自己的主营业务。另一种反攻防御的常见方式为经济上或政治上的打压，如对弱势产品采用低价策略压倒竞争对手，并从高额利润产品中获得收益补偿；或是提前宣布产品即将升级换代，防止消费者购买竞争者产品；或是游说立法者采取政治行动削弱竞争。

（5）运动防御：运动防御要求市场领导者在保护"现有领土"的同时，还要向有潜力的领域扩展，以作为将来防御和进攻的中心，这一战略可以使企业在战略上有较多的回旋余地。实现途径通常包括：市场扩大化和多元化经营。面对着大健康这一巨大的"蓝海"市场，越来越多的医药企业纷纷开始在大健康产业上布局：同仁堂、云南白药、马应龙、片仔癀、滇虹药业等纷纷向"大健康"转型，开展多元化经营。转型大健康市场，既可以极大地丰富产品结构，又可以获得比药品高的毛利率。

（6）收缩防御：收缩防御或称战略撤退，并非被动放弃市场，而是在特定时期有计划地放弃薄弱环节，集中资源于优势业务。例如，2014 年，默沙东以 142 亿美元出售了消费者保健业务，诺华制药也分别剥离其动物保健业务和疫苗业务，以集中力量塑造优势产品。

（三）扩大市场份额

在一些规模较大的市场上，每提高一个百分点的市场份额就意味着销售收入的巨额增加。因此，市场领导者可以通过进一步扩大市场份额来发展壮大。但是，市场份额的扩大，并不意味着就能产生更高的利润。巴泽尔（Buzzell）和威尔塞莫（Wiersema）发现，凡是在市场占有率方面得益的企业均在以下三个方面胜过竞争对手：新产品推介活动、相对产品质量和营销费用。

市场领导者在扩大市场份额时需要考虑下面四个因素：引起反托拉斯行动的可能性，如果市场领导者在某个市场上的市场份额过高，其他竞争者可能会控诉它垄断并诉诸法律行动；规模经济递减的可能性，一旦市场份额超过某一水平，企业利润率会随着市场份额的增加而降低；开展不合时宜营销活动的可能性，如倾向于比竞争对手更大幅度地降价来提升市场份额；影响产品和服务质量的可能性，如顾客过多会影响产品价值和服务的传递。

案例 5-5 江中健胃消食片抢占儿童助消化用药市场

江中药业股份有限公司（以下简称江中公司）的江中健胃消食片，横跨成人与儿童助消化药两个市场。由于销路好，公司一直没有对成人与儿童助消化药两个市场进行细分。

2003 年 4 月，山东省的百年老厂宏济堂推出神方牌小儿消食片。江中公司非常清楚一旦神方小儿消食片在消费者心中建立良好的第一印象，江中健胃消食片的市场地位将会受到严重挑战。因此，江中公司决定将江中牌健胃消食片重新定位为“成人助消化药物”，并新推江中健胃消食片儿童用药。江中公司在确定实施“儿童助消化药”细分战略后，就开始塑造能让消费者充分感受到的、体现“儿童专属性”的细分品类的差异。

在产品方面，摆脱“成人药品”的影响，完全针对儿童进行设计。剂量上改为 0.5 克（成人为 0.8 克），药片上压出“动物”卡通图案，口味上采用儿童最喜爱的酸甜味道，包装上印有儿童漫画头像以凸现儿童药品的身份，等等。

在渠道方面，与药店联合，在面市早期将儿童装尽量陈列在成人装江中健胃消食片附近；待市场成熟后，在儿童药品专柜进行陈列。

在价格方面，儿童装江中健胃消食片零售价格定在 6 元，与成人装江中健胃消食片基本持平。

在促销方面，为儿童装江中健胃消食片的广告传播提供充裕的资金，加强促销，实行买一赠一活动。

儿童装江中健胃消食片面市不久，其销量在全国范围都呈现飞速攀升的态势，短短半年时间，销量就破 2 亿元。

问题：

1. 案例中，江中公司实施的是什么战略？
2. 江中公司是如何实施此战略的？

二、医药市场挑战者战略

市场挑战者（market challenger）是市场份额位居市场领导者之后，向其他领导者或竞争者发动进攻，夺取更大市场份额的企业。市场挑战者战略（market challenger strategy）的核心是进攻，其进攻战略涉及三个方面的决策：一是确定进攻的目标和对象；二是选择适当的进攻战略；三是确定进攻手段。

（一）确定进攻目标

市场挑战者为了扩大市场份额、提高利润率，可以选择向以下三类企业发动进攻。

1. 进攻市场领导者 这一做法有高风险但具有潜在高回报。向实力较强的市场领导者发起进攻，绝非易事。挑战者有两种战略选择：一是进行创新，如开发更多新产品，为顾客创造更多价值，从而超越市场领导者；二是寻找市场领导者的薄弱环节，集中优势力量，发动攻击。

2. 攻击实力相当者 挑战者可以选择那些与自己实力相当，但经营不当、业绩不佳、在某些方面令顾客不满或资金短缺的企业，作为攻击对象，以夺取它们的市场份额。

3. 攻击实力较弱的企业 以“大鱼吃小鱼”的方式，攻击实力弱小的企业。实力雄厚的企业往往选择兼并一些小企业、蚕食小块市场而迅速壮大自己的经营规模。

（二）选择进攻战略

1. 正面进攻 正面进攻相当于双方实力的对决，由于攻击目标是对手真正实力所在，挑战者必须对自己的资源、能力有充分的把握。常用的做法包括以更好的产品、更优质的服务、更低的价格和更大规模的促销等攻击对手的主要市场。

2. 间接进攻 间接进攻的主要方式有：①侧翼进攻，其核心在于“避强就弱”，集中优势兵力攻击对手的薄弱环节。侧翼进攻可以沿着地理和细分两个战略角度向对手发动攻击。前者，涉及在国内外范围寻找对手相对薄弱的地区发动攻击；后者，则强调针对市场领导者尚未很好满足的细分市场。侧翼进攻也是一种最有效和经济的战略方式，比正面进攻有更多的成功机会。随着医药市场竞争的逐渐升级，第三终端逐渐成为医药企业突围的“焦点”，一些外资医药企业也开始对第三终端产生兴趣。例如，西安杨森表示其OTC产品里有60%以上的销量来自第三终端。②包围进攻，是指在两个或两个以上战线上同时向对手发动闪电进攻，使对手应接不暇，力求在最短的时间内实现目标。包围进攻是一种全方位、大规模的进攻战略。当挑战者拥有优于对手的资源，并确信包围计划的完成足以打垮对手时，可采用这种战略。③迂回进攻，这是一种最间接的进攻战略。挑战者刻意绕开对手的现有业务领域和市场，或以新技术开发新产品，或寻找对手尚未进入的新市场，或多样化经营，进入与对手不相关的行业，保存实力，养精蓄锐，等待进攻的有利时机。④游击进攻，这种方式讲究攻其不备，主要适用于实力较弱的企业，目的在于通过向对方不同领域发动小规模的、间断性的攻击来消耗、牵制或误导对手，使之不得安宁，最终夺取市场份额。游击进攻的具体策略包括：有选择的降价、突袭式的促销行动或者非常规的激励渠道成员等。值得注意的是，游击战更重要的是战争准备而不是战争本身，假如要想击败对手，还需要发动更强大的攻势。

（三）确定进攻手段

市场挑战者在选择好进攻战略后，还必须确定相应的进攻手段。进攻手段主要有价格折扣、低价商品、产品扩散、产品创新、服务改进、分销创新、降低制造成本、密集广告、营业推广等。

三、医药市场追随者战略

市场追随者（market follower）是行业中处于“第二”“第三”或稍后位次，在战略上追随市场领导者的企业。市场追随者非常关注市场领导者的动向，在产品、价格、渠道、促销的某一方面或几方面与市场领导者保持一致，在不引起竞争性报复的情况下体现自身的经营特色，制定自身的发展战略。

作为市场追随者，虽然不会超过市场领导者，但往往会获得较高的利润。市场追随者会让市场领导者或挑战者承担开发新产品、信息传播和市场导入所需的大量经费和风险，自己则通过模仿或改进革新而坐享其成，并避免向市场领导者挑战可能带来的剧烈报复。基于以上原因，成为市场追随者，对于多数企业更具吸引力。尤其在差异化小、价格敏感、基础投资规模很大的行业，如医药原辅料、中药饮片等行业，企业通常采取一种“自觉共存”的思维，维持市场竞争的平衡。市场追随者战略（market follower strategy）的核心是模仿，战略可分为以下两类。

（一）紧密追随

紧密追随是指在各方面尽力模仿市场领导者，创新不多的企业。例如，某企业在产品、渠道和包装等方面与市场领导者相似，只是价格略低，就属紧密追随。采取此类做法的企业，希望依靠市场领导者对市场和产品的开发，分一杯羹，故通常被视为“寄生者”。在采取紧密追随战略时，谨慎成为仿造假冒名牌为生的“追随者”，这是一种违规违法的不公平竞争行为，应属不提倡之列。

（二）距离追随

距离追随是指在某些方面模仿市场领导者，而在另一些方面又有所改进和突破的企业。换句话说，它们的追随并不是完全照搬，在模仿的同时有所创新。

市场追随者在采取追随战略时，必须懂得如何保持令人满意的市场份额；必须设法给自己的目标市场带来某些独有的利益；必须警惕来自其他竞争者的竞争性报复；必须合规合法。

知识链接 5-2　医药行业的仿制

仿制是制药产业中被允许的普遍做法。获得专利的药品被称为“原研药”，当专利到期后，其他药企可使用药物的化学合成物专利，自行开发配方工艺并合法生产仿制药。仿制药（generic drug）是指与商品名药在剂量、安全性和效力（不管如何服用）、质量、作用及适应证上相同的一种仿制品，具有降低医疗支出、提高药品可及性、提升医疗服务水平等重要经济和社会效益。

美国 FDA（食品药物管理局）有关文件指出，能够获得 FDA 批准的仿制药必须满足以下条件：和被仿制产品含有相同的活性成分，其中非活性成分可以不同；和被仿制产品的适应证、剂型、规格、给药途径一致；生物等效；质量符合相同的要求；生产的 GMP 标准和被仿制产品同样严格。

目前，我国有 4700 多家制药企业，提供的仿制药占比达到了 96%，新药市场主要被国际大公司产品垄断。2015 年 11 月中旬，国家食品药品监督管理总局公布了《关于开展仿制药质量和疗效一致性评价的意见（征求意见稿）》，其中提出，部分仿制药需在 2018 年年底前完成一致性评价，未通过者将被注销药品的批准文号。

四、医药市场补缺者战略

市场补缺者（market nicher），亦称为市场利基者，是指那些致力于为大企业忽略或不感兴趣的细分市场提供产品或服务的企业，它们往往通过专业化经营，以特色产品或服务在细分市场中获取最大限度的收益。市场补缺者发展得好，会成为小市场的领导者。

市场补缺者竞争的关键在于，选择一个或多个安全并有利可图的“利基”市场。对于补缺者来说，一个理想的利基市场具有以下特点：具备一定的发展性和盈利性；不为大竞争者重视；企业具有提供独特价值的资源与能力。

市场补缺者战略（market nicher strategy）的核心是专业化，即以独特的经营视角、技术、人才、产品或服务为基础，谋求专业化的发展方向，其可实现的途径包括：终端用户专家、垂直层次专家、顾客规模专家、特定顾客专家、地理区域专家、产品或产品线专家、产品特色专家、订单生产专家、性价比专家、服务专家和渠道专家。例如，浙江华海药业股份有限公司是国内特色原料药行业的龙头企业，特别在心血管普利类、沙坦类药物领域拥有核心技术，目前在国际上生产品种最多，技术水平领先，是全球最大的普利类和沙坦类药物供应商。恩华药业主要生产经营中枢神经系统用药，战略定位于中枢神经药物领域市场，主要从事中枢神经系统药物的开发、生产和销售，是国内医药行业中唯一一家专注于中枢神经药物细分市场的企业，主要类别包括麻醉类、精神类和神经类，通过多年来在产品研发、生产和服务上的不懈努力，公司已经建立起完整的中枢神经系统药物产品系列和营销网络，努力成为国内重要的中枢神经系统药物的生产商和销售商。因此，市场补缺者获得的是较高的利润，是隐形行业的冠军企业。

市场补缺者专业化领域有很多，市场补缺者只要能发现被别人忽视的利基市场，并专心开发，就有可能在市场中占有一席之地，逐渐发展为市场挑战者甚至市场领导者。但由于利基市场可能会衰退，企业必须不断建立新的利基市场，扩大利基市场，并巩固自己的利基市场。

案例 5-6　医药行业的隐形冠军——科伦药业

著名管理大师赫尔曼·西蒙在《隐形冠军：谁是全球最优秀的公司》首次提出“隐形冠军”（hidden champions），明确指出隐形冠军是指在国内或国际市场上占据绝大部分份额，但社会知名度很低的中小企业。科伦药业就是医药行业的“隐形冠军”。

科伦集团创立于 1996 年，历经 19 年发展，现已成为全球最大的大输液专业制造商和运营商。拥有107个品种共257种规格的大容量注射剂产品、377个品种共591种规格的非大容量注射剂产品，是中国输液行业中品种最为齐全、包装形式最为完备的医药制造企业之一。自创立以来，科伦药业先后将数亿元资金投入自主研发，已完全掌握输液生产的核心技术。2005年，科伦药业自主研发的拥有多项专利技术的“可立袋®”成功问世，该产品集中了中国当代输液制造技术的最新成果，代表着中国未来输液包材的发展方向，在国内外均属首创，正深刻地改变着输液行业的格局。2015年，“可立袋®”获得国家科技进步奖。“可立袋®”输液在保障人民群众用药安全和节能环保等方面具有重大的推广价值，其可空投性在“5·12”汶川大地震的救援工作中发挥了不可替代的作用，其作为“摔不坏”的输液产品向灾区实施紧急空投，拯救了无数的生命。作为全球大输液行业的专业制造商，科伦药业已经形成了从上游的原料合成、中游的生产研发至下游覆盖全国范围的销售及服务网络的产业链，大输液产品2014年国内总体市场份额为40%左右。公司的重大战略之一为：通过持续的产业升级和品种结构调整，巩固和强化包括大输液在内的注射剂产品集群的总体优势，继续保持科伦在输液领域的绝对领先地位。

问题：

1. 该案例中，科伦药业采取的是哪种竞争地位战略？
2. 结合本案例试分析中小医药企业的发展思路。

本章思考题

1. 试述三种竞争优势战略的含义、实施途径和实施条件。
2. 简要分析三种竞争优势战略的优势和风险。
3. 简要分析三种竞争优势战略的区别。
4. 试述市场领导者、市场挑战者、市场追随者和市场补缺者四种竞争者的含义。
5. 试述四种竞争地位战略的战略核心及其实施途径。

（湖北中医药大学　官翠玲）

第六章 医药企业目标市场营销战略

案例 6-1 猴姑饼干——实至名归的销售冠军

猴姑饼干，是某集团于 2013 年 9 月推出的一款由猴头菇制成的饼干。由于差异的产品定位与大规模的市场宣传推广，产品一经面世，就在各大商超终端和电商热卖，尤其在天猫，其销售额长期占据了饼干品类第一。这只“猴”能从众多品类种脱颖而出，成为“猴王”的关键是：细分了一个全新的目标市场，正确定位了自己的品牌观念。

首先，从目标市场容量来看。猴姑饼干这个新品类产品适应人群比较广泛。有数据显示：我国胃病人群多达 1.5 亿人，超过六成的胃病人群有常吃饼干缓解胃病不适的习惯。该集团猴姑饼干创造了一个全新的细分市场——养胃。正如广告所诉求的：“胃不好，总不舒服，猴姑饼干，猴头菇制成，养胃，上午吃一点，下午吃一点。”

其次，从产品认知上看。几千年来，中医早已肯定了猴头菇的养胃价值。《中华本草》记载：猴头菇“健脾养胃、安神、抗癌”。在现行的《中华人民共和国卫生部药品标准》第 15 册中明确指出：“猴菇片为猴头菇经加工制成，具有养胃和中的功效，用于胃、十二指肠溃疡及慢性胃炎的治疗。”

最后，该集团为猴姑饼干量身打造了营销方案。从功能诉求上定位为：降血压、提高免疫力、养胃护胃、美容养颜、抗衰老、丰富的微量元素、休闲食品。其消费群体定位为：除了适合养胃人群的食用外，可以有效降低胆固醇含量，非常适合高血压等心脑血管疾病患者食用；同时，猴姑饼干还可以大大提高人体免疫力，增强体质，起到养身保健的功效，中老人、青年人皆可食用。其产品策略定位为：有机、绿色无公害品牌形象。其销售渠道策略是：除了超市等实体店铺销售外，大力开拓电商销售模式（如天猫）。其促销策略是：综合运用网络商铺、电视广告和广播宣传；报纸软文、平面广告；专家解说促销及常规促销活动；终端促销（如降价、礼品赠送等）。

问题：

1. 案例中，该集团如何根据“猴姑饼干”的特点细分市场？
2. 市场营销中，目标市场选择的目的是什么？
3. 结合本案例试分析目标市场营销战略在医药市场营销中的作用？

第一节 医药市场细分

一、市场细分的含义与原则

（一）市场细分的概念

市场细分（market segmentation）是指企业根据自身条件和营销目标，以需求的某些特征或变量为依据，选用一定的标准，将整个顾客群体划分为具有不同需求的子顾客群的过程。每一个这样的“子顾客群”称为一个细分市场或细分。

市场细分概念是 1956 年由美国市场营销学家温德尔·斯密（Wendell R. Smith）在发表的一篇

题为“产品差异化和市场细分——可供选择的两种市场营销战略”一文中首次提出。市场细分不是一个单纯的理论抽象，而是具有很强的实践性，是市场营销理论的一个重要原则，是一项非常有价值的技术。市场细分概念一经提出，就受到企业界和学术界的重视，并被广泛采用。

市场细分理论和实践的发展大致经历了三个阶段。

早在资本主义工业革命阶段，整个社会经济发展的中心和特点是供不应求，市场以卖方为主导，强调速度和规模。在卖方市场下，企业从自身和产品出发，把消费者看成是具有相同需求的整体市场，大批量生产品种、规格单一的产品，通过普遍而广泛的分销渠道，采用同样的广告宣传方式，进行大众化营销（mass marketing）。在大众化营销中，虽然通过规模化生产，可以极大地降低产品成本，但因产品单调、消费者无选择余地，需求得不到真正的满足，市场也无法拓展。此时，不同企业之间的竞争是价格竞争，市场分为高价商品市场和低价商品市场。

到 20 世纪 30 年代西方资本主义国家爆发了严重的经济危机，产品滞销，企业面临倒闭。处在买方市场条件下的西方企业开始转变经营观念，从大众化营销向产品差异化营销（differentiated marketing）转变。在此阶段，企业开始注意产品差异的价值，开始生产几种具有不同规格、外观、性能、品质的产品。在此阶段，企业间的竞争不再局限在价格上，而是通过丰富的产品种类，来方便用户选择。

20 世纪 50 年代，随着科技的发展，生产力得到了迅猛的发展，产品日新月异，消费者的需求日益多样化，产品差异化的营销模式难以解决西方企业所面临的市场问题。市场迫使企业再次开始转变经营观念，开始接受现代市场营销观念，以消费者的需求为出发点实施目标市场营销（target marketing）。一些企业逐渐意识到开发市场最有效方法之一就是要确定和满足消费者需求，以消费者为中心，代替以往的以生产为中心。在此阶段，企业营销人员开始认识到由于消费者的支付能力、消费心理和消费行为不同，从而造成消费者需求不同。企业所要做的就是以顾客的需求为出发点，在研究市场和细分市场的基础上，结合自身的资源与优势，选出最适合公司的有利可图的细分市场作为目标市场，进行与目标市场相吻合的市场定位，制定营销组合策略。温德尔·斯密正是在总结这些企业的成功实践经验的基础上，提出了“市场细分”概念，市场细分战略应运而生了。

市场细分理论的产生，使传统营销观念发生了巨大的变化，被西方学者称为“市场营销革命”。需要注意的是，市场细分不是对产品进行分类，而是对消费者群体进行细分。因此，所谓医药市场细分，就是指医药企业以需求的某些特征或变量为依据，辨别具有不同需求和欲望的医药消费者群体，把整个医药市场细分为若干个需要不同的产品和市场营销组合的市场部分或亚市场的过程，并用自己的产品和服务满足这些子市场的过程。

（二）市场细分的理论依据

1. 消费需求偏好的差异性 产品属性是影响消费者做出购买决策的主要因素。根据消费者对产品不同属性的重视程度，可以分为同质偏好、分散偏好、集群偏好三种，这种需求偏好差异的存在是市场细分的客观依据。

（1）同质偏好市场：所谓同质偏好市场，就是消费者对市场上销售的产品的要求和对营销策略的偏好大致相同。例如，医用消毒液市场，所有的医疗机构对这一产品的需求基本相同，只要价格合适，包装便于使用即可，没有更多可挑选之处。不同的生产者向市场提供的商品和使用的营销策略大致相同，无需采用更多的促销手段，竞争的焦点主要集中在价格上。

（2）分散偏好市场：分散型偏好表示市场上消费者对产品有两种及两种以上属性的偏好散布在整个空间，偏好极其分散。例如，药品市场中，患者对药品的剂型、用法、用量、疗效、适应证各有不同。在现实生活中消费者对商品的质量、特性要求各不相同。在分散偏好市场上，消费者购买商品，总是抱着不同的意图和目的，寻找自己适用的产品，这样就产生了不同的购买动机和购买行为。因此，作为销售者可以采取两种策略：一是中央定位策略，迎合大部分消费者的需求；二是侧重某一偏好定位策略，即只迎合某一类特定顾客的需求。

（3）集群偏好市场：在现实中完全的同质偏好和分散偏好是极其少见的，更多的是市场上不同偏好的顾客会形成若干个偏好群，在同一个群里消费者的需求大致相同。例如，感冒药市场，有的患者关心的是价格，有的关心的是疗效，有的关心的是购买的便捷，有的关心的是剂型。作为销售者可以采取三种策略：一是中央定位策略，采取无差异营销策略，获得尽可能多的顾客；二是定位最大的一个或两个偏好群；三是定位于各个不同的偏好群，采用多产品、多品牌差异化策略。

无论是医药消费者市场、生产者市场、中间商市场，还是政府市场、国际市场，消费需求的差异性都是客观存在的。有差异就能进行分类，从而区分出不同的具有个性特点的细分市场。

2. 消费者需求的相似性　在社会经济生活中，消费者的需求与欲望存在差异性，但也会有相似之处。例如，根据性别，可以把保健品市场分为男性保健品和女性保健品市场；根据年龄，可以分为老年人保健品市场和年轻人保健品市场。人们受居住环境、民族文化传统、生活习惯等影响，需求偏好等方面会表现出一定的相似性。这种相似性又使划分出来的不同消费需求再次进行聚集，形成相似的消费者群体，每个相似的消费者群体，就构成了具有一定个性特点的细分市场。每个相似的消费者群体，其消费需求都是相似的，但不可能达到完全的相同。随着市场的变化，细分市场相似的内容、消费者重视的商品属性也在不断发生变化，需要再次细分。

（三）市场细分的原则

企业可以依据某些特征或变量来细分一个大市场，但并不是所有的细分方案都是有效的。例如，把心血管药的消费者按性别来细分，显然毫无意义。企业所选择的细分市场必须具备一定的条件。

1. 可衡量性　指医药企业对细分市场的购买力、规模和特征等可以测量。例如，感冒药市场，在重视产品质量的前提下，测量有多少人更注重价格，有多少人更重视品牌。当然，要对市场进行量化是一个极其复杂的过程，需要运用科学的市场调研方法。细分的市场应该是可以衡量的，只有这样，医药企业才能决定相应的生产规模、价格策略、分销策略和促销策略等。反之，如果一个细分市场不可测定，则实用性就很差。

2. 可进入性　可进入性是指医药企业根据自身所拥有的资源，能否通过适当的市场营销组合有效地进入选择的目标细分市场，并较好地满足细分市场的需要。细分市场能否被有效地触及和服务是衡量目标市场可进入性的标准。如果细分后的市场是企业现有人力、物力、财力资源所达不到的，就不要贸然去开拓。相反，应该是企业的产品、资源等能够满足目标市场的要求，目标市场上的消费者能够了解企业的产品，并且能通过销售渠道购买到企业的产品。

3. 可盈利性　可盈利性是指细分市场的规模和利润足够大，大到企业值得为之服务。即要求细分的市场有一定的规模和发展潜力。任何一个医药企业为进入细分市场，都要制定一套与之配套的营销组合策略，开展相应的促销活动，需要花费一定的费用。如果细分市场规模太小，企业难以获利，这个市场是无效的。例如，不会有医药企业投入资金研制生产一种专为儿童治疗所需的心血管支架。

4. 可区分性　可区分性是指在不同的细分市场之间，在概念上可以清晰地加以区分。细分市场在概念上可以区分，对不同的营销促销策略的反应是不同的。例如，男性和女性对感冒药销售的反应是类似的，就不能构成不同的细分市场。

5. 可操作性　各细分市场的特征能保持相对稳定，企业能够设计出吸引和满足这个细分市场消费者需求的有效方案，获得消费者认可，达到销售的目的。可操作性是指企业能明确制定有效的方案以吸引和服务细分市场。例如，江中制药厂开发的猴姑饼干，主打的细分市场是患有胃病的人群“养胃——胃不好，总是不舒服的人群”。

（四）市场细分的意义

市场细分在市场营销学中是一个具有创新性的新概念。市场细分对指导医药企业制定营销策略、实施营销方案、实现营销目标有着极其重要的作用。

1. 有利于医药企业发现和认识市场机会 在市场营销中，企业营销决策的起点在于发现有吸引力的市场机会。医药企业通过对每一个细分市场进行比较、分析，可以发现市场上客观存在的尚未被满足或尚未被充分满足的消费需求，进而可以发现企业可以为之服务的市场机会，结合企业资源，开拓新市场，获得竞争优势。

2. 有利于中小型医药企业获得独特的竞争优势 市场细分对所有的企业都至关重要，尤其是对中小型医药企业尤为重要。中小医药企业一般资源有限，技术水平相对比较低，在整体市场或较大的细分市场上，与实力雄厚的大公司相比，缺乏竞争能力。但是，通过市场细分，中小企业可以发现易被大企业忽视的一部分特定消费者未被满足的需求，集中企业资源推出相应的产品，满足该特定市场，往往能改变整体市场上的相对劣势为局部市场上的相对优势，取得较好的经济效益。

3. 有利于医药企业掌握目标市场特点，提高经济效益 不进行市场细分，企业选择目标市场是盲目的；不认真研究各个细分市场的特点，企业采取的营销策略无异于“散弹枪”。医药企业通过市场细分，可以掌握细分市场的特点，集中使用企业人、财、物等资源，避免力量分散，从而取得理想的经济效益。此外，通过市场细分，可以发现尚未满足的消费者需求，以及需求特点，企业可以生产出适销对路的产品，既可以使消费者需求得到更好满足，又可以提高企业的经济效益。

4. 有利于医药企业及时适应市场变化，调整市场营销组合策略 市场营销组合是指医药企业综合考虑产品、价格、促销形式和销售渠道等多种因素而制定的市场营销方案。不同的细分市场，有不同的消费需求特点，需要与之相匹配的营销组合策略。进行市场细分后，企业为不同消费者群体提供不同的产品和营销组合策略，因而能较容易察觉和评估消费者需求的变化，迅速获得市场信息反馈，及时调整营销策略，开发新产品，满足消费者需求的变化。

知识链接 6-1　西方市场细分研究进展

温德尔·斯密首次提出市场细分概念以来，市场细分一直是西方市场营销学术界与实业界关注的热点问题。近些年，西方市场营销学界在细分导向和细分标准选择两方面的研究取得了很好的进展。

细分导向：西方市场营销学术界对市场细分的研究主要有两个视角，进而形成两大流派。一派是消费者导向的细分，研究的重点是对消费者的需求和行为特征进行分类，主要以顾客总体特征为细分标准去对消费者分群，从个性心理（感知、认知、动机、个性等）、社会文化环境及行为决策过程等三个不同侧面对消费者进行细分。另一派是产品导向的市场细分，根据不同营销决策的目标（产品定位、定价、广告定位等），围绕某产品或品牌的特定消费情景对消费者细分，包括产品/品牌使用率、消费态度、寻求的利益等细分变量。

细分标准选择：早期研究主要从自然地理、人口统计等外部特征对消费者进行细分。但许多营销实践表明，具有相同人口地理特征的消费群在面对相同的营销变量（如广告、促销、定价等）时反应并不一样，于是研究者后来逐渐转向研究消费者的心理分群。个性心理学派着重从消费者内在的个性气质对市场需求进行细分，具体细分标准包括需要、动机、个性、特质、自我概念等个性心理概念。认知心理学派认为应选择诸如感知、学习、态度、决策等认知心理概念作为消费者细分标准。社会心理学、社会学、人类学等学科着重从选择文化、社会阶层、婚姻家庭状况等社会背景变量作为细分标准。后来研究者发现，心理差异尚不能解析许多消费行为的变化，相当一部分学者开始转向行为细分。产品使用场合细分、使用率和品牌忠诚度细分、利益细分是行为细分的主要标准。

二、医药市场细分变量的确定

市场细分将一个市场划分为界限清楚的几个子市场，市场细分要依据一定的细分变量来进行。

市场细分的前提是消费者需求的差异，细分的变量也就是影响消费者需求差异性的因素。常见的市场细分标准分为两大类：消费者市场细分标准和生产者市场细分标准，由于两类市场影响需求的因素不同.其市场细分的变量也不一样。

（一）消费者市场细分的变量

消费者市场的细分变量主要有地理变量、人口变量、心理变量和行为变量四类。

1. 地理变量　地理变量就是按照消费者所处的地理位置、自然环境、气候条件等来细分市场，具体变量包括国家、地区、城市、社区、气候等。这是一种传统的划分市场的方法，处于不同地理位置和环境下的消费者对产品需求会存在较大的差异。例如，驱除蚊虫叮咬的药，南方市场的需求量远大于北方市场的需求。各地的文化习俗各异，人们的体质、饮食习惯不同，流行病学方面的特点也不同，地理细分对不同区域的识别和划分，有助于企业识别不同阶段市场特征，制定有针对性的营销策略。相对而言，较为重要的地理变量见表 6-1。

（1）地理位置：根据地理位置，可以将市场为南部市场、北部市场、东部市场和西部市场，地区差异会影响消费者的需求。一般来说，我国东部经济较西部发达，营养保健滋补类用品、新药特药、进口药的需求在东部地区较大，而西部地区尤其是西部农村地区对普药、中草药、中成药的需求相对较大。

表 6-1　地理变量细分标准

地理变量	细分标准
地理位置	国界：国内、国外 地区：东部、北部、西部、南部 行政区：省、市、县、区等 城市：大、中、小 城乡：城市、农村（远郊、近郊、山区）
地理环境因素	气候：热带、温带、亚热带、寒带
人口密度	单位面积土地上居住的人口数

（2）地理环境因素：由于气候、环境、文化习俗、生活习惯等因素的影响，不同地理环境中人口的疾病具有地域性特征，如我国沿海地区高血压发病率一般高于非沿海地区；我国东南部地区湿热潮湿，而北方相对比较寒冷干燥，皮肤病的发病率南方就要高于北方地区，皮肤病用药销量较大。一些地方病、传染病及突发性疾病也与气候条件密切相关。因此，地理环境因素是医药企业市场细分的一个重要变量，应引起医药企业足够的重视，以生产出适销对路的产品。

（3）人口密度：人口密度是指单位面积土地上居住的人口数。人口密度的高低与市场规模大小直接相关（当然还与人口的结构密切相关），结合其他变量，可以作为鉴别市场容量的因素。例如，老年人密度可以评估心血管药品市场容量的大小。

2. 人口变量　人口细分是指按照人口统计变量来细分消费者市场，具体变量包括年龄、性别、收入、家庭生命周期、文化程度、民族、社会阶层等因素。不同年龄、文化程度的人们对网上购药的接受程度不一样。人口变量是细分消费者市场的重要变量，消费者对商品的需求、爱好和使用频率，常常与人口因素有着密切的关系，见表 6-2。

表 6-2　人口变量细分标准

人口变量	细分标准
年龄	婴儿、学龄前儿童、学龄儿童、少年、青年、中年、老年
性别	男、女
收入	高收入、中等收入、低收入、无收入
家庭生命周期	单身（青年、老年）、已婚无子女、已婚有子女（小孩 6 岁以下、7～18 岁）、中年夫妇、老年夫妇
文化程度	博士、硕士、本科、大专及高职、高中、初中、小学及以下
民族	汉族、满族、苗族、回族、壮族、傣族、藏族、维吾尔族等
社会阶层	权力阶层、普通食利阶层、劳力阶层等

（1）年龄：不同年龄层次的人群，消费需求差异较大，根据年龄可以细分成许多各具特色的医药市场，如儿童医药市场、青少年医药市场、成人医药市场和老年人医药市场等。

（2）性别：由于生理特点的差异，不同性别的人群对消费品需求也有所不同。性别经常被用以细分诸如服装、个人服务、化妆品及营养滋补品等产品的市场。男性和女性的生理特点和社会角色不同，对于药品的需求及购买行为有着明显的差异。例如，女性相对男性更关心美容、减肥、保健等方面，针对女性这一特点，市场上便出现了太太口服液、中华乌鸡精口服液、美媛春口服液、曲美等产品。

（3）收入：收入水平的高低会直接影响人们的消费结构、消费习惯和消费观念，收入是市场细分的一个重要变量。例如，高收入阶层的消费者一般愿意接受保健品、新特药，选择药物时，更多考虑的是疗效；而低收入阶层则一般倾向于选择治疗性用药，用药水平较低，选用药时价格因素是其考虑的一个重要因素。

（4）家庭生命周期：处于不同生命周期阶段的家庭，家庭结构不同，消费结构不同，消费需求的差异会带来对家庭支出模式的影响。家庭生命周期变量包括婚姻状况、未成年女子情况、家庭人口等。各阶段的家庭的经济负担不同，因而对医药产品的需求也呈现差异。例如，有儿童的家庭经常要备些预防和治疗儿童感冒的常用药。

（5）文化程度：一个国家或地区家庭单位文化程度的高低直接影响他们对药品种类的选择和购买行为，在一般情况下，受教育程度越高，获取药品知识的能力越强，购买时的理性程度也越高，自我保健意识越强。

（6）民族：世界上大部分国家都拥有多种民族，不同的民族有着不同的需要和需求，可以作为细分的依据。我国除了汉族外，还有55个少数民族，各民族有各自独特的风俗习惯和生活方式，也有着一些本民族独特的医治疑难病症的方式和用药，如蒙药、藏药、壮药，这些都是祖国源远流长、博大精深的宝贵医药财富。从世界其他国家来看，印度有阿输吠陀医学、埃及有纸草文书、日本有汉方药、韩国有韩药等。

（7）社会阶层：每一个人都处于不同的社会阶层，同一社会阶层通常会表现出具有相似的价值观、兴趣爱好与行为规范。社会阶层既是影响消费者购买行为的因素，也是细分市场的重要变量，不同的社会阶层其需求是明显不同的。企业可以针对不同社会阶层的需求特点，生产出符合其要求的产品，并设计出相应的营销组合策略，占领目标细分市场。

3. 心理变量 心理细分是指使用心理学和人口统计学的心理特征来细分市场，即按照消费者的生活方式、个性等心理变量来细分消费者市场。同一人口统计群体很可能表现出非常不同的心理统计学特征，如表6-3所示。

表6-3 心理变量细分标准

心理变量	细分标准
生活方式	朴素型、时髦型、奢侈型、知识型
个性	需要、动机、态度、兴趣、理想、信念、气质性格和世界观

（1）生活方式：是人们对工作、生活、消费和娱乐活动等特定习惯和方式的倾向性。追求不同生活方式的消费者，对商品的爱好与需求有很大差异。越来越多的企业开始重视按照人们的生活方式来进行市场细分。例如，生活朴素型的消费者更看重商品的价值，崇尚时髦的消费者追求包装新颖独特的商品。

（2）个性：个性是一个人在社会实践中表现出的一组相对稳定的个性倾向和个性心理特征综合体。个性包括需要、动机、态度、兴趣、理想、信念、气质性格和世界观等。消费者的个性、价值观等心理因素对需求也有一定的影响，企业可以根据个性、爱好、兴趣和价值取向等把相近似的消费者划分为一个细分市场，制定有针对性的市场营销策略，满足这部分消费的个性需求。例如，有的消费者喜欢奢侈品，追求名牌，专门选择高价格商品；有的消费者对价格特别敏感，专门选择价格低廉的商品。

4. 行为变量 行为细分是指根据消费者的购买行为细分市场，消费者的购买行为包括购买或使用时间、期望利益、使用者、使用率、购买习惯、品牌忠诚度、购买者准备阶段和态度等，常见的行为变量见表6-4。

表6-4 行为变量细分标准

行为变量	细分标准
购买和使用时间	购买：经常购买、偶尔购买、节日购买、大宗购买、零星购买等 使用时间：春季、秋季、夏季、冬季等
期望利益	经济、实惠、便捷、方便、品质等
使用者	从未使用者、潜在使用者、初次使用者、曾经使用者、按期使用者、经常使用者
使用率	少量使用、大量使用、尝试使用等
购买习惯	随机购买、慎重购买、协商购买等
品牌忠诚度	专注、无所谓
购买者准备阶段	不了解、了解、熟悉
态度	敌视、否定、不关心、积极、狂热

（1）购买和使用时间：许多医药生产企业往往通过购买和使用时间细分，试图扩大消费者使用本企业产品的范围。例如，秋冬季往往是呼吸系统疾病高发期，多数医药生产企业选择在易发、多发期大量做广告，以促进销售。

（2）期望利益：每个消费者往往各自有不同的购买动机和利益追求，可以按购买者所追求的不同利益，划分不同的细分市场。如有的购买者追求经济实惠（性价比），有的追求使用方便（如剂型）。

（3）使用者：即按照从未使用者、潜在使用者、初次使用者、曾经使用者、按期使用者、经常使用者等来细分市场。如有的企业专注于传统市场，有的企业则不断开发新市场，吸引新客户。使用者的使用情况不一样，要求医药企业采取不同的市场营销组合策略，吸引消费者的关注，进而购买公司产品。

（4）使用率：根据消费者对某种商品的使用数量和购买频率，也可以把一个市场细分为几个子市场。细分变量包括经常购买、偶尔购买和从不购买。经常购买且大量使用某种商品的人数，可能在市场总人数中所占比重很小，但他们购买的商品数量比重却很大。掌握这部分消费群体的信息，有助于医药企业开发适当的产品、制定恰当价格、选择合适的分销形式和促销方式。

（5）购买习惯：消费者购买商品往往是根据商品在家庭消费中的地位、重要性做出购买决策的，在购买地点和时间上有不同的习惯。一般高价、高值的商品，要经过家庭成员协商好才会做出是否购买的决策，而对一些低值、易耗品，则大部分是即兴购买。如对感冒类OTC药品，一般患者会根据以往经验和药师的推荐即时做出购买决策；而对治疗用处方药，则一般会慎重选择有权威的医生，处方购买。

（6）品牌忠诚度：企业常常根据消费者的品牌忠诚度水平来细分市场。即企业常根据消费者不同的购买偏好，从商品形式、品牌设计、价格制定、销售方法和广告宣传等各方面，去满足消费者的需求。通过品牌忠诚度分析可以帮助确定产品的优势、最大竞争对手，以及认识到营销的缺点，为企业提供改进的方向。

（7）购买者准备阶段：有些消费者不了解产品，有些消费者对产品略有了解，有些消费者对产品很熟悉，经常使用。消费者对某种商品或某个品牌的商品认知往往处于不同的阶段，企业应对处于不同购买状态的消费者进行细分，对处于不同阶段的产品宣传设计恰当的促销方案。

（8）态度：消费者对产品的常见态度有五种，如敌视、否定、不关心、积极、狂热。对待不同态度的消费群，企业应采取差别对待原则，制定不同的市场营销组合策略，以获得更多消费者的认可。

（二）生产者市场细分的变量

市场营销人员可以借鉴消费者市场细分的一些变量来对生产者市场进行细分。但是，生产者市场与消费者市场是有很大的差异性的，生产者市场与中间商市场、政府市场一样，都是属于组织市场，具有购买次数少、一次性购买量大、重复购买、专业购买和购买地点集中等特点。常见的生产者市场细分标准主要有以下几种。

1. 按最终用户的要求细分 生产者市场的用户购买产品是为了不同的生产需要或为了出售，用户所处的行业不同，往往有不同的要求，追求不同的利益，对产品提出不同的质量标准和使用要求，其需求差异往往较大。

2. 按用户规模与购买力大小细分 用户规模也是生产者市场细分的一个重要变量。用户的经营规模不同，其购买数量差异巨大，一些大用户，数量虽少，但其购买的数量和金额很多。小用户数量虽多，其购买数量较小。企业应针对不同规模用户的特点，采取与之相适应的营销策略。

3. 按用户的地理位置细分 企业可以根据地理位置确定重点的服务地区和区域。每个国家和地区由于自然资源、气候条件和历史传统等差异，会形成若干产业集中地区。因此，相对消费者市场而言，生产者市场在地理位置上更为集中。按用户的地理位量来细分市场，可使企业把一个地区的目标用户作为一个整体考虑。有助于企业设计恰当的促销和广告宣传策略，针对性更强，效果更显著，并可极大地节约促销费用和广告费用，充分利用好现有网络资源。

4. 按用户的行业特点细分 同类用户构成的市场往往具有相似性质的需求特点。因此，可以作为生产者市场的细分变量。例如，我国药品销售结构与人员结构差异较大，城市消费者是进口药、新特药的主要消费人群，农村市场往往是普药、常见药、低价药的主要消费群体。按用户的行业特点细分市场，使得目标市场更加集中，更加容易辨别细分市场消费者需求的特性，企业可以制定针对性更强的营销组合策略，取得更好的促销效果和经营业绩。

与消费者市场的细分变量一样，生产者在运用上述变量细分时，并不只用一种单一的变量来进行细分，而是有层次地交错使用一系列变量来进行细分。

三、医药市场细分的方法和程序

（一）医药市场细分的方法

医药市场细分的标准有很多种，医药市场的细分必须综合各种细分标准。常见的市场细分方法有单变量细分法、多变量细分法和系列变量细分法。

1. 单变量细分法 单变量细分法是指选择一个适当的需求特征或变量作为细分依据对市场进行细分的方法。例如，根据性别分为女性保健品市场和男性保健品市场。单变量细分法往往是对整体市场需求状况做一个简单摸底，或针对某类特殊医药产品进行市场细分。

2. 多变量细分法 多变量细分法是根据两个或两个以上的需求特征或变量作为细分依据对市场进行细分。例如，对保健品市场，可按性别和年龄分为男性青年、中年、老年保健品市场，女性青年、中年、老年保健品市场。

3. 系列变量细分法 系列变量细分法是依据需求的多个特征或变量，结合企业的经营特点，进行层层细分的方法，即在一个细分选定的市场中进行再细分。这种细分方法可使目标市场更加明确，易于制定相适应的营销组合策略。例如，针对补钙药市场，根据年龄分为青年、中年、老年三个细分市场，假如选择为中年市场服务，再根据病情将中年市场细分为轻、中、重度缺钙市场，假如选择为中年重度补钙市场服务，再根据收入将中年重度缺钙市场分为高收入、中等收入、低收入三个市场，依此细分，直达找到新的、更有利的细分市场。

（二）医药市场细分的程序

1. 麦卡锡七步法 美国市场营销学家麦卡锡（Y. J. Mecarthy）提出了一套七步细分法，即选项、调查、初分、筛选、命名、复核、确定等七步，简便易行，医药企业在进行市场细分时可以借鉴。

（1）选定医药产品市场范围：即在企业任务和战略目标的指引下，对市场环境和企业资源充分调查分析之后，从市场需求出发选定一个可能的产品市场范围。了解购买者的需求和爱好，以及对该市场范围内的产品类别的态度，这是细分市场的基础。选择目标市场范围既是企业成功的关键，又是一项极其复杂的任务。

（2）调查、评估潜在消费者的基本需求：企业通过市场调查，尽可能详尽地从地理因素、心理因素和购买行为因素等不同方面对潜在消费者对产品的购买需求进行评估，为市场细分提供可靠依据。

（3）初步分析潜在购买者的不同需求：企业从人口因素对潜在消费者进行抽样调查，了解不同的潜在消费者有哪些需求差异，差异的侧重点是什么，找出最迫切的需求因素，初步形成几个消费需求相同或相近的细分市场。

（4）筛选潜在消费者的共同需求：即对初步形成的几个细分市场之间潜在消费者的共同需求加以剔除，找到各个细分市场之间显著的差异性，以及它们之间需求的差异性，加以分析组合作为细分市场的基础，筛选出最能发挥企业优势的细分市场。

（5）确定细分市场的名称：根据潜在消费者基本需求的差异特征，对于符合需求的细分市场，给予一个形象化的命名。细分市场的命名要富于新颖性，要能抓住潜在消费者的心理。

（6）复核各细分市场的特点，做进一步细分或合并：这是一个再认知、再细分过程。企业要对已细分的市场需求特点和消费者购买行为重新进行分析、考察、评估，在此基础上进行再细分和整合。企业要避免创造过多的、不同的产品或没有足够顾客需要的、毫无意义的产品特色。

（7）确定细分市场：运用市场调研和预测评估工具，对每一个可能的细分市场容量及盈利能力进行预估，找到对企业最有利可图的细分市场。以便企业更加有效地利用企业资源，顺利进入目标细分市场，带来较高的销售额和较高的利润。

2. 罗杰·J·贝斯特市场细分七步骤 美国俄勒冈大学营销学教授罗杰·J·贝斯特（Roger J.Best）以需要为基础，提出了市场细分七步骤建议。

（1）基于需要的细分：根据消费者在解决特定消费问题时所追求的相似的需要和利益将消费者划分为不同的细分市场。

（2）细分市场的识别：对于每一个基于需要的细分市场，判断哪些人口统计特征、生活方式和使用行为使得这个细分市场与众不同并可识别（可操作性）。

（3）细分市场的吸引力：使用预先确定的细分市场吸引力标准（如市场增长率、竞争强度和市场可入性），判断每个细分市场的总吸引力。

（4）细分市场的盈利性：判断细分市场的盈利性。

（5）细分市场的定位：针对每一细分市场，根据该细分市场独特的消费者需要和特征创造一个“价值主张”和产品价格定位策略。

（6）细分市场的“酸性测验”：创造“细分市场故事板”来检验每一个细分市场定位战略的吸引力。

（7）营销组合战略：扩展细分市场定位战略以包含营销组合的所有方面。

案例 6-2 糖适平——分层营销

9240 万糖尿病患者人群，5 年 3 倍的市场增长速率，44 亿元的市场规模[国际数理统计学会（IMS，Institude of Mathematical Statistics）统计数据）]，这是一个令很多药企觊觎的大市场。糖适平（格列喹酮）的竞争地位面临严峻挑战，G 药业股份有限公司由此开始了一场营销大变革。

G 公司结合糖适平自身特点进行了有针对性地分层。分层从市场拓展方面入手，分为四大类：核心市场、维持增长市场、边缘市场、空白市场。在此基础上，将糖适平的增长明确界定为三个方面：达到亚类增长速度的追赶型增长、超过领域内口服药增长速度的高速增长及超越对标品种的挑战增长。

在分层的基础上，对营销策略进行了调整。

第一，对于市场潜力大、产出贡献高的核心市场，都设立了学术专区，以使公司的员工能用专业化的语言向客户传递产品的核心价值；同时参与全国及核心地区医学会组织的大型学术活动，支持核心市场的客户参会，为更多医生搭建学术交流平台。

第二，维持增长市场，注重稳固现有基础。在专业推广上以搭建糖尿病基础治疗的学术交流平台或协助相关机构开展安全合理用药的教育为主。

第三，在边缘市场上，开展渠道延伸工作。主要进行渠道延伸的推广活动，以保证中小医疗终端的公司产品能够及时配送。

第四，针对空白市场，G 公司推出了寻找战略合作伙伴计划。由它们按照公司的策略要求，客观公正地宣传产品，扩大了糖适平的覆盖率，满足了临床治疗的需求，也提高了公司的销售收入。

通过上述营销策略的调整，糖适平取得了良好的销售业绩。2010 年，糖适平实现销售收入超过 2 亿元。同类产品中，糖适平拥有了超过 95%的市场份额。位于磺脲类产品销售排名第 3 位，在医院市场上实现了超过 11%的增长。

问题：

1. G 公司糖适平的成功说明市场选择应当坚持什么原则？
2. 结合案例，请分析 G 公司是如何进行糖适平分层营销的？
3. 结合本案例，试分析对产品进行市场细分时应如何选择细分标准？

第二节 医药目标市场选择

一、医药目标市场的涵义

（一）医药目标市场的定义

目标市场（target market）是企业打算进入并为之服务的细分市场。所谓医药目标市场，就是医药企业通过市场细分化后，结合企业自身资源、经营条件和环境所选定的、确定以相应的医药产品或服务去进入并满足其需求的市场。任何一个企业都不可能满足所有消费者的需求，市场细分的目的就是依据一定需求特征或变量，将一个市场划分为界限清楚的几个子市场，明确各细分市场消费者需求的差异，整合企业资源，有效地选择并进入目标细分市场。同时，为了提高企业的经营效益，企业也没有必要进入所有的细分市场跟众多的竞争者进行竞争。市场细分和目标市场选择既有联系又有区别，市场细分是目标市场选择的基础和前提。因此，企业必须细分市场，选择目标市场必须与自己的任务目标、资源、特长等相匹配，决定进入哪个市场或哪些市场，为哪个市场或哪些市场服务。

（二）医药目标市场的评估

企业在市场细分的基础上，确定了目标市场后，就要对即将进入的目标市场进行评估。评估的目的在于考察未来潜在的市场容量到底有多大，能否带来盈利，是不是适合作为企业的目标市场。

目标市场评估可以从以下几方面考虑。

1. 是否有足够的市场容量　任何一个企业进入一个市场细分，开发相应的产品，制定适宜的市场营销组合策略，都要花费巨额的成本投入。如果市场容量太小，就不值得企业去开拓。因此，企业首先要调查细分市场的现实和潜在的消费者数量及购买力。

2. 是否有发展潜力　细分市场的成长性怎么样？企业能否在这个目标市场获得较多的销售机会，是获得持续的发展壮大空间，还是市场发展空间狭小，前景黯淡。

3. 竞争激烈程度　目标市场现有的竞争者有哪些？这些竞争者市场占有率是多少？替代产品的状况如何?供应商的讨价还价能力怎么样？一般而言，企业应该选择进入竞争者比较少，或竞争者在实力、经营管理水平和营销能力比较弱小的细分市场。

4. 目标市场与企业自身的资源禀赋和目标是否匹配　并不是所有的细分市场都适合企业，企业还要考虑自身的资源和目标，选择一些适合企业目标的细分市场。

评估细分市场的方法包括定性预测和定量预测，定量预测包括市场占有率、销售增长率、成本利润率、市场增长率等，定性预测包括分析企业内外部环境、行业分析和价值链分析，其中外部环境分析主要包括政治法律环境、经济环境、社会文化环境、技术环境、人口环境和自然环境等。

二、目标市场的选择模式

医药企业在对不同细分市场进行评估后，要选择进入目标市场。医药企业在选择进入目标市场时有市场集中化、选择专业化、产品专业化、市场专业化、市场全面化五种可供参考的市场覆盖模式，如图 6-1 所示。

1. 市场集中化　这是一种最简单的目标市场模式。市场集中化是指医药企业只选取一个细分市场，用单一的产品满足这个细分的需求。即医药企业只为这一个细分市场提供一类医药产品，供应单一的顾客群，进行集中化营销。

市场集中化模式的优点是可以集中企业所有资源为某一个细分市场提供专业化的服务，更快地响应和满足顾客的需要。其缺点是：风险太大，一旦细分市场消费者需求发生转移，或外部环境发生变化，或有强大的竞争者出现时，企业就会陷入困境。

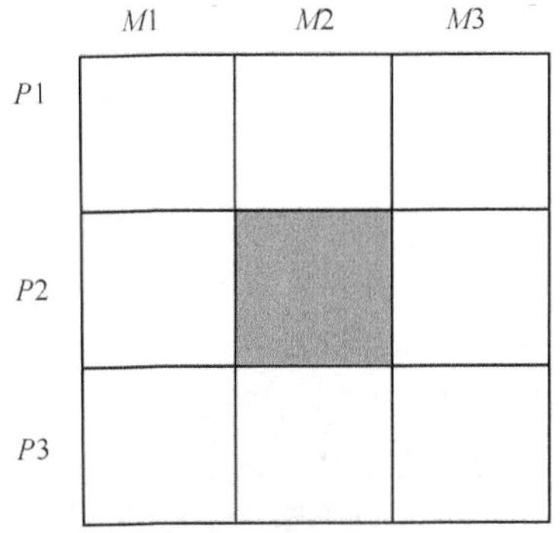

(a) 市场集中化

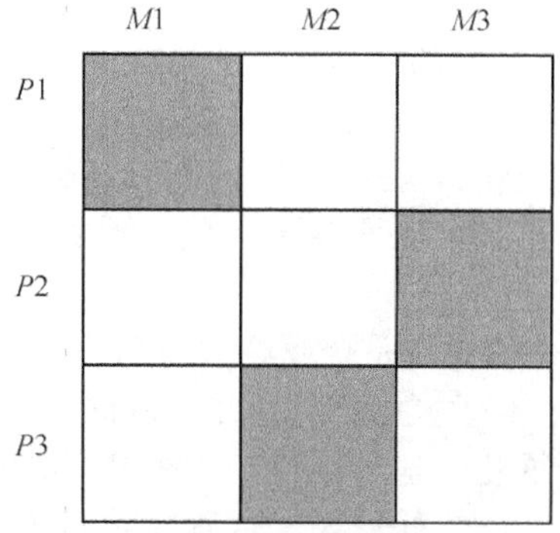

(b) 选择专业化

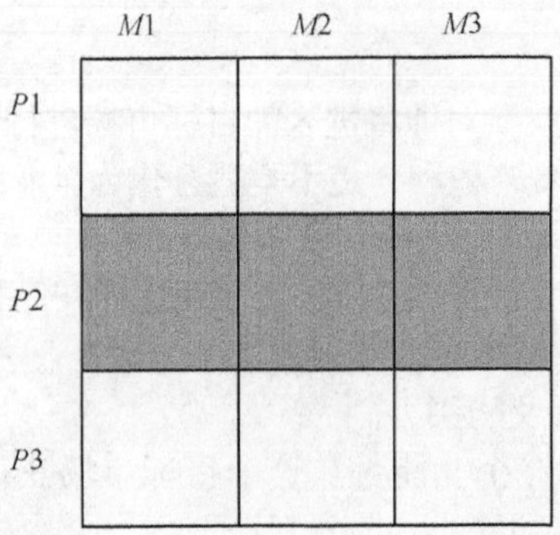

(c) 产品专业化

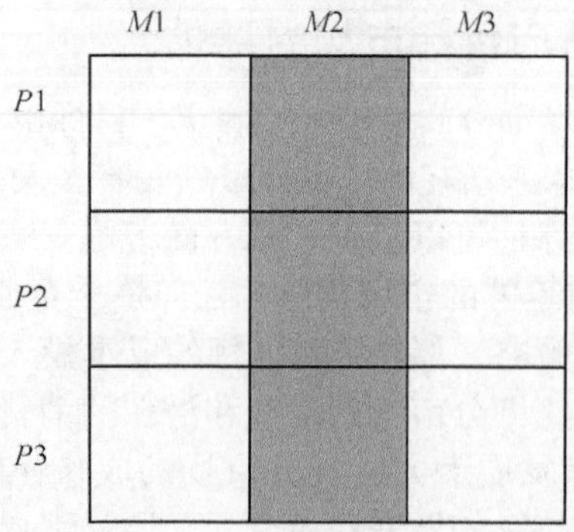

(d) 市场专业化

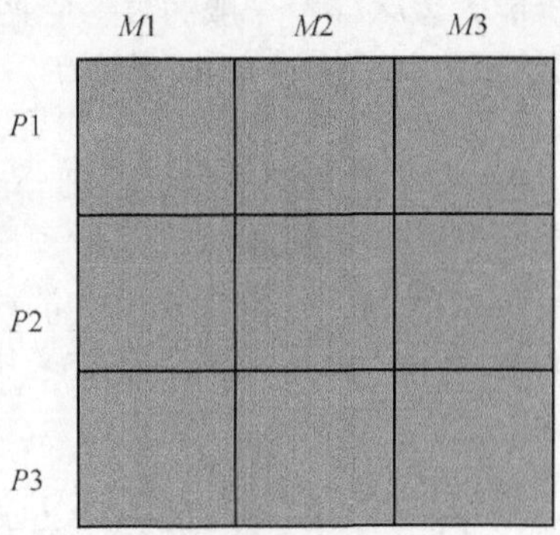

(e) 市场全面化

图 6-1 目标市场选择的五种模式

P 表示产品；*M* 表示市场

2. 选择专业化 医药企业选择若干个具有良好盈利潜能且符合企业目标和资源的细分市场作为自己的目标市场，针对每一个细分市场的特点提供与之相适应的产品或服务，并制定恰当的市场营销组合策略。企业在选择这些细分市场时，要综合考虑企业目标和资源条件、目标市场的赢利潜力和吸引力，规避风险。通常，企业所选择的这些细分市场之间很少存在联系。

选择专业化模式的优点是可以有效地分散经营风险。其缺点是需要企业具有较强的资源及营销实力。特别是要避免贪多的毛病，细分市场选择不宜过多。

3. 产品专业化 医药企业集中生产一种产品，并向各类顾客销售这种产品。产品专业化模式的优点是医药企业集中资源只专注某一种或一类产品的生产，有利于形成人力、生产、技术、经营等优势，树立良好的品牌形象。其缺点是当该领域一旦发生技术变革，出现全新的替代产品时，企业将会遭受巨大的风险。

4. 市场专业化 医药企业专门经营某一顾客群体需求的各种产品。市场专业化模式里顾客是固定的，产品需求多种多样，企业所要做的就是生产一系列产品满足顾客所有现实的和潜在的需求。

市场专业化的优点是企业经营的产品类型众多，能有效地分散经营风险。其缺点是由于集中于某一类顾客，当这类顾客的需求下降时，医药企业也会遇到收益下降的风险。

5. 市场全面化 这种目标市场模式是指医药企业面向所有的市场，生产多种产品去满足所有市场各种顾客群体的需要。这种模式对企业的人力资源、财力资源、物力资源、营销能力等要求极高。满足各种顾客的需要，在实际中很难实现。一般只有实力雄厚的大型企业会选用这种模式。

三、医药目标市场营销策略选择

对市场细分后，企业面临许多不同的子市场。目标市场是企业打算进入的细分市场，或准备为之服务的子市场。选择进入目标市场的模式不同，所采用的营销策略也不一样。医药企业可选择的目标市场营销战略有三种：无差异市场营销策略、差异化市场营销策略和集中市场营销策略。

（一）无差异市场营销策略

无差异市场营销是指把整个医药产品消费者市场看成一个大的目标市场，不再进行市场细分。无差异市场营销策略着眼于医药产品消费者整体的共性需求，不考虑消费者的需求差异，只向市场上推出一种产品，并只用一套市场营销方案，力求满足市场上所有消费者的需求。无差异市场营销要求企业能够牢牢抓住消费者的共性需求，推出的概念能够被所有消费者所接受和认可，树立企业领先品牌形象。

无差异市场营销策略基于两种指导思想：一种是传统的生产观念的体现，强调需要的共性，认为“只要产品好，自然有人买”。因此，采用无差异市场营销策略视医药市场中顾客需求相同，因而营销方法也相同，医药企业生产的标准化、批量化，可以相应地节约市场调查研究费用和广告宣传、促销等费用。另一种指导思想是认为某些特定产品的需求大致相同或差异极小，可以忽略不计，如血压器，不管男性、女性，也不论老、幼，只有一种规格。从这个意义上讲，它是符合现代市场营销理念的。

采用无差异市场营销策略的最大优点主要是成本经济性。大批量、标准化生产，统一的市场推广和营销策略，可以使单位生产成本最低，极大地节约调研、促销费用。同时，无差异市场营销策略还有利于企业强化企业形象，树立统一的品牌理念、树立领导者形象。其最大缺点是忽视消费需求差异，可能会失去一些市场机会和企业机会；过分依赖于单一品种，有一定的市场风险。

然而，随着产品日益丰富，市场日益开放，对药品的疗效、稳定性、方便服用的要求更高，消费者需求的差异性越来越明显，越来越多的市场营销人员对这一策略是否为最佳表示了强烈的怀疑。企业不可能长期保持这种营销策略。

（二）差异化市场营销策略

差异化市场营销是指企业依据市场需求的特征或变量，把一个整体市场划分为若干需求与愿望大致相同的细分市场，然后根据企业的资源及营销实力，选择两个或两个以上细分市场作为目标市场，分别为各个细分市场制定不同的市场营销组合策略。换言之，就是针对选择的不同细分市场，开发相应的产品，制定与之相适宜的市场营销组合策略，去分别满足不同消费者的需要，占领目标市场，完成销售目标。

差异化市场营销策略的最大优点就是重视消费者需求的差异，并充分满足不同细分市场消费者需求的多样性，提高产品在目标市场的竞争能力。但是，这种战略也会由于企业的多产品、多渠道、营销组合策略多样化带来营销费用和运营管理费用的大幅增加。所以，无差异市场营销策略的优点，基本上也是差异化市场营销的缺点。因此，企业在选择细分市场时，要防止“过分细化”和避免贪多的毛病。

（三）集中市场营销策略

集中市场营销是指医药企业将整个市场细分为几个子市场以后，结合企业资源和目标，只选择其中一个或少数几个细分市场作为目标市场，开发相应的产品，实行集中营销，满足细分目标市场消费者的需求。其指导思想是，医药企业以其中一个或几个细分市场作为目标市场，集中力量进行专业化生产和销售。采取集中市场营销的企业，追求的不是在较大的医药市场上占有较小的份额，而是在较小的市场范围内占有较大的份额。

集中市场营销策略比较适合资源较少的小企业。小企业与大企业没办法硬性抗衡，小企业可以避开与大企业在竞争激烈的市场进行竞争，选择一个或几个大企业无暇顾及，同时小企业资源、技术又能覆盖的市场，集中力量于设计、研制、工艺设备改进等方面，精益求精，提高产品的知名度，创名牌优质产品，形成局部优势，树立企业的信誉。这样，既可以扩大市场占有率，又可以减少生产和促销方面的费用，投资收益率就高，积累就快，企业就能发展壮大。

集中市场营销策略最大的缺点就是经营者承担的风险较大，一旦目标市场的需求发生变化、预测不准，企业可能承受不了这种压力而陷入困境。

案例 6-3　复合维生素的"奇胜"

某企业上市了一个复合维生素补充产品，而当时在这一市场上，竞争已非常充分，善存、施尔康等品牌产品占据着绝大多数市场份额。于是，该企业首先寻找现存市场的空白点。经过调查研究，最终它们没有将目标市场定位于所有人群，而是选择少年儿童作为其目标使用人群，把希望孩子健康成长的父母们作为其目标购买人群，市场定位非常精准。紧紧围绕自己的目标市场，该企业采取了一系列管理措施。

首先，推出一套与产品同名的大型儿童益智竞技游戏节目，这个节目由某大学传播学院策划，在全国各电视台播出，为该产品市场运作打响了第一枪。同时，其卡通篇广告在各电视台儿童节目时间播出，充分获得了孩子对产品的认知度。其次，在产品口味设计上，推出了适应少年儿童的含钙型巧克力味和果味两种，改变了以往维生素口感不佳的缺陷。在包装上采用孩子喜欢的卡通形象，颜色鲜艳，产品名称字体用活泼可爱的美术字。在产品推广上，在一些大型超市的入口，设计出产品包装形状的脚印形地贴，引导消费者参观产品陈列柜台。设立咨询热线，收集整理消费者情况资料，定期编制和邮寄维生素知识小册子，设立维生素知识网站，组织专家进行营养知识讲座、义诊，并定期到相关人群聚集的场合进行促销活动。

采取这一系列措施后，该产品一上市，其销售额在前三个月便实现翻三番，且此后一直保持着稳步增长的良好势头。

问题：

1. 复合维生素补充产品的成功源于企业选择什么目标？市场营销策略是什么？
2. 结合本案例，分析医药企业应该如何评估目标市场？
3. 结合本案例，请思考医药企业应如何选择进入目标市场？

第三节　医药市场定位

没有一家企业可以依靠与其他企业相似的产品和服务取得成功，每个企业都必须在目标市场消费者心目中获得适当的位置，一家企业可以通过市场中的独特定位而获益颇多。医药企业在市场细分的基础上对目标市场评估，选择了自己的目标市场，确定了目标市场营销策略后，下一个重要的工作就是市场定位，树立一定的市场形象，以求在消费者心目中留下良好的印象，形成一种特殊的偏好。

一、医药市场定位的含义

定位（positioning）一词最早是 1969 年由杰克·特劳特（Jack Trout）首次提出，用来表述和定义里斯公司提出的"用一种最简单最清晰的方式"来表述里斯公司的营销哲学。1972 年，艾尔·里斯（Al Reis）和杰克·特劳特在《广告时代》（*Advertising Age*）发表了系列文章《定位时代的来临》，开创了营销史上最著名的“定位理论”。他们认为：“定位起始于产品，一件商品、一项服务、一家公司、一个机构，甚至是一个人。定位并不是对产品本身做什么事，而是针对潜在顾客的心理采取的行动，即把产品在潜在顾客的心中确定一个适当的位置。强调定位不是改变产品本身，改变的是名称和沟通等要素。”定位概念被广泛使用于营销领域后，衍生出多个专门术语，市场定位就是其中使用频率最高的一个。

市场定位是市场营销学和现代广告学中的十分重要的概念。医药市场定位（market positioning），又称为医药产品定位或竞争性定位，就是确定医药产品在市场中的位置。即根据竞争者现有产品在细分市场上所处的地位和顾客对产品某些属性的重视程度，结合本企业的产品创造并培养一定的特性，塑造出本企业产品与众不同的鲜明个性或形象，并传递给目标消费者，树立一定的市场形象，在为数众多的产品概念中，发现或形成有竞争力的、差别化的产品特色及重要因素。其实质是取得目标市场的竞争优势，确定产品在顾客心目中的适当位置并留下深刻的印象，以便吸引更多的顾客。

二、医药市场定位策略

医药市场定位策略，显示了产品或企业同类似的产品或企业之间的竞争关系。定位不同，所表现的竞争态势也不一样。常见的市场定位策略主要有避强定位策略、迎头定位策略、重新定位策略三种。

（一）避强定位策略

避其锋芒，即避开强有力竞争对手的市场定位策略。医药企业根据自身的实力，避开与市场上实力最强的竞争对手进行面对面的竞争，通过对市场和现有产品的分析研究，找到消费者需求尚未得到很好满足的部分，填补市场空缺，突出宣传自己的与众不同的特色，开发并销售目前市场上还没有的某种特色产品，开拓被竞争者所忽视的潜在需求，占领新的市场领域。采用回避策略，可以避开强大的竞争对手，风险小，成功率高。即使是势力弱小的小企业，采取避强定位策略，由于目标市场没有竞争者，企业产品可以长驱直入，也能取得成功。

（二）迎头定位策略

针尖对麦芒，即与这个市场上的最强竞争者“对着干”的定位方式。医药企业根据自身的实力，选择靠近于竞争者或与现有竞争者重合的市场位置进行正面竞争，争夺同样的顾客，彼此在产品、价格、分销及促销等各方面差别不大。采取这种定位策略，要求企业与竞争对手实力相当，有足够的反竞争能力和充分的反竞争准备。显然，这种定位有时会产生危险，但只要该市场需求潜力很大，而企业又能赋予产品新的特色和创意，不妨采用此策略，一旦成功就会取得巨大的市场优势。例如，市场上虽有近百种氨基酸类保健品，但随着人们经济条件的改善和生活水平的提高，保健意识日益增加，市场需求极大，尚没有一个绝对市场领导者品牌，因而其市场潜力仍十分巨大，吸引了大量企业进入。

（三）重新定位策略

医药企业重新定位是指医药企业调整原有的市场定位，改变产品特色，重新获得市场消费者对产品的认识，进而打开市场，促进销售的过程。重新定位就是对滞销、市场反应差的产品进行的二次定位。对产品的二次定位旨在摆脱困境，重新获得市场认可，提升销量。重新定位对于医药企业适应市场环境、调整营销战略是必不可少的。如果医药企业的产品或服务不再处于市场最佳位置，就应该考虑重新定位问题。同时，如果医药企业遇到下列情形时，也应考虑重新定位问题：一是企业面临激烈的竞争，竞争者推出的新产品定位于本企业产品附近，使本企业在该目标市场的占有率大幅度下降；二是顾客偏好发生转移或顾客有了新的需求，使企业产品与消费者需求发生偏离；三是企业的经营战略和经营目标发生了转移。

在做重新定位的决策时，企业还必须考虑两个主要因素：一是企业品牌重新定位的成本，包括改变产品品质的研发、生产工艺改造、包装、促销等成本；二是重新定位获取的市场效益。效益多少决定于子市场上购买者和竞争者的状况，取决于子市场上价格的高低等。

定位更多的是表现在心理特征方面，目标市场的定位策略，是企业研制开发并推出适合目标市场需求的产品，使企业的产品与目标市场消费者的期望取得最佳配合。

三、医药市场定位的方法与步骤

（一）医药市场的定位方法

市场定位并不是对产品本身采取的行动，而是针对消费者的心理采取的行动。医药企业产品或服务定位的宗旨是要寻求使消费者和医务人员认同的特色，这些特色可以从产品实体上表现出来、从消费者心理上反映出来、从竞争者产品或本企业其他产品相比较体现出来。下面介绍几种主要的医药市场定位的方法。

1. 根据利益定位 根据产品本身能给消费者带来什么体会到的利益来定位。利益定位是将产品与顾客追求的某种利益相联系的定位方法，可以从功能利益、情感利益、自我表现利益等方面定位。例如，荣昌肛泰——贴肚脐治痔疮，不痛不脏不尴尬，强调用药的方便性。又如，迪尔诺——让妈妈放心的退烧专家，强调父母关爱孩子的情感性利益诉求。再如，美罗胃痛宁——“胃痛，光荣”，以姜文为代言，突出自我表现利益，定位为有一定社会地位的人“止痛养胃二合一”。

2. 根据价格和质量来定位 一直以来，在消费者心中根深蒂固的理念是“一分价钱，一分货”“价高质优”。一般而言，价格高低与质量高低通常是一致的。例如，韩国高丽参（别名朝鲜参、别直参），韩国政府非常重视参业，从种植、加工到销售整个链条控制权在政府。高丽参的每一种品类都高度标准化，实施严格的品质管控，为其建立鲜明的品牌辨识度。国外大量高端人参销售商都进口高丽参，韩国高丽参出口价格为中国人参平均价格的 9 倍，就是源于其品质的稳定。

3. 根据用途定位 强调用途是产品定位的好方法。例如，江中健胃消食片（小儿）定位为“日常助消化用药”，避开与吗丁啉（多潘立酮）直接竞争，争斗无人防御且市场容量巨大的“无品牌”消化酶市场。广告语是“肚胀腹胀，不消化，用江中牌健胃消食片”“孩子不吃饭，快用江中牌健胃消食片”，突出“日常用药、小药”的特点。这种定位体现了将产品与其用途、应用的情况或使用的场合联系的定位方法。

旧产品在临床应用上又发现了新的用途，开辟了新的市场，也是产品定位的好方法。例如，左旋咪唑又名驱虫速，除能驱蛔、钩虫外，还有治疗复发性口腔炎、口腔疱疹、溃疡的功效，还可用于治疗乙型肝炎和类风湿性关节炎等。

4. 根据使用者定位 使用者定位是指以产品使用者对产品的看法来确定产品的形象。通过使用者定位，以使用者的形象来引导消费者，这种产品是专门为他们定制的，能满足他们的要求。例如，补钙类产品的形象代表一般是老人或儿童，突出这两个市场需要补充钙流失或钙不足，产品是为他们量身定制的。再如，小儿氨酚烷胺感冒冲剂适用于儿童感冒及流行性感冒引起的发热、头痛、四肢酸痛、打喷嚏、流鼻涕、鼻塞、咽痛等症状，广告述求是儿童感冒，突出该产品是用于治疗或预防儿童流行性感冒。

5. 根据产品特征定位 产品特征定位是从产品本身出发，找到产品本身独特的利益点。可以从产品的适应证和功效来突出本产品独特的优势。例如，仁和药业生产的感冒药“仁和可立克”，其广告诉求是：一粒起效。强调的是产品质量可靠、起效快，快速治疗感冒。产品推向市场后，迅速获得消费者认可，需求日增。

6. 竞争性定位　针对竞争性产品定位于与竞争直接有关的属性或利益，强调产品与竞争对手相比具有与众不同的地方。例如，2000 年 11 月 16 日国家药品监督管理局发文禁止含有 PPA（苯丙醇胺）药物制剂销售，当时市场上销量较高的“康泰克”因含 PPA 被禁止销售。同年 11 月 20 日国家药品监督局正式下文，认定三九企业集团的“感冒灵胶囊”为国内首个不含 PPA 感冒药。至此，三九感冒灵胶囊定位为：首个不含 PPA 的感冒药，进而迅速占领市场。

7. 综合定位　即综合运用上述多种定位方法来给产品定位。例如，新盖中盖高钙片的综合定位：“这人啊一上年纪就缺钙”——使用者定位；“过去一天三遍地吃，麻烦！现在好了，有了新盖中盖高钙片”——竞争性定位；“一片顶过去五片”——利益定位；“高压片，水果味”——产品特征定位；“一个片嘣五楼，不费劲儿”——功效定位；“一天一片，效果不错”——质量定位；“还实惠”——价格定位。

（二）医药市场定位步骤

差异化是市场定位的根本策略。医药市场定位的关键是医药企业要设法在自己的产品上找出比竞争者更具有竞争优势的特性。因此，医药企业市场定位可以通过识别企业潜在的竞争优势、准确地选择相对竞争优势和制定明确发挥其核心竞争优势的战略等三个步骤来实现。

1. 识别企业潜在的竞争优势　识别企业潜在的竞争优势是医药企业市场定位的基础。一般而言，企业竞争优势表现在两个方面：成本优势和产品差异化优势（差异化包括产品差异、服务差异、人员差异、渠道差异、形象差异）。这一步骤的主要任务就是试图回答企业在这两方面是否具有独特的竞争优势，要回答这个问题，切入点是分析竞争者的优势和劣势，然后对比找到自己有竞争优势的特性。可从三个方面分析竞争者：一是竞争对手的业务经营情况？产品定位如何？竞争对手近几年销售额、市场占有率、利润率等如何？消费者对竞争对手定位的辨识度如何？二是竞争者的核心能力是什么？目标市场上消费者的需求满足程度如何？还有哪些尚未满足的需求？三是竞争者的综合实力如何（财务能力、营销能力、融资能力等）？通过回答上述三个问题，企业就可以从中确定自己的潜在竞争优势在何处。

2. 准确地选择相对竞争优势　相对竞争优势表明医药企业能够胜过竞争者的能力。相对竞争优势是企业与竞争对手相比，在产品开发、服务质量、销售管理、品牌建设、财务管理等方面所具有的可获得明显竞争优势的差别利益。这种优势既可以是现有的，也可以是潜在的。准确地选择相对竞争优势就是一个医药企业各方面实力与竞争者的实力相比较的过程。应把企业全部的生产和经营活动加以梳理、分析，并将主要环节与竞争对手进行逐一比较分析，究竟哪些是强项，哪些是弱项，最终选出最适合本企业的优势项目，以识别和形成核心竞争优势。

3. 制定明确发挥其核心竞争优势的战略　企业的核心竞争优势不会自动地在市场得到充分的表现，必须制定明确地发挥其核心竞争能力的市场战略来体现。企业的差异化优势要让目标消费者了解和感知，企业就要通过一系列的宣传促销活动，将其独特的竞争优势准确传播给潜在顾客，并在顾客心目中留下深刻印象。为此，首先医药企业要明确产品的类别与其他产品的区别，应使目标顾客了解、知道、熟悉、认同、偏爱本企业的产品。其次，要将产品的诉求转化成顾客能理解的信息并产生共鸣，医药企业通过一切努力强化在目标消费者中的形象，稳定目标消费者的态度和加深目标消费者的感情来巩固与市场相一致的形象。最后，要选择恰当的传播方案和传播渠道，把产品定位准确地传达给目标消费者。医药企业应及时纠正目标消费者对其市场定位理解出现的偏差或由于医药企业市场定位宣传上的失误而造成的目标消费者模糊、混乱和误会。

（三）医药市场定位误区

医药市场定位常见的五种误区是：定位模糊、定位混乱、定位过高、定位过低、定位过窄等。

1. 定位模糊　医药企业给产品定位不够清晰、明确，顾客难以对产品有个总体、清晰的认识和把握，没能体现企业给产品树立的产品形象和个性。

2. 定位混乱 是指医药企业给产品定位经常变动，主题太多或定位变换太频繁，给消费者一个杂乱无章的感觉。对产品树立的品牌、形象认识经常前后不一致，使消费者无所适从。

3. 定位过高 是指医药企业给产品的定位和宣传过高，超出了产品性能、属性及提供的服务质量。过分的宣传、过度的承诺，令顾客难以置信。

4. 定位过低 是指医药企业对产品的信心不足，在给产品定位时，没有真正突出的产品比较优势，定位不足。消费者感受不到产品有何独特的优势和特点，没有在消费者心目树立与产品性能、价值相符的形象。

5. 定位过窄 医药企业给其产品定位时，过分强调某一方面或某一领域的特点（或特征），限制了消费者对企业产品有个真实的、全面的认识和了解。过窄的定位，使本应是目标消费群体被排斥在外，丧失了一部分消费群体。

四、医药市场定位的作用

市场定位关系到医药企业在目标客户群体中树立什么样的品牌形象，关系到企业的生存和发展。“现代营销之父”菲利普·科特勒曾说过：“面对竞争激烈的市场，一个公司必须努力寻找能使它的产品差异化的特定方法，以赢得竞争优势。”因此，从根本上来说，医药企业给产品定位目的在于塑造本企业产品与众不同的个性，确定市场位置。

1. 市场定位有利于树立医药企业及其产品的差异化特色 医药企业根据目标消费市场上消费者的需求特点、属性，结合竞争者的市场定位，为自己的产品在市场上树立与众不同的个性和形象，并把这种形象生动地传递给目标消费者，以求在目标顾客群中形成一种独特的偏好。这种“差异化特色”可以是多方面的，可以是药品本身疗效差异，也可以是包装、剂型、使用方法、剂量等方面，也可以是销售渠道、价格、服务、品牌形象的差异化。如葡萄糖酸钙口服液的定位广告词，“蓝瓶的”；白加黑的定位广告词，“白天服白片不瞌睡，晚上吃黑片睡得香”。

2. 市场定位是医药企业制定营销组合策略的基础 医药企业开展营销组合策略要以市场定位为前提，并受市场定位制约。消费者在选购商品时，往往会与市场内同类商品进行比较，通过比较会在消费者心目形成产品不同的形象和偏好，即消费者会对产品形成一定印象，即为定位。因此，医药企业要根据消费者对产品的认知（或希望在消费者中形成的个性），策划营销方案，组合推广，准备传播产品拟表达的个性和形象。

3. 市场定位有助于企业优化配置资源 任何一个组织的资源都是有限的，不可能满足所有消费者的需求。因此，通过市场定位，明确目标消费群体，可以将有限的资源利用最大化，创造局部竞争优势。例如，排毒养颜胶囊聚焦于排毒和养颜的女性市场，定位为“排出毒素，一身轻松”。

案例 6-4 某药业公司的学术营销

注射用血栓通产品高端市场竞争激烈、产品差异化学术观点的支撑和宣传是加大医院开发率、提高医生和患者认可度的重要保证，但注射用三七制剂虽临床应用多年，却尚无学术领导者，无系统循证医学学术理论体系。为此，某药业公司打造了一套“专业化立体学术推广”模式，从而推动处方药产品品牌销量的快速提升。

首先，在血栓通产品学术研究中挖掘出新的宣传点和理论，确定新的学术观点，形成专家共识，占领学术制高点。同时，将高低端专业学术媒体宣传和市场活动相结合，解决上至高端医院的专家、教授、医生，下至乡镇的普通村医对该公司注射用血栓通学术品牌的认知认可。其次，通过在《中华老年心血管病杂志》《中华内科杂志》《中西医结合心脑血管病杂志》上续发主导产品形象宣传平面广告，合作开展有奖征文活动，收集产品学术论文，为各级学术会议、活动提供高端学术支持，打造重点产品高端学术品牌形象。接着，参加、承办国际级、国家级、省级专业学术会议并召开卫星会，邀请专家进行学术宣传、讲解，并不断完善企业专家资源库。通过专业学术会议扩大企业、产品的学术影响力。最后，针对贸易公司VIP客户、重点医院院长或学科带头人全年开展35场该公司的文化之旅，接待VIP专家现场指导和学术研讨近1000人。针对二级以上医院科室专家、医生召开区域学术会议、科室会、院内会。同时各级学术会议与高端学术宣传策略相结合，做好宣传推广的承接、落实工作，大力开展“核心基药产品”基层医疗机构科学使用学术会和大型“临床安全使用”公益培训，借助基层专业媒体宣传与会议联动实现推广落地。

通过学术营销，可使重点省份重点目标医院开发率达80%，单医院产出均匀提升20 %以上。基层医疗机构对该公司和注射用血栓通知晓率、认可率大幅提升，开发和销量均翻番。

问题：

1. 结合本案例，请思考医药产品产品定位有哪些策略？
2. 请思考该药业公司是如何对注射用血栓通进行定位的？
3. 结合本案例，探讨医药企业应该如何策划市场定位？

本章思考题

1. 市场细分的理论依据及细分原则有哪些？
2. 细分消费者市场依据主要有哪些？
3. 目标市场评估的主要内容有哪些？目标市场的选择模式有哪些？
4. 什么是医药市场定位？医药市场定位策略有哪些？
5. 医药市场定位的方法有哪些？

（江西中医药大学　万晓文）

第七章　医药产品策略

案例 7-1　河南宛西制药更名为“仲景宛西制药”

2015 年 10 月 1 日，河南省宛西制药股份有限公司正式更名为“仲景宛西制药股份有限公司”。更名，是为了满足企业发展的需要，更名，也是企业对张仲景品牌文化大力传承弘扬的体现。

宛西制药自 2001 年 9 月正式启用仲景商标，踏上了“承医圣精华，造仲景名药”的企业发展新征途，拉开了张仲景品牌文化建设的帷幕。14 年来，企业以仲景文化为魂，以地道药材为本，以现代科技为翼，打造仲景名方名品，构筑了中药农业、中药工业、中药商业、中医医疗与中药养生为一体的健康产业链，开创了企业创新发展的新局面。

仲景文化，企业之魂　“医门之仲景，犹儒门之孔子也”，宛西制药矢志以继承和弘扬张仲景中医药文化为己任。启用“仲景”商标，对品牌进行多维度整合传播。

地道药材，中药之本　采用“公司+基地+科研+农户”的合作模式，宛西制药在道地药材产区，建立了 GAP 药材基地和初加工生产线，确保了企业“安全、有效、稳定、可控”的道地中药材原料供应。

现代科技，发展之翼　宛西制药充分发挥仲景文化资源优势，充分利用区域人才和科技优势，已研发并上市多个产品。

从“河南省宛西制药股份有限公司”更名为“仲景宛西制药股份有限公司”，更名，是为了进一步继承弘扬张仲景中医药文化，提升品牌价值，打造品牌形象。更名，也是为了自我鞭策和加压，以祖先之名，创仲景健康产业新局面。

问题：

1. 该案例中“河南宛西制药”更名为“仲景宛西制药”，你如何理解将“河南”改成“仲景”的深层次原因？
2. 从本案例中，你能感受到医药产品的品牌具有什么功能？

第一节　医药产品及其组合策略

一、产品整体概念

在现代市场营销学中，产品整体（product concept）是指提供给市场，能够满足消费者或用户某一需求和欲望的任何有形产品和无形产品。有形产品包括产品实体及其品质、特色、式样、品牌和包装等，无形产品包括可以给消费者带来附加利益的心理满足感与信任感的服务、保证、形象和声誉等。

因此，产品整体概念可理解为三个层次组成，即核心产品层、形式产品层和附加产品层。其中，附加产品层又包括期望产品层、延伸产品层和潜在产品层。如图 7-1 所示。

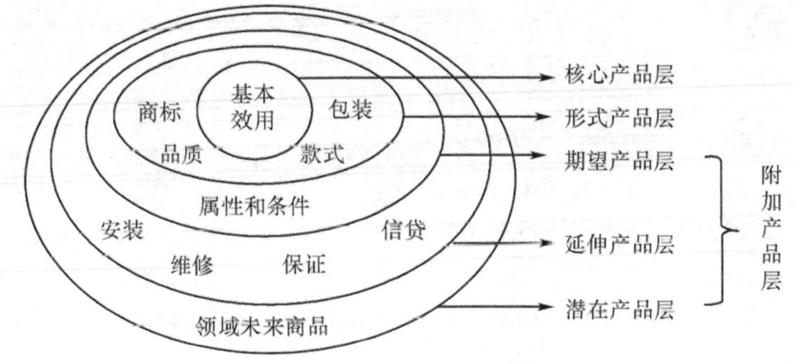

图 7-1　整体产品示意图

1. 核心产品层（core benefit product）　是指产品的使用价值，即满足顾客需要的产品基本效用。是产品最基本和最实质性的内容，也是顾客需求的中心内容。产品若没有使用价值，就无存在的价值。人们购买的就是产品的使用价值。医药产品的核心产品层，是指医药产品能够满足消费者的某种效用和利益。顾客购买医药产品，并不仅是为了占有或得到这种产品本身，更重要的是获得能满足人的某种需要，即用于预防、治疗和诊断疾病。这是顾客购买医药产品的真正需求，医药产品只有保证满足这个需求，才有可能销售出去。

2. 形式产品层（generic product）　是指产品呈现在市场上的具体形态，是产品的实体性，一般通过产品的外观、质量特色、保障、品牌等表现出来。形式产品层能够满足消费者心理上和精神上的要求。就药品来说，形式产品层包括药品品种、产品剂型、质量水平、功能特色、品牌名称、外观式样、内外包装等内容，这是核心产品借以实现的形式，即向市场提供的实体形象。但需要注意的是，药品不同于其他产品，药品的特殊性就在于它只有合格品与不合格品之分，药品质量是产品的生命。

3. 附加产品层（complementary product）　是指人们购买有形产品时所获得的一系列附加利益和服务，包括送货、保证、解答疑难问题的免费电话等。具体又分为期望产品层、延伸产品层和潜在产品层。

（1）期望产品层（expected product）：是指顾客购买产品时所期望得到的与产品密切相关的一系列属性和条件。就药品来说，购买口服药品的顾客希望药品苦味小、易服用等。药品如果达不到顾客的最低期望，就难以被顾客接受。

（2）延伸产品层（augmented product）：是指顾客因购买产品所得到的全部附加服务与利益，包括送货、安装、维修等，这是产品的延伸或附加，它能够给顾客带来更多的利益和更大的满足。延伸产品是药品的使用过程中功能的延伸和销售的继续，医药企业应把服务当成整体产品的一个重要组成部分，不能看成额外负担。

（3）潜在产品层（potential product）：是指现有产品包括所有附加品在内的，最终可能会实现的改进和变革。潜在产品指现有产品的可能演变趋势和发展前景，潜在产品能促使医药企业对现有药品不断地进行更新与改造，并努力开发出新药品。如药物未来向纳米级、靶向制剂、DNA 领域发展。

产品整体概念所涵盖的三个层次，体现了一切以顾客为中心的现代营销理念，使企业明确除了重视顾客追求的核心利益外，企业也必须重视无形产品的方面，重视产品非功能性利益的开发，满足顾客在精神、情感方面的需求。

二、产品组合策略

很少有企业只经营单一品种的产品，也不可能经营所有产品。为了充分利用企业自身资源，抓住市场机会，规避风险，为了获得最大的销售额或利润，确定一个最佳产品组合策略是十分必要的。

（一）产品项目、产品线、产品组合

1. 产品项目（product item） 凡是列入企业产品目录上的每一个具体的产品品种为产品项目。如产品线中不同型号、规格、大小、价格的产品。

2. 产品线（product line） 在使用价值、原材料、销售渠道、销售对象等方面比较接近的产品项目，组成一个产品类别，称为产品线。例如，有的药品产品线生产的药品能够满足消费者的相似需要；有的药品产品线生产的药品具有相同的销售渠道。

3. 产品组合（product mix） 指一个企业生产经营的全部产品的有机构成和量的比例关系。

产品线和产品项目如何组合，要适应消费对象的需要，与企业的目标市场和市场营销策略有着密切关系。多个产品项目组成产品线；多个产品线组成产品组合。

（二）产品组合的变化要素

产品组合的变化要素包括宽度、深度、长度和关联性。

1. 宽度（width） 是指企业产品组合中包含的产品线的数量，又称广度。药品生产中产品线越多，说明该企业药品组合的宽度越宽，同时也反映一个企业市场服务方面的宽窄程度和承担投资风险的能力。

2. 长度（length） 是指一个企业的所有产品线中所包含的产品项目的总和。以药品品种总数除以产品线数目即可得到产品线的平均长度。它反映一个企业在同类细分市场中满足顾客不同需求的程度。

3. 深度（depth） 是指一条产品线上包含的产品项目的数量。一条产品线上包含的产品项目越多，说明产品组合的深度越深。它反映一个企业在同类细分市场中满足顾客不同需求的程度。

4. 关联性（consistency） 是指一个企业的各个产品线在最终使用、生产条件、分销渠道或其他方面的相关联的程度，其关联程度越密切，说明企业各产品线之间越具有一致性；反之，缺乏一致性。

分析产品组合的宽度、长度、深度和关联度，有助于企业更好地制定产品组合策略。一般情况下，扩大产品组合的宽度，有利于扩展企业的经营领域，实行多角化经营，可以更好地发挥企业潜在的技术、资源优势，提高经济效益，分散企业的投资风险；增加产品组合的长度和深度，可以占领更多的细分市场，满足更广泛的市场需求；而加强产品组合的关联度，则使企业在某一特定的市场领域内加强竞争力和赢得良好的声誉。

（三）产品组合策略

产品组合策略（product portfolio strategy）是指企业生产经营的全部产品结构组成策略，是对产品组合的广度、深度、长度和关联度进行优化组合及适时调整的决策。产品组合应考虑企业资源、市场需求状况、竞争条件等因素。企业在对现有的产品线和产品组合进行分析评价后，可以采取相应措施，对现有的产品进行调整，使其达到最优组合。一般来说产品组合策略主要有以下几种。

1. 全线全面型组合 是指企业着眼于所有细分市场，提供其所需要的一切产品和服务。狭义是指提供某一行业所需的全部产品，产品组合关联度很强。广义是指尽可能增加产品组合的广度和深度，而不受产品间关联度的约束。

2. 市场专业型组合 是指企业向某个专业市场即某类顾客群提供其所需要的各种产品的产品组合策略。采用这种策略是强调产品组合的宽度和关联度，而产品组合的深度一般较浅。如医疗器械公司专门生产的各种医疗器械。

3. 产品线专业型组合　是指企业专注于生产和经营某一类产品，并将其推销给各类顾客的产品组合策略。采用这种策略是强调产品组合的深度和关联度，而产品组合的宽度一般较小。如某抗生素研发生产企业，专门生产各种抗生素类药品，可以满足各类不同消费者的需求。

4. 有限产品线专业型组合　是指企业根据自己的专长集中生产和经营有限的甚至是单一的产品线，以适应有限的或单一的消费者需求的产品组合策略。如医疗器械公司专门生产各种轮椅来满足残疾人和老年人的需求。

5. 特殊产品线专业型组合　是指企业根据某些顾客的特殊需要专门生产经营某一种特殊产品的组合策略，有利于企业利用自己的专长树立产品形象，长期占领市场，但难以扩大经营，一般适合于小型企业。如某企业专门为有听力障碍的人生产各种助听器。

6. 特别专业型组合　是指企业凭借其特殊的条件，如凭借其拥有的知识产权或特许经营权，排斥竞争者涉足，独霸市场的组合策略，如专利药。

（四）调整产品组合策略

调整产品组合策略是根据产品生命周期理论，企业必须依据主要产品所处的生命周期，及时调整产品结构，使企业处于最佳状态。调整时有以下三种策略可供选择。

1. 扩大产品组合策略　扩大产品组合的宽度和深度，即增加产品线和产品项目，增加品种，扩大经营范围。如在维持原产品品质和价格的前提下，增加同一产品的规格、型号和款式；增加不同品质和不同价格的同一种产品；增加与原产品相类似的产品及与原产品毫不相关的产品等。扩大产品组合策略的优点是满足不同偏好的消费者多方面需求，提高产品的市场占有率。充分利用企业资源和剩余生产能力，提高企业经济效益。减小市场需求变动性的影响，分散市场风险。

2. 缩减产品组合策略　缩减产品组合的广度和深度，即减少产品线或产品项目的数量。缩减产品组合策略的优点是企业可以集中资源和技术力量改进保留产品的品质，提高产品商标的知名度。生产经营专业化，提高生产效率，降低生产成本。有利于企业向市场的纵深发展，寻求合适的目标市场。减少资金占用，加速资金周转。

3. 产品差异化策略　通过市场调研活动，收集顾客需求信息和竞争对手的产品信息，对企业产品在质量、性能、用途、特点和剂型上重新定位。产品差异化策略的优点是可以为企业带来竞争优势。可以更好地满足消费者的需求，提高销售量。可以缓解公司所面临的竞争压力。

第二节　医药产品生命周期

一、医药产品生命周期的概念

所谓产品生命周期，是指一种产品从开发出来投放市场开始，到被市场淘汰为止的整个阶段。也是产品交换价值消失过程，即产品的经济寿命，它不同于产品的使用寿命和自然寿命。医药产品市场生命周期是指医药产品从试制成功投放市场开始，直到最后被市场淘汰为止的全部过程所经历的时间。

二、医药产品生命周期各阶段的特点

一个完整的医药产品市场生命周期包括导入期（introduction）、成长期（growth）、成熟期（maturity）、衰退期（decline）四个阶段。每个阶段均有自身的特点。

（一）导入期的特点

导入期是指新产品刚投入市场，销售量缓慢增长的阶段，其主要特点是：①产品销售量小且缓慢增长。只有少数求新心理的顾客试用性购买。②产品的生产成本和促销费用较高。只能小批量生产，设备利用率低；购买原材料的数量少，价格高；开辟营销渠道的费用、宣传费用高，所以成本高。③利润较少，甚至亏损。由于生产成本高，促销费用大，销售量小，因此，利润较少，甚至出现少量亏损。④高效率的营销渠道等尚未建立。⑤新产品的技术和性能还不够完善，仍然可能存在一些生产上技术问题需要解决。⑥竞争者较少。

（二）成长期的特点

成长期是指产品已经打开销路，销售量和利润都迅速增长的阶段。成长期的主要特点是：①销售量迅速上升。由于顾客已经熟悉和认可该产品，被消费者普遍接受。②单位成本大幅度下降，利润大幅度上升。由于批量生产，成本和促销费用下降，产品价格下降；随着销量上升，成本下降，利润增长速度加快。③建立了比较理想的分销渠道。④竞争者涌入增多，仿制品出现，竞争日趋激烈。在这个阶段，医生和顾客都已认知和了解医药企业推出的产品情况，销售量也在迅速增长，这一阶段企业应尽可能地维持市场成长，同时也要加强自己的竞争地位。

（三）成熟期的特点

成熟期是指随着购买人数增多，产品在市场上已经普及并达到饱和程度的阶段。在这个阶段产量大，成本低，销售量增长缓慢，逐步达到最高阶段，并逐渐出现缓慢下降趋势。竞争十分激烈，各种同类产品不断涌现。

（四）衰退期的特点

衰退期是指产品销售量急剧下降，并逐渐被市场所淘汰的阶段。衰退期的主要特点是：①产品销售量由缓慢下降变为迅速下降。②利润下降甚至亏损。③购买者的购买倾向较为保守，更多的消费者已经转向购买新产品。④多数企业无利可图，产品滞销被迫退出市场。一些企业研制新产品，甚至已经上市。⑤价格显著下降，企业努力降低售价，回收资金。

根据医药产品性质的不同，其市场生命周期有不同的特点，有些产品具有典型的导入期、成长期、成熟期、衰退期的生命周期。但有些产品在刚刚进入市场时，由于产品本身的质量问题或者法律政策等问题，不得不在成长期退出市场。而有些产品已处在衰退期，但由于开发出新的功能或新的功效，而使产品焕发新的生命力，从而进入下一个成长期。医药产品生命周期不同阶段的特点见表 7-1，各阶段销售额和利润曲线见图 7-2。

表 7-1 医药产品生命周期不同阶段特点

特点	阶段			
	导入期	成长期	成熟期	衰退期
销售量	低	剧增	最大	下降
销售增长	缓慢	快速	减慢	负增长
成本	高	一般	低	低
价格	高	回落	稳定	回升
利润	少，甚至亏损	增长	最高	下降
顾客	求新者	早期接受者	从众者	落伍者
竞争	很少	渐多	激烈	减少
营销目标	建立知名度，鼓励试用	最大限度地占有市场	保护市场，争取最大利润	压缩开支，榨取最后价值

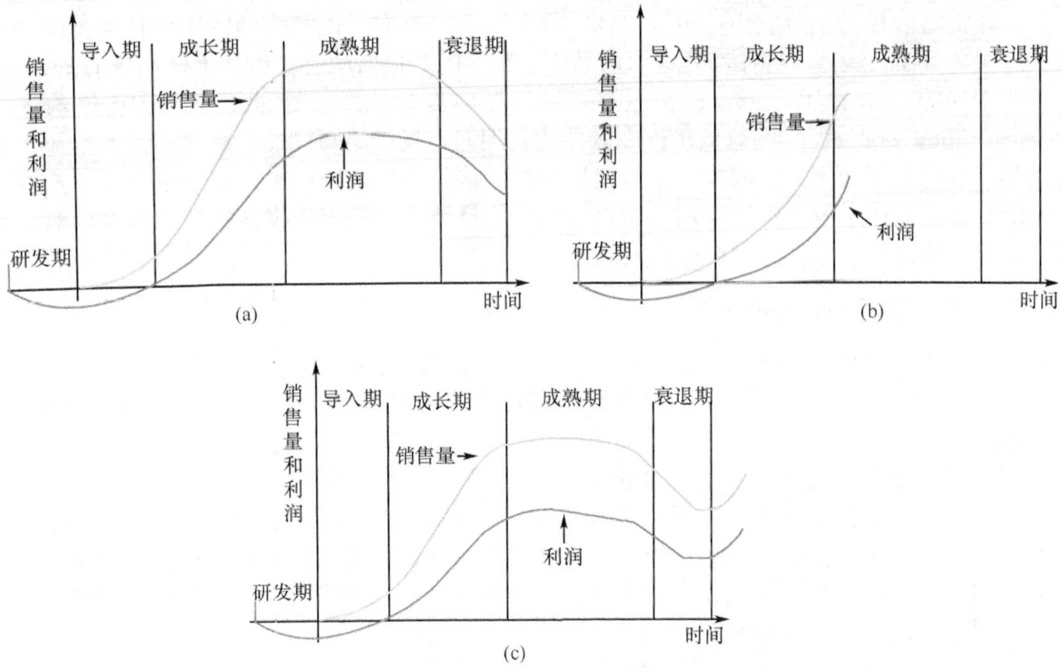

图 7-2　产品生命周期销售量和利润曲线图

（a）典型的产品市场生命周期曲线图；（b）产品进入市场后因政策、质量等原因而退出市场曲线图；（c）处于衰退期的产品，由于新的功能或功效的开发而获得新的生命周期曲线图

三、医药产品各生命周期的营销策略

医药企业管理者要想使其产品有一个较长的销售周期，就应当充分理解和运用产品的生命周期理论，根据产品各生命周期阶段的特点，有针对性地使用不同的营销策略来延长产品的销售周期。

（一）导入期的营销策略

导入期的市场营销策略要突出一个“快”字和“准”字，使产品尽快为顾客所熟悉和接受，缩短产品的市场投放时间，扩大产品销售，迅速占领市场，使其尽快向成长期过渡，“准”即看准市场机会，正确选择新产品投入市场的时机，确定适宜的产品价格。

在促销方面，要加大促销活动，使医生和顾客认知新产品；引导他们使用该产品；快速建立销售渠道进入医院及药店。在分销渠道方面，利用原有品牌的优势增加新产品的销售；争取中间商支持，给其优惠或资助。在推广和价格方面，可以考虑采取以下策略：①快速撇脂策略（rapid-skimming strategy）：即以高价格和高促销费用向市场推出新药品。在制定高价格的同时，配合大量的促销推广活动，广泛宣传新产品的优势，以求迅速扩大销量，取得较高的市场占有率。成功地实施这一策略，可以赚取较高的利润，尽快收回投资，快速建立药品知名度。但必须具备一定的条件，即产品在质量和性能上要优于同类产品或者有某些独特之处，产品市场需求潜力大，顾客求新心理强，急于购买该产品，并愿意为此支付较高的价格。②缓慢撇脂策略（slow-skimming strategy）：即制定高价格的同时，只用较少的促销努力向市场推出新药品。该策略的目的是以可能低的费用，获得尽可能多的盈利。该策略的适用条件是市场规模有限，市场上大多数顾客已经了解该产品；购买者愿意出高价，潜在竞争者威胁不大。如一些高档的保健品就比较喜欢采用这种策略。③快速渗透策略（rapid-penetration strategy）：即以高促销费用和低价格的组合向市场推出新产品。该策略的目的是争取快速占领市场，提高市场占有率。该策略的适用条件是产品市场规模大，潜在竞争比较激烈，潜在消费者对药品不了解，但对价格敏感；生产该产品具有规模效益。对一些非处方药，如抗感冒药等，在电视上大量做广告，就属于这种策略。④缓慢渗透策略（slow-penetration strategy）：即以低价格和低促销费用向市场推出新产品。该策略的目的是以低价扩大销售，以低促销费用降低成本，从而增加利润。该策略的适用条件是市场容量大，产品适用面广，顾客对产品很了解，促销作用不明显，但对价格敏感，需求价格弹性高。如维生素、风油精等家庭常备药很少做广告，价格也比较低。

（二）成长期的营销策略

成长期的营销策略主要突出一个“好”字，即抓好产品质量，树立品牌形象，扩大产品销售量，取得较高的市场占有率。在成长期可以采用以下几种策略：①产品策略：完善质量保证体系，狠抓产品质量。如通过增加药品的新功能，改进药品的包装和剂型、品种等提高药品的竞争力，满足顾客更广泛的要求。②渠道策略：巩固原有渠道，努力疏通并增加新的流通渠道，增设销售机构和销售网点，扩大产品的销售面。如近年来，随着人们自我药疗意识不断增强，自行购买药物行为非常普遍，推动非处方药市场发展。③促销策略：将促销的重点从介绍产品、概念的推广转移到宣传产品形象，突出产品的特色和品牌，培养顾客的品牌偏好。④价格策略：企业应根据生产成本和市场价格的变动趋势，分析竞争者的价格策略，保持原价或适当调整价格。一般说来，如果是专利药，具有垄断性，那可以采用高价销售。而一般的非专利药可以在适当时机降低价格。

（三）成熟期的营销策略

成熟期的营销策略要突出一个“改”字，即通过积极地改进药品、市场和市场营销组合，千方百计地扩大药品销售量，提高药品市场占有率，尽可能延长成熟期，为企业带来更多的利润，具体的策略包括以下几种：①市场改良策略：即开发新市场，寻求和争取新用户，而不是改变产品本身。可通过开发产品的新用途，寻求新的细分市场；刺激现有顾客，增加使用频率；重新为产品定位，寻求新的买主等手段进行市场拓展。②产品改良策略：即通过改变药品特性吸引顾客，扩大销售。如提高药品质量、改进产品剂型和包装等。此外，还可以在无形的服务上不断改良，如用药的现场咨询、指导或者免费电话的指导等。③营销组合改良策略：即通过改变市场营销组合中一个或几个因素达到扩大药品销售的目的，如适当降价，改变销售渠道，采用更有效的促销形式，开展多元化的营业推广，扩大附加利益，增加服务项目等。

（四）衰退期的营销策略

衰退期的营销策略要突出一个“转”字，即要积极地、有计划地淘汰老产品，将企业的生产销售力量转向下一代新产品。在衰退期还可以采用以下几种策略：①维持策略：即企业继续沿用原有的营销策略，保持原有的细分市场，使用相同的销售渠道、定价及促销方式，直到该药品完全退出市场。②集中策略：即将企业的资源集中到最有利的细分市场、最有效的销售渠道和最易销售的产品品种上，以获得尽可能多的利润。③榨取策略：即大幅度降低促销水平，从而降低销售费用，使企业在短期内获取较多的利润。④放弃策略：对于那些衰退比较迅速的产品，应该当机立断，放弃经营。⑤转移策略：即某种产品可能在某一地已经到衰退期，在别的地区可能还没有，这样就可以把这种药品转移到另外的地区或细分市场。

四、延长医药产品生命周期的途径

以延长药品生命周期为例，可以从以下几个方面着手：第一，采用新的科学技术，利用新技术，不断提高药品质量，使药品的疗效更好，安全性更高。第二，增加药品新的剂型，以满足顾客的不同需求。第三，改良市场，调整药品市场，把已经进入衰退期的药品转移到尚没有开发的市场。这种形式是外资企业进入中国市场最常见的手段。第四，开发药品新作用，不断地发现药品新的适应证，从而使其生命周期得以不断地延长。第五，采用新的营销组合，当药品进入生命周期的衰退期时，企业对该药品采用新的营销组合，从而使销售量再一次大幅度提高，获取更多的利润，从而延长了药品生命周期。

第三节 医药产品品牌策略

案例 7-2 宝洁公司多品牌战略五大要点

美国宝洁公司（简称 P&G）是世界最大的日用消费品公司之一，其全球雇员超过 11 万人，在全球 70 多个国家设有工厂及分公司，所经营的 300 多个品牌的产品畅销 140 多个国家和地区，其中包括洗发、护发、护肤用品、化妆品、婴儿护理产品、妇女卫生用品、医药、食品、饮料、织物、家居护理及个人清洁用品等。

人们认识宝洁公司是从那些家喻户晓的品牌：飘柔、潘婷、海飞丝，还有舒肤佳、玉兰油、汰渍、碧浪、护舒宝等开始的。顾客是先认知了品牌，然后才知道企业，可见品牌的重要性。

宝洁公司实施“一品多牌”的多品牌战略，打造企业核心竞争力，拥有 13 年销售超过 10 亿美元的世界著名品牌，成为世界日用消费品市场的“龙头老大”。

问题：

1. 宝洁公司采用的是哪种品牌策略，此种策略有什么优缺点？
2. 是不是所有的企业均可能采用此种策略？为什么？

一、品牌的含义

（一）品牌的定义

美国市场营销协会将品牌定义为：“品牌（brand）是一个名称、名词、符号、象征、设计或其组合，用以识别一个或一群出售者的产品或劳务，使之与其他竞争者相区别。”药品品牌是指药品的一般通用名称。可以是一个名字、术语、符号或设计，或者以上四种的结合，用以识别本企业的药品，并区别于其他竞争者。如“仲景牌”六味地黄丸。品牌是一个集合概念，包括品牌名称和品牌标志。

1. 品牌名称（brand name） 品牌中可以用语言称呼的部分，其功能是把不同产品区别开来，防止发生混淆，如“同仁堂”“白云山”等。

2. 品牌标志（brand mark） 是指品牌中可以被识别、认知，但不能用语言称呼的部分。包括符号、图案或是有特色的色彩、字体等。如“仲景牌”六味地黄丸标签上的张仲景的头像、太极集团的太极图案等。

（二）品牌与商标

品牌与商标（trademark）是极易混淆的一对概念，两者既有联系，又有区别。在企业的营销实践中，品牌与商标的基本目的都是区别商品来源，便于消费者识别商品，以利竞争。但品牌并不完全等同于商标。首先，商标是品牌的一部分，商标是品牌中的名称和标志部分，便于消费者识别，但品牌的内涵远不止于此，更是一个综合的象征，需要赋予其形象、个性和生命；其次，商标属于法律范畴，品牌是市场概念；最后，商标属于企业，品牌属于消费者。

二、医药产品的品牌功能

在现代市场营销中，产品品牌的作用日益突出，主要体现在以下几个方面。

（一）利于消费者识别医药产品

这是品牌最基本的功能，是医药企业给自己的产品赋予品牌的出发点。品牌可以方便消费者辨别所需要的商品，从而进行产品选择。一般情况下消费者无法通过比较产品本身做出准确判断。而品牌在消费者心目中是产品的标志。顾客在购买时，往往是依据不同品牌加以区别的。

（二）利于医药企业的宣传与其产品的推广

医药产品进入市场有赖于各种媒体进行宣传推广，产品的品牌也可以看作其中一种宣传推广的重要媒体。一个品牌一旦拥有广大的忠诚顾客，其领导地位就可以经久不变。具体而言，这有助于促进产品销售，树立企业形象；当企业开发新产品、扩大产品组合时，消费者会因为对原有知名品牌的偏爱易于接受或尝试新产品，这有助于新产品的上市推广。品牌是企业的无形资产，在与商标有关的利益受到侵犯的时候，可以通过法律手段来维护自己的权益，这有利于保护品牌所有者的合法权益；品牌也对企业的市场行为起到约束作用，督促企业的营销活动，兼顾企业、消费者和社会三者的利益，提高产品质量，减少违法、违规行为发生，这有利于约束企业的不良行为。

（三）利于促进产品质量的提高

消费者借助品牌识别和选购商品，生产经营者往往通过加强质量管理来提高其品牌的品质和声誉，从而使企业相互竞争，促使全社会的产品质量水平普遍提高。

综上所述，产品品牌在现代营销中的作用越来越大。不但生产经营者注重产品品牌，消费者在很大程度上消费的不仅是产品，更重要的是消费品牌。正如某一驰名品牌创立者所说：一个公司要被瓜分，我会高兴地带走品牌，而你尽可以拿走其他所有的东西，但我的进展一定会比你快。因此，一个追求在市场上独领风骚、长期发展的企业不仅要不断向顾客提供令人满意的产品，更要拥有自己成功的品牌。

三、医药产品的品牌设计原则

品牌是产品整体的一个重要组成部分，一个优秀的产品品牌有赖于品牌的精心设计。有战略眼光的企业家均重视品牌的命名与设计。好的品牌名称可以准确地表达出医药产品品牌的中心内涵，让消费者对品牌产生深刻的印象，从而使企业产品家喻户晓。一般来说在品牌设计过程中应坚持以下几个原则。

1. 简洁醒目，易读易记 品牌的重要作用是识别产品，这就要求产品品牌标记容易记忆、辨认、过目难忘。要使人们看过或听过以后留下深刻的印象，起到广告宣传的作用。如“娃哈哈”品牌、“999”品牌设计等易读易记，简洁明了。一般认为，品牌名称不应用过长的名称，以不超过 3 个读音为好。

2. 构思巧妙，暗示属性 品牌的设计要体现品牌标示产品的特性，暗示产品的优良属性，但也要考虑以后品牌延伸的可能。如“护彤”品牌，暗含其是专为儿童设计的感冒药；还有“朴雪”品牌，暗含其补血的保健意义。

3. 新颖别致，避免雷同 品牌的雷同是品牌设计的大忌。品牌设计应构思新颖，有创意，既有鲜明的特点，又具有艺术性。如国外某奶粉品牌叫“KLIM”，与奶粉的英文 MILK 相对应。

4. 入乡随俗，易于接受，不违法 产品品牌设计必须严格遵守法律的有关规定。各地区、各民族的风俗习惯存在着明显差异，应尊重当地的传统文化，顺应消费者的心理要求，争取消费者的信任和好感，切忌触犯禁忌。特别是企业要走向国际市场，除要注意出口国家的商标法外，还要注意产品品牌在使用地名、人名、数字、图案等方面的法律限制，以及目标国家的禁忌。

四、医药产品的品牌策略

品牌策略是一系列能够使产品品牌积累的企业管理与市场营销方法。主要有品牌化与无品牌策略、制造商品牌与中间商品牌策略、统一品牌与个别品牌策略等。

（一）品牌化与无品牌策略

品牌化策略就是指企业决定产品是否使用品牌。在激烈的市场竞争中，品牌可以收到多方面的效果。要使一个品牌成功地打入市场，往往要花费巨额的费用，导致成本的增加，万一经营失利，会影响企业信誉和其他药品销路。历史上曾有许多产品不使用品牌，但是现在品牌的商业作用越来越被企业所看重。医药产品由于其本身的特殊性，大多数医药产品都使用品牌。无品牌策略的目的是降低成本和售价，增强价格竞争能力。

（二）制造商品牌与中间商品牌策略

当医药企业决定自己的产品需要品牌后，还要进一步决定这一品牌由谁负责、归谁所有的问题，即品牌归属决策。医药生产企业的产品在品牌归属上有三种选择：一是使用自己的产品品牌来推销产品，这叫制造商品牌策略；二是制造商把产品卖给中间商，由中间商为产品制定一个产品品牌，叫作中间商品牌策略；三是制造商对一部分产品制定自己的品牌，同时允许中间商制定产品品牌，将两种品牌连用，这叫作混合品牌策略。

（三）统一品牌与个别品牌策略

这是企业决定品牌数量的决策，对所生产的不同类型、规格、质量的产品是统一使用一个品牌还是使用不同的品牌。企业面对这种决策时，有如下四种选择。

1. 统一品牌策略 是指企业以单一品牌推出其所有药品。采用这种品牌策略的优点是企业可以利用统一品牌建立广告传播体系，将使推广新产品的成本降低，不必为创造品牌的接受性与偏爱性而支出昂贵的广告费用。其缺点是容易产生“株连效应”，即统一品牌中的任何一个产品发生质量问题都会影响到其他产品，进而使整个企业的信誉受到影响。

2. 个别品牌策略 是指不同产品采用不同品牌。例如，宝洁公司的洗发水有“飘柔”“海飞丝”“潘婷”等。采用个别品牌名称，可以为每种产品寻求不同的市场定位，满足不同的细分市场的需求，开拓更广阔的市场；有助于企业内部多个部门之间竞争，增加总的销售额；还可以分散风险。但个别品牌因为品牌过多，加大了产品的促销费用。个别品牌适用于产品线较多，关联度不强、生产技术差异大的企业。

3. 分类品牌策略 是指企业决定不同类别的产品分别采取不同的品牌名称，每条产品线使用不同的品牌。分类品牌策略适用于不同类别产品之间存在较大差异，属于不同用途的情况，如保健食品和药品、化妆品和药品等，需要分类确定品牌。这种策略可避免个别品牌策略的成本不经济问题，克服统一品牌策略风险大的缺点，又可使特性迥异的产品之间不会互相影响。

4. 企业名称与品牌名称并用策略 是指在每一个个别品牌前面都冠以企业名称。企业名称说明产品的出处，个别品牌显示产品的个性。采用这种策略既可以利用企业的信誉推出新产品，节省广告促销费用；又可以使各品牌保持自己的特点和相对的独立性，使产品更富个性化。

（四）品牌延伸策略

品牌延伸也称品牌扩展，是指企业利用已具有市场影响力的成功品牌来推出改良药品或新药品。品牌延伸作为一种策略，具有一定的优点，企业可利用某一强劲的品牌名称来使新药品种立即获得识别，节省包括使消费者熟悉新品牌在内的所有广告费用。当然，品牌延伸策略也包含某种风险。如一种品牌在延伸时失利，可能伤害消费者对企业其他药品的好感。

（五）品牌再定位策略

这种品牌策略是指企业全部或局部调整或改变品牌在市场上的最初定位。重新定位的原因是多方面的，包括顾客偏好发生转移，或者竞争者推出一个新的品牌，或者企业决定进入新的细分市场。重新定位的目的是使现有产品与竞争者产品具有不同的特点。

第四节　医药产品包装策略

案例 7-3　包装容器之王

20 世纪 30 年代，易拉罐在美国成功研发并生产。这种由马口铁材料制成的三片罐——由罐身、顶盖和底罐三片马口铁材料组成，当时主要用于啤酒的包装。目前我们常用的由铝制材料制作而成的二片罐——只有罐身片材和罐盖片的深冲拉罐诞生于 20 世纪 60 年代初。

易拉罐技术的发展，使其被广泛运用于各类商品包装当中，啤酒、饮料、罐头目前大多以易拉罐进行包装。目前，全世界每年生产的铝制易拉罐大约超过 2000 亿个。易拉罐已经成为市场上应用范围最广，消费者接触使用最多、最频繁的包装容器，是名副其实的包装容器之王。易拉罐消费量的快速增长，使得制造易拉罐的铝材消费量也有大幅增长，目前制作易拉罐的铝材已经占到世界各类铝材总用量的 15%。

随着易拉罐使用量的增加，世界各国为了节省资源和减少包装成本，纷纷研发更轻、更薄的新型易拉罐。铝制易拉罐也从最开始的每 1000 罐 25 千克，缩减到 20 世纪 70 年代中期的 20 千克。现在每 1000 罐的重量只有 15 千克，比 20 世纪 60 年代平均重量减轻了大约 40%。

除了推出更轻、更薄的铝制易拉罐以外，目前各国对易拉罐的回收利用率也不断增高。20 世纪 80 年代美国铝制易拉罐的回收利用率就已经超过 50%，在 2000 年达到 62.1%。日本的回收利用率更高，目前已超过 83%。

问题：

结合本案例，请你谈一谈未来包装的发展趋势。

一、包装与医药产品包装

产品包装（package）是指对某一产品设计并制作容器或包扎物的一系列活动。它是产品整体概念中的形式产品，是产品的外在质量，是消费者购买选择的重要依据，是产品流通和消费过程中不可缺少的基本条件。大多数产品只有经过包装，才算完成生产过程，才能有效地保护产品不变质、不损耗，完整地进入流通领域和消费领域，实现产品的价值和使用价值。由于医药产品的特殊性，国家对医药产品包装的要求更为严格和具体。以医药产品包装为例，其有两层含义：一是指具有保护和美化药品、便于经营和消费以及促进销售的容器和外部捆扎用品及装潢。二是指为药品设计、制作包扎物的活动过程。它一般包括三个层次：①内包装，用于盛装药品的直接容器，直接接触药品，如盛装药片的瓶子、注射剂瓶等；②中层包装，便于保护和销售药品的包装，如容纳并保护药瓶、针剂瓶的小纸盒；③外包装，也称运输包装，便于储存和运输药品的包装，多为较大的纸板箱。运输包装必须标明各种标识，如识别标识、指示标识、警示标识等。此外，包装还应该包括商标或品牌、形状、颜色和图案等。

二、医药产品包装的功能

保护商品质量的完好无损、促进销售、方便运输等是商品包装的重要目的，对于医药产品而言，意义更为突出。产品包装有两方面的功能，一是实体的功能：二是心理的功能；实体的功能指能包扎结实，保护产品不致在运输过程中遭受损坏。心理的功能指包装要美观，有利于促销。

（一）保护产品

包装能使产品在生产过程结束后，转移到消费者手中，直到被消费掉以前，使用价值不受外来影响，产品实体不致损坏、散失和变质。也就是说，在运输过程中避免震动、挤压、碰撞、日晒、雨淋等损害；在储存过程中避免虫蛀、鼠咬、霉变等损害。以使产品完整无损地到达消费者手中。

（二）促进销售

产品包装具有识别、美化和便利的功能。包装是产品的延伸，是产品整体的一部分，起到无声的推销员的作用。独特的包装，可使产品与竞争品产生区别。优良的包装，多经精心设计与印刷，不易被仿制、假冒、伪造，有利于保护企业信誉，促进产品的销售。

（三）指导消费

以药品为例，药品包装一般都附有文字说明，具体介绍药品功效、适应证、规格、用法用量和注意事项等，起到了方便消费者使用和指导消费的作用。

（四）增加利润

包装还有增值的功能。优良的包装，不仅可使好的产品与好的包装相得益彰，而且往往能抬高产品身价，使产品能够高价卖出，超出的价格远高于包装的附加成本，且为顾客所乐意接受。此外，完善的产品包装，可使产品损耗率降低，运输、储存、销售各环节的劳动效率提高，从而增加企业的盈利。

三、医药产品包装的设计原则

（一）医药产品包装的设计原则

包装是产品流通和销售不可或缺的环节。随着市场竞争的加剧，包装已经成为医药企业进行非价格竞争的重要手段之一。医药产品的包装应符合在一定储存条件下和一定的时间内保持产品质量的要求。其总的原则是美观、实用、经济，具体应遵循以下要求。

1. 确保质量安全　确保质量安全是产品包装最基本、最核心的要求，特别是对于医药产品来说更应该保障这一点。就药品来说，其对温度、潮湿度、光照等都有不同的要求，企业对药品包装时应该采取不同的防护措施，以保证药品的质量。

2. 实用性 医药产品包装应当适于运输、保管与陈列，便于携带和使用。包装的形状、结构、大小应与医药产品相吻合，能够为携带、运输、保管和医疗使用提供方便和安全。

3. 准确传递产品特色信息 包装应能准确传递产品的信息，方便消费者选购和使用。如药品的主治功能、用法用量、储藏方式、不良反应、使用禁忌、有效期等。包装造型应美观大方，形象生动，避免在消费者中产生不好含义的联想。包装上的文字、图案、色彩应与医药产品的特色相一致。

4. 包装价值与产品价值相吻合 产品包装应当与所包装产品的价值和质量水平相匹配。比如，一些贵重药品（人参、鹿茸等）的包装要烘托其高贵。不过也要注意，如果包装在商品价值中占的比重过高，会引起消费者的反感，不利于销售。一般来说，包装价值不宜超过产品本身价值的13%～15%。

5. 符合相关法律法规 医药企业对于产品的包装必须严格依法行事。关于医药产品的包装要求，《药品管理法》及其实施条例和《药品标签和说明书管理规定》都有明确的规定。

6. 尊重消费者的宗教信仰与风俗习惯 包装装潢所采用的色彩、图案要符合目标消费者的心理要求，尊重其宗教信仰和风俗习惯，尤其是出口产品的包装，要避免与要出口的国家的民族习惯、宗教信仰有冲突。

7. 绿色环保 包装尽量减少包装材料的浪费，节约社会资源，严格控制废弃包装对环境的污染，实施绿色包装。

（二）药品包装的设计

产品包装的设计，应依据经济、牢固、美观和适销的原则，对以下方面进行创造或选择。

1. 包装形状 主要取决于产品的物理性能，如固体、液体，其包装形状各不相同。包装外形应能美化产品，对用户有吸引力，方便运输、装卸、储存、携带和陈列等。

2. 包装大小 产品包装的尺寸，主要受目标顾客的购买习惯、购买力大小及药品有效期等因素的影响，应力求让消费者使用方便、经济。

3. 包装构造 产品包装的构造设计，一方面要突出药品的特点，另一方面要具有鲜明的特色，使产品的外在包装和内在性能完美地统一起来，给用户留下深刻印象。如有些药品的包装上配有一定的图案，以突出和美化药品，从而吸引人们的注意力。

4. 包装材料 包装材料的选用，其要求有四点：①充分地保护产品，如防潮、防震、隔热等；②有利促销（如能显示药品的性能和优点等），开启方便，便于经销商储存和陈列等；③节约包装费用，降低售价；④有利于环保。

5. 文字说明 就药品包装而言，其说明的内容应包括以下三个方面：①药品的功效；②药品的使用方法。药品的剂量与用法，直接关系到药品的疗效与患者的健康，所以，药品说明书上都有“用法与用量”，其详细说明每日几次，每次几片（几丸、几粒等），何时服用，并列出禁忌和注意事项；③药品的有效期等。

四、医药产品的包装策略

产品包装是整体产品的一部分，正确地选用包装策略，可以有效地促进产品的销售。医药企业常用的产品包装策略主要有以下几种。

（一）类似包装策略

类似包装策略是指某一企业所生产的各种产品的包装物上都采用相同的外图案、近似的色彩、共同的特征。这种策略可使消费者很容易联想到是同一企业的产品。国际上的大型制药企业和中外合资制药企业常采用这种策略。采用这种策略有利于树立企业形象，扩大影响，带动新产品上市、促进销售，还可以减少包装的设计成本，节约宣传费用。

（二）组合（系列）包装策略

组合（系列）包装策略又称包装策略，将相互关联的产品配套组合，装在同一包装物内，如家庭常用的急救箱、实验室常用的急救箱等。组合包装在给消费者提供方便的同时，也扩大了产品的销售。其缺点是只能适应一些最基本的产品包装要求。

（三）等级包装策略

按产品的质量档次或顾客购买目的不同来决定产品的包装。具体有两种情况：一是按照产品的档次决定产品的包装，即高档产品采用精美的包装，低档产品则采用简单包装；二是按照购买目的决定产品的包装，如购买西洋参是作为礼品馈赠亲友，则采用精美的包装；若只为了自用，则采用简单包装。

（四）再使用包装策略

在包装设计时，使包装物不但能包装产品，在原包装的产品用完后，包装容器可再作他用。以此给予消费者额外的利益。如止咳糖浆、蜂蜜容器，可当茶杯使用；把酒瓶设计成精致的花瓶或仿造古董，具有一定的欣赏价值。也无形中起到了广告宣传的作用。

（五）附赠品包装策略

附赠品包装策略是指在包装上或包装内附赠一些物品，其形式多种多样。如冲剂药品袋内附赠药匙、供量取药液用的量杯。

（六）不同容量包装策略

根据产品的性质，顾客购买力大小和顾客使用、购买习惯，设计多种不同大小的包装，以便购买，促进销售的包装策略。

（七）改变包装策略

改变包装策略是指企业采用新的包装技术、包装材料、包装设计等对原有产品包装加以改进的一种包装策略。这种策略可以使顾客产生新鲜感，从而扩大产品销售。

第五节 新 药 开 发

一、新药的概念和新产品类型

（一）新产品的概念

产品生命周期理论告诉我们，任何一种产品都有一个由弱到强、由盛到衰的过程。当老产品衰退时，就必须由新产品来取而代之。市场营销学中的新产品是个相对概念，与科技开发中的重大突破所推出的新产品含义并不完全一致。只要产品整体概念中的任何一个层次出现全部或局部的变化，使产品有了新的结构、新的功能、新的性能甚至增设新的服务项目，能够给消费群体带来新的利益或服务，就是新产品。根据《药品管理法》及现行《药品注册管理办法》，新药系指未曾在中国境内上市销售的药品。对已上市药品改变剂型、改变给药途径、增加新适应证的药品，不属于新药，但药品注册按照新药申请的程序申报。

（二）新产品类型

医药新产品一般可以分为四类。

1. 全新型产品 是指运用新理论、新技术、新工艺、新结构和新材料研制而成的新产品，是市场首次出现的产品。全新产品一般是由于科技进步或为市场上出现的新的需求而发明的产品，具有明显的新特征和新性能，所以，对于绝大多数企业来说，开发全新产品是件难度非常大的工作。全新产品的开发意味着科学发展史上的重大突破，因此通常全新产品的开发难度大，开发时间长，需投入大量人力、物力和财力，且市场风险高。

2. 换代型新产品 是指在原有产品的基础上，部分采用新材料、新技术、新工艺，使原有产品性能有显著提高的新产品。如抗生素从第一代到第二代、第三代，抗菌谱随着药品的换代而不断扩大。

3. 改进型新产品 是指从不同侧面对原产品进行创新而创造的产品，改进现有产品的外形、性能、花色品种和质量后生产的新产品，这是一种改良型产品，改进型新产品是新产品的主体，占新产品市场的60%左右。如小儿双黄连口服液，改进口感，更易于被儿童接受。

4. 仿制型新产品 指企业对国际、国内市场上存在的产品进行研究，仿制出有自己品牌的新产品。这类产品的生产技术已经公开，一般企业都可以合法仿制生产。因其研发费用低，投资风险小，又能赢得时间，是医药企业开发新产品的捷径。

知识链接 7-1 化学药品注册、中药与天然药物注册分类

化学药品新注册分类

1 类：境内外均未上市的创新药。指含有新的结构明确的、具有药理作用的化合物，且具有临床价值的药品。

2 类：境内外均未上市的改良型新药。指在已知活性成分的基础上，对其结构、剂型、处方工艺、给药途径、适应证等进行优化，且具有明显临床优势的药品。

3 类：境内申请人仿制境外上市但境内未上市原研药品的药品。该类药品应与原研药品的质量和疗效一致。

原研药品指境内外首个获准上市，且具有完整和充分的安全性、有效性数据作为上市依据的药品。

4 类：境内申请人仿制已在境内上市原研药品的药品。该类药品应与原研药品的质量和疗效一致。

5 类：境外上市的药品申请在境内上市。

中药与天然药物注册分类

（1）未在国内上市销售的中药、天然药物中提取的有效成分及其制剂。

（2）未在国内上市销售的来源于植物、动物、矿物等药用物质制成的制剂。

（3）中药材的代用品。

（4）未在国内上市销售的中药材新的药用部位制成的制剂。

（5）未在国内上市销售的中药、天然药物中提取的有效部位制成的制剂。

（6）未在国内上市销售的中药、天然药物制成的复方制剂。

（7）未在国内上市销售的中药、天然药物制成的注射剂。

（8）改变国内已上市销售药品给药途径的制剂。

（9）改变国内已上市销售药品剂型的制剂。

（10）改变国内已上市销售药品工艺的制剂。

（11）已有国家标准的中成药和天然药物制剂。

二、新药研究与开发的特点

新药的研究开发，包括创新药的研发和已有药物的改进，是一项多学科相互渗透、相互合作的技术密集性工程，是高投入、高风险、高收益、周期长的系统工程。医药新产品开发具有以下特点。

（一）高技术

新药产品的研究开发需要多门学科的通力协作攻关。因此，医药生产企业的生存和发展必须以强大的新药研究开发团队力量作为支撑。

（二）高投入

医药新产品的研发需要有充足的人力、物力、财力及时间的投入。由此决定了新产品研发具有高成本的特点，最新数据显示开发一个新药的平均成本大约 26 亿美元，其中包括 14 亿美元的研发开支和 12 亿美元的同期投资损失。

（三）周期长

医药新产品的研发不仅投入大，而且周期长。如新药从研究开发到上市一般都需要经过构思、筛选、综合分析、研究试制、临床等复杂而漫长的过程，平均需要 12 年的时间才能上市生产。

（四）风险大

医药新产品的研发的风险很大，如技术风险、市场风险和政策风险等。新药的开发往往要经历合成提取、制剂、临床前实验和临床实验等。每一个阶段都有可能失败。因此，药品的研发过程充满了各种挑战。据统计，美国一般在研制新药的过程中只有不到 5%能够进入临床前研究，然后又只有 2%能够进入临床试验阶段，即使进入临床试验的药物也有 80%会被淘汰。在中国绝大多数制药企业与国外企业在开发实力上也有着较大的差距。除技术风险外，由于产品研发经历周期长，其间的政策风险，以及产品上市后的市场变化的风险等均会对医药企业产生巨大的影响。因此，医药新产品研发的高风险无疑给制药行业的发展增加了障碍。

（五）高收益

虽然医药新产品的风险很高，但它同时也具有高回报的一面。如新药的利润一般可达销售额的 30%或更多。因此，很多有实力的企业愿意进行从事新产品的研发，从而获得更好的利益回报。

三、新药开发的原则和模式

（一）新药开发的原则

1. 市场需求性原则 任何新产品的研究开发都应该以市场需求为导向，这是最基本的要求。医药企业在进行新产品开发时，要密切关注市场容量、疾病谱的变化，必须在了解消费群体现实需求和潜在需求的基础上进行新产品的开发，这也是新药开发的先决条件。

2. 产品特色性原则 与原有药品相比，在使用性能、内在质量、便利性、安全性、外观装潢等方面有所创新，这样的新产品才有市场。

3. 企业资源性原则 医药企业在开发新产品时，应根据自身的能力，确定新药的开发方向，一方面要符合市场需要，另一方面能发挥企业的优势，并能形成一定规模的生产能力。

4. 经济效益性原则 研究开发新药是一项高投入、高风险的项目。企业研发新药，必须进行成本收益可行性分析，要尽量挖掘原有生产能力，综合利用原材料，降低成本。

5. 政策可行性原则 开发新药需要遵循国家有关药品管理的各项法规和政策。尤其是开发国家管制的特殊药品，更需要关注和遵循国家药事管理法律法规及相关政策。

（二）新药开发的模式

新药开发的模式很多，常见的有以下几种。

1. 独立研发 是指医药企业根据国内外市场情况和用户的需求，利用自己的技术力量和优势，独立进行新产品全程开发工作的一种方式。这种开发方式是由企业自主独创进行的研发。但由于这种方式费用高昂，失败率也较高，国内外采用独创型开发方式的比较少，大部分是与其他相关机构共同开发。

2. 技术引进 是指引进国内外的先进技术，或技术转让，或购买专利来开发新产品的一种方式。这种方式是一条发展技术的有效途径。一般是通过购买高等院校或科研机构的专利、专有技术或者科研成果来为本企业服务，或者通过获得专利许可进行模仿，把他人的开发成果转化为本企业的商业收益。

3. 协作开发 企业可以与高校或研究院所联合研究开发，这种开发方式花费少，见效快，既能够很好地发挥企业自身技术力量的作用，又能够借助专业研究机构的技术力量，促进企业技术水平的提高。也可以医药企业之间进行联盟研发。

4. 外包 将医药新产品研究开发的全部或部分项目（如药物筛选、评价、制剂服务、临床研究、数据管理、新药申请、药品制造甚至零售环节）外包给专业的合同研究机构。

此外，还有并购等方式在一定程度上与新药开发有关。

四、新药开发的程序

医药企业研究开发新药产品一般经过提出构思、筛选、形成、综合分析、产品研制、市场试销、正式投放市场等七个步骤。

（一）构思

构思是新药研发的初始阶段，是指能够满足某种医疗需要的设想、创意或方案。构思主要来源于患者、医生、科研人员、竞争者和企业营销人员。

（二）筛选

汇总各方面的构思之后，会有很多开发的新项目。此时企业应当根据自己的目标和资源状况进行评估筛选，选出那些最符合企业长远发展目标，并与企业资源相协调的构思，放弃那些可行性小、获利能力低的构思。

（三）形成

经过筛选后保留下来的产品构思，需要进一步将其设计成一个完整的产品概念。这个概念是企业对新产品的目标市场、功能、产品特点、价格、包装等的具体描述。

（1）安全性与现有品种比较是否有显著的不良反应而影响产品的使用。

（2）疗效、适应证是否能有效地治疗疾病或缓解症状；是针对性地治疗某种疾病，还是对相关多种疾病都有疗效。

（3）原料、工艺和质量标准这三项因素不仅关系到最终产品的内在质量，还经常成为顾客选择某一药品的独特理由。

（4）剂型与服用方法剂型是固体还是液体制剂；服用方法是口服、外用或是注射剂型等。

此外，采用何种价格策略、采用何种包装策略、产品如何设计等诸多方面均需要进行构思。

（四）综合分析

这是对已形成的新产品概念进行全面分析，经过综合分析评估后，如果符合企业的开发目标，即可转入产品研制阶段；如果不符合企业的开发目标，则返回到形成概念阶段，直到评估出最理想的新产品概念。

综合分析的主要内容有包括以下几点。

第一，目标分析，分析新药能满足哪些消费者的哪些需求，与同类药品相比其主要特点是什么。

第二，成本效益分析，对企业投入的各种成本与取得的各种利益进行比较研究。

第三，数量分析，对现实需求和潜在需求作相关的数量分析，以便对其有较为准确的估计。

第四，采用者分析，分析研究药品上市后可能的购买者，并估计药品发展各阶段购买者的大致分布和特点。

第五，研制阶段，它是将可行性研究的抽象概念交给研究设计部门，将其转化为具体药品的阶段，这是一个很重要的步骤，关系到药品设想能否成为技术上可行、经济上合理、市场上接受的物质药品的问题。

（五）产品研制

经过综合性分析以后，如果认为有开发价值，交付新产品研究开发部门将其转化为具体产品。完整的研究开发不仅包括产品本身的研究开发，还包括产品的品牌、包装、特色等多个方面的设计和筹划。

知识链接 7-2　新药的研究

新药的研究包括临床前研究和临床研究。

新药临床前研究的重点是药学研究、药效学研究、药物代谢动力学研究、毒理学研究和新药稳定性研究。

临床研究必须经国家药品监督管理部门批准后实施，并严格执行《药物临床试验质量管理规范》（Good Clinical Practice，GCP）的规定。临床研究包括临床试验和生物等效性试验，主要考察药物对人体的疗效（有效性）与毒副作用（安全性），并继续进行相应的药理、毒理等方面的研究工作，以最终决定候选药物能否作为新药上市。临床研究是决定候选药物能否成为新药上市销售的关键阶段。

新药在批准上市前，一般要完成临床Ⅰ、Ⅱ、Ⅲ期试验。在现代市场营销观念占主导地位的今天，产品研究开发已经不仅仅是一个纯粹的技术问题，而是一个涉及技术、工艺、生产、市场等诸方面的综合性问题。

（六）市场试销

研制出来的新药只有通过注册，取得新药证书和药品批准文号以后，方可进行生产，然后试销。试销阶段是将试制成功并取得注册证书的新产品小批量投放市场销售，主要是进一步检验新药的安全性和有效性，得到新产品的市场信息，为新产品的上市提供决策依据，也为新产品的改进和营销策略的完善提供启示。新产品在试销阶段，要进行Ⅳ期临床试验，评价药品在普通或特殊人群中使用的利益与风险关系及是否改进给药剂量等，以进一步考察在广泛使用条件下，药物的疗效和不良反应。

（七）正式投放市场

新药经过试销，从反馈的信息证明是成功的，下一步就是将新药正式批量生产，全面投放市场。由于投放市场初期往往利润小甚至亏损，企业在这一阶段对产品投放市场的时机、区域、目标市场和营销组合等方面都要周密策划。

案例 7-4 “药-械-服务”产品组合创新

为了满足市场消费者对“药-械-服务”产品组合的需求，生物医药行业的一些领先者已经将“生物药品、医疗器械及医疗服务”这三类产品结合起来进行组合创新。例如，在“药-械-服务”产品组合创新方面，世界最大预充式注射器供应企业××公司宣布，美国食品药物管理局已批准能用于 BDSimplist^{TM} 预灌封仿制药注射产品的第二款药品——胃复安（甲氧氨普胺）注射液；在国内，预灌封注射器也正被国内多家医药企业广泛生产。借鉴上述案例的实践经验，针对“生物药品、医疗器械及医疗服务”三大产品设计了“药-械-服务”产品组合创新模式。

产品组合研发创新主要由大学、科研院所等公共研究机构承担，实验室研究与中试主要由专家型公司承担，临床实验与审批主要由核心公司承担。“药-械-服务”产品组合创新不但能够打造产品的独特性和差异性，而且能够极大方便消费者。基于这种产品组合创新的推动，在生物医药供应链的运营方面，理论者和实践者已经开始重视生物药品、医疗器械及医疗服务三者之间的有效整合。可以预期，整合后的生物医药供应链能够方便供应链中的各决策主体准确了解总体情况、正确制订计划、有效响应消费者的特定需求。

因此，生物医药企业采用“药-械-服务”产品组合创新模式不但能够克服现阶段生物医药供应链运营的缺陷，而且能够驱动生物医药供应链变革重组。

问题：

结合本案例，请说明什么是产品组合？产品组合在企业生产过程中有什么意义？

复习思考题

1. 怎样从整体概念来理解产品？整体产品包含哪几个层次的内容？
2. 什么是产品项目、产品线和产品组合？产品组合的变化要素是什么？
3. 产品组合的策略有哪些？
4. 怎样划分产品生命周期的不同阶段？每一个阶段分别具有什么特点？各采用什么样的营销策略？
5. 什么是品牌？品牌与商标有何不同？
6. 品牌有何功能？常用的品牌策略有哪些？
7. 企业进行包装设计时应该注意哪些问题？
8. 简述包装的功能，以及包装的策略。
9. 新产品的类型有哪些？

（中国医科大学　陈再兴）

第八章　医药产品价格策略

案例 8-1　药价之惑，同一药品价格差距为什么如此大?

市民黄女士给报社打来热线电话称，其购买迪巧牌小儿碳酸钙 D3 颗粒时，在不同的药店竟遇到了不同的价格，且最高价和最低价相差 10.8 元。为何同一种药品会出现这么大的价格差距？在她看来，药品属于特殊商品，应该有统一的零售价格。对此，记者进行了走访调查“各个药店的药品进货渠道不同，因此药品售价也就不同。”药店的店员告诉记者，该店属于市内一家连锁药店的分店，药品全部从厂家直接拿货。市内的一些小型的非连锁的药店一般是从批发商那里进货的。相比之下，从厂家直接拿货比从批发商那里拿货要便宜一些，这就直接导致药品的零售价有差别。

据店员介绍，除了进货渠道不同导致价格有差异，还与商家之间的竞争存在一定的关系。一些药店常常会调低价格销售，甚至主动放弃一些利润空间，以此吸引顾客，进而达到薄利多销的目的。

在走访过程中，不少药店的工作人员纷纷表示，药品的价格不同，是市场自行调节的结果。那么，这种说法靠谱吗？记者将此事反映到了市物价局。据市物价局一位工作人员介绍，国家对麻醉药品和一类精神药品的出厂价格及流通环节的销售价格是有明确规定的，这两类药品的价格是全国统一的。除了这两种药物之外，目前国家对其他药品的价格都是放开的，由市场自行调节。

问题：

1. 结合本案例试分析影响医药产品定价的因素有哪些。
2. 决定药品价格的主要因素是什么？
3. 政府定价在药品价格中起到什么样的作用？

第一节　影响医药产品定价的因素

医药产品是与人类生命健康密切相关的特殊商品，药品的定价策略具有一定的特殊性。国家发展和改革委员会在《关于改革药品价格管理的意见》中指出：“根据国家宏观调控与市场调节相结合的原则，药品的价格实行政府定价和市场调节价。实行政府定价的药品，仅限于列入国家基本医疗保险药品目录的药品及其他生产经营具有垄断性的少量特殊药品（包括国家计划生产供应的精神、麻醉、预防免疫、计划生育等药品）。政府定价以外的其他药品，实行市场调节价，取消流通差率控制，由经营者自主定价。”

医药产品的价格是医药市场营销的敏感因素，医药产品的价格关系到制药企业、药品经营企业、医疗机构和患者等多方的利益。影响药品定价的因素有很多，有医药企业外部因素，也有医药企业内部因素；有客观因素，也有主观因素。医药产品的价格通常受生产成本、市场需求、竞争状况和国家政策法规等因素的影响。

一、成　本

在市场经济条件下，成本是制定医药产品价格的关键因素。医药企业定价时所估算的成本包括生产成本、流通费用、国家税金和企业利润等。

（一）生产成本

生产成本也称为制造成本，是医药企业生产过程中所支出的全部生产费用，是从已经消耗的生产资料的价值和生产者所消耗的劳动的价值转化而来，包括原料、辅料、包装材料、燃料动力、直接工资、制造费用和其他直接支出。根据成本的性质不同，生产成本可分为固定成本、变动成本、边际成本、机会成本等。

1. 固定成本（fixed cost）　是指成本总额在一定时期内，不受业务量增减变化而保持不变的成本。如厂房、设备、机器折旧费、维护费、一般管理费等。平均固定成本即固定成本除以产量，它随着产品的增加而减少。

2. 变动成本（variable cost）　是指在一定时期内，成本总额随业务量变化而变动的成本，如购买各种原料、辅料、包装材料、燃料动力消耗的费用等。变动成本一般随产量增加而增加。

3. 边际成本（marginal cost）　是指在现有产品数量基础上，增加一个单位产量带来总成本的增量。这个概念表明单位产品的成本与产品总量有关。任何增加一个单位产量的收入不能低于边际成本，否则必然会出现亏损；只要增加一个产量的收入能高于边际成本，即使高于总的平均单位成本，也会增加利润或减少亏损。因此，计算边际成本对制定产品决策具有重要意义。

（二）流通费用

流通费用也称为期间费用，是指商品从生产领域转移到消费领域的过程中所发生的劳动耗费的货币表现。流通费用是不能直接归属于某个特定产品成本的费用。它是随着时间推移而发生的与当期产品的管理和产品销售直接相关，而与产品的产量、产品的制造过程无直接关系，即容易确定其发生的期间，而难以判别其所应归属的产品，因而不能列入产品的生产成本。流通费用包括企业的销售费用、管理费用和财务费用。

医药产品的流通费用一般包括五个方面：一是推广促进费用，如宣传、广告、技术推广的费用等；二是销售单位的费用，如销售工作人员的工资、奖金、福利、管理、差旅等费用；三是市场所需费用，如市场管理、市场调研的费用等；四是相关费用，如药品临床试验、药品注册等费用；五是储运费用，如运输、仓储、保险等费用。

在医药市场，药品出厂后需经过批发医药企业、零售（连锁）医药企业或医院药房等多个流通环节才能到达消费者，多次商品所有权的转换势必要增加商品的流动费用，同时也影响到药品的流通速度。而流通费用的增加被分摊到商品成本中进而影响药品的价格。

（三）国家税金

国家税金是国家通过税法的形式，按规定的税率进行征收而取得的财政收入。我国现行税法按其与医药产品价格的关系分为价外税和价内税。价外税（如所得税）也称直接税，指直接向纳税人征收的税，直接由企业利润来负担，企业不能把税金加到医药产品中转嫁给消费者。价内税是可以加入到医药产品的价格中的。医药产品的价内税主要是增值税。因此，国家税金是构成医药产品价格的重要因素，国家税金的高低直接影响医药产品的价格。国家通过宏观调控，对不同行业和不同产品实现不同的税率，可以起到调节企业生产，产品价格的作用。按照2008年颁布的《企业所得税法》，为促进科技进步和技术创新，国家对生物制药领域的高新技术企业进行税收优惠，可以按15%的税率上交企业所得税。

（四）企业利润

企业利润是指企业在一定时期内生产经营的财务成果，等于销售产品的总收益与生产商品的总成本两者之间的差额。包括营业利润、投资收益和营业外收支净额。影响企业利润的因素主要有四个方面：产品的价格、产品的单位变动成本、产品的销售量、产品的固定成本。其中任何一个因素的变动都会引起企业利润的变动。

医药企业的利润不仅是企业在生产经营中追求的最终目标，也是医药产品价格构成的主要因素。因此，合理地确定价格构成中的利润比例是相当重要的，它直接影响医药产品的价格水平，影响到该产品的市场竞争力。对于医药产品的利润，应该根据市场的供求变化，按照公平、合理、诚信、质量和价格相符的原则来实现。

二、市 场 需 求

在市场经济中，市场的需求决定市场价格，市场价格反过来又影响市场的需求，所以，制定医药产品的价格时必须考虑市场的需求。市场需求受到很多因素影响，主要包括人口、购买力和购买动机三个方面。购买力是顾客的支付能力，受收入和物价水平的制约。医药企业应先做好市场调查，分析消费者的购买能力，然后确定产品的价格。购买动机反映消费者对医药产品的需求程度，消费者对产品的需求程度越高，产品的销售就越好。医药企业应根据消费者对医药产品的需求强度来选择价格。

医药企业在制定医药产品价格策略时，还需要考虑需求价格弹性因素。需求价格弹性，简称为价格弹性或需求弹性，它表示在一定时期内一种商品的需求量对于该商品的价格变动的反应程度。通常用价格弹性系数加以表示：需求价格弹性系数= 需求量变动的百分比/价格变动的百分比。

影响医药产品需求价格弹性的因素：①产品是必需品还是奢侈品。必需品弹性小，奢侈品弹性大，如名贵中药材。②替代产品的数量，可替代产品越多，性质越接近，弹性越大，反之则越小。③消费者的购买力，购买商品的支出在人们收入中所占的比重大，弹性就大。④连带商品的影响，如果连带商品的价格不变，或朝相反方向变化，则需求弹性小。

三、市 场 竞 争

影响医药产品价格的因素还包括市场竞争。市场竞争按照竞争程度可分为完全竞争、完全垄断和不完全竞争三种状况，在不同竞争状况条件下，企业在对产品的定价应该有所不同。

1. 完全竞争　也称纯粹竞争，是指竞争是完全自由的，不受任何干扰和阻碍，它是一种理想化了的情况，仅可作为理论分析。在完全竞争状况下，医药企业和消费者大量存在，企业生产的医药产品基本上是相同的，不存在质量与功能上的差异，每个企业的产品只占整个市场份额的很小一部分，任何一个企业和个体消费者都不能完全左右整个市场价格，医药企业和消费者只能是价格的接受者，商品的价格完全取决于市场的供求关系。医药企业既不能提高物价，否则它的商品卖不出去，又没有必要降低价格，所以会采取灵活的随行就市的定价策略。

2. 不完全竞争　它介于完全竞争与完全垄断之间，是现代商品经济社会普遍存在的典型的市场竞争状态。它既有垄断成分，又有竞争倾向，具体又可分为垄断竞争和寡头垄断两种情况。

在垄断竞争市场中，存在多个生产企业或消费者，各企业之间提供的医药产品及服务是各具特色的，企业对其产品具有一定的垄断性，能够控制其产品的价格，不再是消极的价格接受者。

在寡头垄断市场中，少数几家大企业在生产、销售和服务方面占有很大优势，可以操纵并控制某些产品的市场供应，因此，产品的价格不再是由市场的供求关系所决定，而是很大程度上取决于少数几家大企业为了共同利益。寡头垄断下，市场竞争就是几个寡头企业之间的竞争，它们之间的关系是互相影响、互为依赖，为了共同的利益，它们在产品价格上会形成某种默契或者协议，任何一方不会轻易调整价格。

3. 完全垄断 也称纯粹垄断是指在一定行业中，某种产品的生产和销售完全由一个企业所控制。在完全垄断的情况下，由于没有竞争对手，垄断企业可以在法律允许的范围内任意定价，当然这种情况在当今市场经济中是比较少见的。

四、政 策 法 规

推进药品价格改革、建立科学合理的药品价格形成机制是推进价格改革的重要内容，也是深化医药卫生体制改革的重要任务，对于加快完善现代市场体系和转变政府职能，促进医疗卫生事业和医药产业健康发展，满足人民群众不断增长的医疗卫生需求，减轻患者不合理的医药费用负担，具有重要意义。

国家发展和改革委员会、国家卫生和计划生育委员会、人力资源和社会保障部、工业和信息化部、财政部、商务部、国家食品药品监督管理总局制定了《推进药品价格改革的意见》，自 2015 年 6 月 1 日起，除麻醉药品和第一类精神药品外，取消原政府制定的药品价格。麻醉药品、第一类精神药品暂时仍由国家发展和改革委员会实行最高出厂价格和最高零售价格管理。

除麻醉药品和第一类精神药品外，取消药品政府定价，完善药品采购机制，发挥医保控费作用，药品实际交易价格主要由市场竞争形成。其中，①医保基金支付的药品，由医保部门会同有关部门拟定医保药品支付标准制定的程序、依据、方法等规则，探索建立引导药品价格合理形成的机制；②专利药品、独家生产药品，建立公开透明、多方参与的谈判机制形成价格；③医保目录外的血液制品、国家统一采购的预防免疫药品、国家免费艾滋病抗病毒治疗药品和避孕药具，通过招标采购或谈判形成价格；④麻醉药品和第一类精神药品，暂时仍实行最高出厂价格和最高零售价格管理；⑤其他药品，由生产经营者依据生产经营成本和市场供求情况，自主制定价格。

推进药品价格改革必须发挥政府、市场“两只手”作用，建立科学合理的价格形成机制。取消药品政府定价后，要充分借鉴国际经验，做好与药品采购、医保支付等改革政策的衔接，强化医药费用和价格行为综合监管。按照“统筹考虑、稳步推进”的要求，促进建立正常的市场竞争机制，引导药品价格合理形成。

第二节 医药产品的基本定价方法

案例 8-2 涨价不停补钙类保健品成今年春节送礼新宠

历年来，春节都是各大保健品企业年度 PK 的主要战场，在 2015 年的大战中，补钙类保健品成为了最终黑马，牢牢占据了各大电商、零售网络的销售榜首。

来自天猫医药馆的销售数据显示，在春节期间的保健品销量之冠是液体钙软胶囊，月成交量达到 3.2 万笔。而在京东商城和亚马逊，葡萄糖酸锌口服液蓝瓶、钙加锌口服液及善存复合维生素片持续热销。

“2014 年钙剂市场销售额近 160 亿人民币，保健品市场每年都在以 30%增速增长。”中国保健品协会保健品应用推广工作委员会会长尹志超此前表示。业内人士指出，受“运动热”“老龄化”“二胎政策”等多重因素的影响，在未来几年，钙剂产品将依旧保持可观的增速。

补钙类产品销售量开启高增长模式，在种类不断增多的同时，价格也随之水涨船高。过去十几元一罐的钙片产品如今在市场上已难觅踪影，而号称“补钙效果最好”，同时也成为 2015 年钙类产品销售翘楚的液体钙软胶囊相较其他剂型，价格更是高出了接近 2/3。业内人士认为，节日的送礼需求及城市白领运动需求的高端属性决定了现如今不少补钙产品的“高端定位”。

而对于企业来说，广告投入则成为了涨价背后的主要推手。根据 A 集团在 2016 年 2 月 6 日公布的 2015 年财报，2015 年，公司实现营业收入 158.56 亿元，其中归属于保健品类的销售收入为 5.57 亿元，但反观其销售成本，以保健品为主要服务对象的广告宣传费却高达 2.38 亿元，接近保健品总销售额的 40%。

问题：

1. 结合本案例试分析医药企业定价的方法有哪些。
2. 本案例中是否应用了成本导向定价法？
3. 本案例中是否应用了需求导向定价法？

合理的医药产品价格既能使企业实现经营目标，又能令消费者接受，为了实现这个目标，医药企业在制定价格策略时必须考虑成本因素、竞争因素、需求因素这三个主要因素。医药产品定价的方法主要有成本导向定价法、需求导向定价法和竞争导向定价法三大基本类型。

一、成本导向定价法

成本导向定价法是以单位产品成本为基本依据，再加上预期利润来确定价格的定价法，是企业最常用、最基本的定价方法。成本导向定价法按照成本定价的性质不同，又衍生出了成本加成定价法、目标收益定价法、盈亏平衡定价法、边际效益定价法等几种具体的定价方法。

（一）成本加成定价法

所谓成本加成定价法（cost-plus pricing），就是按照单位产品的成本加上一定百分比的预期利润而成为价格的方法。其计算公式为：单位产品价格=单位产品成本+利润。产品的利润以加成率表示，加成率即预期利润与产品总成本的百分比，所以，单位产品价格=单位产品成本×（1+加成率）。例如，某医药产品的单位成本为 50 元，加成率为 20%，则单位产品价格为 50×（1+20%）=60 元。

成本加成定价法的优点是简化了定价程序，简单易行，能够保证企业所投入的全部成本得到补偿，在市场环境基本稳定条件下，可使企业获得预期的利润。其缺点是企业从自身的利益出发，主观愿望强，忽视了市场供求变化和竞争的因素，具有一定的盲目性，所以不容易保证给企业带来最佳的效益。

（二）目标收益定价法

目标收益定价法（target-return pricing）也称为目标利润定价法或者固定报酬定价法，这种定价方法是根据企业的总成本和计划完成的总销量，把价格定在能补偿所需成本的费用基础上，加上预期的目标收益，此目标利润是固定的。其计算公式为：产品单价=（总成本+目标利润）/预计销售量（产量），例如，某医药企业固定成本为 100 万元，产品单位变动成本为 10 元，企业的年目标利润为 20 万元，预计销售量为 10 万件，则该产品的单价为：（100 万元+10 元/件×10 万件+20 万元）/10 万件=22 元/件。

这种定价方法可保证企业实现既定的目标利润，考虑到了产量因素对定价的影响，但还是生成者导向的方法，没有考虑到市场需求和竞争的实际情况。这种方法比较适用于追求长期利润、市场占有率较高或者具有垄断性质的企业，同时也适用于新产品的定价。

（三）盈亏平衡定价法

盈亏平衡定价法（breakeven pricing）也称为收支平衡定价法、量本利分析法、保本点定价法，是运用盈亏平衡的原理确定价格的一种方法。这种方法假定企业的销售总收入等于总成本，此时的价格使企业不盈利也不亏损，即为保本价格。其计算公式为：单位保本价格=固定总成本/销售量+单位变动成本，如果企业考虑预期利润，则将利润看作固定总成本的组成部分，其计算公式变为：单位产品价格=（固定总成本+利润额）/销售量+单位变动成本。例如，某医药企业的年固定成本为500万元，预期销售额为1万件，单位产品的变动成本为100元，需要实现利润20万元，此时该产品的单价应为：（500万元+20万元）/1万件+100元/件=620元/件。

这种定价方法的优点是运用简便，企业在保本的价格基础上，在较大范围内可灵活掌握价格水平，但前提是首先应掌握企业的固定总成本，预期销售量、预期利润等，而且是要保证产品能够全部销售出去。因此，医药企业应通过力求在保本点以上定价或扩大销售来取得盈利。这种定价方法侧重于企业总成本费用的补偿，对于有多条产品线和多种产品项目的企业尤为重要。

（四）边际效益定价法

边际效益定价法（marginal cost pricing）也称为边际贡献定价法或者变动成本定价法。边际效益是指企业在一定时间内，每增加一单位产品的变动成本所增加的收益。边际效益定价法不考虑固定成本，只按照变动成本和预期的边际效益来确定产品的价格。其计算公式为：单位产品价格=单位变动成本+边际效益。

当边际效益弥补固定成本后有剩余，则形成企业的纯收入，如果边际效益不足以弥补固定成本，企业就会亏损。在企业经营不善，生存比利润更重要时，或企业产能过剩，只能通过降低产品价格扩大销售时，可以考虑采用边际效益定价法。

二、需求导向定价法

需求导向定价法是指医药企业在对其产品定价时，不仅以企业内部的成本为基础，还考虑企业外部因素，根据消费者对医药产品价值的理解和需求强度来定价。这种方法符合现代市场营销中以消费者需求为中心的营销理念。需求导向定价法具体可采用以下方法。

（一）销售价格倒推法

销售价格倒推法（backflush costing）又称为反向定价法。其特点是，不根据产品成本直接制定出厂价格，而是以市场需求、消费者所能接受的价格为基础，根据产销量、利润目标等因素，通过各种评估方法得到产品的市场零售价格，然后反向推算出产品的批发价和出厂价。

医药企业在采用销售价格倒推法制定产品价格时，首先要调查或预测消费者对产品的期望价格和能接受的价格，利用市场营销组合中的非价格因素，如宣传、展览等方式，使消费者对产品形成一种较高的坐标观念。其次考虑流通环节的成本构成及其他费用情况，推算出该产品生产价格，然后综合考虑成本和其他因素，最终制定该产品的价格。

（二）需求差异定价法

需求差异定价法指医药产品价格的确定以需求为依据，按照不同消费者、不同市场对某种产品的需求程度不同，对同一产品制定不同价格的定价方法。具体可分为：①以顾客为基础差别定价，不同的消费者收入不同，需求弹性不同，所以对产品的定价也应该不同。②以地理位置为基础定价，如同一医药产品，在不同国家和地区的售价不同，主要考虑当地购买力水平。③以时间差异为基础定价，不同产品在不同时间的需求强度是不同的，如中药材。④以产品为基础定价，对不同式样、包装的商品，制定不同的价格。

三、竞争导向定价法

竞争导向定价法指企业以市场上竞争对手的价格为依据，随市场竞争状况的变化来确定和调整产品价格的定价法。竞争导向定价法是企业在激烈的市场竞争中，为了应对竞争局面而采取的价格决策方法，具体的方法包括：随行就市定价法、竞争价格定价法、投标定价法。

（一）随行就市定价法

随行就市定价法（going-rate pricing）又称为流行水准定价，是指医药企业采用与本行业同类产品的价格水平保持一致的定价方法。随行就市定价法这种“随大流”的定价方法，主要适用于需求弹性比较小或供求基本平衡的商品。这种情况下，如果某企业把价格定高了，就会失去顾客，而把价格定低了，需求和利润也不会增加。采用这种方法的优点是可以避免挑起价格战，与同行业和平共处，减少市场风险。同时可以补偿平均成本，获得适度利润，易为消费者所接受。所以，随行就市是一种为稳妥的定价方法。

（二）竞争价格定价法

与随行就市定价法相反，主动竞争定价法不是追随竞争者的价格，而是以市场为主体，以竞争对手产品价格为参照的一种定价方法。定价时首先将市场上竞争商品价格与企业估算价格进行比较，分为高于竞争者定价、等于竞争者定价、低于竞争者定价三个价格层次。其次，将企业产品的性能、质量、成本、式样、产量等与竞争对对手进行比较，分析造成价格差异的原因。再次，根据以上综合指标确定企业产品的特色、优势及市场定位，在此基础上，按定价所要达到的目标，确定本企业产品价格。最后，跟踪竞争品的价格变化，及时分析原因，相应调整本企业产品价格。一般实力雄厚、产品独具特色的医药企业经常采用这种定价方法。

（三）投标定价法

投标定价法（sealed-bid pricing）指在投标交易中，投标方根据招标方的规定和要求进行报价的方法。医药企业在报价时，既要考虑实现企业目标利润，又要结合竞争状况考虑中标概率。最佳报价应为目标利润与中标概率两者之间的最佳组合。

目前，我国实行以政府为主导、以省为单位的医疗机构网上药品集中采购招标的方式控制药品的价格。医疗机构和药品生产经营企业必须通过各省政府建立的非营利性药品集中采购平台进行交易，实行统一组织和统一监管。

第三节　医药产品的定价策略

案例 8-3　优甲乐现断货潮国产替代药价格暴涨

近期，一种用于治疗甲状腺疾病的优甲乐（左甲状腺素钠片）药品缺货现象越发严重，大部分医院也面临无药可买的境地，零售药店更是普遍缺货，个别有货的网上药店已经将该药品提价至98元/盒，而通常该药品的零售价在30元/盒上下波动。

作为优甲乐的替代药品，深圳市A制药有限公司生产左甲状腺素钠片（商品名为加衡）。加衡的售价与优甲乐相差无几，甚至更为便宜，但两者的市场份额却存在较大差别。在优甲乐遭遇断货风波后，加衡的销量出现了大幅上涨，部分终端价格已升至 40 元/盒（之前不到 30 元/盒）。

通过联系深圳市A制药有限公司得知，加衡近期的销量确实出现了上涨，但出厂价并未提高。尴尬的是，虽然优甲乐在药店出现断货，但深圳市A制药有限公司除了向中标医院供货，并未在终端市场大举抢占市场份额。

通过上海地区药品经销商了解到，优甲乐的国产替代药品——加衡目前仅供货医院，并不直接对零售药店供货，对于上述状况，记者通过深圳市A制药有限公司的销售人员了解得知，并非公司不愿意铺货终端市场，而是担心一旦大举铺货终端市场，等到优甲乐断货风波停止后，终端市场将会发生集中退货现象，毕竟现阶段，优甲乐的知名度要高于加衡，在价格相差无几的情况下，在零售终端大举铺货的风险很大，上述销售人员同时表示，普通药店等零售端要想进货只能通过民营医院等途径，这无疑又加剧了普通零售终端的进货成本。

对于优甲乐的断货风波，北京B医药咨询负责人对记者表示，优甲乐的断货原因可能是生产线出问题导致产能没跟上或者是其本身利用垄断地位为提价做准备，具体哪种情况要看优甲乐后期的价格情况。

问题：

1. 结合本案例试分析医药企业定价策略有哪些。
2. 如何理解医药企业的差别定价策略？

为产品定价是一个极其复杂的过程，企业采取不同的定价方法，只是得到产品的基本价格。企业还需根据具体的市场环境、产品条件、市场供求、企业目标等灵活地运用适当的定价策略和技巧，制定最终的销售价格，以期能达到扩大销售，增加企业利润的目的。本节介绍几种主要的医药产品定价策略。

一、折扣与折让策略

折扣折让是降价的特殊形式，是指在原定价格基础上给予消费者一定的价格优惠，以吸引其购买的一种价格策略。常用的折扣与折让形式有以下几种。

（一）现金折扣

现金折扣策略，又称付款期限折扣策略，是对在规定的时间内提前付款或用现金付款者所给予的一种价格折扣，其目的是鼓励顾客尽早付款，加速资金周转，降低销售费用，减少财务风险。采用现金折扣一般要考虑三个因素：折扣比例、给予折扣的时间限制和付清全部货款的期限。在西方国家，典型的付款期限折扣表示为“3/20，Net60”，其含义是在成交后 20 天内付款，买者可以得到 3%的折扣，超过 20 天，在 60 天内付款不予折扣，超过 60 天付款要加付利息。

（二）数量折扣

数量折扣是对购买医药产品数量大的代理商、中间商或顾客给予价格优惠。数量折扣包括累计数量折扣和一次性数量折扣两种形式。其目的是鼓励大量购买，或集中向本企业购买，从而降低企业在生产、销售、储运等环节中的成本费用。数量折扣的实质是将大量购买时所节约费用的一部分返还给购买者。数量折扣的关键在于合理确定给予折扣的起点、档次及每个档次的折扣率。

（三）交易折扣

交易折扣又称中间商折扣，是指企业根据各类中间商（批发商和零售商）担负的不同功能及对企业贡献的大小来给予不同的折扣优待。例如，给予批发商的折扣要大于零售商，规模大的零售商比规模小的零售商折扣大。其目的在于鼓励中间商大批量订货，扩大销售，争取顾客，与企业建立长期、稳定、良好的合作关系，利用中间商努力推销产品，可以占领更广泛的市场。交易折扣的具体做法有两种：一种是先确定医药产品的零售价格，然后按照不同的比例对不同的中间商倒算折扣率，另一种是先确定医药产品的出厂价，然后按不同的差价率顺序相加，依次制定出各种批发价和零售价。

（四）季节折扣

季节折扣也叫季节差价，是对在淡季购买医药产品的购买者的价格优惠。一些医药产品的生产是连续的，而其消费却具有明显的季节性。季节折扣鼓励用户错开销售高峰期采购，可以有效平衡淡旺季的销售压力。有利于解决积压的过季产品，减轻储存压力。有利于加速商品流通，迅速收回资金，促进企业均衡生产，充分发挥生产和销售潜力，避免由季节需求变化所带来的市场风险。例如，对一些滋补药品、中药材的销售就可以采用这一策略。

二、差别定价策略

差别定价是指企业对同一医药产品，针对流通环节、销售对象、时间或地点、包装和品牌等方面的不同，制定不同价格的一种策略。差别定价主要有以下几种形式。

（一）顾客细分差价策略

顾客细分差价策略是指销售同一产品时，针对不同的客户，企业制定不同的价格。例如，对老客户和新客户、长期客户和短期客户、城市客户和农村客户、国内客户和国外客户等，分别采用不同的价格。

（二）流通环节差价策略

体现在流通环节的差价策略主要包括两种情况：购销差价策略和批零差价策略。

购销差价也称“进销差价”，是指同一产地、同一商品在同一时间购进价格与销售价格之间的差额。购销差价一般由经营者采购、运输、储存和销售过程中所发生的流通费用、合理利润和应纳税金构成。保持合理的购销差价，可以促进商品流通，协调商品生产经营者和消费者的利益。

批零差价是指同一商品在同一市场同一时间批发价格与零售价格之间的差额。批零差价一般由零售的流通费用、利润和税金构成。它是商品在整个流通中的最后一个差价，是零售价格的基本依据。它不仅涉及批发商与零售商的利益，而且直接影响到市场物价水平。合理的批零差价，有利于促进零售企业的经济核算，发挥零售企业经营的积极性，更好地为消费者服务。

（三）质量差价策略

质量差价是指同一市场、同一时间、不同规格、不同品牌、不同包装的医药产品实行不同的定价。对质量好、品牌优的产品实行优质优价。包装精美别致的滋补药材比散装滋补药材的价格要高得多。

（四）地区差价策略

企业以不同的价格策略在不同地区营销同一种产品。地区差价，不仅是因为运输和中转费用的差别，而且由于不同地区市场具有不同的爱好和习惯，具有不相同的需求曲线和需求弹性。如沿海与内地的价格，国内市场与国外市场价格。

（五）时间差价策略

时间差价是指企业对于不同的季节、不同的日期产品销售时采取不同的定价。例如，中药材，由于生产和收购季节十分集中，而消费者则是常年需要，这就形成了季节性生产和常年消费的矛盾。为解决这一矛盾，企业必须预先有计划地收购或储存一部分，以便在淡季供应市场。那么企业在储存和保管过程中，需要支出储存、保管和利息的费用，这些费用就形成的季节差价。合理制定季节差价，有利于生产企业合理地安排生产，经营企业有计划地均衡上市，从而保证不同季节的均衡供应，满足消费者的需求。

三、心理定价策略

心理定价策略是企业在医药产品零售环节，针对消费者在购买医药产品过程中的心理状态，运用心理学原理来确定产品价格的一种策略。针对消费者不同的需求心理，可采用以下几种定价策略。

（一）尾数定价

尾数定价又称“非整数定价”或“奇数定价”，是企业利用消费者求廉、求实的心理，把医药产品价格定为一个零头数结尾的非整数，大多数消费者在购买产品时，乐于接受尾数价格。如 0.99 元、9.98 元等。尾数定价一方面给人以便宜感，另一方面消费者会认为这一价格是企业经过精心计算的，比较真实可信。这种策略比较适合于制定国产普通药品的零售价格。

（二）整数定价

整数定价与尾数定价策略相反，是指企业在制定药品价格时，不保留价格尾数的零头，而是向上进位取整数。顾客普遍存在“一分钱一分货”的心理，这种舍零凑整的策略实质上是利用了消费者按质论价的心理、自尊心理与炫耀心理。整数定价一般多用于高档药品、具有特殊功能的医药产品。购买这类药品的消费者一般收入水平较高，他们比较重视药品的质量和档次，所以实行整数定价，不但不会使他们因价格高几元钱而不愿购买，反而有利于提高药品的良好形象，迎合了消费者的心理，强化他们的购买欲望。

（三）声望定价

声望定价是企业利用消费者仰慕名牌的心理，有意识地给产品定高昂价格以提高产品地位的定价方法。因为消费者具有崇尚名牌的心理，往往以价格来判断产品质量，认为价高质必优，这种定价策略既补偿了提供优质产品或劳务的商家的必要耗费，也有利于满足不同层次的消费需求。对于医药产品而言，声望定价主要适用于名牌药品、稀有药品、医药保健品等。采用声望定价策略应注意：第一，要确保药品质量上乘；第二，严格掌握声望定价与同类普通药品价格的差价，不可过高；第三，不能只靠已有的声望维持高价，要不断提高质量，加强售后服务，巩固消费者的信任感和安全感。

（四）习惯定价

习惯定价策略又称固定策略和便利策略，是对市场上销售多年，已形成固定价格的医药产品执行既定价格的一种策略。习惯定价策略主要用于质量稳定、需求大、替代品较多的家庭必备药品，企业对这类产品定价时要充分考虑消费者的习惯倾向，采用“习惯成自然”的定价策略。对消费者已经习惯了的价格，不宜轻易变动。降低价格会使消费者怀疑产品质量是否有问题。提高价格会使消费者产生不满情绪，导致购买的转移。在不得不需要提价时，应采取改换包装或品牌等措施，减少抵触心理，并引导消费者逐步形成新的习惯价格。

（五）最小单位定价

最小定价策略是指企业把同种产品按不同的数量包装，以最小包装单位量制定基数价格。标价单位大小不同，对消费者的心理刺激作用不同，用较小单位标价，会给人以便宜的感觉，从而促进交易。例如，某种名贵中药材标价每克 10 元会比标价每千克 10 000 元更容易让消费者接受。同时采用小包装定价，能满足消费者在不同场合下的不同需要，如便于携带的小包装药品、保健品等。

四、地理定价策略

地理定价策略是一种根据产品销售地理位置不同而规定差别价格的策略。企业在销售产品时需要考虑，对于卖给不同地区（包括当地和外地不同地区）顾客的某种产品，由于产生了运费等费用，是分别制定不同的价格，还是制定相同的价格。地理定价策略具体形式有如下几种。

（一）产地定价策略

产地交货价格在国际贸易术语中称为离岸价格或船上交货价格（free on board，FOB），指企业在制定医药产品价格时，只考虑医药产品装上运输工具之前（即交货之前）的费用，其他一切费用（如交货后的运费及保险费等）一律由买方负担的一种定价策略。这种定价策略定出的价格较低，对于距离产地较近的买主或有运输优势的买主来说比较容易接受；而对于距离产地较远的买主是不利的。产地交货价格对卖方来说较为便利，费用最省，风险最小，但对扩大销售有一定影响。

（二）目的地交货价格

目的地交货价格，是由卖方承担从产地到目的地的运费及保险费的价格。在国际贸易术语中，这种价格称为到岸价格或成本加运费和保险费价格（cost，insurance and freight，CIF）。目的地交货价格还可分为目的地船上交货价格、目的地码头交货价格及买方指定地点交货价格。目的地交货价格对于卖方来说承担的费用和风险较大，手续较烦琐，但有利于扩大产品销售。

（三）统一交货价格

统一交货价格（uniform delivered pricing），也称送货制价格，即卖方将产品送到买方所在地，不分路途远近，统一制定同样的价格。这种价格类似于到岸价格，其运费按平均运输成本核算，这样可减轻较远地区顾客的价格负担。采用这种定价策略，意味着卖方负担了全部运输、保险等费用，所制定的价格虽然较高，但买主比较容易接受，有利于扩大市场占有率。这种定价策略适用于重量轻、运费低且占变动成本比重小的产品。

（四）分区定价策略

分区运送价格，也称区域价格，是指企业将整个市场划分为若干个区域，根据这些区域的距离远近及运费不同，对不同的区域实行不同的价格。各地区间价格虽然不同，但同一地区内所有的客户都支付同一价格。这种价格介于产地交货价格和统一交货价格之间。它适用于交货费用在价格中所占比重大的大体积医药产品。

（五）运费津贴价格

运费津贴价格，是指为弥补产地交货价格策略的不足，减轻买方的运杂费、保险费等负担，由卖方补贴其部分或全部运费。该策略有利于减轻边远地区顾客的运费负担，使企业保持市场占有率，并不断开拓新市场。

五、促销定价策略

医药企业为促进销售，在某些情况下，会暂时性地将其医药产品价格定在价目表的价格以下，有时至低于成本，这种价格称促销价格。促销定价策略主要有如下几种形式。

（一）招徕定价

招徕定价（loss leader pricing）又称特价产品定价，是一种有意将少数产品降价以招徕吸引顾客的定价方式。产品的价格低于市价，一般都能引起消费者的注意，这是适合消费者“求廉”心理的。例如，某药店将个别药品以特别低的价格出售，以刺激和招徕更多的消费者购买其他以正常价格出售的药品。这种定价策略一般适用于积压药品、换季药品、滞销药品及即将达到使用期限的药品的销售。

（二）特殊定价

特殊定价是指在某些特殊的季节、节假日或特殊活动时采取减价行动，借以吸引更多的消费者采购买药品。

（三）心理折扣

心理折扣定价策略，就是企业故意先把药品价格定得很高，然后大幅度降价出售，使消费者心理上产生非常便宜的感觉。

六、产品组合定价策略

产品组合定价指企业为了实现整个产品组合（或整体）利润最大化，在充分考虑不同产品之间的关系、个别产品定价高低对企业总利润的影响等因素基础上，系统地调整产品组合中相关产品的价格。

（一）互补品定价策略

互补产品是指两种或两种以上功能互相依赖、需要配合使用的商品。如血糖仪和试纸、隐形眼镜和护理液。对于互补品，有意识降低购买率低、需求价格弹性高商品的价格，或有意识提高购买率高、需求价格弹性低商品的价格，会取得各种商品销售量同时增加的良好效果。

（二）替代商品价格策略

替代产品是指基本用途相同，在消费过程中可以相互替换的产品。对于替代商品，适当提高畅销品价格，降低滞销品价格，以扩大后者的销售，使两者销售相互得益，增加企业总盈利。

第四节　医药产品的价格变动与调整

案例 8-4　常用廉价药屡屡断货　企业亏本却不敢涨价

早在 2011 年，心脏手术中的急救药“鱼精蛋白”就因长期全国断货被媒体报道，而走入公众视线。缺货甚至导致不少医院不得不暂停心脏手术，对患者采取保守治疗；2014 年，几块钱一瓶的甲亢用药“甲巯咪唑”出现全国缺货，不少甲亢患者不得不使用价格较贵的“赛治”为替代；2015 年，广东一位父亲在网上发布“求药帖”，其两岁半的女儿因患肾母细胞瘤急需放线菌素 D 救命，然而这种药在 4 年前就因成本太高而停止生产。

有分析人士认为，常用低价药的断货是因为生产成本过高、售价太低，或中标价格低、市场需求少而不得不停产。针对这一矛盾，国务院规定除麻醉药品和第一类精神药品外，取消原政府制定的药品价格。

然而，放开定价也带来一些问题。2016 年 6 月，地高辛片由于原料价格上涨，药物价格上涨 10 倍，造成许多患者的不理解，一时引起轩然大波，大骂企业黑心。“这件事情让很多药企目瞪口呆，以后谁还敢涨价？”一家规模较大的制药集团销售总监说，除了成本，企业也要顾及患者的心理，由于以前许多低价药都是亏本生产，现在为保证成本、加上原料价格上涨，多数低价药的定价都翻了几倍，但是涨价，又会被患者“封杀”。

业界专家认为，对临床必需、用量小、市场供应短缺的药品，应该由国家招标定点生产、议价采购，建立国家储备体制和报警机制，统一来调配库存并研究市场需求，指导和推动企业生产。对于相关企业应给予政策上的倾斜，必要时给予一定的资金补偿。

问题：

1. 结合本案例试分析价格变动会引发什么样的市场反应？
2. 企业应该如何应对价格变动？

一、降价及提价策略

价格是市场经济最活跃的因素，企业为了获得最大利益，与竞争者争夺市场，必须合理利用价格的杠杆作用。价格调整的策略可分为主动调整价格和被动调整价格，当企业利用自身的产品或成本优势，主动地对价格予以调整，将价格作为竞争的利器，即为主动调整价格策略。被动价格调整策略是出于应付竞争的需要，即竞争对手主动调整价格，而企业也相应地被动调整价格。无论是主动调整，还是被动调整，其形式不外乎降价和提价两种。

（一）降价策略

医药产品降价的原因很多，既有企业内部的战略转变、成本变化等原因，也有企业外部市场需求变化及市场竞争因素等原因，还有国家政策、法令的制约和干预等原因。这些原因具体表现在以下几个方面。

1. 扩大市场份额　医药企业决策者预期降价会扩大销售，由此可望获得更大的生产规模。特别是进入成熟期的产品，降价可以大幅度增进销售，从而在价格和生产规模之间形成良性循环，为企业获取更多的市场份额奠定基础。同时医药企业通过降价来开拓新市场。

2. 成本降低　随着科学技术的进步和企业经营管理水平的提高，许多产品的单位产品成本和费用在不断下降，使企业降价成为可能。

3. 应对竞争 医药企业决策者决定排斥现有市场的边际生产者。对于某些产品来说，各个企业的生产条件、生产成本不同，最低价格也会有所差异。那些以目前价格销售产品仅能保本的企业，在别的企业主动削价以后，会因为价格的被迫降低而得不到利润，只好停止生产。这无疑有利于主动降价的企业。医药企业生产能力过剩，产品供过于求，但企业又无法通过产品改进和加强促销等工作来扩大销售。在这种情况下，企业必须考虑降价。

4. 政策影响 政府为了实现医药产品价格总水平的下调，保护患者的利益，往往通过政策和法令，采用规定毛利率和最高价格、限制价格变化方式、参与市场竞争等形式，使医药企业的价格水平下调。

降价最直接的方式是将企业产品的目录价格或标价绝对下降，但企业更多的是采用各种折扣形式来降低价格。如数量折扣、现金折扣和津贴等形式。

此外，间接的降价形式有：赠送样品和优惠券，实行有奖销售；给中间商提取推销奖金；允许顾客分期付款；赊销；免费或优惠送货上门、技术培训、维修咨询；提高产品质量，改进产品性能，增加产品用途。由于这些方式具有较强的灵活性，在市场环境变化的时候，即使取消也不会引起消费者太大的反感，同时又是一种促销策略，因此，在现代经营活动中运用越来越广泛。确定何时降价是调价策略的一个难点，通常要综合考虑企业实力、产品在市场生命周期所处的阶段、销售季节、消费者对产品的态度等因素。比如，进入衰退期的产品，由于消费者失去了消费兴趣，产品逐渐被市场淘汰，为了吸引对价格比较敏感的购买者和低收入需求者，维持一定的销量，降价就可能是唯一的选择。由于影响降价的因素较多，企业决策者必须审慎分析和判断，并根据降价的原因选择适当的方式和时机，制定最优的降价策略。

（二）提价策略

提价确实能够增加企业的利润率，但却会引起竞争力下降、消费者不满、经销商抱怨，甚至还会受到政府的干预和同行的指责，从而对企业产生不利影响。虽然如此，在实际中仍然存在着较多的提价现象。其主要原因有以下几方面。

（1）应付产品成本增加，减少成本压力。这是所有产品价格上涨的主要原因。成本的增加或者是由于原材料价格上涨，或者是由于生产或管理费用提高。企业为了保证利润率不致因此而降低，便采取提价策略。

（2）为了适应通货膨胀，减少企业损失。在通货膨胀条件下，即使企业仍能维持原价，但随着时间的推移，其利润的实际价值也呈下降趋势。为了减少损失，企业只好提价，将通货膨胀的压力转嫁给中间商和消费者。

（3）产品供不应求，遏制过度消费。对于某些产品来说，在需求旺盛而生产规模又不能及时扩大而出现供不应求的情况下，可以通过提价来遏制需求，同时又可以取得高额利润，在缓解市场压力、使供求趋于平衡的同时，为扩大生产准备了条件。

（4）利用顾客心理，创造优质效应。作为一种策略，企业可以利用涨价营造名牌形象，使消费者产生价高质优的心理定势，以提高企业知名度和产品声望。对于那些革新产品、贵重商品、生产规模受到限制而难以扩大的产品，这种效应表现得尤为明显。

为了保证提价策略的顺利实现，提价应选择以下几个时机：①产品在市场上处于优势地位；②产品进入成长期；③季节性商品达到销售旺季；④竞争对手产品提价。此外，在方式选择上，医药企业应尽可能多采用间接提价，把提价的不利因素降到最低程度，使提价不影响销量和利润，而且能被潜在消费者普遍接受。

二、价格变动引发的市场反应

无论是价格上升还是价格下降，都会迅速引发一系列的市场反应。在调整价格过程中，需要密切注意观察市场的变化，首先考虑消费者的反应。因为调整产品价格是为了促进销售，实质上是要促使消费者购买产品，忽视了消费者反应，销售就会受挫，只有根据消费者的反应调价，才能收到好的效果。价格的变动还会引起竞争者采取一系列的反应。

（一）消费者对价格变动的反应

在一定范围内的价格变动是可以被消费者接受的。提价幅度超过可接受价格的上限，则会引起消费者不满，产生抵触情绪，而不愿购买本企业产品。降价幅度低于下限，会导致消费者的种种疑虑，也对实际购买行为产生抑制作用。

在产品知名度因广告而提高、收入增加、通货膨胀等条件下，消费者可接受价格上限会提高；在消费者对产品质量有明确认识、收入减少、价格连续下跌等条件下，下限会降低。

消费者对某种产品降价的可能反应是：产品将马上因质量低劣而被淘汰，企业遇到财务困难，很快将会停产或转产；价格还要进一步下降；产品成本降低了。而对于某种医药产品提价的可能反应是：会有越来越多的消费者购买这种产品，这种产品的价格可能继续上涨，产品质量有了明显的改进。

（二）竞争者对价格变动的反应

竞争者对价格变动的反应有以下几种类型。

1. 相向式反应 你提价，他也涨价；你降价，他也降价。这样一致的行为，对企业影响不太大，不会导致严重后果。企业坚持合理营销策略，不会失掉市场和减少市场份额。

2. 逆向式反应 你提价，他降价或维持原价不变；你降价，他提价或维持原价不变。这种相互冲突的行为，竞争者的目的十分清楚，就是乘机争夺市场。对此，企业要进行调查分析，首先摸清竞争者的具体目的，其次要估计竞争者的实力，最后要了解市场的竞争格局。

3. 交叉式反应 众多竞争者对企业调价反应不一，有相向的，有逆向的，有不变的，情况错综复杂。企业在不得不进行价格调整时应注意提高产品质量，加强广告宣传，保持分销渠道畅通等。

三、应对价格变动的策略

竞争对手在实施价格调整策略之前，一般都要经过长时间的深思得失，仔细权衡调价的利害，但是，一旦调价成为现实，这个过程则相当迅速，并且在调价之前大多要采取保密措施，以保证发动价格竞争的突然性。企业在这种情况下，贸然跟进或无动于衷都是不对的，正确的做法是尽快迅速地对以下问题进行调查研究：①竞争者调价的目的是什么？②竞争者调价是长期的还是短期的？③竞争者调价将对本企业的市场占有率、销售量、利润、声誉等方面有何影响？④其他企业对竞争者调价行动有何反应？⑤企业有几种反应方案？竞争者对企业每一个可能的反应又会有何反应？

在回答以上问题的基础上，企业还必须结合所经营的产品特性确定对策。一般说来，在同质产品市场上，如果竞争者降价，企业必须随之降价，否则大部分顾客将转向价格较低的竞争者；但是，面对竞争者的提价，本企业既可以跟进，也可以暂且观望。如果大多数企业部维持原价，最终迫使竞争者把价格降低，使竞争者涨价失败。

在异质产品市场上，由于每个企业的产品在质量、品牌、服务等方面有着明显的不同，面对竞争者的调价策略，医药企业的应对策略是：第一，价格不变，任顾客随价格变化而变化，靠顾客对产品的忠诚度来抵御竞争者的价格进攻，待市场环境发生变化或出现某种有利时机，企业再做行动。第二，价格不变，加强非价格竞争。比如，企业加强广告攻势，加强临床学术推广的力度，或者在包装、功能、用途等方面对医药产品进行改进。第三，部分或完成跟随竞争者的价格变动，采取较稳妥的策略维持原来的市场格局，巩固取得的市场地位。第四，以优越于竞争者的价格跟进，并结合非价格手段进行反击。例如，比竞争者更大幅度的削价，比竞争者更小幅度的提价，强化非价格竞争，形成产品差异，利用较强的经济实力或优越的市场地位，与竞争对手抗衡。总之，企业应事先做好调查研究，制定防范和应对措施，面对竞争对手的价格变动，做出迅速、灵活、有效的反应。

案例 8-5　合理药价是否一放就灵？

国家发展和改革委员会近日宣布，2015 年 6 月 1 日起，我国将取消绝大部分药品政府定价，建立以市场为主导的药品价格形成机制。新规定引发全国热议，有人认为这是深化医改的重要组成部分，将给群众带来更多的实惠，但同时也有人担心新规会引起药品涨价。

国家卫生和计划生育委员会新闻发言人对此回应表示，此次取消药品政府定价，是深化医改的重要组成部分，它和药品的集中采购工作、医疗服务价格调整、医保支付方式改革这些政策是有机衔接、缺一不可的重要组成部分。所有这些政策措施，都是为了加强改革的协同性、整体性，这是一个重要的方面。同时，这些措施相互有效衔接、统筹推进，将给群众带来更多的实惠。

由此可见，将药品定价权归还给市场，并不代表政府撒手不管。此次改革取消药品政府定价，是对以往行政手段的纠偏，由政府“单只手”管理药品价格转变为更好地发挥政府、市场“两只手”的作用，将政府角色转变为药品市场竞争秩序和合理价格形成机制的维护者。

放开药价，一方面要充分尊重市场、还权于市场，充分发挥市场在药品资源配置中的决定性作用，另一方面，政府也要切实履行市场监管职能，承担应有的责任，在推动、主导药价改革中发挥积极作用。要彻底取消以药养医，建立医院运行的科学补偿机制。同时，要依法严厉打击药价垄断和药品暴利，避免出现破坏市场竞争规则、损害市场公平等问题。药价改革，应当在公开透明的前提下，让老百姓得实惠。

问题：

1. 药品的价格受哪些因素调控？
2. 政府定价在药品价格中应该起到什么样的作用？

复习思考题

1. 医药产品价格的构成要素包括哪些？
2. 药品定价主要受哪些因素影响？
3. 医药企业应该如何应用定价策略进行有效的市场竞争？
4. 医药企业在采取降价策略时，经常遇到的问题是什么？企业应该如何应对？

（大连医科大学　张厚利）

第九章 医药产品分销渠道策略

案例 9-1 膏药章——贴膏药，贴出个大市场

目前，市场中的贴膏产品，市场营销运作比较好的当属“膏药章”这个品牌，其在贴膏类产品中销售一直名列前茅。“膏药章”刚进入市场时，也像其他医药企业一样寻找医药经销商来销售其产品，但是由于产品的买卖经销权在经销商手上却又不积极开拓市场，“膏药章”很难打开市场，无法进行良性的运转。“膏药章”开始打造自主市场渠道与营销网络。在设计渠道时，“膏药章”发挥其产品属于国家中药保护品种和国家医保目录产品的特色，打开了市场的突破口。接着，“膏药章”花大力气打造了一支自己的终端营销队伍，向各级医疗体系进军，因其产品特色和营销优势，许多经销商也都非常愿意做“膏药章”，从而终端渠道的销售有了非常强大的保证。

目前，“膏药章”的自主营销网络已经分布三级市场，从省级到地市级、到乡镇级的多种渠道构架已经完成，为其销售增长奠定了广泛的基础。另外，“膏药章”在渠道的运作与市场营销上，以点带面，把局部市场与重点市场作为突破口。在战略与战术上都采取求稳推进的方法，“膏药章”并没有使用广告推广轰炸消费者，而是先从消费使用膏药开始，与销售点合理配合，细心介绍与定点推广，使市场占有率稳定上升。“膏药章”的营销模式是一种深度分销战术，其合理运用自主的网络构架，凸显其产品优势，在保证产品质量的前提下，最大限度地使其产品在较短的时间内把产品销售到消费者手中，从而形成销售的良性循环。

问题：

1. 请结合本案例分析分销渠道在医药市场营销中的作用。
2. 请结合本案讨论在设计分销渠道时需要考虑哪些因素。

第一节 医药产品分销渠道概述

一、医药产品分销渠道的含义与特点

（一）医药产品分销渠道的含义

分销渠道（distribution channel）又称营销渠道（marketing channel）或营销网络或营销通路。对于分销渠道的定义，不同的学者进行了不同的描述。如营销大师菲利普·科特勒认为：“分销渠道指某种货物或劳务从生产者向消费者移动时取得这种货物或劳务的所有权或帮助转移其所有权的所有企业和个人。”而美国学者伯特·罗森布罗姆认为：“营销渠道是为实现分销目标而受管理控制的外部关联组织”，“营销渠道的本质是使消费者能够方便地在任何时间、任何地点，以任何方式购买到他们想要的产品或服务”。美国市场营销协会的定义是：“营销渠道又叫分销渠道，是指与商品所有权转移或商品买卖交易过程的中间商所组成的统一体。” 简单来说，营销渠道就是企业将其商品或服务向最后消费者或用户移动时，直接或间接转移所有权所经过的途径。

根据医药行业不同于其他行业的特点，医药产品分销渠道指医药产品或医疗服务从医药生产

企业转移到最终消费者的过程中，取得医药产品或医疗服务所有权或帮助所有权转移的所有商业组织和个人，如医药批发公司、零售药店和医药代理商等。

（二）医药产品分销渠道的特点

医药产品是一种特殊商品，关乎消费者的生命健康，其医药分销渠道的运作和建设与一般商品的分销渠道相比较有着很大的区别。医药产品分销渠道具有以下特点。

1. 政府严格管制分销渠道成员资格 为确保医药商品质量和消费者用药的安全性，国家对药品生产、经营企业实行严格的准入制度。根据相关法律、法规的规定，除营业执照外，药品生产企业需要通过 GMP 认证，药品经营企业需要通过 GSP 认证。除此之外，还规定了药品经营企业的开办条件、药品销售人员的条件，如药品零售企业销售药品应按照 GSP 进行，处方药必须凭借处方在执业医师的指导下才可以进行调配和销售。

2. 医药产品分销渠道进入壁垒较高 由于政府严格控制医药分销渠道成员资格，所以进入药品分销渠道的程序复杂，门槛高，进入者需有较强的经济实力、资质人才配备和经营管理能力。此外，不同类型的药品需要在相应的特殊渠道中经营，有些特殊渠道并没有对社会开放。如根据新修订的《国务院关于修改〈疫苗流通和预防接种管理条例〉的决定》，普通疫苗需在疾病预防控制体系中运行，该体系不会向社会开放。

3. 选择渠道类型的自由度相对较小 由于准入条件和管理制度的限制，医药产品分销渠道所选择的经营范围有限，有些特殊药品（如麻醉药品、放射性药品、医疗用毒性药品和精神药品）由药监部门指定的经营机构进行销售。因此，这些渠道成员通常具有特许专营，甚至垄断经营此类特殊药品的能力。

二、医药产品分销渠道的类型与功能

（一）医药产品分销渠道的类型

对于医药生产企业来说，希望直接向消费者销售药品，而消费者也希望能直接从医药生产商处购买到其所需要的药品，但在现代商品经济社会中，由于受到国家政策、产品自身因素、市场营销经验、经济实力、管理水平等方面的限制，绝大多数的药品都需要中间商来参与将生产出来的药品转移至终端的消费者手中。根据不同的标准，可以将分销渠道划分成不同的类型，如图 9-1 所示。

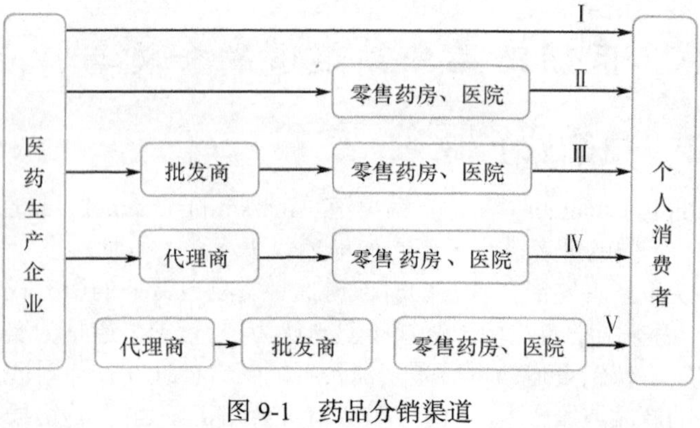

图 9-1 药品分销渠道

1. 直接渠道和间接渠道 根据分销渠道中医药产品是否经过中间商可分为直接渠道和间接渠道。直接渠道（direct channel）是最简单、最直接的一种渠道，是指医药产品从医药生产企业直接流通到最终消费者或用户的手中，其过程没有任何中间商参与。这种分销模式是医药工业产品分销渠道的主要类型，如图 9-1 中的第Ⅰ种类型。其优点表现在：医药生产企业与消费者可以直接进行交流，对消费者的需求进行全面、具体的了解，有利于生产企业了解市场信息，及时做出决策；减少销售环节、降低流通成本，商品能及时到达消费者手中；增强商品的价格竞争力。其不足之处表现在：直接销售给消费者的产品或服务由医药生产企业自己负责。因此，企业必须承担销售过程中所需的人力、物力和财力，在市场相对分散的条件下，这些会成为企业沉重的负担，为企业的生产经营活动带来不利影响。

知识链接 9-1　直销与传销

传销产生于第二次世界大战后期的美国，成型于战后的日本，20 世纪 80 年代，雅芳、安利等外资企业带着传销模式进入中国，短时间内，传销在我国迅速兴起。随着市场的发展，传销被一些不法商人利用销售假冒伪劣产品欺骗消费者以牟取暴利。在这种情况下，我国于 1988 年 4 月 21 日出台《关于禁止传销经营活动的通知》，但非法传销屡禁不止。2005 年国家颁布了《禁止传销条例》，视所有的传销活动为非法，并且颁布了《直销管理条例》以便区分直销与传销的关系。

直销（direct selling），按世界直销联盟的定义，指“以面对面的形式，直接将产品及服务销售给消费者，销售地点通常是在消费者或他人家中、工作场所、或其他有别于永久性零售商店的地点”。

传销（pyramid selling）又叫“多层次营销”，指组织者或者经营者建立与发展下游传销员，要求被发展人员以交纳一定费用为条件取得加入资格等方式牟取非法利益。传销的理论基础来源于市场倍增学的原理，充分地利用了人的发财欲望。

间接渠道（indirect channel）指医药生产企业需通过医药中间商将医药产品销售给最终消费者，医药中间商包括医药批发商、医药代理商、医药零售商等，这种分销模式是药品营销渠道的主要类型。其优点表现在：通过中间商销售，节省了生产企业的人力、物力和财力，可以集中精力搞好生产；可以利用中间商的销售经验、销售网络和商誉，扩大医药产品的销售范围，提高市场份额，同时减少资金占用和生产商经营操作的风险。其不足之处表现在：使用中间商将增加产品销售环节，商品流通时间被大大延长，增加流通成本，医药生产企业不能及时了解市场变化和消费者需求。

2. 短渠道和长渠道　根据分销渠道的层次多少可分为短渠道和长渠道。分销渠道的长短通常取决于商品在整个流通过程中所经过的流通环节的多少，所经过的流通环节越多则分销渠道越长，即长渠道，反之，分销渠道就较短，即短渠道。

短渠道指医药产品从医药生产者直接流通到消费者手中或流通过程中只有经过一个环节的分销渠道，如图 9-1 中的第Ⅰ种和第Ⅱ种类型。其优点表现在：商品的中间环节少，可以节省流通时间及降低流通成本，促使商品的价格竞争力增强；有利于生产企业了解市场信息，掌握市场行情，并及时根据市场情况做出正确的决策。其不足之处表现在：分销渠道短，不能够有效地覆盖目标市场，市场占有率低，不利于大量销售的医药商品，但适合新特药、进口药物的销售；此外，短渠道增加了生产者经营操作风险。

长渠道指医药产品从医药生产企业流通到最终消费者或用户的手中，医药生产企业采用两个以上不同类型的中间商参与销售的营销渠道，如图 9-1 中的第Ⅲ种、第Ⅳ种和第Ⅴ种类型。其优点表现在：营销渠道长，分布面广，触角多，能够有效地覆盖目标市场，有利于扩大产品销售，提高市场占有率。普通药品一般采用长渠道销售，原因在于它销量大、单位价格低、覆盖面广。其不足之处表现在：由于医药生产企业利用不同类型的中间商进行销售，中间环节过多，将会增加流通成本，导致消费者拿到的药品价格经过层层加价，削弱了药品的价格竞争力；药品运输成本较高，以及运输过程中产品易出现损耗。另外，渠道过长，市场信息收集困难。

3. 宽渠道与窄渠道 根据分销渠道的中间商数目可以分为宽渠道和窄渠道。渠道的宽度取决于分销渠道在每个层次上选择同种类型的中间商数量的多少。如分销渠道在每个层次上使用的同种类型的中间商数目越多则分销渠道越宽，即宽渠道；反之，分销渠道就比较窄，即窄渠道。

宽渠道指医药生产企业在每个流通环节上选择两个以上相同类型的中间商来销售其产品。通常非处方药药品和普通药品的医药生产企业倾向于采用宽渠道进行销售。其优点表现在：多网点多门店销售，能使药品迅速进入市场，快速占据市场份额；同类型的中间商之间相互竞争，可以提高整体营销的效率，有利于生产企业对分销渠道进行评价、取舍和权衡。其缺点表现在：销售成本偏高，广告费用一般由医药生产企业承担；医药生产企业与医药中间商之间的关系松散，难以保证其对本企业的忠诚度，不利于医药生产企业对医药中间商进行有效控制。

窄渠道指生产企业在每个流通环节上只选择一个中间商来销售它们的产品。此类型的渠道适用于单位价格高的进口药、处方药和新特药，以及大型的医药工业品的销售。窄渠道的目的在于能够及时获得市场信息和反馈信息，为企业的开发和扩展市场提供参考依据。其优点表现在：医药生产企业与中间商之间协作关系密切，能够共担风险与利益，利益均沾；医药生产企业可以有效地管理医药中间商，控制其商品的价格和销售。其缺点表现在：医药生产商对医药中间商的依赖性过强，如果市场环境恶化、中间商反客为主，可能使医药生产商失去主动权；不利于产品的广泛销售，不能很好地吸引潜在消费者。

（二）医药产品分销渠道的功能

医药分销渠道所发挥的功能主要表现在以下几个方面。

1. 销售功能 医药分销渠道在企业营销活动中执行的主要功能是销售，使医药商品或服务顺利地转移至最终消费者手中，能让消费者在任何时间、任何地点、以任何方式购买到他们想要的产品与服务。

2. 信息的收集与传递功能 信息传递具有双向性，医药中间商在生产者与消费者之间起到信息沟通的桥梁作用，医药中间商既能将企业的产品信息通过各种方式传递给目标市场，从而促进市场需求，又能将市场信息及下一级渠道成员（或消费者）对医药产品的需求反馈给医药生产商，以便医药生产商按照市场需求及时调整生产计划和营销策略。

3. 实现资金流动功能 资金流动指随医药产品从生产领域向消费者转移过程中所发生的资金交易活动。不论是生产药品，还是销售药品，都需要投入资金来完成药品所有权的转移。资金的流动具有双向性，通常由顾客通过不同的付款形式将货款付给中间商，再由中间商扣除佣金后支付给医药生产企业。有时渠道成员可以依靠自己的资金实力或信贷融资，大幅度扩大医药产品流通的资本来源，先将一部分或全部货款交付给医药生产企业，使医药生产企业的资金快速回笼，提高医药生产企业的资金使用效率。

4. 服务功能 医药分销渠道成员连接着医药生产企业与医药零售商，能代表医药企业发挥售前、售中、售后服务功能，有利于强化销售。尤其是专业性较强的医药产品，更需要一批专门从事医药产品分销的渠道成员代替医药生产企业为消费者提供专业的药学服务指导。

5. 风险承担功能 医药生产企业与中间商合作，会将部分商业风险转嫁给医药批发商或代理商，如在医药产品分销过程中出现医药产品失效、破损等。另外，在某种程度上还为医药生产企业承担了医药机构拖欠货款的风险。

6. 物流功能 渠道成员承担了医药产品的运输和储备功能，中间商可以帮助医药生产企业降低储存产品的成本和风险。另外，中间商能够利用地理位置优势接近消费者，为消费者提供更便捷的运送服务。

（三）医药产品分销渠道的作用

目前，国内多数医药生产企业选择分销渠道销售自己的产品，医药分销渠道作为连接生产商和消费者的桥梁与纽带，其主要具有以下几个方面的作用。

1. 调整医药产品供需之间的矛盾 医药产品分销渠道主要是调整生产者与消费者之间在医药产品的品种、数量、规格、剂型、时间和空间上的矛盾，而解决这些矛盾，需要中间商通过运输、仓储等其他活动来对各种医药产品进行分散销售。

2. 减少企业交易次数，降低销售成本 中间商参与医药产品流通环节，可以降低医药产品交易次数，从而降低销售成本。需要注意的是，分销渠道层级过多，同样也会增加医药产品的交易成本。假设有三家医药生产企业（图 9-2），将医药产品销售给三家医药零售商，假设没有批发商的参与，则要发生九次交易才能完成所有交易任务；若在医药流通的过程中设立批发商，则可以减少总交易次数，由九次变为六次。

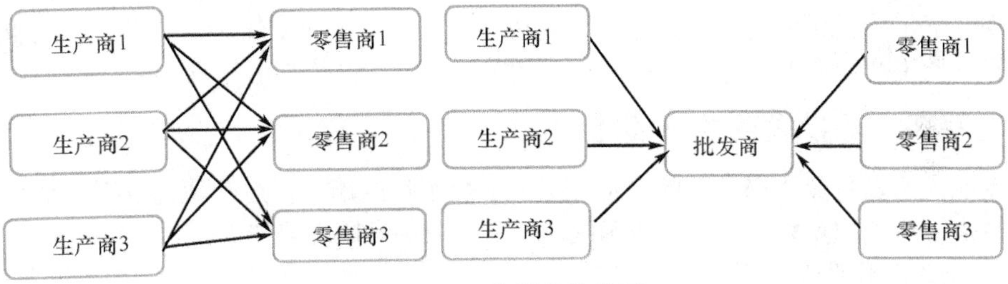

图 9-2 医药渠道的作用

3. 能使新产品迅速占领市场份额 一般来说，中间商可以利用在当地已经相对完善的营销网络系统的优势，帮助医药企业将新产品迅速占领市场及有效缩短产品的推广周期。

知识链接 9-2 非处方药与处方药分销渠道

目前国际通行的药品分类管理办法将药品分为处方药品和非处方药品两大类分别进行管理。我国《处方药与非处方药流通管理暂行规定》中指出："处方药品是指必须凭执业医师或执业助理医师处方方可购买、调配和使用的药品。"因此，药品的分类及特性决定了其不同的分销渠道模式，其区别主要表现在零售终端上。

非处方药与消费者联系密切，有些患者可以通过自我诊断后根据自身需求选购药品，因此，其零售终端的重点主要在零售药店、第三终端或者医院；而处方药的购买和使用必须凭专业医生的处方，这就决定了处方药销售场所主要集中在医疗机构，但也不排除药店或第三终端。

第二节 医药产品中间商

中间商（intermediate trader）是指在生产商与消费者之间将购入的产品通过转售来获取利润的企业，包括批发商、零售商和代理商。医药产品中间商是指处于医药生产企业与消费者之间进行医药产品代理、批发和销售的经济组织或个人，如医药批发商、医药代理商、医药零售商等。总的来说，在全球经济迅速发展的今天，医药中间商发挥着不可替代的功能，多数营销活动都是在医药中间商的积极参与下完成，能有效地帮助医药企业提高销售活动效率、节省时间成本，储存与保护医药产品。

一、医药产品批发商

（一）医药产品批发商的含义

医药批发商（pharmaceutical wholesaler）是指专门从事医药产品大批量买卖交易活动的组织或个人，其经营活动主要表现在将医药产品再次销售给需要转售或生产加工的医药企业。相对于医药产品零售商，医药产品批发商更接近医药生产企业，它区别于医药零售商的最主要标志是一端连接着医药生产商（或代理商），另一端连接着医药零售商，其业务特点是处于流通的中间环节，产品数量大、交易次数少，批量出售商品，不提供零售业务。

（二）医药批发商的功能

医药批发商处在医药产品分销渠道的中间环节，担负着确保库存、整合运输和传达信息的重任，以实现流通上的批量购进和批量销售，避免了医药生产企业重复建设营销队伍或直销机构；替代或补充医药生产企业的各种促销活动，降低了医药生产商的相应的投入。

（三）医药产品批发商的发展趋势

如今是我国医药行业快速发展的时刻，国家加快医疗改革步伐给医药批发企业带来发展机遇的同时也带来了激烈的竞争。目前，我国医药批发企业的发展趋势如下。

1. 整合成为医药产业未来发展的方向 医药流通企业通过收购、合并、参股和控股等方式做大做强，实现规模化、集约化经营，实现行业整合和优化行业结构。医药产业的整合对于医药批发企业来说，既是一个发展的机会，也是一个新的挑战。随着企业数量的减少，市场集约化和市场集中度将提高，医药批发企业需要对资源进行合理配置，不断提高市场竞争力和抗风险能力。

2. 调整发展战略，多种业态并存 随着我国医药批发行业改革的推进，以及我国医药市场的多元化发展，外资企业进入医药流通行业的步伐加快，将加剧我国医药批发企业之间的竞争，未来企业的定位会更加细化，多种业态并存。

3. 创建现代化物流服务，服务范围将更加广泛 世界各地的医疗业务从单一的物流服务提供商转向整体服务提供商，已经是一个普遍的趋势。医药产品的物流配送服务依然是我国目前绝大多数医药批发企业的主要收入来源，但在不久的将来，这种建立在信息技术基础之上，基于上下游产业价值链的增值服务必将成为医药批发企业的重要收入来源之一。

4. 对医药批发企业的资金要求将更高 随着医药市场的竞争加剧，对于医药企业提出了更高的资金要求。医药企业通常拥有销售区域行动主动权的前提是必须具有雄厚的财力，这样企业才能代理更多的品牌产品；针对下游客户，必须加强区域分布终端服务理念，特别是目前国家基本药物制度的广泛实施，将真正地考验医药批发企业分销能力和服务能力，倒逼医药批发企业增加资本投资来优化自己的管理机制，如优化仓储、运输和销售等环节，目的是更好地服务于客户，赢得市场。

二、医药产品代理商

（一）医药代理商的含义

医药代理商（pharmaceutical agents）是指受委托人委托，替委托人采购或销售医药产品并收取佣金的一种中间商。代理商可以进行买卖，有代理权，但不拥有药品的所有权。因此，医药代理商只是在买卖双方之间扮演中介角色，通过促成交易赚取手续费或者佣金，一般由医药商业公司或个人组成。

（二）医药代理商的特点

（1）医药代理商是独立合法的医药经营企业，具有独立法人地位，与医药生产企业保持着长期稳定的关系，两者之间的联系是通过合同等契约形式来相互约束而实现的。

（2）一般情况下，医药代理商按其代理采购或销售的固定比例提取佣金，承担市场风险较小。

（3）医药代理商通常需严格执行医药生产企业规定的定价，在医药生产商规定的价格幅度内浮动医药产品的价格。

（4）医药代理商只能在委托人指定的区域内销售其代理药品，不能再代理销售其他具有竞争性的相同品种的其他药品，但代理商可以代理与其已代理的产品不产生竞争关系的其他相关产品。

（三）医药代理商的发展趋势

目前，大多数中小型医药企业尚不具备足够的能力和资金和去组建覆盖全国的营销网络，相对于医药企业自建分销渠道，医药代理商与医药生产企业分工合作，密切配合，充分发挥了其代理商的资源优势。

目前，我国医药代理商的发展趋势主要表现在以下几个方面。

1. 医药代理商和医药生产企业之间合作关系的优化　代理制双方在选择合作伙伴时，强调的是长期和共同的发展，更倾向于共赢的战略，而不是某一方眼前的短期利益。未来医药代理模式更倾向于考量双方的信任程度，将成为医药代理除契约外的另一规范手段。

2. 医药生产企业更多地参与到医药代理营销活动中　在目前的医药代理营销中，医药代理商的营销活动体现出短期性和区域性的特征。未来的药品代理，医药生产企业承担有规模经济要求和企业战略层面的营销活动，代理商提供资金及负责区域市场开发和维护，如品牌宣传、产品培训、学术推广活动等，双方共同完成药品的市场推广工作。

3. 品牌药品和创新药品将成为代理市场的主导品种　当前的医药代理商，代理的品种以普药和中小企业的产品为主，随着医药生产企业和医药代理商营销分工的再造，品牌药品和创新药品在医药代理市场将逐渐占据主导地位，比例将越来越大。

三、医药产品零售商

（一）医药产品零售商的含义

医药零售商（pharmaceutical retailer）处于药品分销渠道的终端，通过设立柜台等医药销售营业场所，将从医药生产企业或医药批发企业购进的医药商品转售给消费者来实现其产品的使用价值。医药产品零售商一般包括社会零售药店、医院药房及第三终端等，其中第三终端包括乡镇卫生院、城乡个体诊所等。医药零售商和医药批发商的主要区别在于，医药零售商服务于个人消费市场，比医药批发商更接近消费者，从而可以准确地向医药生产商传达消费者的需求信息。其业务特点是：直接面向最终消费者，交易次数多，但金额少，处于流通过程的最后一个环节，其营业规模和服务质量直接影响着销售状况。

（二）医药产品零售商的类型

医药产品零售商的划分标准有多种，通常可以按企业的经营形态划分为单体医药零售企业、药品零售连锁企业和网上药店。

1. 单体医药零售企业 单体医药零售企业相对于药品零售连锁企业而言，指仅有一家门店独立经营药品，有完整的财务和物流体系，具有独立采购权，可以自主选择供应商，拥有采购和销售职能。

2. 药品零售连锁企业 药品零售连锁企业指在同一总部的管理下，经营同类药品、使用统一名称的若干个门店，采取统一采购配送、统一质量标准，以达到规模优势、共享规模效益的经营形式或组织形式。

3. 网上药店 指向消费者提供互联网药品交易服务的药品零售企业开办的网站。网上药店的优点主要表现在运作成本低、方便、快捷等。但也存在一些问题，如如何使用医保支付问题、药品质量如何保证等问题。

知识链接 9-3 单体药店会消失吗?

单体药店不会消失，这一点是肯定的，一个行业内多种业态并存，是行业走向成熟过程中的必然。不可能一种业态独步天下，即使在美国也有单体药店。专家认为未来几年单体药店会呈现以下几大发展趋势。

（1）专业化发展趋势：向特色专科药店转变，实施差异化经营。

（2）服务差异化发展趋势：形成服务特色药店。

（3）连锁化发展趋势：成为连锁药店的加盟店。

（4）联盟化发展趋势：药店之间联合起来形成联盟。

（5）网络化发展趋势：单体药店可以注册成为一家网上药店，降低运营成本。

（6）区域优势化发展趋势：定位为“平价单体药店”，成为区域内的强店。

（7）多元化发展趋势：解决客单价问题。

（8）战略转移化发展趋势：避开竞争，转战城郊。

（三）医药产品零售商的发展趋势

我国经济的快速发展、人均收入的增长、人口老龄化、医保覆盖面的增大和支付能力的提高都给药品零售市场带来新的机遇。从发达国家药品零售业的现状来看，我国药品零售市场仍有很大的发展空间，甚至有业界人士称 2010～2019 年是“医药产业黄金十年”。

1. 药品零售投资逐渐合理化 随着药品零售市场竞争的日益激烈，药品的利润空间进一步降低，药品零售业将向专业化、规模化、便民化的方向发展。由于药监部门对药店实行电子远程监管、动态监管及规范药店准入条件等，投资者在开办药店之前，通常需进行风险评估；并在市场调研的基础上，做出理性决策，才决定是否进行投资。

2. 药品零售服务专业化 我国居民对药店专业服务的需求在不断增加，对专业服务要求也越来越高。在发达国家，药店提供专业服务是发展的关键。如美国社会药房的执业药师会向病人提供用药咨询、糖尿病、心血管疾病等慢性病的管理、免疫和戒烟等服务。在未来，药品零售商想在激烈的市场竞争中立于不败之地，要通过专业的服务竞争来赢得市场和消费者的认同，稳定客源。

3. 药品零售发展多元化 多元化的发展将是药店摆脱价格战的困扰，进行良性竞争的重要途径之一。许多医药零售企业都清醒地认识到了这一点，如上海华氏大药房与欧莱雅集团合作，在药店内设立皮肤医学护理咨询中心，为消费者提供专家咨询、皮肤测试等服务；海王星辰药店相继推出了专业型药房、健康美丽型药房和社区便利型药房。

4. 药品网上经营管理法制化 随着信息技术和网络建设的改进和推广，医药电子商务法律法规的发布和实施，医药网上商业模式将逐步规范。

知识链接 9-4　国外药店经营的模式

目前，全球药店经营模式大致可划分为两种类型：一种是多元化经营，以美国和日本为代表；另一种是专业化经营，以德国和瑞典为代表。

（1）德国：独立的药店与统一的药价可确保药店提供专业服务。在德国，药品的价格实行全国统一定价，药店不能私自提高药品价格或自私降低药品价格，药店之间的只能在专业服务方面展开竞争。同时，药店经营者可以专心钻研专业技术，提供药学服务，保证消费者的利益，但是不能在扩大药店经营规模、药品进销等商业行为上花费过多精力。另外，在德国，为了防止药店形成医药联盟或者药品经营垄断，对消费者的权益造成威胁，禁止药店连锁经营，开设分支机构，以及与医院或诊所联合。

（2）瑞典：所有药店均由独家国有公司统一经营，提供专业化服务。在瑞典，全国只有一家医药公司，叫“瑞典国家大药房”，瑞典所有药店的所有权都归国家所有。瑞典是一个福利程度较高的国家，药店之间不需要竞争机制，国家也不要求药店具有较高的获利能力，药店的核心职能要体现在专业服务上。

（3）美国：普遍推行多元化经营，但多元化经营是建立在专业化水平很高的基础上。在美国，规定每家药店都必须配备执业药师，所售出的处方药品只有在执业药师在场并亲自复核和签发以后才能交到消费者手中。执业药师在药房内的职责主要是管理处方药，发现有疑问的处方，执业药师必须与医生取得联系。除对医生处方进行审核外，执业药师还要对新老患者进行询问登记和跟踪服务。由于美国药店所提供的专业服务，在美国，消费者对药师的信任度甚至超过了医生。

第三节　医药产品分销渠道的设计与管理

一、医药产品分销渠道设计

（一）影响医药产品分销渠道设计的主要因素

医药生产企业在进行渠道设计时，必须要综合考虑渠道目标和各种影响因素，主要的影响因素表现在以下几个方面，见图 9-3。

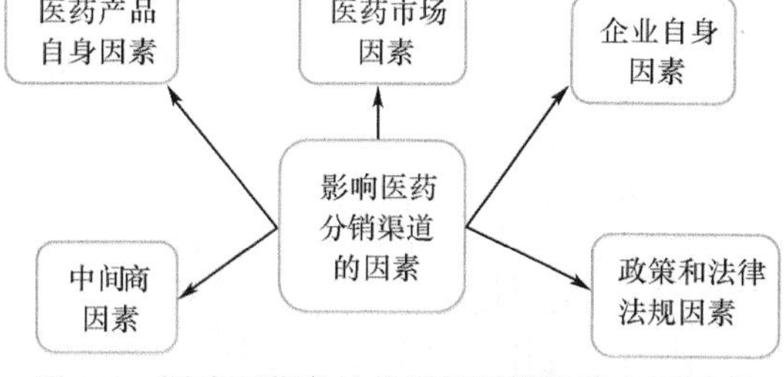

图 9-3　影响医药产品分销渠道设计的主要因素

1. 医药产品自身因素　主要包括药品的单价、体积和重量、有效期限、适用范围、产品的生命周期等。例如，单价高的药物，如生物制品、进口药物、新药等，在选择营销渠道时应采用直接通道或短渠道，减少流通环节；体积过大或过重，直接影响运输和储存的产品，如大型医疗器械，渠道宜短；反之，则可以采用长渠道，如有效期较短或季节性药品，适合选择短而窄的渠道；产品在导入期，为了快速进入市场时，应采用短渠道或直接渠道，成长期应当在原基础上增加渠道宽度，成熟时期为了适应竞争，吸引更多的顾客，应该扩大渠道宽度，衰退期削减成本，渠道应窄而短。

2. 医药市场因素 主要包括企业所选的目标市场范围的大小、市场竞争状况、消费者集中程度和消费者的购买习惯。通常来说，长渠道适合范围较大的目标市场；当顾客群体较分散且购买药品次数多、量少时采用长而宽的销售渠道，顾客群体集中程度高且购买药品次数少、量多时则采用短而窄的销售渠道；当市场竞争不激烈时采用与同行竞争者相同的分销渠道，反之，则采用不同的分销渠道。

3. 企业自身因素 主要包括医药生产企业自身规模、发展战略、品牌信誉、资金实力等。企业实力比较雄厚、管理能力较强，对渠道的控制力较强，适合采用长且宽的营销渠道，反之，则采用短且窄的营销渠道；企业产品信誉和品牌优势明显，为了进行密集型销售，适合采用宽、多渠道。反之，则采用直销或者选择性分销渠道进行销售。另外，企业的管理能力、资金实力、声誉、规模和战略也会影响企业对分销渠道的选择和设计，对于大型医药企业，良好声誉、管理能力强及资金雄厚，一般采用短渠道或直接渠道；而对于中小企业，知名度低、资金有限、管理能力弱，适合选择长渠道或间接渠道的力量来分销产品。

4. 中间商因素 主要包括中间商的财务能力、仓储能力、经营管理能力等。这些因素直接影响医药产品分销渠道长度，主要体现在中间商选择的自由度、中间的规模、中间商的分销成本和中间商对用户的服务质量四个方面。首先，中间商选择的自由度指在选定的市场区域内可供选择的中间商数量，如不愿意合作的中间商较多，医药生产企业只能选择短渠道或者建立自己的分销机构，反之，可以由医药中间商的层次来决定渠道的长度。其次，直接渠道适合购货较多的大规模中间商，小规模中间商采用间接渠道。另外，医药产品中间商进行产品销售时采用直接销售还是通过中间商进行销售，可以利用利润平衡点计算和分析，比较直接销售和间接销售两种不同方式下的利润，来决定采用何种分销渠道，如中间商的分销成本费用高，只能采用短、窄的渠道；如医药产品中间商的成本费用低，在保证较好利润的情况下，可以采用长渠道。最后，若中间商能为顾客提供优质的服务，宜采用长、宽渠道，反之，则选择短、窄渠道。

5. 政策和法律法规因素 国家的有关法律、法规会影响分销渠道的选择，如《中华人民共和国药品管理法》明确规定医药生产企业不能直接把药品销售给消费者，只能通过经过 GSP 认证的医药经营企业销售。

（二）医药产品分销渠道设计的原则

1. 畅通高效的原则 这是渠道设计的首要原则，任何一个正确的渠道决策都应符合追求最大经济效益的要求。市场营销人员可以从医药产品流通成本、流通时间和流通速度来衡量医药产品分销渠道的效率。营销管理者在设计高效的分销渠道时通常以消费的需求为导向，将药品产品以最短的路径、最少的时间和优惠的价格送达消费者方便购买药品的地点。企业选择畅通、高效的分销渠道模式，目的在于提高流通的效率，降低流通环节的费用，让消费者在合适的地点，以合理的价格购买医药产品，使分销渠道中的每个环节、每个流程的费用合理化，从而降低产品成本，使企业获得市场竞争优势并获得最大化的效益。

2. 覆盖适度的原则 医药企业在选择分销渠道的设计模式时，如一味地强调减少分销成本，有可能会导致销售下降、市场覆盖率不足等问题。较低的成本应该是规模效应和速度效应的平衡，不仅要考虑速度，降低成本，还应考虑送达到的产品如何销售出去，能否以高市场占有率覆盖目标市场。在选择分销渠道模式时，应避免过度扩张，分布范围太宽太广，以免造成沟通与服务的困难，最终导致失去对目标市场的控制与管理。

3. 稳定可控的原则 畅通有序、覆盖适度是分销渠道稳固的基础，一旦医药企业确定好分销渠道模式，就不会轻易更换渠道模式和渠道成员。渠道模式在建立的过程中复杂而缓慢，需要企业投资相当大的人力、物力和财力去建立和巩固，只有保持渠道的相对稳定，才能进一步提高渠道的效益。由于影响分销渠道的各种因素总是在改变，一些固有的分销渠道将不可避免地出现很多问题，这需要分销渠道有一定的调节功能，以适应市场的新形势、新变化，保持分销渠道的灵活性和活力。调整时应综合考虑各方面因素，使渠道始终都在可控制的范围内保持基本稳定的状态。

4. 协调平衡的原则　医药企业在选择和管理渠道时，应合理分配各成员间的利益，不能只追求自身的效益最大化而忽视其他渠道成员的局部利益。在处理渠道成员之间的合作、竞争和冲突时要求渠道的领导者有一定的控制和协调能力，能妥善处理成员之间的利益冲突关系，鼓励成员之间的良性竞争，减少冲突发生的可能性，确保总体目标的实现。

5. 发挥优势的原则　医药企业在分销渠道模式设计时为了获得竞争优势地位，要尽可能地发挥自身各个方面的优势，根据自身的特长，选择合适的分销渠道模式，能够达到最佳的经济效益和良好的客户反应，同时把分销渠道的设计模式和企业的产品策略、促销策略、价格策略结合起来，提高市场营销组合的整体优势。

（三）医药产品分销渠道的设计过程

1. 分析目标市场顾客需要　医药企业在设计分销渠道之前要先确定客户实际上需要什么样的产品。这就需要通过市场调查了解顾客的需要，了解他们所需购买医药产品的数量、质量、品种、购买需要等待的时间，购买是否方便，购买时需要何种类型的服务和服务水平。

2. 明确渠道目标　医药企业在制定医药产品的分销渠道的目标时经常有多种选择。比如，有些医药企业一开始为了把新产品推进市场就会强调速度，致力于产品能快速转移；一些日常药品则强调分销渠道的便利性，方便顾客在附近就能购买到药品；一些医药企业经营多种产品，就会强调分销渠道的多样选择性，可以为顾客提供丰富的产品规格；一些医药企业产品质量功效过硬，就会把重点放在售后服务中。在复杂的医药市场环境中，不管医药企业是追求单一的目标，还是追求多个分销渠道目标。医药企业都必须明确分销渠道的目标。

3. 制订渠道备选方案　医药企业在制订渠道备选方案时需考虑渠道的长度、宽度及渠道成员的权利和义务。

（1）明确渠道的长度：根据渠道设计的影响因素来决定渠道长度，从而决定采取短渠道还是长渠道，并在这样的基础上确定中间商的类型。

（2）明确渠道的宽度：明确渠道的宽度也就是确定中间的数目，一般从密集分销、选择分销和独家分销三种类型中选择。

密集分销是指生产者运用尽可能多的中间商分销其产品，使渠道尽可能加宽。例如，一种新的感冒药产品，为了尽快扩大全国市场份额，该公司在多家医药媒体上发布广告招商，以较低的出厂价格吸引中间商分销其产品。

选择分销是指在某一地区有条件地选择少数几个中间商分销其产品。例如，近年来抗流感药热销，某公司的一种中成药口服液在市场上表现良好，多家医药企业想成为该药品的代理商，但某公司决定只选择之前有过合作且报价较高的三家企业代理该产品销售。

独家分销是指生产者在某一地区只选定一家医药中间商分销其产品，实行独家经营。独家分销是最窄的分销渠道。采用独家分销方式时，医药生产企业通常会与中间商签订独家经销合同，规定医药中间商不得经营竞争者的产品，这种独家分销方式有一定风险，如果这一家医药中间商经营不善或发生经营意外，医药生产企业将蒙受损失。例如，药品生产企业 A 与代理商 B 就止咳糖浆 C 产品签订代理销售协议，规定 2015～2020 年，在北京地区代理商 B 不得再经销其他止咳糖浆类产品；药品生产企业 A 也不得再与其他中间商签订代理合同。

（3）明确各渠道成员的权利和义务：各渠道成员的权利和义务主要包括以下四个方面：价格

政策、销售条件、中间商的销售地区、双方的服务和责任。其中，价格策略的内容由医药生产企业制定价格表和折扣细目表；销售条件包括付款的条件和医药企业的担保；中间商的区域权利包括中间商的经销区域和特许权；双方的服务和责任包括医药企业和中间商双方各自的服务内容、服务水平和相应的责任。

4. 评估与选择合适的渠道方案 在确定渠道备选方案之后，医药企业可从经济性、可控性和适应性对备选方案进行评估，最后选择合适企业自身的渠道。经济性是最重要的评估标准，比较备选方案可能达到的销售额及费用水平。如比较直接销售与使用代理销售哪种方式销售额水平更高，比较哪种方式支出的费用大，企业对上述情况进行权衡，然后从中选择最佳分销方式；可控性标准评估需要企业对中间商、分销渠道的长短、宽窄的可控性难度进行全面比较，从而选择最优方案；适应性标准评估指生产企业需考虑与中间商的签约时间长短问题，一般不宜签订时间过长的合约，除非在经济或渠道控制方面具有十分优越的条件。

二、医药产品分销渠道的管理

医药产品分销渠道的中间商都属于独立的法人或经济实体，普遍具有一定的竞争优势和深刻的商业背景。因此，管理中间商是渠道策略中重要的环节，医药生产企业应尽可能多地了解和接触中间商，从而可以很好地协调分销渠道各方面的关系，将分销渠道功能调整到最好的状态。医药产品分销渠道管理包括渠道成员管理、渠道冲突管理和渠道的窜货管理。

（一）医药产品分销渠道成员的管理

1. 选择分销渠道成员 选择分销渠道的成员主要是选择医药中间商，即选择代理商、医药批发商和医药零售商，渠道成员选择的好坏直接影响医药产品在当地的销售工作，如果选择不当，轻则影响销售业绩，重则败坏企业的声誉。一般选择的标准包括中间商的声誉、经营能力、经营范围、协作精神、业务人员整体素质和未来的销售潜力等。医药生产企业在选择渠道成员时必须结合自身的综合因素来选择合适的经销商。

渠道成员的选择是一个双向选择的过程，医药生产企业在选择医药中间商时倾向于选择声誉好、经营能力强、业务人员整体素质高的中间商；而中间商倾向于产品优质、产品获利能力大的医药生产企业。在选择渠道成员时可以从以下几个方面对渠道成员情况进行评估。

（1）经营资质：中间商必须具有相应的资质才能从事医药产品经营销售活动，在选择渠道成员时需审核法人证明、《营业执照》、《经营许可证》、《GSP 认证证书》及组织机构代码证等。

（2）经营特征：医药产品生产企业选择中间商的目的在于依靠经销网络实现快速铺货，所以要考虑中间商的服务区域、营销能力、营销网络、经营理念、经营方向、企业规模等经营方面的内容。

（3）业务现状：指备选的中间商以往的经营业绩、市场占有率、同类产品的营销情况、资信实力、管理能力、业务人员的素质、与本企业的合作意愿等。

2. 激励分销渠道成员 分销渠道激励指在选定医药产品分销渠道成员之后，医药生产企业需要对中间商不断地进行激励来促进渠道成员实现既定的销售目标而开展的一切措施或活动，医药生产企业激励渠道成员应该本着互利合作的精神和互助的原则，对业绩良好的中间商应该及时奖励，并与之建立长期稳定的合作关系。医药生产企业对中间商的激励手段主要有以下几种。

（1）根据市场需要向中间商提供适销对路的医药产品。这是对中间商的最好激励，因为适销对路的医药产品能够给中间商带来源源不断的利润。另外，医药生产企业要协助医药分销渠道成员做好相应的药品市场开发工作，如非处方药药品促销、处方药推广等。

（2）协助中间商提高销售队伍的专业素质。随着市场的专业化，中间商需要提高销售队伍的专业素质，医药生产企业可向中间商提供技术指导并协助其进行人员培训，如医药生产企业可以指导销售人员如何陈列药品，帮助零售商培训营销人员或邀请分销渠道成员参加业务培训等工作，帮助中间商改善经营管理，促进药品的销售。

（3）设立合理的奖惩制度。为鼓励中间商提高销量，资金尽快回笼，当分销渠道成员的销售到达一定的数额之后（如按一月或一年计算），给予渠道成员一定数量的返利，或当中间商提前回款也给予一定数量的返利。反之，渠道成员没做到按合同规定的药品销量或者没有及时回款，应给予相应的惩罚。

（4）与中间商共同开展广告宣传。由医药生产企业负责一定的广告费用，或与分销渠道成员共同开展广告宣传来扩大企业和医药产品的品牌知名度，以促进市场销售。对于处方药生产企业而言，可通过医药生产企业承担医院推广药品相关费用的方式来激励分销渠道成员。

（5）制定合理的产品价格和折扣政策。合适的产品价格在一定程度上既有利于市场销售，又可以增加渠道成员合理的利润。医药企业在制定产品价格时除了充分考虑企业的成本外，还要兼顾渠道成员的局部利益。根据实际的销售业绩情况给予渠道成员适当的价格折扣，如累计折扣和数量折扣，这也是鼓励渠道成员积极销售产品的有效手段。

3. 评估分销渠道成员　医药企业对分销渠道成员的评估可以通过对分销渠道成员已经销售的药品数量，产品的库存状态，售前、售中、售后服务和回款情况的调查，来评估合同履行情况。医药企业评估现有的药品分销渠道成员时还必须定期评估中间商的绩效，如果某一渠道成员绩效过多地低于既定标准，需找出原因，同时还应考虑补救方法。检验和评估分销渠道成员，目的是确保营销活动顺利而有效地进行。评估分销渠道成员一般考虑以下几种情况。

（1）对分销渠道成员构成进行分析：医药企业在一定时期内对某个区域或者全部区域的分销渠道成员的产品营销和回款情况进行统计分析，将分销渠道成员分为不同的类型，并区分不同程度的重要性，以便企业将优势资源集中投入到重要的分销渠道成员身上。

（2）对分销渠道成员与本企业的交易业绩进行分析：医药企业应当随时掌握分销渠道所有成员的月销售额或年营业额及回款情况，计算出重要的分销渠道成员占本企业销售额总数的比重，通过比较其实际的业绩和目标之间的差距，找出原因，并采取相应的措施来维护企业整体营销的稳定增长。

（3）分销渠道成员对本企业产品持有的态度及合作意愿分析：对分销渠道成员持有本企业产品的态度和合作意愿应进行重点分析，尤其是在营销策略即将或已经发生重大的变化时，分销渠道成员的合作意愿会直接影响企业对医药产品的投入强度，也直接影响产品的销售情况。

（4）对分销渠道成员的发展潜力进行分析：医药企业要重视分销渠道成员的发展潜力，定期进行客观的评估分析，有利于企业做出战略部署，利于企业的长远发展。

4. 调整分销渠道成员　医药企业的管理者不仅要做好分销渠道的建设和运行管理，当市场环境发生变化时或企业营销战略发生重大调整时，还需根据分销渠道成员的实际情况及时进行调整，分销渠道成员调整的主要策略如下。

（1）增加或减少分销渠道成员：指在原有的渠道模式不变的情况下，增加或者删减个别分销渠道成员。不管是增加还是删除个别渠道成员都需要企业认真权衡其带来的影响。对分销渠道成员进行综合分析和评估后，如果某一渠道成员绩效低于既定标准，需找出其原因，同时还应考虑补救方法，对合作意愿不强的渠道成员应及时整顿，甚至淘汰。

（2）增加或减少渠道环节：指在原有的基本分销渠道模式不变的情况下，根据需要适当增加或删减某渠道环节，在增减渠道环节时，需要企业对调整渠道环节可能带来的影响进行分析比较，以便得出最佳的渠道环节调整方案。

（3）对原有渠道进行彻底调整：一般来说，医药企业采取这种策略是因经营理念、商业模式的变化等原因，全面放弃原有分销渠道，重新设计和构建未来的分销渠道。

案例 9-2 某医药企业优化分销渠道

某医药企业是一家大型医药骨干企业，曾被评为全国 500 家最佳效益企业，拥有 10 多个畅销品种。近年来，该企业的销售业绩每年都保持着 30%以上的增长速度，但在销售快速增长的同时，该企业的分销渠道管理出现了严重问题。

为了解情况，该企业组织了 5 个调查小组，深入到全国各大区与一线业务人员、区域经理、大区经理分别进行座谈及征求各方意见。经过两个多月的调查分析后，认为分销渠道中存在的问题主要表现在：商业客户过多，这是导致分销渠道管理人员精力分散和资金周转率低的主要原因；企业人员对商业客户过多将产生的危害性缺乏充分的认识及缺乏必要的商业开户控制流程；另外，部分实力弱、规模小、信誉差的商业客户长期占用资金，回款周期过长，也是导致企业资金周转率低的主要原因，这些客户占坏账、呆账比例的 80%以上。

在发现问题后，该企业营销总部制定了“义利兼顾、稳步推进”的分销渠道合作伙伴优化策略。第一，减少厂家直接供货的一级经销商数量，原则上不再向二级以下经销商直接供货；第二，建立商业客户资信评估系统，从企业内部严格控制商业开户，并严格限制一级经销商的数量；第三，建立坏账预警机制，为了有效防止新的坏账、呆账发生，建立新的坏账责任人制度，将坏账责任明确到人。

经过近 3 年的稳步推进，一级经销商的数量减少到原经销商总数的 20%，降低了分销渠道治理的难度；经过资信评估和考核后的一级代理商均实力较强，资信良好，新的坏账预警机制有效地防止了新的坏账、呆账的发生。

问题：

1. 请结合案例，分析该医药企业分销渠道管理的问题出在哪里。
2. 请结合案例，分析该医药企业采取了什么方法调整分销渠道成员。
3. 如果你是医药企业的分销渠道管理者，应怎样优化该企业的分销渠道？

（二）医药产品分销渠道冲突管理

分销渠道冲突是指分销渠道成员之间因利益关系所产生的种种矛盾，如拖欠货款、跨区域窜货、乱价销售。

1. 分销渠道冲突的原因

（1）分销渠道成员在目标、期望之间的差异：每一个分销渠道成员都是独立的个体，对医药市场有着不同的利益目标和期望值。有时医药生产企业对于市场的期望经济形势的预测、市场的需求等持乐观态度，其期望值要高于中间商，希望占有更大的市场，获得更多的销售增长额及市场份额。因此，医药生产企业通常会给中间商定较高销售目标，而中间商对于市场的期望往往会低于医药生产商。因此，医药生产商有时会认为中间商销售不够努力，而中间商则认为销售目标过高，这样冲突可能就会产生。

（2）分销渠道成员之间的信息不对称：分销渠道成员之间的有效沟通对保证分销渠道合作具有重要作用。然而，分销渠道成员之间的信息来源各不相同或信息传递存在障碍，甚至出现发布虚假信息的情况，导致沟通障碍，引起信息冲突。例如，某一种药品在市场上出现了销量下降的情况，医药零售商虽然了解这一情况，却没有通知医药生产企业，可能导致生产厂家还在扩大生产，因而导致该药品库存积压。

（3）资源分配问题：分销渠道中渠道资源（如医药产品、客源、渠道支持费用）分配上的意见分歧也会引起分销渠道成员之间的冲突。当分销渠道成员某方资源稀缺时，在分销医药产品时可能会出现不公平，因而导致其他分销成员的不满或抱怨。如某医药产品畅销时，其批发商会因医药生产企业供应不及时，产生抱怨，如不能妥当处理，就会导致冲突。

2. 分销渠道冲突的类型　没有分销渠道成员之间的合作就没有分销渠道成员之间的冲突，而分销渠道成员之间进行合作，难免会因为目标和利益的不同，彼此之间产生冲突，这是不可避免的。根据冲突的形式和内容，可以将医药分销渠道冲突可分为垂直冲突、水平冲突和多渠道冲突。

（1）垂直冲突（vertical channel conflict）：也称为渠道上下游冲突，指同一渠道中不同层次的渠道成员之间的利益冲突，比水平渠道冲突要更常见。这种冲突主要发生在医药生产企业与批发商、批发商与零售商之间，在垂直渠道中，渠道的层次越多冲突可能就越大。例如，在价格方面，零售商或批发商会抱怨医药生产企业在价格方面控制太紧，利润少，在这方面很容易产生冲突，也比较常见；在药品推广方面，医药生产企业对中间商提供的服务（如广告，推销等）太少，可能引起冲突；服务方面的冲突主要表现在服务水平、服务对象之间存在不同的意见，难以达到意见一致。资源分配的方面冲突，在分销过程中上游分销商不可避免地要同下游经销商争夺客户，这会大大挫伤下游分销渠道成员的积极性。

（2）水平冲突（horizontal channel conflict）：指同一分销渠道中发生在同一层次的分销渠道成员之间的冲突。如果分销渠道中只存在一个中间商，往往不会存在水平渠道冲突。水平冲突发生的原因主要是医药企业没有对目标市场中间商所负责的区域进行合理规划。常见的水平冲突主要表现形式有：同一层级的药品价格定价不协调，某些分销渠道成员为了自身利益可能会损害其他成员的利益，以及同层次的代理商（或批发商）之间跨区域销售，因窜货问题或压价销售产生冲突。

（3）多渠道冲突（multichannel conflict）：医药企业建立多渠道营销系统后，不同渠道成员服务于同一目标市场时所产生的冲突就是多渠道冲突，有时候也被称为交叉冲突。例如，价格方面的冲突，不同渠道的医药产品进货价的差异导致渠道成员之间的售价差异而产生矛盾；服务方面，由于不同的渠道成员在服务水平方面存在不统一，容易导致发生冲突；道德方面，如某些分销商在销售中弄虚作假，损害了企业形象或品牌形象，也就间接损害了其他渠道成员的利益。

当渠道冲突发生时，医药生产企业要重视引导渠道成员之间进行有效竞争，有时渠道冲突并不一定只对企业的渠道系统的发展造成不利的影响，在特定条件下，有些渠道冲突会更好地促成企业分销目标的实现。此外，在互联网时代的今天，除了以上三种主要的渠道冲突形式之外，渠道冲突出现了一种新的形式，即传统渠道与电子商务渠道间的冲突。

3. 分销渠道冲突的协调

（1）协调垂直冲突：处理垂直冲突需要医药生产企业加强与分销渠道成员之间的沟通。在价格方面，医药生产企业可与分销渠道成员共同协商，制定联合定价，力求医药企业、中间商和消费者对制定的药品价格都满意。在药品的推广方面，医药生产企业和渠道成员之间共同商议推广方案，合理分摊推广费用。在服务方面，医药企业与分销渠道成员签订售前、售中和售后的服务协议，以此达到服务质量和服务目标的相对统一。

（2）协调水平冲突：水平冲突主要发生在价格方面，产品定价之前应该由医药企业和渠道成员之间共同协商，最后联合定价，确保同一渠道模式中，同一层次的渠道成员之间的药品价格一致。医药企业和分销渠道成员之间建立综合监督团队，对区域价格和服务等方面进行监督和管理，对违反相关约定的，应给予严厉处罚。

（3）协调不同渠道间的冲突：对于多渠道冲突，在价格方面，除可以采取同水平冲突相似的策略之外，为防止零售商进价的差异，医药生产企业直接售货给零售商的出厂价应参照分销渠道成员售给零售商的批发价格。另外，还要对分销渠道成员进行严格的管理和评估，规范经营行为，保持不同渠道之间药品价格和服务的一致性与协调性，减少冲突的发生。

案例 9-3 某医药企业分销渠道变革

某医药企业的健胃消食片曾创造了单品销售神话，突然出现了多家合作关系密切的商业客户解约的情况。经调查主要是因分销渠道混乱、乱价窜货、中间商销售产品利润低，包括终端药店也存在低价销售、负推荐等诸多问题，直接导致企业业绩停止不前，甚至下降。该企业对各级中间商的违规的动机进行分析后，发现造成分销渠道混乱的原因是与经销商签订高额销售任务。面临着无人维护，又缺乏规制的市场，企业不得不对分销渠道进行治理。

该企业梳理分销渠道，一是取消与各代理商（经销商）签订的高额任务目标。二是将 400 多家分销渠道成员缩减至 23 家。为了加强对客户流向的管理，企业允许代理商（经销商）跨区域销售，但禁止其向外省发货，代理商（经销商）只能向指定的省外发货并严格控制省内发货量。三是为防止市场窜货，企业在每一外箱盒上都打上定位码。

为保证措施顺利执行，该企业建立了专门的督察队伍和处罚机制，督察队伍负责检查窜货、低价等违规事项。处罚措施视情节轻重而定，处罚包括：扣除当月、半年或全年返利，中止合作，列入黑名单通报全国等处罚等级。同时，企业还建立了市场人员举报的激励和压力制度，避免不举报或市场之间私了而影响客户利益。

企业渠道变革 3 年，不仅使窜货、低价等问题得到解决。其销量增长了 10.2 亿元，年均增幅 25%；利润由原来的 0～1%增长至 5%～8%，2010 年广告投放则减少 320%。

问题：

1. 请结合案例，分析该医药企业渠道冲突的原因。
2. 请结合案例，分析该医药企业是如何治理渠道冲突的。
3. 请结合案例，谈谈医药企业应如何防止渠道冲突的发生。

（三）医药产品分销渠道窜货管理

窜货，又称冲货、跑货或倒货，指在分销渠道中的医药销售机构或分销成员因利益的驱动，以低于医药企业规定的价格将其医药产品跨区域进行销售的行为。窜货行为是现阶段中国绝大多数医药企业分销渠道管理中会遇到的问题。业内人士把它视作“洪水猛兽”，如果经常发生窜货现象，会导致中间商对产品失去信心，造成假药流入市场，使消费者对品牌丧失信心，对医药企业的品牌和市场造成巨大的破坏。要解决窜货问题需要先找到窜货原因、类型，才能在此基础上寻找窜货问题的解决方案。

1. 医药产品窜货的原因 医药产品分销渠道中窜货的原因有医药生产商的自身原因，也有医药中间商的原因，医药产品分销中窜货的具体原因主要有以下几点。

（1）价格管理系统混乱：地区经济发展不平衡，导致不同地区市场发育不平衡，医药生产企业在不同的市场或区域实行差别定价时，不同区域的中间商从医药企业的进货价格也会存在差异，这样就很容易导致低价进货的中间商向其他市场或区域窜货。另外，分销成员把医药生产企业提供的促销费、广告费、补贴费用等用来弥补降价销售带来的损失，如分销成员故意压价销售，容易造成市场价格竞争甚至“价格战”。

（2）不合理的销售目标：一些医药生产企业希望在短时间内迅速提高市场占有率，不顾当地市场容量及经销商的分销能力，盲目给经销商制定较高的销售目标。当经销商不能完成销售任务时，往往都是向周边区域倾销产品，从而导致窜货的发生。

（3）销售激励不合理：为了调动中间商的销售热情，提高产品销售量，企业会在销售政策中设定一些奖励，奖励政策有年终奖励、返利、补助、价格折扣等，一般分销成员的销量和所获得的奖励是正相关的。这种奖励形式虽能调动渠道成员的销售热情，但这一政策也存在弊端，某种程度上催化了经销商的窜货行为，有些经销商为了博取这些奖励，开始向其他辖区窜货。

（4）大量库存或药品临近过期：不同市场或区域的药品需求情况和销售情况都不一样，有时药品在当地不适销造成药品的库存积压，为解决过大的库存带来的资金压力，有些医药经销商降低药品价格跨区域将产品流向畅销区。这种窜货行为不但易造成市场混乱，同时临近过期的药品也存在产品质量问题。

（5）经销权混乱：有些医药企业为能够在短期内获得较高的利润，疏于长远考虑，在同一个目标市场选择尽可能多的医药经销商销售其药品，允许其同时运作。而药品是特殊商品，需求缺乏弹性，中间商的增多并不意味着销量的增加。在竞争异常激烈的情况下，反而容易导致“价格战”的出现，甚至一些中间商为了生存将目光转移至药品适销的区域，导致窜货现象发生。如日本某制药有限公司曾因经销商过多引发“价格战”和窜货，对其主力品种造成很大的影响。

（6）其他原因：如医药企业缺少防止窜货的管理制度、监管不力、中间商的忠诚度差、管理水平低等。如某公司曾因市场监控不利，信息沟通系统产生严重偏差，导致冲货现象严重，其销售网络严重失控，最终使公司运作陷入困境。

2. 窜货的类型 按窜货的不同动机和对市场的不同影响，可将窜货分为三类：自然性窜货、恶性窜货和良性窜货。

自然性窜货指渠道成员以正常价格销售产品获得利润时，无意识地向自己的销售区域以外的市场销售产品的行为，只要有市场的分割，自然窜货观察就难以避免。主要是向相邻辖区的边界附近互相窜货，或是在流通型市场上，产品随物流走向而倾销到其他地区。如果其销量大，不加强控制和管理，就会对其他渠道成员的利益造成影响，甚至发展成恶性窜货。

恶性窜货指渠道成员因利益驱动，有目的地以低于医药生产企业规定的价格向其指定区域之外的药品市场销售产品。恶性窜货对已经建立起来的分销渠道具有极强的破坏力，是危害企业销售网络生存的最大隐患之一。恶性窜货扰乱价格体系、损害其他渠道成员的利益，易使渠道成员失去信心并最终放弃经销，甚至可能导致分销系统崩溃，损害企业产品的品牌形象。

良性窜货指医药生产企业在开发市场的初期，会倾向于选择一些流通能力较强的中间商来配合开拓市场，在销售过程中，使其产品流向非重要经营区域或空白市场的现象。在市场初开发期，此种窜货有助于扩大市场覆盖、提高产品销量，但是由此形成的价格体系却处于自然形态，在日后经营时应该注意对药品进行统一定价。

3. 治理窜货问题的对策 要解决窜货问题，维护销售的正常秩序，使产品健康、稳定地发展，必须进行严格的事前、事中、事后控制。事前控制的关键是设计合理的分销体系、制定完善的渠道销售政策、合理划分销售区域；事中控制主要是监控经销商的销售情况和经营状况；事后控制主要是对出现窜货问题的经销商严格处罚，维护市场正常的经营秩序。具体来说，可以从以下几个方面加强防范和治理。

（1）产品源头标记：在实际销售过程中，有时难以区分产品是窜货销售还是正常销售的问题。目前有一项新技术问世，即双向数码系统，医药生产企业可以对销往不同区域的产品在包装上进行标记，该系统通过计算机来产生一组唯一的大小标签数码数据，然后在条码打印机上打印出分别对应企业大小包装的自制标签，这些大小标签数码数据将存于中心数据库，出库时进行扫描，每一件产品所销往的地区和经销商的记录都将存于中心数据库，再结合使用语音技术和互联网技术，医药企业不仅可以方便地查询到该批产品是否为窜货，还可以使消费者通过互联网或电话随时随地地查询商品的真伪。

（2）明确有关窜货奖惩条款：在制定相应的规章制度时，医药生产企业可以与各个区域占主要市场份额的渠道成员进行协商，在渠道成员没有异议的前提下，将“禁止跨区域销售”条款写入合同，并严格执行。当渠道成员发生跨区域销售时，医药生产企业必须有明确的处罚政策可以参考，对违规者，处以高额的罚款，情节严重者，立即停止向其发货，可取消其销售资格并更换渠道成员。若有渠道成员发现其所属的区域内有窜货现象发生，可以向医药生产企业提供可靠依据，经核实后，可以给予相应的奖励或补偿。

（3）设定合理价格：拥有一个合理的、稳定的价格体系是分销渠道良好运营的前提，医药生产企业在制定价格时，尽可能减少产品的地区价格差异，可以参考渠道成员的意见，尽量做到公平、公正，确保每一层次、每一环节的渠道成员都能取得相应的利润。对每一层级的价格执行情况必须要进行严格的监控，这样可以在一定程度上防止渠道成员越级或跨区销售。

（4）合理划分区域和市场：企业应该对市场进行合理的划分，在确定渠道成员之前，先对渠道成员的销售实力、销售区域、该区域的需求量等进行考察，药品销售尽可能使区域内只有一个一级经销商或代理商，可以防止水平渠道的恶性竞争，避免因价格战而使企业的利益和品牌受损。

（5）加强监管力度：医药生产企业可挑选出一些具有较强责任心的员工，设立专门的市场监控部门，建立员工监管制度，对渠道成员的销售行为不定期地由监管部门的人员去各个市场进行实地调查，包括货源和售价等，使窜货问题能得到及时发现、及时反馈、及时解决，如发现窜货现象，一定要严肃处理。

总之，窜货行为从某种程度而言是难以避免的，窜货现象与市场发展程度具有十分密切的联系。通常，医药生产企业的产品目标市场覆盖面越广、销量越大，分销渠道发生窜货的可能性就越大。医药生产企业要争取与渠道成员建立长久的发展关系，明确各自的利益，一起担负经营过程中可能产生的风险，减少窜货的发生，使每个渠道成员都能得到可观的经济回报。

第四节　医药产品物流管理

一、医药物流的含义与特点

（一）医药物流的含义

“物流”的概念发源于美国，1998 年美国物流管理协会（National Council of Physical Distribution Management，NCPD）对物流概念给出最为完整、简要的定义：“现代物流是供应链程序的一部分，针对物品、服务及相关信息的流通与储存，从起源点到消费点进行有效率及有效果的规划、执行与控管（即管理），以达成客户的要求。”从上述定义可以看出，物流的基本目的是克服时间间隔和空间间隔的经济性活动；物流包括物资流通和信息流通。结合我国物流的实际情况，2006 年修订实施的中华人民共和国国家标准《物流术语》中将物流定义为“物品从供应地向接收地的实体流动过程。根据实际需要，将运输、储存、搬运、包装、流通加工、配送、信息处理等基本功能实施有机结合”。

医药物流是指依托一定的物流设备、技术和物流管理信息系统，通过对营销渠道的上游和下游资源有效地整合，优化药品供销配运环节中的验收、存储、分拣、配送等作业过程，在操作过程中，提高订单处理效率，降低货物分拣、减少库存和交货时间，降低物流成本，提高服务水平和资金运作效率，从而实现其自动化、情报化和效率化。

（二）我国医药物流的特点

我国医药产品物流的特点主要表现在以下几个方面。

1. 种类多，分类复杂　与其他行业物流相比，医药产品种类非常多，分类复杂。根据经营品种不同可分为化学原料药、制药原料、化学药品、玻璃仪器、医疗器械、化学试剂和卫生保健产品等；根据特殊药品管理可分为精神类、麻醉类和易燃易爆等品种；根据储存温度可分为常温、低温和冷冻等。针对它的复杂性，医药产品的储存和运输面临更多、更复杂的挑战。

2. 必须严格遵守 GSP 的规定 GSP 管理主要包括药品的批号、安全性和有效性。药品是特殊商品，在流通的过程中必须把药品的安全性和有效性放在首位。企业从事医药行业必须严格按照 GSP 的要求运行，以确保药品存储和管理水平符合规定。

3. 物流技术现代化 物流技术现代化对物流行业的机械和设备有非常高的技术要求，其许多过程通过自动化来实现，不需要人工操作，如电子机器人已经广泛使用。因此，医药物流行业需具备较高的现代技术，以支撑药品的存储和配送，实现其自动化。

二、医药物流目标

企业的物流是一个多方参与、共同协作的过程，其目的在于帮助企业以最低的成本创造顾客最大的价值。通常医药企业将企业的物流目标做如下定位。

（一）快速反应，及时供货

快速反应，及时供货的核心是基于时间的竞争，使业务流程高效化、规范化，确保最佳客户服务和较低的物流成本，将医药产品快速地传递至消费者手中，此目标是企业物流目标中最基本的要求。

（二）集中运输，降低物流成本

企业实现效率化的配送，尽量减少医药产品的运输次数，而加大每次运输量，提高装载率及合理安排配车计划，选择最佳的运送手段，从而降低配送成本。一般而言，运输量越大、距离越长，单位运输成本就越低；而高速度、小批量运输成本往往较高。但是，集中运输将降低企业物流的响应时间。因此，医药企业物流的运作需在集中运输与响应时间方面进行综合权衡。

（三）合理配置库存

一般随着渠道中的医药中间商或渠道层次的增加，也相应地增加了医药产品在整个物流环节的存货，而存货的增加也会导致企业的营销成本加大。因此，合理配置库存，降低管理成本是医药物流管理的重要目标。

三、医药物流模式

如何选择适合自身发展要求的物流模式，或如何对现有医药物流资源进行整合，提升企业核心竞争力，已成为医药企业不可回避的抉择。

（一）医药物流模式的种类

医药物流可分为四种模式：物流自营模式、外包物流模式、物流自营与外包相结合的混合模式、物流自营与对外承接物流业务相结合的混合模式。

1. 物流自营模式 物流自营是指医药企业建立自己的现代化物流配送网络系统，自主完成物流相关流程，但企业的主要的经济来源不在于物流，而是它有能力自身承担物流业务并且从中获利。自营模式的优势在于：确保医药企业对供应链的各个环节有很强的控制能力，能直接控制物流活动的具体内容；通过合理规划，提高物流效率，减少分销成本，树立良好的企业经营形象；能对消费者的需求做出快速反应，提高产品的市场占有率，对产品的销售渠道具备掌控权。如中国医药集团、上海医药集团、华润医药集团等大型国有企业集团通过不断并购重组，规模迅速扩大，这些企业资金雄厚，产业基础完善，主要采用物流自营方式。物流自营模式的缺点在于：占用企业大量资源，包括资金、人力、物力的投入，在销售淡季，因企业的运营和仓储处于空窗期，容易造成物流资源的浪费。物流自营配送成本高，一些中小型医药企业产品数量有限，如采用物流直营模式，难以形成规模效应，而因运行成本较高，大大降低产品在市场上的价格竞争优势。

2. 外包物流模式 外包物流模式是指企业将全部物流业务委托给专业的第三方物流供应商（third party logistics providers，3PLs）。物流外包是一种长期的、战略的、相互渗透的、互利互惠的业务委托和合约执行方式。外包物流模式的优点在于：可以使企业实现资源的优化配置，减少用于物流业务方面的车辆、仓库和人力的投入，将有限的人力、财力集中投入至核心业务的发展，提高企业的核心竞争力，大幅度降低本企业的流通费用。另外，医药企业可以与第三方物流企业建立起战略联盟，利用其优势资源，最大限度地加速库存商品周转，减少库存，降低由技术和市场需求的变化造成的产品风险。如康恩贝销售公司主要经销集团成员企业生产的药品，药品品种和数量都相对较少，单个客户需求量也相对较少。经过十几年的稳步拓展，建立了遍布全国的营销网络，不仅覆盖全国各大城市，也涉及不少中小城市，相应的销售物流配送路程也遍及大江南北。近年来，随着药品配送难度不断加大，已无法满足不断向各中小城市辐射的发展需要，而如果设立区域配送中心，则会导致医药企业的管理成本、经营风险上升，物流管理的弊端日益凸显。因此，康恩贝销售公司将物流业务基本上都外包给杭州邦达快运公司，作为其独家物流代理公司，来帮助康恩贝完成其物流工作，而康恩贝调整资源至生产、销售等核心业务领域。从此，双方合作的深度和广度也迈上了一个新台阶。

医药企业物流外包的不足主要表现在：无法使企业直接控制掌握物流职能，以及直接为顾客提供优质的服务。由于药品是特殊商品，国家相关法律、法规明文规定，无论是药品的仓储还是运输，企业都必须按照药品说明书规定的低温、冷藏条件操作，即实现 GMP 和 GSP 管理。如果运输当中出现重大问题，企业要为此承担一定的风险。

知识链接 9-5　第三方物流服务供应商

随着物流业务的发展，第三方物流得到长足发展。第三方物流服务供应商指为公司提供部分或全部物流服务的外部供应商，在提供服务过程中，第三方物流公司既不是生产方，又不是销售方，而是在从生产到销售的整个物流过程中进行服务的第三方，它一般不拥有商品所有权，只是为客户提供仓储、配送等物流服务。第三方物流公司供应商提供的物流服务内容非常多，包括设计和开发物流策略系统、电子数据交换（electronic data interchange，EDI）、提供管理和服务水平的监测报告、货物集运、选择和考核承运人、货运代理、海关代理、信息管理、仓储服务（货品存放及出入库等）、运费清算及支付、运费谈判及费用监督、咨询服务、库存管理、组装、维修及包装、退换货处理和维修等。从提供的服务内容可以看出，第三方物流的服务范围和内容非常全面，可以涵盖到物流活动的各个方面和环节，自成体系，在生产物流和消费物流领域都能发挥重要的作用。对于一个以生产为主的医药生产企业来说，其原材料的采购、运输、仓储订单处理、客户发货、存货管理和智能补货等具体业务流程乃至整套物流体系的设计优化，都可以外包给第三方物流服务商。

3. 物流自营与外包相结合的混合模式 物流自营和物流外包结合的混合模式指的是物流环节中有些环节或部分由自己公司完成，其余的某一部分或几部分外包给第三方物流供应商。对于企业来说，企业可以选择将非核心的物流业务外包出去，使企业把重心放在自己的核心业务上，避免浪费太多的资金和精力在物流环节上，这也是我国目前大多数医药企业采取的物流模式。这种模式结合自营和外包的优点及缺点，效果完全取决于企业的选择。例如，拥有直营店、加盟店 200 多家，15 000 平方米的现代化物流配送中心的北京金象大药房医药连锁有限公司，将运输部分外包出去，由中铁物流公司负责药品运输服务。他们在与中铁物流签协议时对双方的权利、义务进行严格规范，要求中铁物流在规定的时间期限内将货物准确送达各连锁店，才能得到相应的报酬。

4. 物流自营与对外承接物流业务相结合的混合模式　物流自营与对外承接物流业务相结合的混合模式指的是除了满足公司的物流业务外，还利用自身优势承接其他的物流业务。它的优点在于不仅能有效降低物流成本，而且有助于形成良好的医药供应链，使药品的质量得到保证，并将物流转化为医药企业新的利润增长点。例如，上海医药股份有限公司其全资子公司上海医药物流中心承担上海地区各大医院及零售业的配送，建立覆盖华东地区的医药商业和制造业配送网络，通过联运承运构筑辐射全国的运输网络。2006 年获得第三方物流经营资质，现除满足自营业务外，还对外承接业务。其客户有德国拜耳集团、唯美血液技术有限公司、上海罗氏制药有限公司和上海三共制药有限公司等。

（二）影响物流模式选择的因素

医药企业在选择物流模式的时候，应根据自身的需要、资金实力、地理位置和资源条件等，选择一种适合自己、适用优势、适应时势的物流模式，需要企业综合考虑以下主要因素。

1. 医药企业的自身能力　企业自身能力包括企业的规模和企业可以为物流活动提供的资金、技术、人员及可以为其花费的时间和精力。一般大中型的医药企业实力较雄厚，通常有能力建立自己的物流系统，制订合适的物流需求计划，保证物流服务的质量。另外，还可以利用过剩的物流网络资源拓展外部业务，如为其他企业提供物流服务。而中小企业则受人员、资金和管理资源的限制，物流管理效率难以提高。适宜把物流管理交给第三方物流公司管理，企业为把资源用于主要的核心业务。

2. 物流成本　无论医药企业是选择物流自营还是物流外包，必须弄清两种模式物流系统总成本的情况。如果企业选择自营物流，那么企业要为自建物流系统进行资金投入，包括车辆费用、仓库场地和建设费用及人力成本等，这些投入对于大企业来说资金占用不是很多，影响不是很大。但对于中小企业来说，这一部分固定资产的投入及维护费用将给企业带来沉重的压力。而如果企业选择物流外包，企业也要花费诸如交易成本在内的物流费用，因此，企业在选择和设计物流系统时，要对物流系统的总成本加以论证，最后选择成本最小的物流系统。

3. 自营与外包物流模式的风险　不管企业选择的是自营物流还是外包物流，都会产生相应的风险，如选择外包物流时，第三方物流公司是否能保证较高的服务质量、企业信息是否会被泄露等风险。因此，企业选择物流运作模式时，还需要权衡各种风险综合考虑。

4. 第三方物流公司的实力　近几年政府加强对医药行业的 GMP、GSP 认证的监管，对现代医药物流有着严格的技术规范要求，医药物流需要对设备、技术和人才等进行很高的投入来确保流通过程的质量安全，如对疫苗要进行冷藏运输和仓储。因此，在选择物流外包时要综合考虑第三方物流公司的实力与资质。

案例 9-4　某医药股份有限公司打造医药物流服务新模式

医院是医药物流管理的薄弱环节，主要是因为医药商业公司将药品配送至医院后，没有再提供后续的相关服务，两者之间的关系就此终结了。某医药股份有限公司抓住了这一市场机会，与多家医院合作启动医药物流延伸服务，医药物流延伸服务指的是药品从医药中间商流通进医院、到患者病床前的供应链全程信息化，通过条码实时追踪每个患者的用药情况，以保障患者用药安全。在与该医药股份有限公司的合作医院里，护士只要用手指在药柜指纹识别屏幕上轻轻一按，所需要的病人的处方就会一目了然地呈现出来。接着，再点击病人的名字，智能药柜会自动闪烁提示药品的所在位置，目前，该智能药柜已经覆盖全部用药的 85%～95%。

某医院的相关负责人表示，医院采用医药物流延伸服务后，医院发生了几大变化：第一，提高了药库使用面积及储存率。原来药品储存是地拍式摆放，占用面积 500 多平方米。现在实行科学布局、立体式存储，新药库面积 338 平方米，节省了 100 多平方米的空间。第二，实现了药品出入库的全程信息化、自动化。原来医院药品管理是手工操作，现医院药库配备RF无线射频和电子标签拣选设备后，从各供应商采购的药品使用条码扫描即可完成入库登记等一系列的操作。第三，实现了对药品在医院流转中的批号管理和质量监控。从前的药品采购、到货、发放到各药房信息是脱节的。现在药库管理全程使用条码，药品在供应商、医院药库和药房之间流转，均通过信息网络和条码扫描自动完成，账与实物相符率达到100%。第四，促进医院将药师资源重点转向对患者的理念。医院药库由原来的11名具有中级药师专业职称工作人员，减少到现在的4人。

目前国内已有不少医药流通企业开始模仿此模式，积极与各地医疗机构合作，推广医药物流延伸服务。

问题：

1. 请结合案例，分析该医药股份有限公司提供医药物流延伸服务的原因。
2. 请你谈谈医药物流延伸服务为医院带来了什么好处。
3. 请你谈谈为什么其他医药流通企业要模仿这种模式。

复习思考题

1. 简述医药产品分销渠道的含义和功能。
2. 简述医药产品分销渠道的类型。
3. 论述医药批发商与医药零售商的区别。
4. 简述医药产品分销渠道设计过程。
5. 论述医药产品分销渠道的管理包括哪些内容。
6. 简述医药物流的模式有哪些。

（桂林医学院 吴红艳 李英利）

第十章 医药产品促销策略

案例 10-1 白加黑——营销传播史上的奇迹

1995 年，“白加黑”上市仅 180 天销售额就突破 1.6 亿元，在拥挤的感冒药市场上分割了 15%的份额，在中国大陆营销传播史上，堪称奇迹。一般而言，在同质化市场中，很难发掘出“独特的销售主张”。“白加黑”是个了不起的创意。它看似简单，只是把感冒药分成白片和黑片，并把感冒药中的镇静剂“氯苯那敏”放在黑片中，其他什么也没做；实则不然，它不仅在品牌的外观上与竞争品牌形成很大的差别，更重要的是它与消费者的生活形态相符合，达到了引发联想的强烈传播效果。在广告公司的协助下，“白加黑”确定了干脆简练的广告口号“治疗感冒，黑白分明”，所有的广告传播的核心信息是“白天服白片，不瞌睡；晚上服黑片，睡得香”。产品名称和广告信息都在清晰地传达产品概念。感冒药已成为一种居民日常用品，大多数人购买感冒药已不再是通过医院的渠道，而转向大众渠道。这其中存在两类消费者：一是指定品牌购买；二是愿意接受药店店员的建议而购买。因此，品牌建设和渠道建设都成为关键。针对此种趋势，东盛采取了“推”“拉”两种方式。对于前一种消费者，东盛投入大笔资金与上海奥美广告公司合作，对“白加黑”从包装、平面广告到电视广告片进行了改变。除广告外，还通过赞助公益活动等公关方式，传播品牌理念。对于后一种消费者，东盛将自己的营销对象定为直接面对消费者的药店经理和店员。这成为了东盛最具有特色的渠道建设方式。

问题：

1. 该案例中，医药企业如何根据“白加黑”的特点确定促销工具组合？
2. 市场营销中，促销策略的目的是什么？
3. 结合本案例试分析促销策略在医药市场营销中的作用。

第一节 医药产品促销及其组合

一、医药产品促销的含义与作用

（一）促销和医药产品促销的概念

促销（promotion）是指通过告知和劝说一个或更多的受众，使其对组织产生良好印象并接受其产品，从而建立并维护良好关系。促销的根本目的是激发消费者对产品的需求。

医药产品促销（medicinal product promotion），是医药企业将有关产品信息通过各种可能的方式传递给医药消费者或用户，使其对本企业的产品产生信赖感，认识到企业所生产、销售的产品给自己带来的利益，激起需求并最终促进其完成购买行为的一系列营销活动的总称。

促销的实质是一种营销企业与潜在的消费者之间的信息沟通活动。通过医药产品促销和医药企业的其他营销活动相互配合、相互协调，将企业信息、产品信息和服务信息传播给消费者、中间商或社会公众等受众，使多种营销工具共同积极地推动企业与现实或潜在的顾客之间进行信息沟通，在传播过程中树立良好的企业和产品形象，诱导市场需求，扩大销售，实现良好的经济效益和社会效益。

医药产品消费的特殊性决定了医药产品的促销活动需要更为复杂的营销信息沟通过程。在处方药的营销信息传递的过程中，除了中间商、消费者和普通公众之外，对患者用药持有处方决定权的医生也是重要受众之一。因此，医药企业不应忽视医生是信息沟通环节与传播的重要对象。

（二）促销在医药市场营销活动中的作用

市场经济条件下，促销在整个医药市场营销活动中扮演着越来越重要的角色。随着医药科技水平的迅速发展，医药新产品不断出现，医药企业面临复杂的市场供求形势，竞争日趋激烈。医药企业的生存与发展依赖多样化的营销信息沟通手段的运用。通常来说，医药产品促销有如下三种作用。

1. 实现医药产品信息的双向传递 促销工具是连接企业和消费者、中间商的信息桥梁，它是企业与营销外部环境的重要沟通工具。传递产品信息是医药企业营销成功的必要条件之一。医药企业在进入市场之初，应通过行之有效的促销活动，将企业信息、产品信息或服务信息传递给现实顾客和潜在顾客，包括目标市场中的消费者、用户、中间商和临床医生。同时，通过促销活动，企业可以实现信息双向传递，获得第一手的市场反馈信息，准确了解和追踪市场需求，从而及时调整自己药品研发和生产经营的方向。

2. 刺激需求，促进新产品的推广 医药新产品上市时，医药企业往往通过促销活动刺激消费者对新产品的需求，促进现实顾客或潜在顾客认识新产品，向顾客传递新产品的性质、用途、使用方法及购买的渠道。比如，医药企业在其研制的新处方药成功上市之初，应运用种种促销手段向广大临床医生进行推广。因为作为一种特殊商品，新药具有很高的科技含量，在现代医药科学技术日新月异的背景下，即使是具有丰富医学知识和经验的临床医师对市场上从未出现过的新药都知之甚少，普通药品消费者更是一无所知。通过促销活动，新药的药理作用机制、制剂配方的机理和临床疗效等信息将传递给临床医生，激发医生使用新药的兴趣，刺激并创造市场需求。

3. 有助于实现品牌差异化，建立良好企业和产品形象 在市场竞争日益激烈的情况下，医药企业可以通过促销活动突出本企业产品的特点，把自己的产品与竞争产品区分开来，使顾客了解到本企业或产品可以为他们带来的特殊附加利益，从而确立或传递本企业品牌的认知度、产品特征、企业形象。另外，现代医药市场营销工作越来越多地围绕品牌策略进行，而塑造和提升品牌价值均离不开促销工具的运用，以顾客为中心适当地选择促销传播工具，通过持续地进行品牌宣传，建立产品知名度与美誉度，可以获得事半功倍的效果。

（三）促销的信息传播过程

促销就是信息传播在市场营销活动中的应用，医药企业的促销活动的全过程就等同于医药产品及服务信息传播的全过程。只有进行有效的信息传播，才能获取顾客和营销环境信息。医药企业能否成功运用促销手段，很大程度上依赖于其所掌握信息的数量和质量。为了使信息传播的模式更为合理，信息传播的效果更有价值，信息传播的过程更有效率，医药促销活动的第一步是必须熟悉和掌握信息传播的原理。

传播（communication）通常是指人与人之间、人与组织之间、组织与组织及各种社会群体之间传递、接收、交流和分享信息或建立理解的社会活动过程，具体而言，传播是通过声音、文字、图像等形式相互发送、传递、交流、接受和分享信息的活动过程。简单地说，传播就是什么人通过什么途径或渠道采用何种方式对谁进行信息传递要达到何种目的。医药市场营销中的信息传播主要是指医药企业采用人员传播和非人员传播的方式对影响企业营销活动的一切外部环境进行信息传递，从而达到塑造良好企业形象和产品形象，获取社会支持和信赖，占领和扩大市场的目的。传播基本过程如图 10-1 所示。

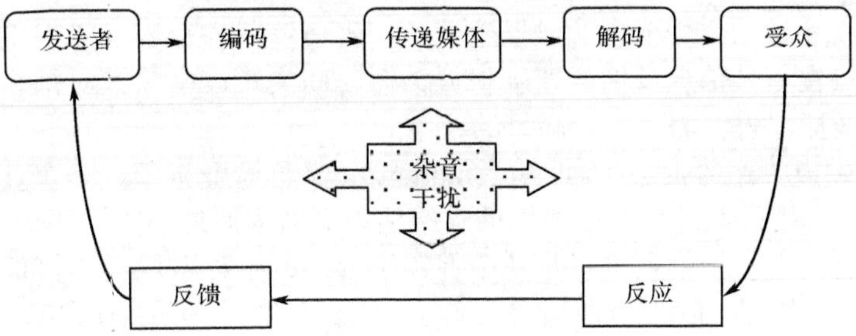

图 10-1　传播的基本过程

如图 10-1 所示，传播主要由传播的参与者、传播的工具和传播的主要职能等要素构成。发送者由试图与其他受众分享信息的个人或组织组成。发送者要明确信息的传播对象，从接受者的角度考虑对信息如何进行编码，选择能触及接受者的媒体传递信息。受众即接受者，往往通过主动或者被动地对编码信息进行解码来接受信息。编码过程就是发送者将信息转化成受众能够理解的标志或符号的过程。如果发送者与受众并不处于同一文化背景，发送者的概念、想法则必须经过编译。发送者与受众的经验领域相互交叉重叠的部分越多，信息就越有效。因此，要求发送者要尽可能使用受众所熟悉的语言，避免使用容易产生歧义的标志或符号。传递媒体是将信息从发送者传递给受众的载体和介质，宏观媒体包括电视、广播、互联网、报刊等，微观媒体是指文字材料中使用的墨水、广播及电视的无线电信号、黑板上的粉笔痕迹、声音引起的空气中波的振动等信息传递的载体和介质。编码的信息经过解码后，几乎很少与原信息完全一致，因为传播过程往往会受到杂音干扰。杂音是指能够降低传播精确度和清晰度的一切因素，由传递媒体和发送者、受众自身的原因形成，如电视台的电波受到了干扰，刊登广告的书面材料印刷错误，演讲人的方言造成了误解等。反馈的开始就意味着第二次传播的开始，在反馈过程中，原来的受众变成了发送者，原来的发送者变成了受众，反馈也要编码，经过传递媒体，再解码到达对方。传播具有双向性、不断循环的特点，发送者和受众在传播过程中不断转换自身的角色。

二、医药产品促销组合及影响因素

医药产品促销组合（medicinal product promotion mix），是指医药企业综合运用人员推销、销售促进、广告和公共关系四种促销手段向个人、组织和社会公众进行信息传播的活动。

每种促销手段均有其优点和缺点，促销组合就是把这四种手段的特点和产品的特征结合起来，相互协调、取长补短加以组合运用。比如，原美国华纳–兰勃特（Warner-Lambert）医药公司在其抗组胺药苯海拉明的促销组合计划中，综合运用了广告和公关来增加品牌的知名度，提供免费电话统计在某些地区的花粉过敏人数，同时运用销售促进的手段，提供免费样品、赠券和介绍产品利益的宣传材料，并向打电话咨询的人人手发放一本建议如何对付过敏问题的小册子。

（一）促销手段的特点

每个医药企业在制订促销计划时，主要考虑的就是如何找到一种有效的、经济的促销策略组合，也就是企业决定促销投入的预算并在每种促销手段上进行合理分配。医药市场环境复杂多变，促销组合的决策面临多种因素影响，其制定过程具有一定的复杂性。首先，市场营销人员应考虑每种促销手段各自具备的特点。

1. 广告的特点　广告（advertising）作为一种非人际传播方式，其特点是能够同时向大量受众传递大容量的信息，效率高、速度快，可以运用较低的成本将信息有效地传递给分散在不同地域中的消费者，其公众性、表现性、渗透性强，是营销活动中最为广泛运用的一种促销手段。朗朗上口的广告词、标新立异的广告形象、触景生情的广告情境往往很容易吸引消费者的注意，打动消费者。广告的缺点在于其信息反馈的速度很慢，短时间内难以衡量其对销售量的影响，在黄金时段的电视节目中插播广告，需要投入高昂的成本。

2. 销售促进的特点 销售促进（sales promotion），又称营业推广，是企业为刺激需求而采取的，向中间商和消费者提供额外价值或激励的营销活动。销售促进不等同于促销，两者容易混淆，两者既有联系，又有区别。销售促进仅是整个促销组合中的一种手段。销售促进通常表现为折价销售、免费试用、有奖销售、附带赠送礼物、奖券、销售竞赛等一系列短期诱导形式的促销手段，具有短期性、时效性和不定期性的特点，它在短期内可使企业促销工作的成效立竿见影，销售量大幅度增长。但是，其缺点在于只能配合其他促销手段使用，不能单独使用，也不能长期使用，否则会造成受众对产品质量产生怀疑，引起产品和企业声誉下降。

3. 公共关系的特点 公共关系（public relations）是指医药企业以非付费的方式，为建立并维护与公众之间的良好关系而采取的一系列传播计划和控制措施。企业通过在报纸、电视、电台、会议、广播等传递媒体上进行公共宣传，如采取召开新闻发布会、提供新闻稿、提供特写照片等新闻形式进行宣传，或通过其他大众媒介以非直接付费的方式传递信息的行为就属于公共关系活动，如采取参与公共事务、赞助特殊事件等社会公益活动的形式进行宣传。公共关系活动通过中立的第三方发布消息，消费者很少怀疑信息的真实性，其传播具有新闻价值，可信度很高。此外，公共关系活动花费的成本低廉，是最省钱的促销工具。公共关系的缺点是由于大众媒介不受企业控制，负面的新闻报道对企业不利甚至会给企业带来灾难性的后果。

4. 人员推销的特点 人员推销（personnel selling）是指医药企业以传递产品信息和宣传企业形象为目的，向目标市场派出销售人员，拜访顾客，介绍产品知识，面对面地与顾客直接进行交流，说服顾客购买本企业产品的促销工具。作为一种人际传播方式，人员推销的优点在于信息传播的反馈非常迅速，通过和顾客肢体、眼神、口头语言的交流，及时帮助营销人员快速做出反应。由于人员推销采取面对面的直接接触的传播方式，与其他促销手段相比，其缺点在于花费的成本较大，是最昂贵的一种促销手段。据不完全统计，在美国，每次人员推销活动的平均成本为 157 美元。

（二）影响促销组合选择的因素

医药企业可以根据以下影响促销组合选择的几种因素做出促销组合决策。

1. 促销目标 医药企业在不同时期和不同的市场环境下制定不同的促销目标，从而影响促销工具组合选择，因为促销目标不同，促销组合就会大相径庭。比如，某医药企业的目标是迅速增加销售额，扩大市场份额，促销组合则应侧重于广告和销售促进；另一家医药企业在成立之初的目标是迅速提高公众对其企业和产品的认知度，其促销组合就会依赖公共关系、广告和人员推销。

2. 目标市场特征 目标市场特点是影响促销组合决策的重要因素，目标市场的容量、地理位置和消费者特征等因素决定企业应选择不同的促销组合。如目标市场容量有限并且较为集中，产品的技术含量高，目标市场为具有丰富医药学专业知识的医生，企业应更多地使用人员推销，在无需投入较高成本的前提下就可与目标市场直接接触；如目标市场人口众多而且所处的地理位置分散，产品安全性高，属于非处方药，顾客没有医药专业知识背景，投放大量广告则可以达到向受众传播高质量信息的效果。

3. 产品特征 对于不同种类的医药产品，消费者和用户具有不同的购买习惯和消费行为，医药企业应采用不同的促销组合。例如，非处方药可以面向大众进行直接宣传，其促销工具则应当首选广告，销售促进、人员推销予以配合。由于法律禁止处方药通过大众媒体进行广告宣传，允许处方药的信息直接传递给专业医药技术人员，人员推销是处方药促销活动与医师进行沟通的最佳途径和首要选择。产品的生命周期也是必须考虑的因素，导入期的产品急需提高顾客的认知度，应首选广告作为促销工具，人员推销和销售促进也必不可少；进入成长期和成熟期后，则应当通过公共关系树立企业形象与特色，培育顾客忠诚度和品牌形象；到了衰退期，除了保留部分销售促进外，其他各种促销工具尤其是广告宣传应完全取消。

4. 促销总策略　促销总策略可以分为“推进”和“拉引”两种。所谓推动策略(push policy)是指医药企业以医药中间商为促销对象，沿着营销渠道的物流路线针对渠道成员进行促销，由渠道成员依次把产品促销给下一级渠道成员乃至最终顾客。推动策略主要依靠人员推销和针对医药经营企业的销售促进活动。拉引策略（pull policy）正好相反，医药企业以最终顾客为促销对象，促使顾客对产品产生强烈需求，促使消费者向中间商施加压力，如医药企业运用广告等手段打动顾客去零售商处询购，零售商再去批发商处购买，批发商再向医药企业提出发货要求，将产品拉进营销渠道。大多数医药企业都采取推拉结合的促销策略。由于处方药和非处方药的用药决策权分别掌握在医生和医药消费者自己手中，两者的推拉策略并不完全相同，见图 10-2。

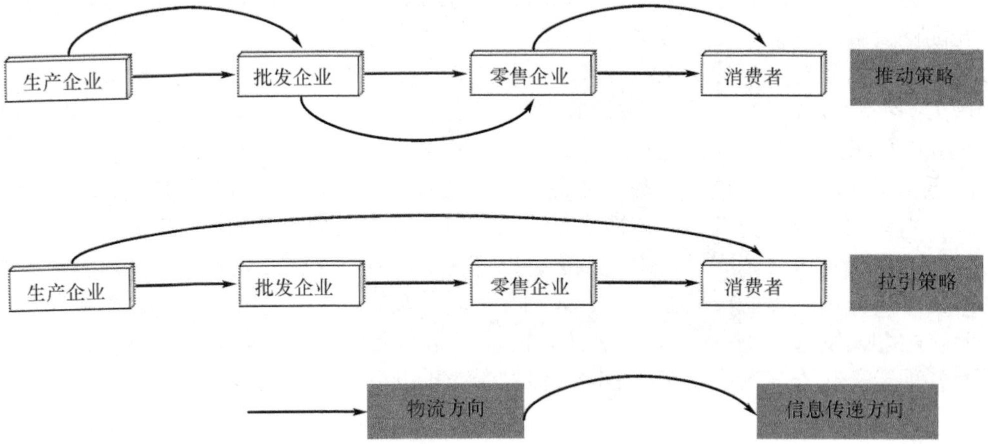

(a) 非处方药产品的推动策略与拉引策略

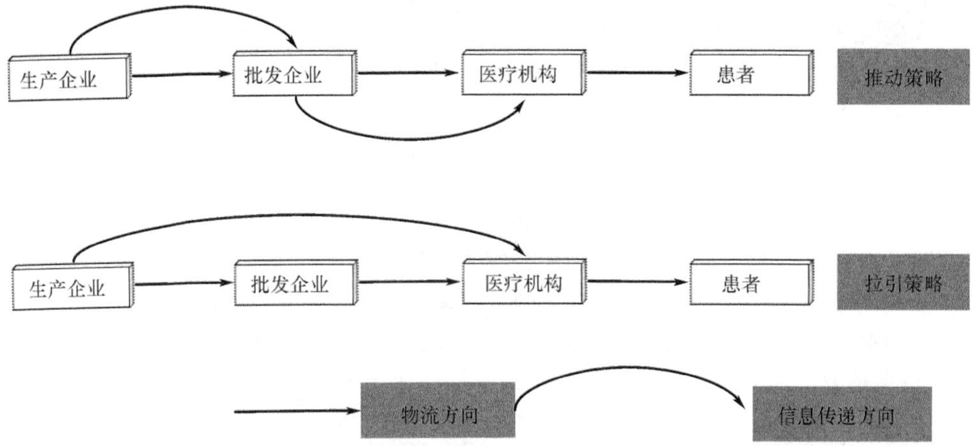

(b) 处方药产品的推动策略与拉引策略

图 10-2　非处方药与处方药的推拉策略

第二节 医药产品广告策略

一、广告的概念、类型和作用

(一)广告的概念

广告，即“广而告之”，又称市场的润滑剂，是指企业支付一定的费用，采取非人员传播的形式，通过各种大众媒体(如电视、广播、报纸、杂志、期刊、互联网、户外建筑物及交通工具等)，把产品、服务及企业信息传递给目标顾客的促销方式。广告活动应具备信息传播活动的五个要素，即广告的传播者、接受传播的受众、传播信息的内容、传播媒体、传播的目的。它既包括企业等营利性组织为了促进产品、服务的推广而进行的商业性传播活动，还包括政府、学校、慈善组织等非营利性社会组织为实现自身的功能而进行的公益性活动。

市场营销学术界对广告的定义多种多样，如《简明不列颠百科全书》对广告的定义是：广告是传播信息的一种方式，其目的在于推销商品、劳务，影响舆论，博得政治支持，推进一种事业或引起刊登广告者所希望的其他反应。广告信息通过各种宣传工具，其中包括报纸、杂志、电视、无线电广播、张贴广告及直接邮送等，传递给它所想要吸引的观众或听众。广告不同于其他传递信息形式，它必须由登广告者付给传播信息的媒介以一定的报酬。美国市场营销协会对广告的定义是：广告的发起者以公开支付费用的做法，以非人员的任何形式，对产品、服务或某项行动的意见和想法等的介绍。美国市场营销学家菲利普·科特勒在《营销管理》中对广告的定义是：广告是由明确主办人发起，通过付费的方式进行的任何非人员介绍和促销其创意商品或服务的行为。

虽然各种定义在语言表述上有所不同，但均涵盖了以下核心要素。

第一，广告活动的目的多元化。广告活动的目的不仅是传播产品、服务或企业的信息，也可以涉及任何有关组织的意见、想法和观念的推广。

第二，广告活动的非人员性。广告活动应与人员推销严格区分。广告曾在西方国家被称为“纸上的推销术”，也就意味着广告活动不属于人员推销活动，信息传播的发送者派出人员面对面地向受众直接传递信息的活动不属于广告活动。

第三，广告活动具有明确的信息传播者并具有付费性。广告是一种有偿的信息传播活动，信息传播的发送者为传递信息必须向传递媒介偿付等价的费用。在广告活动中，必须明确谁是传播的责任者，即明确谁付费投放广告并承担广告的法律责任。

第四，广告活动的信息传递的媒介形式多样化。信息传递的媒介形式多样化是广告活动的特点之一，凡是可听、可视、可触、可摸的媒介，以及凡是能在广告传播者与受众之间起信息媒介和桥梁作用的宏观或微观物质都可以成为广告媒体。随着现代科学技术的日新月异，各种新型媒介层出不穷，传统的传播媒介包括电视、广播、报纸、杂志、海报、路牌、灯箱、车体、户外气球、日历等，现代传播媒介主要是指网络传播媒介，典型的有社交媒体(social media)，包括微信、QQ、Facebook 等各种新型媒体都可以成为广告信息传递的媒介。

根据《中华人民共和国广告法》(2015 年修订案)，在我国，广告活动是指商品经营者或者服务提供者通过一定媒介和形式直接或者间接地介绍自己所推销的商品或者服务的商业广告活动。可见，我国《广告法》中涉及的广告就的营利性广告，营利性广告又称商业广告，是市场营销中研究的对象。本章所涉及的广告概念就是指的营利性广告。

与广告相关的法律概念还包括广告主、广告经营者、广告发布者。广告主是指为推销商品或者服务，自行或者委托他人设计、制作、发布广告的自然人、法人或者其他组织。广告经营者是指接受委托提供广告设计、制作、代理服务的自然人、法人或者其他组织。广告发布者是指广告主或者广告主委托的广告经营者发布广告的自然人、法人或者其他组织。广告代言人是指广告主以外的，在广告中以自己的名义或者形象对商品、服务作推荐、证明的自然人、法人或者其他组织。

（二）常见广告的类型

市场营销学界通常根据不同的标准对广告进行分类。根据广告活动是否具有营利性目的，可以把广告分为营利性广告和非营利性广告，营利性广告是以推销商品或服务，促进企业提高经济效益为目标的广告，也称为商业广告；非营利性广告又称公益性广告，广告投放的目的不是获得经济效益，而是促进社会公益，主要包括各种政府机构、文化机构、教育机构发出的声明、启示，如政治宣传、社会公益宣传、公众服务声明、社会教育、寻人启事、人才招聘等广告。根据不同分类标准的广告类型见表 10-1。

表 10-1　常见的广告类型

分类标准	类型
传播受众	消费者广告、生产者广告、中间商广告
传播媒体	电子媒体广告、印刷广告、售点（point of purchase adertising，POP）广告、户外广告
内容	商品广告、服务广告、企业广告、观念广告
传播范围	国际广告、全国广告、区域广告、地方广告
推广内容	机构广告、产品广告
投放时机	长期广告、短期广告、特定时机广告
诉求方式	理性诉求广告、感性诉求广告、艺术性广告
产品生命周期阶段	导入期广告、成长期广告、成熟期广告、衰退期广告
产生效果快慢	速效性广告、迟效性广告
目的	营利性广告、非营利性广告

（三）广告的作用

广告具有社会、经济、政治、文化等多方面的功能。自广告诞生以来，它的出现对社会、经济、政治、文化各个方面均产生了巨大影响。本章主要论述营利性广告在经济与传播方面的功能。

1. 广告能够实现信息传播　广告的主要功能即传播信息。借助具体、形象、生动的文字、声音、图形，广告向消费者传递清晰的商品、服务或企业的信息，帮助消费者认识和了解产品的性能、成分、用途和特点及使用方法，帮助消费者认识和了解企业的名称、特征和声誉，最终促进消费者的购买态度、行为与企业宣传的目标相一致，广告的特点是：信息量大、速度快，不受时空限制，效果显著。

2. 广告能够引导消费　以广告引导消费是市场营销实践中通行的做法，企业通过广告宣传传播各种商品知识信息，引导消费者对所需商品做出正确的判断和选择。随着现代科学技术的进步，各种新产品的开发速度非常快，面对市场中令人目不暇接的产品，消费者迫切需要了解商品本身及生产和经销企业的情况。如果没有广告活动，这些新产品就无法为消费者所知悉，消费者就失去了信息桥梁，不可能产生购买行为，给生产和消费造成了较大的障碍。另外，广告还能培养与刺激消费者的消费兴趣和欲望。通过充分研究与分析消费者的消费需求特征，用广告培养消费观念，企业市场营销人员可以满足顾客的初级需求和选择性需求，最终达到创造需求的目的。

3. 广告能够塑造企业形象　在市场竞争压力之下，企业的形象越来越重要。与其说企业之间的市场竞争是产品质量之争，还不如说是企业之间的形象之争。广告宣传可以帮助企业塑造形象，发挥品牌在受众心理中的认知作用，产生产品的附加形象。附加形象具有产品的有形实体之外的额外附带的无形价值，它的产生除了依据产品的实体外，还来源于消费者的主观认知和心理感受。通过树立品牌形象，广告可以使消费者对产品特性或功能产生好感，从而提高产品或企业在市场上的知名度和美誉度。属于不同品牌的同一类产品，即使内在质量没有实际差异，但是消费者因受广告、包装等因素的影响，在主观上或心理上认定产品形象之间存在差异，从而产生品牌偏好，愿意付出更多的成本去购买自认为更好的产品。比如，有的消费者追求名牌效应，不惜投入巨资购买知名品牌产品，认为品牌是自身身份、地位的象征。

4. 广告能够陶冶情操，美化生活 设计良好的广告，凭借富有趣味的艺术语言、充满创意的构思、和谐动听的音乐旋律，能够陶冶受众的情操，产生美的享受。设计良好的广告，通过形象生动、色彩优美的画面设计，可以美化受众的文化生活。比如，某品牌西瓜霜含片的电视广告的场景就充分吸引了消费者的注意力，使人过目不忘，耳熟能详，回味无穷，令人拍案叫绝，内容极富创意。这则广告的场景中出现一部老式的留声机在不停地旋转，悠悠地唱着 20 世纪 30 年代上海的一首舞曲，优雅的声音使人产生对多年往事的追忆，待人正感叹时过境迁之时，留声机扣把上的“西瓜霜”三个字隐约现出，原来几十年前的嗓音能不褪色居然是“西瓜霜”含片的功劳。

二、医药产品广告的概念与类型

目前，医药产品广告已经成为医药企业运用最广泛的促销策略之一，据统计，某段时期仅在中央电视台新闻联播之后的天气预报中，2/3 以上的省会城市图片里都打着医药企业或医药产品广告。

(一) 医药产品广告的概念

医药产品广告（medicine product advertising）是指由医药企业作为广告主发起的，通过付费的非人员方式介绍企业产品用途、特点和益处并推广企业形象的营利性信息传播活动。医药产品广告应具备以下特征：①医药产品广告由营利性组织发布，即广告主为医药企业，包括医药生产企业和医药经营企业；②与人员推销严格区分，医药产品广告必须通过非人员渠道进行传播；③免费宣传不属于医药产品广告活动，医药产品广告必须向媒体支付等价的费用；④医药产品广告既可介绍产品，又可以推广企业形象，即涵盖机构广告和产品广告。

(二) 医药产品广告的类型

1. 传递新产品信息的通知型广告 通知型广告是指介绍新医药产品的广告，如新药首次上市，医药企业可以运用通知型广告对潜在消费者和医生进行推广与宣传。医药企业将研制的新药投放市场之初，在专业的医药期刊上发布广告介绍新药，告知医生新药与已上市的药品相比在剂型、疗效和安全性等方面的改进之处，突出说明新药的利益，消除医生的疑虑，告知新药的作用机制和使用方法。

2. 帮助顾客建立品牌偏好的说服型广告 说服型广告是指运用适当的策略帮助顾客在心目中树立品牌偏好的广告，其目的是使顾客对本企业品牌产生信任、偏好和信赖，并且愿意持续购买。在法律允许的条件下，说服型广告可以使用比较的方法，即通过与同类的其他竞争品牌的产品进行比较，突出产品具有的优点，如美国法律并不禁止在药品广告中使用比较型广告，某制药公司曾在广告中声称：“新奥柯利尔眼药水减轻疼痛是维新的三倍。”说服型广告的最终目标是鼓励顾客转向本企业的品牌。

3. 提醒顾客注意本企业产品的提醒型广告 提醒型广告的主要功能是提醒顾客注意本企业

生产或经销的产品。这类广告的特点是出现频率非常高，让顾客随时可以注意到本企业的医药产品，其目的是反复不断地唤起顾客的需求，进而在购买此类商品时能唤起对产品的记忆，刺激顾客对产品或服务的重复购买行为。

4. 表现顾客对医药产品肯定态度的增强型广告　菲利普•科特勒说："满意的顾客就是最好的广告。"为了说服现实顾客和潜在顾客坚信他们做出的购买决策是正确的，可以通过医药产品广告表现顾客对产品使用后的满意程度，从而影响顾客对产品的态度。此类广告称为增强型广告。

案例 10-2　通过广告促销，实现品牌差异化

A 医药企业的儿童退烧药产品通过运用广告与竞争产品相区分，实现品牌差异化。该广告分成上篇和下篇，上篇以一位母亲的自述为线索，内容为：那天在火车上，我孩子发高烧，孩子的父亲又不在，我急得不知怎么办才好。多亏了列车长帮我广播了一下，但是车上没找到医生，还好有一位女同志，给了我一瓶儿童用的××牌退烧药，及时帮孩子退了烧，我忘了问那位好心女同志的名字和地址，药也忘了还她。这退烧药没药味，能退烧止痛，肠胃刺激又小，在最需要的时候，它保护了我的孩子。那位女同志帮了这么大的忙，我们一家都非常感谢她，真希望能再见到她，给她道个谢！下篇以被找人的自述为线索，内容为：听说那天火车上的孩子母亲在找我，其实这只是一件小事。那天在火车上，我听到广播里说有个孩子发高烧又找不到医生，正好包里有一瓶儿童用的××牌药品，可以退烧止痛，肠胃刺激小，而且有水果口味，孩子也乐意吃，所以就拿去给那位母亲救急了。那瓶药就留给那位母亲用吧，我家里还有，家里总备上几瓶，在最需要的时候，它可以保护孩子，作为一位母亲，我非常理解在孩子生病时母亲焦急的心情。以后带孩子出门，我们别忘了带上某企业生产的儿童用××牌退烧药！

问题：

1. 该广告设计属于什么类型的医药广告？
2. 通过广告设计，医药企业试图把该退烧药定位于什么药品？
3. 结合该案例，谈一谈医药产品广告在同质化产品市场竞争的作用。

知识链接 10-1　我国法律对医药产品广告的审批的规定

在医药企业市场营销活动中，医药广告的申报及送审工作是必须涉及的重要环节。《中华人民共和国药品管理法》《中华人民共和国广告法》《药品广告审查办法》等对医药产品广告审批的主要规定如下。

审批机关　省、自治区、直辖市食品药品监督管理部门是医药产品广告的审批机关。医药产品广告的内容必须经过省级食品药品监督管理部门的审核批准，并取得药品广告批准文号或医疗器械广告审查批准号后才能发布。

送审程序　以药品为例，广告送审程序如下。

凡申请发布药品广告，应当向药品广告审查机关（药品生产企业所在地省级食品药品监督管理部门）提出申请，填写《药品广告审查表》，并报送下列材料：申请人及生产者的营业执照副本；《药品生产许可证》或者《药品经营许可证》副本；该药品的生产批准文件、质量标准、说明书、包装；该药品的《商标注册证》或其他由国家工商行政管理局商标局出具的证明该商标注册的文件；有商品名称的药品，必须提交国务院食品药品监督管理部门批准的该商品名称的批准材料；法律、法规规定的其他确认广告内容真实性证明文件。省、自治区、直辖市人民政府食品药品监督管理部门自收到有关材料之日起 10 个工作日内做出是否核发药品广告批准文号的决定，核发药品广告批准文号的，同时报国务院食品药品监督管理部门备案。

知识链接 10-2　不得发布广告的医药产品

出于维护人民身体健康和用药安全考虑，《中华人民共和国药品管理法》《中华人民共和国广告法》《药品广告审查办法》等对某些特殊的医药产品发布广告进行了限制，禁止它们发布广告，以防止误导公众。除了法律规定的违法产品外，部分合法医药产品也在其列。因此，医药企业在从事这类医药产品的市场营销工作时应加以注意，避免采用广告促销的方法。不准发布广告的医药产品包括以下几种。

（1）麻醉药品、精神药品、毒性药品、放射性药品。

（2）治疗肿瘤、艾滋病，改善和治疗性功能障碍的药品，计划生育用药，防疫制品。

（3）《中华人民共和国药品管理法》规定的假药和劣药。

（4）戒毒药品以及国务院药品监督管理部门认定的特殊药品。

（5）未经国务院药品监督管理部门批准生产的药品和试生产的药品。

（6）国务院药品监督管理部门明令禁止销售、使用的药品和医疗单位配制的制剂。

（7）除中药饮片外，未取得注册商标的药品。

三、医药产品广告目标、预算与信息

医药产品广告活动（medicine product advertising campaign），是指医药企业制订详细的广告方案，将广告投放到各种媒体中以接近目标市场的前瞻性的决策活动。主要包括五个方面的内容：确定广告的目标（mission）、确定广告经费预算（money）、设计广告信息（message）、选择广告媒体（media）和评价广告效果（measurement），又称 5Ms。以下分别就每一项活动进行阐述。

（一）确定医药产品广告的目标

广告的目标（advertising goal）就是指医药企业试图借助广告活动要达到的目的，医药广告的第一步是确定广告活动的目标。医药企业只有确定了精确的广告目标，才能够对广告活动是否达到预期目标做出客观的评价。因此，广告的目标必须清楚、明确、能够定性和定量，即具有可衡量性。为了保证广告目标具有可衡量性，医药企业市场营销人员应对广告目标进行精确的分析。广告目标应包括基点和具体的进度。基点是指用来说明企业希望从现有水平上升到怎样的水平，比如，如果医药企业的广告目标是提高销售量和扩大市场份额，那么必须指出现行销售量和市场份额的具体数字及通过广告欲提高的百分比；具体的进度，即制订具体可行的广告活动进度计划，医药企业需要明确应花费多长时间才能达到销售目标。比如，某医药企业制定了如下广告目标：使某品牌感冒药的月平均销售额在 10 个月内从 60 万元上升到 100 万元。此外，如果广告活动是为了增加品牌认知度，增进顾客对企业的理解和信任，医药企业可以基于提升企业和产品的知名度来定义广告目标，广告目标表述为：“使医生对某品牌降高血压药为缓释胶囊的认知度在 12 个月内由 5%上升到 30%。”

（二）确定广告经费预算

广告经费预算（advertising appropriation budget）是指医药企业在一定时期内预期分配给广告活动的总费用。由于广告的作用很难进行量化估测，医药企业很难确定在某一段时期内所需花费的广告费用。医药企业广告经费的投入应全面考虑影响广告效果的各种因素，采取科学的手段对成本效果比进行测算，预测必需的经费，以较少的投入获得较好的效果。通常认为，工业品如原料药的广告经费所占销售额的比例较少，而消费品如非处方药、保健食品的广告经费所占销售额比例较高。

1. 影响医药企业广告经费预算的因素

（1）产品的特性：不同种类的医药产品特性决定广告促销作用的大小，从而影响广告费用的预算。原料药产品以医药生产企业为主要顾客，一般无需通过大量的广告来传递产品信息，因而所需广告费用较少；非处方药的顾客是广大欠缺医药知识的普通消费者，通过投放较高频率的广告有助于消费者了解产品的特点，处方药则需要通过大量专业书刊广告向医生介绍产品信息，说服医生使用本医药企业生产的药品。如果本企业生产的药品具有较多的替代产品，即市场上有大量的厂家生产同一品种的药品，则医药企业应投放大量的广告把自己的产品与同类产品相区分。比如，以对乙酰氨基酚为主要化学成分的非处方解热镇痛药，我国医药市场上有多家企业在生产，医药企业可以依靠广告来树立产品品牌的特色和独特的功能利益。

（2）市场规模和市场份额的大小：如果医药企业面对的市场规模庞大且地理位置分散，消费者数量众多，则应选择多种传播媒体组合投放大量的医药广告；反之，如果医药企业面对的市场规模狭小且地理位置集中，消费者人口总数有限，只需投入较小的广告量就可以达到预期效果。如果医药企业刚刚进入市场，占有的市场份额较小，则需要依靠投放广告来提高药品的销售量以在短时间内抢占市场份额，应安排较高的广告经费预算；如果医药企业是某药品市场的领先者，占领的市场份额较高，则应维持现有的市场份额，无需投入大量广告，广告费用的预算不宜频繁变动。

（3）竞争状况：竞争状况也是影响广告费用预算的因素之一。医药企业广告的投放量必须保证能超过竞争对手的干扰强度。如果医药企业的新药尚处于专利保护期，市场上不存在竞争对手，信息传递过程无需克服竞争对手的干扰，广告预算经费可适当减少；如果是已经失去专利保护的仿制药，市场上竞争对手众多，就会给医药企业广告信息的传递产生干扰，影响广告促销的效果，企业就应该提高大幅度广告经费预算，消除竞争对手的干扰。

（4）广告的投放频率：提醒型广告的投放需要医药企业考虑较高的广告经费预算，增大广告投放频率，在媒体上多次传递产品信息，以反复不断地加强消费者对产品的印象。

（5）产品所处市场生命周期：处于导入期和成长期的新产品只有通过广告宣传，才能在消费者心目中建立知名度，因此广告经费预算应该维持在较高水平。处于成熟期和衰退期的老产品则应大幅度减少广告预算费用，节约销售成本，使企业能够最大限度地获取产品生命周期末期的利润。

2. 确定广告经费预算的方法

（1）目标任务法：首先，对广告活动所要达到的目标进行量化。其次，在此基础之上分解为达到目标所需要完成的各项具体任务，分别计算各项任务的广告投入费用。最后进行总计，得到的数字就是整个广告活动的经费预算。

（2）销售百分比法：首先，根据医药企业已经发生的历史销售状况估算在今后一段时间内产品销售量增长或减少的趋势，预测未来一段时期的销售总量。其次，将预测的销售总量乘以标准百分比就可以得到广告经费预算。医药企业可以根据全医药行业平均广告支出及企业近一年内的广告总支出确定标准百分比。

（3）竞争匹配法：医药企业采用“自卫法”决定广告预算，使自己的广告预算与竞争对手的广告预算大致相当。即根据竞争对手广告支出总额或占销售额的百分比决定自己的广告经费预算。此方法应建立在医药企业或广告代理商深入了解竞争对手广告支出状况的基础上，医药企业需要经常考察竞争对手的广告支出水平，并与自己的广告支出水平进行比较。

（4）销售单位法：医药企业采用“成本分摊法”，按每箱、每盒、每件、每桶等计量单位分摊一定数量的广告费用，主要适用于横向联合广告或贸易协会广告成员之间分摊费用。

（三）设计广告信息

医药产品广告信息只有能够充分吸引消费者的注意力并引起共鸣，才能促进医药产品的销售。

现代经济是一种“注意力经济”，如果产品一上市就能抓住市场的注意力，便可以脱颖而出，在竞争激烈的市场上取得主动权。因此，消费者的注意力就成为医药企业追寻的目标，成为市场利润的源泉。医药产品的注意力经济就是通过媒体以广告等方式吸引消费者的注意力，从而促进产品的销售。

1. 设计广告信息内容的策略 马斯洛的需要层次论认为，消费者的需求多种多样，既包括最基本的生理需求、安全需求、归属感需求，还包括高层次的尊重的需求和自我价值实现的需求等。一种产品可以满足消费者的多种需求，而不同的消费者对于同一种产品的需求又存在着很大的差异。医药市场营销实践中常常利用消费者的心理需求进行刺激、说服和引导，即采用“攻心战略”设计广告信息内容。医药广告通过明确告知目标消费者本产品究竟能给消费者带来哪方面需求的满足，以此打动消费者，促进购买。

市场营销学界普遍认为，消费者从接触到广告到产生购买行为会产生一系列环环相扣、逐级递进的心理变化过程，具体而言，可以分为五个过程，又称为 AIDMA 阶段，即注意（attention）、兴趣（interest）、欲望（desire）、记忆（memory）和行动（action）。广告的内容应与消费者接触广告以后的心理变化过程相适应。

针对消费者广告心理过程的不同阶段，医药企业可采取不同的方法刺激购买需求的产生。比如，通过“唤起注意”增加刺激强度，即在广告中采用醒目突出的图案、鲜明的色彩和文字、富有动感的画面、特殊的音响等办法唤起消费者的注意；或者在医药广告中采用生动活泼的形式、新奇独特的构思和引人入胜的题材等方法增加广告的情感渗透力，以此增强刺激物的感染力；或者通过动静对比、虚实对比、色彩对比、节奏对比等突出刺激元素间的对比等途径增强广告刺激的强度。通过“激发兴趣”引起购买欲望。实践证明，欲望常由兴趣引起，兴趣常由欲望而增强。通过在广告中强调医药产品所能给予顾客的利益满足来“刺激欲望”。通过“增强记忆”提升消费者对商品或企业品牌的记忆率和认识率。广告仅能起到间接促销的作用，消费者从接触广告到实际购买还存在着时间和空间的间隔。因此，通过不断反复，利用多种媒体组合进行宣传，广告才能增强消费者记忆。“促进行动”，消费者进行购买决策之时广告应当发挥作用，否则极有可能使之前所做的一切努力前功尽弃。因此，促成购买行动是广告成败最为关键的一步，在销售现场的 POP 广告宣传必不可少。如在零售药店的销售现场发放大量的印刷广告宣传某品牌的非处方药，就能起到事半功倍的效果。

2. 广告信息内容的产生与表达 合适的广告信息应在充分了解消费者的行为、习惯和需求的基础之上精心设计。设计广告信息，首先应对消费者进行调查与分析，其次，设计广告信息还要考虑产品本身的特点、用途和优点。广告信息主要包括两个方面：一是信息内容的产生；二是信息内容的表达。

（1）分析目标受众：决定广告信息内容的是目标市场特征与产品特征两种因素。信息内容首先应考虑目标受众的特征，即产品目标消费者的性别、年龄、教育状况、民族、收入、职业、生活方式、价值观念等特征如何等问题是医药企业必须调查的重要问题。只有根据不同消费者的特征有的放矢地设计不同的广告信息，才能获得预期的广告效果。例如，某医药企业曾向市场推出一种安全性很好的止咳药（非处方药），根据剂量的大小可以供婴幼儿和成年人使用。产品上市之前，市场营销人员经过市场调查发现，80%的同类产品购买者是年轻的父母，购买药品是给自己的孩子使用；20%的购买者是 65 岁以上的老年人，他们把这种药品当作供家庭常备药品。因此，产品主要的使用者是婴幼儿，于是该企业做出决策专门设计针对性的广告面对年轻的父母进行宣传，放弃剩下 20%的老年人市场，取得了良好的效果。

（2）确定广告信息的诉求点：广告信息的诉求点代表着产品最具有竞争力的利益，它是经过市场营销人员提炼和挖掘的，能够反映产品的最根本利益和目标消费者需求的关键点。广告信息的诉求点应能够把本产品品牌与竞争对手品牌区分开来，反映出本品牌产品的特色和利益。因此，市场营销人员应准确分析目标受众，在此基础上确定广告信息的诉求点。例如，某医药企业的治疗脚气的抗真菌药品在电视广告场景中采用了斩草除根的画面，暗示竞争对手只能暂时抑制脚气的发作，不能根治脚气，而本产品的最具竞争力之处就是能完全治愈疾病。在广告场景中开门见山地将本产品最具有竞争力之处传递给潜在消费者，把广告在市场竞争的作用发挥得淋漓尽致。又如白加黑感冒片的广告词："白天吃白片不瞌睡，晚上吃黑片睡得香"，其诉求点就很好地反映了产品特色和产品利益，即与其他感冒药相比，"白加黑"带给人们的最大好处就是在不影响人们白天的正常工作和晚间正常睡眠的前提下，顺利治愈感冒。

（3）信息内容的表达：信息内容的表达就是企业市场营销人员对广告信息进行编码的过程。确定广告的诉求点即明确广告"说什么"，信息内容的表达则是进一步明确广告"如何说"。只描述产品特征而不描述产品利益的广告很难引起消费者的注意，广告信息必须把产品带给人们的利益表达清楚。广告并不是仅仅对诉求点进行客观描述，而是应采取具有一定感染力、独创性、亲和力的信息表达方式。生动、幽默且富有创意的产品广告将会帮助医药企业在激烈的市场竞争中脱颖而出。医药广告活动实践中常采用的信息内容表达方法多种多样，常见的信息内容表达方法主要有以下几种。

第一，拟人法。拟人法通过赋予产品或与产品相关的事物人格化的特征来增强广告的表现力。例如，某合资企业的品牌胃动力药的电视广告画面将胃比拟成人：一个盛满食物的杯子随着音乐的节拍，像人一样扭转自如地跳起交谊舞来，表现了在药品的帮助下，胃的蠕动能力又恢复了正常。通过拟人化的表演，实现了远比简单的文字叙述手法更为生动有趣的传播效果。

第二，拟物法。拟物法也是常见的方法之一。例如，某种治疗痔疮的药品广告就运用了拟物法形容痔疮患者的痛苦。它把自行车坐垫比拟为带齿的刀片，将坐凳比拟为电炉，而使用本药品可以缓解、消除此种痛苦，表现手法十分生动、形象、贴切。

第三，类比法。类比法即通过事物之间的对比反衬出医药产品的利益。例如，某品牌非处方安眠药的电视广告的场景就运用了类比法的创意。电视场景中出现了两个造型各异的枕头：一个是外观皱巴巴的枕头，类比枕头的主人——一位失眠患者夜晚辗转反侧，难以入睡，充分表达出失眠者饱受疾病的痛苦；另一个是平整、松软而饱满的枕头，类比安眠药使枕头的主人获得了舒适而高质量的睡眠，平静、安逸的睡姿使枕头松软、平整。这种对称类比，联想自然，理解容易，含蓄而委婉地使失眠患者引起共鸣。

第四，名人效应法。利用名人效应增强产品利益的说服力是医药广告常见策略之一。原因在于医药广告欲使潜在的消费者信服广告信息的诉求点，就应该在广告中证明产品人们带来的利益的确存在，也就是将产品利益通过广告传递给潜在消费者，使消费者产生认同感，从而刺激购买欲望。例如，美国百时美施贵宝制药公司邀请身患癌症还连续两届获得"环法自行车赛"冠军的自行车运动员阿姆斯特朗为本企业产品做广告。当然，医药产品广告不得滥用公众对名人的信任感。聘用名人做广告宣传商品的使用效果，必须与其本人真实的使用情况相一致。

第五，寓意法。寓意法也是医药广告信息内容的常见表现手法之一。例如，治疗腹泻的某品牌药品在电视广告场景中就将患者的腹泻症状比拟成一个开关失灵的水龙头，水流不断。此时，代表品牌形象的卡通人物在电视场景中及时出现，修好并关住水龙头，水流自然停止，寓意为此品牌的药品能够治疗腹泻，而且解决了消费者的燃眉之急。

此外，广告信息内容表达的语句必须言简意赅，便于记忆、朗朗上口，才能给消费者留下深刻的印象，如耳熟能详的药品广告词"24 小时缓解感冒症状，药效持续达 12 小时""难言之隐一洗了之"等。

案例 10-3　斯达舒——广告"恶俗"有业绩

在强手如林的胃药市场，斯达舒只是一个毫无根基的小字辈。不管是产品的特点，还是品牌的基础，都无法在强手众多的市场中占有优势。由于斯达舒名字难记，在广告创意之初，如何能快速让消费者记得产品的名字、扩大知名度成为中心目的。于是有了那个令人感到"恶俗"

的广告：紧张的鼓点节奏下，一位年轻的母亲焦急地翻找着抽屉，原来丈夫胃病又犯了，找不到胃药，年轻的母亲急忙让儿子去找斯达舒，结果儿子却找来了一个呆头呆脑的男人，原来是所谓的四大叔。母亲气鼓鼓拿出真正的斯达舒胶囊纠正了儿子的错误。该广告很快在中央电视台大量投播，一时间“四大叔”家喻户晓，偶尔会成为人们茶余饭后的“幽默”话题，而斯达舒的品牌知名度不知不觉地在全国范围内建立起来。

在完成了知名度的提高之后，斯达舒立马转向诉求症状，将胃病一网打尽地总结为“胃酸、胃胀、胃痛”三大症状罗列出来，告诉人们胃酸、胃胀、胃痛要用斯达舒，表达比较平实。可就是这朴实无华的诉求却简单、直接、实用。新一版主打广告《胃篇》，通过丰富的想象力、幽默的人物形象、夸张的动作设计来重新诠释斯达舒的卖点：“胃痛、胃酸、胃胀”。分“两步走”的策略，成就了“斯达舒”，使其曾一跃位居国内胃肠药销售排名第一，近几年来也一直排名胃药市场的前三名。

问题：

1. 斯达舒的成功验证了广告设计的诉求应当坚持什么原则？
2. 斯达舒广告中，厂家设计的广告的诉求点是什么？
3. 结合本案例，试分析广告信息内容的表达应注意什么。

知识链接 10-3　医药产品广告信息内容的法律限制

《中华人民共和国药品管理法》规定：“药品广告的内容必须真实、合法，以国务院药品监督管理部门批准的说明书为准，不得含有虚假的内容。药品广告不得含有不科学的表示功效的断言或者保证；不得利用国家机关、医药科研单位、学术机构或者专家、学者、医师、患者的名义和形象作证明。”上述规定表明，设计药品广告信息必须注意国家法律、法规和社会道德规范对药品广告的限制。

医药产品广告中不得含有如“疗效最佳”“药到病除”“根治”“安全预防”“安全无副作用”的语句，也不得含有“最新技术”“最高科学”“最先进制法”“药之王”、“国家级新药”等绝对化的语言和表示；医药产品广告更不得含有违反科学规律，明示或者暗示包治百病，适合所有症状等内容。如药品广告中不得含有治愈率、有效率及获奖的内容，也不得含有“无效退款”“保险公司保险”等承诺。医药产品广告还应注意不得使用医药学术组织及其相关人物形象等几种特殊人物的名义和形象作证明。药品广告还不得使用儿童的名义和形象，不得以儿童为广告诉求对象。药品商品名称不得单独进行广告宣传。

《中华人民共和国广告法》规定：“药品、医疗器械广告不得有下列内容：说明治愈率或者有效率的；与其他药品、医疗器械的功效和安全性比较的。”在我国，医药产品广告不得采用比较广告的方法，不得贬低同类产品，不得与其他医药产品进行功效和安全性对比，不得进行医药产品使用前后的比较。

四、医药产品广告媒体的选择

广告媒体是广告信息的载体，也是医药企业通过广告向受众传递产品或企业信息的手段或工具。由于不同类型的媒体，其承载信息的时间和空间范围、表现形式、信息传递的数量和质量、信息传递的受众都存在着较大的差异，医药企业应根据建立的广告战略选择合适的广告媒体。既可以选择传统的广告媒体，如报纸、杂志、广播、电视等，还可以选择新兴的互联网社交媒体。医药企业期望在合适的时间、空间范围内，传递本企业产品和企业信息给目标受众时，应根据不同广告媒体的特点为每一次广告活动选择最合适的广告媒体，使得本企业和产品的信息能够以最合适的途径传播给目标市场，达到最好的广告传递效果的目的。广告媒体选择的第一步是比较各种媒体的优缺点，接着结合本企业和产品的特点，寻找一条成本效益比最佳的广告沟通路线，使期望的展露数量到达目标受众。通常认为，选择广告媒体时应考虑的因素主要包括：媒体的触及面、频率和影响、媒体自身特点、产品特征、目标受众的媒体习惯、广告信息特点和成本等。

（一）媒体的触及面、频率和影响

在媒体选择过程中，广告信息的展露效果可以通过相关因素进行预测。通常认为，展露效果和广告信息的展露数量息息相关，而展露数量则是展露的触及面、频率和影响三种因素的函数。医药企业首先应对各种广告媒体的触及面、频率和影响进行预测评估，再结合其他影响因素综合考虑，最后在广告媒体的类型、传播时间和费用分配上做出决策。

展露数量等于触及面、频率、影响三者的乘积。触及面是指在一定时期内，某一特定媒体一次最少能触及的不同人或家庭的数目。频率是指在一定时期内，平均每人或每个家庭见到广告信息的次数。影响是指使用某一特定媒体的展露质量价值，如权威专业医药期刊刊载的广告效果远远好于普通医药期刊。不同媒体的触及面、频率和影响各有差异，比如，电视和广播的触及面广，路牌广告频率高，电视的影响比广播大，医药市场营销人员要结合本企业产品的特点寻找三者的最佳组合。

（二）媒体特点

任何一种广告媒体都不可避免地同时具有优点和缺点，对广告媒体的选择应遵循扬长避短的原则，结合目标市场和医药产品的特征，充分利用广告媒体的优点，达到最佳效果。主要广告媒体的优缺点比较见表 10-2。

表 10-2　主要广告媒体的优缺点比较

媒体	优点	缺点
电视	覆盖面广、声音图文并茂、生动、可视性强、受众广泛并具有一定的地理选择性和人口选择性	互动性不高、制作成本高、瞬息即逝，信息容易过时、针对性差、无法控制受众目标
广播	移动性好、成本低、受众广泛、传递速度快、具有一定的地理选择性和人口选择性	周期短、只有声音信息无图像缺乏表现力、受众注意力会受到限制、难以记忆
报纸	覆盖面广泛、稳定、地区特征明显、可信度高、灵活性强、费用低廉、传播迅速	时效短、不易保存、难以复制、可传阅性差、感染性差、印刷质量难以保证、注目率低
交通工具（内部）	成本低、吸引力强、具有一定的地理选择性	难以触及专业人员、反馈性差
交通工具（外部）	成本低、可触及的受众面广、量大，具有一定的地理选择性	由于高速行驶，受众难以短时间辨别、很难给受众留下深刻的印象
户外	展露时间每天长达 24 小时、成本低、可放置在销售现场较近的地方	无法限定目标受众、表现形式单调、难以吸引受众的全部注意力
互联网	成本低、反馈及时、互动性强、可建立顾客数据库	明确目标成本较高、容易被过滤、难以衡量效果、经济落后地区不适用
微信/QQ	互动性好、反馈及时、传播速度快、信息信任感强	传播范围有限、不适合所有目标人群

以电视为例，在医药市场营销实践中，电视是非处方药最常用的广告媒体之一。企业选择电

视成为广告媒体，主要原因为：非处方药多用来治疗常见疾病，广告应直接面对广大消费者，要求受众广泛。而电视在我国的普及率很高，电视的覆盖面广泛并具有一定的地理选择性和人口选择性，完全符合非处方药广告的受众广泛的要求。电视作为一种传播媒体，优点是声音图像并存、生动、可视性强，电视广告的场景富于表现力，艺术性比较高，可以加强受众对广告的印象并易于记忆；电视广告包含的形式多样，它不仅可以满足医药企业对非处方药的宣传，而且能够传播企业形象，对提高企业美誉度和信誉度十分有利。医药企业通过电视媒体进行广告宣传，极大地增强了品牌非处方药的附加利益，有利于医药企业在同质化程度较高的非处方药市场取得优势地位。例如，美国某品牌非处方解热镇痛药曾经长期偏重使用报纸、书刊等印刷媒体进行广告宣传，其品牌形象的传播受到很大的制约，2013 年时，它在全美同品种非处方药的销量排名中仅为 120 名。2014 年经销商为该品牌投放了电视广告，结果产品销量从 2013 年的 30 万盒上升到 2015 年的 280 万盒，在非处方药市场中一举进入销量前 5 名。

销售现场也是重要的广告媒体之一。例如，非处方药的销售地点不仅是广大消费者购买药品的地点，更是消费者获得药品信息的地方。通常非处方药的销售地点为分布在城乡的社会药房或零售连锁药店。如果在销售现场陈列大量的 POP 广告，一方面为消费者提供了大量的非处方药信息，另一方面可以对消费者的潜在购买心理和已经形成的购买意向产生强烈的诱导作用，促使潜在的需求在很短的时间内转化为现实的需求和实际购买行为。

（三）产品特征

不同的产品由于其特点不同应选择不同的演示、介绍和解释的方法，从而选择相应的媒体。药品分类管理制度把药品分为处方药和非处方药。处方药不能在大众传播媒体做广告，只能选择指定的专业性医药书刊杂志做广告。非处方药可以选择任意的大众传播媒体做广告。因此，消费者对非处方药具有自主购买决策权。消费者无需凭借医师处方就可凭借自己的医学、药学知识或在执业药师的指导下自行购买非处方药，而处方药则必须严格按照医师处方方可购买和使用，因此决定了非处方药消费模式与处方药消费模式完全不同，前者以消费者为中心，消费者在药品购买决策中具有举足轻重的地位，而后者以医生为中心，消费者是被动消费，在药品购买决策中不起主要作用。因此，非处方药与普通消费品的特征相似，消费者可以从非处方药的包装、广告中获知药品性能、适用范围、用法用量及注意事项方面的信息，消费者的意见在市场营销活动中具有至关重要的作用，医药企业完全可以借鉴普通消费品的市场营销组合策略采用普通媒体开展非处方药的广告宣传。

案例 10-4　三精葡萄糖酸钙口服液广告媒体的选择

由于我国相关法律对非处方药广告媒体选择没有限制，非处方药广告的媒体选择的自由度较大。医药企业应结合非处方药消费的特点选择最有利于非处方药信息传播的广告媒体。三精制药有限公司以生产主要成分为乳酸锌、乳酸钙、乳酸亚铁等乳酸盐系列的口服液为主要产品。该企业抓住机遇适时通过连续投放大量电视广告将公众的保健意识转变为对这类产品的注意力，再加上药品本身优良的质量，使其连续在全国药品零售市场销售金额排序中位居前列。从 1998 年开始的三精葡萄糖酸钙电视广告至今成功得让人眼红：葡萄糖酸钙的销售收入增长了 30 倍，资金回笼率从未低于 97%，现金流量充足，最高时达到了 1998 年的 100 倍，成为十足的市场明星。

在电视广告中，三精的标志主色为象征地球的蓝色，右上方画出一条生动的弧线象征初升的太阳从地平线发出一道耀眼的光线，为地球上的生命带来了生机。以浩瀚的宇宙为开篇，蓝色的地球是其中的一个行星，太阳照射地球，耀眼的光线过后，三精 Logo 出现…… 画面流畅、气势磅礴，展示了三精制药的大家风范，同时也为后面提出蓝瓶独有的专利技术给出了有力支持。三精葡萄糖酸钙、葡萄糖酸锌、双黄连口服液三个不同的产品在广告片中同时出现，未作疗效的解说，只是多角度展示产品外观，旋转的蓝瓶在绚光的辉映下晶莹剔透，力求通过精良的画面感彰显产品优良的品质——蓝瓶品质。

问题：

1. 非处方药选择电视媒体投放广告的优点是什么？
2. 结合该案例，谈一谈电视媒体在医药广告策略中的运用价值。

（四）目标受众的媒体习惯

不同的目标受众与特定媒体接触的机会完全不同，只有选择与目标受众接触最频繁的媒体才能获得广告信息预期传播的效果，如针对青少年的广告，应选择电视、互联网，针对老年人的广告，则适宜以广播为主。

（五）广告信息特点

信息内容也影响广告媒体的选择，如果广告传递的信息是宣布新产品明日上市，那么，电视、广播、报纸因其传播及时成为最理想的媒体；而处方药广告中含有大量技术资料信息，刊登在专业性的医药书刊杂志最合适。在设计医药广告信息时，还需考虑医药广告的专业性强的特点。例如，虽然非处方药无需医生处方，消费者可以在社会药房直接购买，使非处方药越来越接近于普通消费品，但是药品毕竟是一种特殊商品，非处方药的安全性也只是相对而言，医药知识的专业性较强，还不是一种普及性知识，所以消费者在购买和使用非处方药时，非常乐意接受医药专业人士如医师、执业药师等人的用药指导意见。因此，医药专业人士间接影响了非处方药的消费行为。在设计非处方药广告信息的内容时，应注意在广告中提醒消费者及时咨询医生和药师等医药专业人士。

（六）广告成本

广告媒体的选择受到媒体所需费用的制约，从经济学角度考虑，应选择具有最佳成本效果比的媒体，也即并非哪种媒体收费最便宜就选哪种，而是要同时考虑各种媒体的收费标准，以及反映传播效果的收视率、点击率、发行量等因素。

（七）媒体时间安排的决策

媒体时间安排主要考虑的因素包括顾客流动率、购买频率和遗忘率。顾客流动率是指新顾客进入市场的速度，流动率越高，广告连续性则应越强；购买频率是指现有顾客购买产品的平均次数，购买频率越高，广告连续性则应越强；遗忘率是指顾客对产品的遗忘速度，遗忘率越高，广告连续性则应越强。

医药市场营销实践中，还应根据医药产品的其他特点选择合适的媒体使用时间，如在企业经费有限的情况下，广告可以在一段时间内连续播放，然后间歇一段时间，间歇过后再进行第二轮广告促销攻势；或者在一段时间内保持高频率、高强度的广告活动，再在下一段时间内大幅度降低广告的频率与强度，但不停止广告活动。季节性特征明显的药品应集中在销售旺季做广告，短时间内支出全部广告费用，比如，治疗呼吸系统疾病的药品，应在秋冬季开展密集广告攻势；刚刚进入成长期的产品，应在一段时间内持续进行促销活动，均匀地安排广告展露时间。

（八）媒体的空间分配决策

选择媒体不仅要考虑媒体的时间安排，还要考虑媒体的空间分配，即选择哪些地区的媒体做广告。如果医药企业欲占领全国市场，则应选择在全国范围内有影响的媒体进行广告宣传，如中央电视台、全国性医药专业期刊；在医药企业规模小、广告经费不足、产品销量有限和新产品刚刚进入市场的情况下，应选择区域性的媒体进行广告宣传。

五、医药产品广告效果评价

医药产品广告活动成功与否的关键在于对广告效果的评价。广告效果是指通过广告媒体传播之后对市场营销活动所产生的影响。评价广告效果既包括对广告传播效果的评价，还包括对广告销售效果的评价，前者是指广告对消费者认知行为的影响，即判断广告是否能将产品或企业信息有效传递给消费者，后者是指对医药企业生产经营活动的影响，即评价广告对产品销售量和市场份额的改变。评价广告效果的活动可以在广告活动的事前、事中和事后进行。

（一）广告传播效果的评价

广告传播效果的评价主要通过测试广告能够引起消费者注意、记忆、理解及购买欲望形成的程度来反映。注意程度的评价指标主要包括各种广告媒体的收视率、收听率和读者率；记忆程度的评价指标主要包括消费者对广告中企业名称、商品名称、商标及商品性能的记忆程度，其中最主要是产品知名度；理解程度评价指标主要指广告的内容是否容易被消费者理解；购买动机形成程度的评价指标主要指广告对顾客的购买动机形成是否起到了关键性的作用。

评价广告传播效果的活动一般在广告活动的事前或事后进行，即广告的事前测试和广告的事后测试。

1. 事前测试 医药广告在大规模投放市场之前通常要进行传播效果的事前测试，根据测试中所产生的问题，营销人员可以及时调整广告方案，改进广告设计，提高广告传播的成功率。如果经过测试发现广告确实能够达到甚至超过预期的传播效果，即可正式投放市场。

事前测试主要有三种方法：①消费者直接评分法，即邀请消费者或潜在消费者对广告方案直接打分进行测试。事先设计好评分表，由消费者观看各种备选广告，请消费者在观看几个备选广告后打分，哪一个得分最高就选择其作为最终的广告方案。②组合测试法，即邀请消费者在任意长短的时间内观看或收听一组广告，然后请他们回忆广告的内容，其结果可以表明广告内容的易懂性、易记性，以及广告中哪些内容最为突出，令人印象深刻。③实验室测试法，即通过仪器测试消费者对广告内容的生理、心理反应。例如，研究人员在消费者观看广告的同时或之后，对消费者的血压、心跳、脉搏等生理指标进行测试。当然，这类实验测试只能测试广告的吸引力，无法测试消费者对广告内容的信任感、态度和意图。

2. 事后测试 事后测试是广告正式发布之后再对消费者进行的测试。

主要有两种方法：①认知测试，即邀请有条件接触过本企业产品广告的消费者观看若干组广告，测试消费者是否能从这些广告中辨认出他在最近 1 个月内已经看过的本企业产品的广告，结果用来说明广告给消费者的印象是否深刻。②回忆测试，即市场营销人员要求消费者在没有任何线索的帮助下回忆他们最近几次媒体发布过的广告，其目的是测试广告是否引人注意及广告是否达到了容易记忆的程度。

（二）广告销售效果的评价

广告传播效果的评价只能反映医药广告传递信息的效果，却无法反映其对销售额和市场经营活动的影响。对广告销售效果的评价即直接评估广告对销售额和利润额的影响，但是这种评价的难度较大，因为销售效果不仅受到广告活动的影响，市场营销环境、产品价格、包装、服务方式、渠道、消费者收入等诸多因素都会影响销售量和市场份额的变化。尤其是主要运用品牌广告或企业形象广告开展市场营销工作的医药企业，其广告销售效果就更难评价。

评价广告销售效果的活动通常在广告活动的事中和事后进行，有两种测试方法。

1. 数据分析测试法　指利用先进的统计方法找出以前各个时期产品的销售量、市场份额和广告支出之间的联系，以此作为依据分析目前广告促销的销售效果。比较常用的测试方法是利用最小平方回归法求得过去的销售额与企业过去广告支出两者之间的关系。例如，美国的蒙哥马利和西尔克统计了医药行业所运用的三个传播工具的效果。一家医药企业将39%的传播预算用于直接邮寄，32%用于样品和印刷品，而29%则用于杂志广告。但是，销售效果研究表明，杂志广告这一花费最少的传播工具的长期广告弹性却最大，是0.365，样品和印刷品的弹性是0.108，而直接邮寄只有0.018。由此，他们认为，企业在直接邮寄方面花费过大，而杂志广告的费用太少。

在市场营销实践中，还常用下列方法测试广告的销售效果。

（1）测试广告费比率：这是用来比较医药企业某一时期内广告费占销售量的比率。比率越小，广告效果越好。公式为

广告费率＝（广告费用/销售量）×100%

（2）广告效果比率：这是用来测试一定时期内广告费用增减对医药产品销售量增减的影响。其公式为

广告销售效果＝（销售量增加额/广告费用支出）×100%

该比率值越大，广告的销售效果越好。如果企业对该产品第一次投放广告，就按全部广告费用计算；如果是测试某一段时间的广告效果，则应按同期广告费用的增加额计算。

（3）单位费用销售额增加额：这是用来反映单位广告费用对产品销售额的影响。其公式为

单位费用销售额增加额＝销售量增加额/广告费用

上述三种测试方法的测评结果一般作为广告销售效果评价的参考，这是因为：一方面，有时医药产品广告活动的目的并不一定就是扩大销售量，如医药企业纯粹为了保持销售额，或是为阻止销售和利润急剧下降而利用广告，此时，上述公式就无法反映广告销售效果了；另一方面，广告的促销作用往往具有滞后性，即广告信息发布之后，不一定会立即引起销售额的变化，而是需要经过一段时间才可能达到目的，这些因素也必须在评价中予以充分考虑。

2. 实验分析测试法　常用的实验分析测试法主要是指高投入测试和低投入测试。医药企业可以根据选择经济发展水平相似的不同城市，在其中某些城市进行比平均广告水平强50%的广告投入，在另一些城市进行比平均水平弱50%的广告投入。在投入广告活动的一段时间后，从150%、100%、50%三类广告水平城市的销售记录，观察广告活动对企业销售水平的影响，并导出销售反应函数。如果高投入测试导致销售量增加超过平均水平，表明企业广告投入过少；如果高投入测试没有增加销售或者低投入测试没有导致销售量大幅度下降，则企业广告投入过大。当然，为了更好地观察改变广告控制水平后的滞后效应，测试必须控制可能影响实验结果的各种因素并保持足够的时间。

近年来，一些发达国家的医药企业也开始采用先进的测试仪器来测试广告销售效果。例如，市场营销人员利用先进的记录仪器对消费者观看电视广告的行为频率和实际购买行为进行跟踪、记录，用获得的数据分析广告投放活动与消费者购买行为之间的关系。市场营销人员可以把记录器放置在选好的顾客家中，微型电脑记录下电视机打开的时间和收看的频道。在社会药房的收银处，被调查人出示身份证，收银员用扫描器记录下购买情况，这样，被调查者在电视机前到收银处前的行为全部被跟踪记录下来，然后数据被传送到研究人员手中，成为最有说服力的分析资料。

第三节 医药产品人员推销策略

一、医药产品人员推销的含义

医药产品人员推销是指医药企业派出销售人员与批发商、零售商、医疗机构和消费者等进行直接的人际沟通，促进其了解本企业产品信息，说服其进行购买产品或做出使用医药产品决策的促销活动。

根据促销对象的不同，医药产品人员推销可以分为两类：第一类是支持性推销，推销员是典型的传递销售员（missionary salespersons），被医药行业称为医药代表（medicinal representative, MR），其主要任务并不是签订销售合同，而是帮助医药批发商销售生产商的产品。通常情况下，医药企业派出医药代表，通过医药代表的拜访活动，传递产品的信息，树立企业或产品形象，说服医生使用生产商生产的药品，一旦成功，医疗机构就会因为患者使用此药品并从药品批发商处购进药品。第二类是商务性推销，推销员的主要职责是向批发商传递产品信息，获得订单，签订合同，负责回款，提供技术支持，与顾客维持关系。

（一）支持性推销的作用

自20世纪初以来，一些西方发达国家的医药企业就开始雇佣药房的游动推销员向开业医师推销药品。20世纪50年代后，随着市场竞争的日益激烈，一些大型医药企业聘用、培养高学历、高水平且通晓医药专门知识的推销员作为“医药代表”，说服医生使用本企业新药，明显缩短了新药抢占市场的时间，取得了良好成效。其他医药企业纷纷效仿，使此举成为西方国家医药企业必备的促销手段。自20世纪80年代，西方跨国医药公司开始进入我国医药市场，西安杨森、中美史克、瑞士诺华等合资企业在开拓我国医药市场的进程中，仿照国外营销模式组建了自己的医药代表队伍开展人员推销，取得了较好的效果。国内医药企业也逐渐效仿这一模式。目前，我国绝大多数的医药企业和药品代理商都已经建立了本企业的医药代表队伍，医药代表在医药市场营销活动中起到了举足轻重的作用。结合我国医药行业的现状，医药企业使用医药代表开展人员推销至少可以有以下几种作用。

1. 传播药品信息 医药产品是特殊的商品，其消费模式与普通商品存在较大差异。例如，拥有处方权的医生在处方药品从生产、流通领域进入使用领域中起到了关键的决策作用。处方药品的使用者（消费者或患者）并不是真正的用药决策者，而是由医生凭借丰富的医药专业知识和临床经验代替消费者自身做出消费决策，患者使用何种药品、使用多少药品、药品的使用方式都依赖于临床医生的决策。正是因为这种特殊性的存在，临床医生必须全面掌握所使用药品的详细信息。但是，医药技术日新月异，新旧技术更迭速度很快，药品本身具有较高的技术含量，医生并不是专门的药学技术人员，没有接受过药剂学、药物化学和药物分析等药学专门知识的培训，也不可能在新药上市的第一时间就获知其全部的信息。在某个具体的处方药产品上，医药企业比医生拥有更多的信息量。因此，医药企业使用医药代表开展支持性推销工作，可以弥补医生和医药企业之间相关新药的信息不对称状况，将产品信息客观、全面地传递给医师并指导临床合理用药。此外，新药信息的复杂性决定了处方药广告无法替代医药代表的宣传推广和传递信息的重要作用。仅在专业医药刊物上刊登的处方药广告是一种平面广告，仅仅凭借语言和简单的图形很难表达清楚处方药的药理、毒理、药物代谢动力学、剂型、不良反应、用药禁忌等方面的产品知识。

另外，医药企业可以利用人员推销反馈及时的优点建立与顾客之间的信息桥梁。在我国，绝大多数药品使用的信息都来自临床医疗实践，医药代表与医生接触的机会频繁，在向医生传递产品信息的同时，能够及时接受产品临床应用的信息及临床医生对药品使用情况的反馈，获得药品不良反应（adverse drug reaction，ADR）的数据，便于医药企业在最短的时间内向药品监督部门报告，改进产品的性能，避免公共危机的发生。据统计，在美国食品药品监督管理局收到的药品不良反应报告中，90%以上是通过医药代表收集的。

2. 树立和拓展企业形象　企业形象的优劣决定了企业、产品能否使现实和潜在的顾客产生信任和好感。医药代表在面向医生开展学术推广，传递信息的同时，也担负着树立和拓展企业形象的任务。医药代表是医药企业的形象代表，其一言一行都代表着医药企业的形象。训练有素的医药代表除了传递产品信息外，更多的是在医生面前展示企业文化，建立良好的企业信誉，树立医生对企业产品的信心，培育现有和预期客户，最终目的是刺激或创造需求。

（二）商务性推销的作用

商务性推销员又称商务代表，其主要工作职责是通过拜访医药批发商，定期向批发商出售一定数量的药品，是典型的医药购销合同签订者。医药企业依靠商务性推销活动建立并维持自身与营销渠道成员的长期客户关系。根据我国法律和相关政策的规定，药品应经过药品批发经营企业才可以进入医疗机构或零售药店进行销售，因此在资金流通和药品流通环节，医药生产企业并不和医疗机构发生直接的法律购销关系，而是和医药批发经营企业签订购销合同，发生法律合同关系。药品流通方式的特殊性决定了医药企业商务代表应发挥如下作用。

1. 签订购销合同　医药代表的人员推销活动是医药企业拉引策略的体现，而商务代表的人员推销活动则是企业推动策略的具体体现。商务代表的日常工作是通过拜访医药批发商并及时传递药品临床使用的情况，说服商业客户采购本企业的医药产品，与批发商进行谈判，签订购销合同。

2. 管理营销渠道成员　商务代表同时承担对企业营销渠道成员进行管理的职责。现代市场经济条件下，除非是市场供不应求的紧俏商品，绝大部分商品批发经营无法实现一手交钱一手交货，通常情况下企业的货物已全部售出，但资金尚未回笼。商务代表的日常工作任务是采取一系列措施保证批发商及时回款，防止企业出现资金融通障碍。为了与批发商维持持久的客户关系，医药商务代表可在授权范围内采取必要的销售促进措施激励渠道成员，如给予中间商合理的折扣、组织销售竞赛、设立返利制度、帮助中间商培训员工等。

二、医药产品人员推销的过程与内容

医药产品人员推销的过程与内容并无固定的模式可循，但总的来说，通常要经过以下七个步骤，见图10-3。其中，拜访顾客、讲解与展示和推销异议处理被称为推销核心步骤。

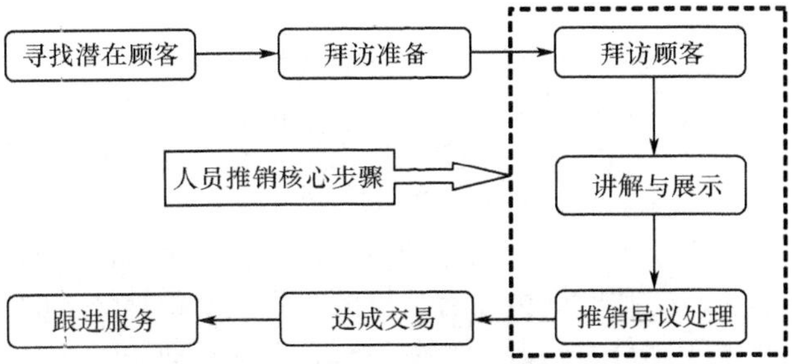

图10-3　医药产品人员推销的主要步骤

（一）寻找潜在顾客

潜在顾客又指预期顾客，是指有可能成为新顾客的任何组织或个人。医药产品推销员首先要从各种信息来源中寻找到潜在顾客。推销员从专业的商业数据库、报纸、电话黄页、医药商业名册、企业销售记录等寻找有潜在需求的顾客。有经验的医药推销员擅长利用现有顾客的推荐来发掘预期顾客，因为现有顾客的推荐具有很高的销售效果，有研究显示，一个老顾客的推荐相当于12次销售员的推销访问。

通过初步寻找，医药推销员还需要对潜在顾客进行进一步筛选，判断其是否具有真正的顾客资格。现代推销学中有一个非常实用的顾客筛选标准，即MAN原则。作为顾客的人（man）是由金钱（money）、权力（authority）和需要（need）三个要素决定的，三个要素必须同时具备才是入选的顾客。在这三个要素中，首要的因素是N，然后是M，最后是A。通过顾客筛选与鉴定，有利于发现真正合适的顾客，避免无效的推销活动，以此节约推销精力、时间，提高推销效率。顾客需求（need）的判断是指事先确定顾客是否真正需要推销人员所推销额的产品或服务，判断的内容包括应明确顾客是否需要、何时需要及需要多少。顾客是否有需求，是推销能否成功的关键，如果推销员所选择的医院根本没有开设自己所推销药品的相应科室，相应患者也几乎没有，那么推销工作只会徒劳无功。对顾客支付能力（money）的判断包括考察顾客的现有支付能力和潜在支付能力，具有购买需求和支付能力的顾客是最理想的顾客，此外，推销员还要善于挖掘顾客潜在的支付能力，为推销提供广阔的市场。购买决策权的判断（authority）是集团推销最重要的环节，推销首先应满足购买决策者的需要。因此，医药推销员必须了解医院等机构的内部组织机构、人事关系、药品购买决策系统和决策过程，判断谁是真正的决策者。

（二）拜访准备

药品销售员确定了预期顾客之后，应尽可能地了解预期顾客各方面的情况，分析他们的特定需求，如对现使用品牌产品的态度、谁是购药关键决策者、决策者个人性格和购买习惯如何。面对医生传递产品信息的医药代表，要花精力了解医生的一般情况，如家庭成员、爱好、收入、处方习惯、生日、籍贯等个人资料。在掌握了必要信息的基础之上，销售员应制订访问计划，确定访问的时机、频率和方法等。

拜访前最重要的准备就是推销叙述词的准备。医药营销实践中，常常采用FAB叙述词的方法准备推销叙述词。F（feature），即特征、特点，指与其他产品相比本产品所具有的特殊之处；A（advantage），即功能、效能，指由于上述特征特点所产生的功能和功效；B（benefit），利益、好处，即功能功效给顾客带来的效用利益。例如，某品牌缓释降压片的FAB叙述词为如下。F：口服缓释制剂。A：血药浓度可以持续 12 小时。B：①可以早晚各服一次，病人依从性好；②避免峰波峰谷，平稳降压，感觉舒适；③治疗方便。

（三）拜访顾客

拜访顾客就是指推销员正式与潜在顾客进行接洽的推销活动，可采取电话访问、电子拜访和上门拜访等形式。在拜访活动中，推销员最好以整洁的仪表、得体的着装、礼貌的举止、明确的开场白争取给预期顾客留下良好的印象。在交谈过程中要随时注意顾客表情和举止的变化，争取进一步了解顾客的需求。

电子拜访是国内外医药企业最近兴起的一种与医药代表与医生接触的新方法。考虑到城市三级医院的医生工作节奏紧张，工作时间内没有足够的时间接受数量众多的产品信息沟通请求，医药企业把新产品信息通过电子邮件发给医生；或为医生提供互动的网上服务帮助医生接受医药产品继续教育；或为医生配置无线网络设备和可视沟通设备，利用这些设备召开网上可视电话会议，举行新产品介绍会，为医生获取新产品信息提供方便，节省了医药代表亲自拜访的成本。

（四）讲解与展示

推销员在讲解过程中应侧重于向顾客阐述产品给顾客带来的利益而不仅仅是宣传产品价值和描述产品的特征。讲解与展示的过程也是讲述 FAB 叙述词的过程。展示的目的是吸引并抓住顾客的注意力，提高他们的兴趣。医药代表应尽可能使用现代视听设备向医生传递信息，如采用动画的方式演示药物在体内作用的全过程，并用电脑幻灯片当场进行示范。

作为一种最古老的推销方法，产品导向型推销法将顾客置于被动地位，销售员使用刺激性的语言和图片进行讲解，希望激起顾客的欲望，说服其购买。相比之下，推销员更应该根据实际情况采用营销导向型的推销法，即在讲解之前先了解顾客的需要、习惯和态度，再采用固定的讲解模式阐述产品如何满足他们的需要；或是在推销现场，推销员鼓励顾客积极发言，自己则扮演专业知识丰富的咨询员角色，帮助顾客解决临床用药的实际问题。

（五）推销异议处理

在推销过程中，推销员常常会遇到顾客对产品提出反对意见的情况。因为产品总会存在一定的缺点，不可能满足所有人的需求。此外，医生出于原有形成的处方习惯，偏好市场原有的药品，也会本能地产生抵触情绪，从而抵制新药。处理异议的最佳办法就是推销员争取积极主动，先发制人，抢先提出顾客可能提出的异议并加以解释，解除顾客的疑虑，从而防止顾客提出异议后再辩驳顾客的意见。推销员应主动追问顾客，找出异议的根源并做出相应的答复和处理意见。

（六）达成交易

推销员应通过观察顾客的言语、举止和表情等信号判断达成交易的最佳时机是否已到来，并适时抓住时机提出建议性的决策促使交易立即成交，如可以通过价格优惠、免费额外赠送等销售促进手段促使顾客立即做出购买决策，从而达成交易。

（七）跟进服务

交易达成之后，推销员还要提供跟进服务，即与顾客积极保持联系，确认货物是否已经及时收到，了解医生、患者等顾客对所使用药品的效果是否满意，了解产品是否出现了问题，维系顾客关系，不断向顾客表示关心和问候，使顾客在将来很长时间内倾向持续购买本企业的医药产品。

案例 10-5　学术推广，抗高血压药占领市场制高点的法宝

络活喜是一种钙拮抗剂的缓释制剂，患者只需一天服用一次，作为上市较晚的后来者，络活喜如何在硝烟弥漫的高血压治疗市场上快速斩获呢？关键是靠三大举措：学术道高一筹、专业依靠指南、科普连续造势。

学术道高一筹：一天一次的降压药有什么卖点?方便，患者依从性高，不容易漏服，平稳降压。谁都会说这些，这些卖点都是事实，但是没有穿透力和震撼力。络活喜没有简单地宣传上述卖点，而用一个谷/峰比值作为血压波动的参数，评价服用络活喜的患者的谷/峰比值和脑血管事件发生率的关系，结果络活喜能显著减少脑出血发生率。这样的研究引领了新观念，创造了新概念，打开了治疗的新局面。这构成了络活喜学术推广的核心。

专业依靠指南：在随后的推广上，络活喜凭借大量的循证依据，进入了《中国高血压防治指南》，这样就把学术地位以权威文件的形式固定下来，其影响和营销拉动力可想而知。

科普连续造势：患者教育永远都是有效的，尤其是高血压这种常见病，更值得做大众传播。所以络活喜以高血压日为依托，借助大众媒体进行大规模的科普教育，同时针对老干部、离退休人员等高端人群进行了大量的健康讲座。通过以上三大关键举措，络活喜不但登上了学术制高点，还得到官方承认，建立了良好的社会公益形象，当然最终收获了销量。

问题：

1. 结合本案例，请思考医药产品人员推销中，推销员应如何准备推销词。
2. 请思考处方药品的人员推销过程与其他商品有何不同。
3. 结合本案例，谈谈药品推销人员如何开展处方药临床推广。

三、医药产品人员推销的管理

人员推销是一种以传递产品信息和树立企业形象为中心的团队活动，需要医药企业各个部门密切配合，团结协作，仅靠某一个推销员不可能独自完成全部医药产品的推销过程。医药企业应建立一支具有较高素养的销售队伍，并且进行科学管理，才能使其发挥出最高效率。医药产品人员推销的团队管理主要包括以下几个方面。

（一）确定销售队伍的目标

医药企业应明确设定销售队伍在一定时期内的总体销售目标，规定完成具体的工作任务的时限。确定销售队伍目标应注意目标的可测量性和精确性，通常采取定量方法描述销售量、市场占有率和利润率等市场指标。比如，某医药公司规定销售队伍的总体目标是每年销售出价值5000万元的处方药品或售出1000万件非处方药品或使某产品的市场占有率达到10%或使销售利润率上升15%。

（二）确定销售队伍的结构与规模

销售队伍的结构是指推销的组织形式及其在市场中的分布构成。根据企业销售产品种类的不同，可以采取不同的结构进行管理。

1. 地区式 指不同的推销员负责不同地区的推销工作。企业营销经理将推销队伍分成若干小组，每个小组负责某一地区市场所有产品的推销工作。地区式结构的优点是推销员的地域职责非常清楚，活动地点稳定，有利于节省差旅费用。缺点是只能在企业产品种类单一的条件下适用，如果产品种类众多、市场分散，就难以保证推销员集中精力，造成推销效率的下降。

2. 产品式 指按产品线组织销售队伍结构，把产品分为几类，每一个推销小组分别负责某一类或某几类产品的推销工作。此种推销结构适用于产品技术复杂、种类数量多而且每种产品间没有紧密关联的情况。产品式结构的缺点是容易出现负责不同产品的推销员面对同一顾客进行推销的情况，容易造成职能交叉和推销的重复劳动，也不利于差旅费用的节约。

3. 市场式 指根据顾客类别组织销售队伍。即按照顾客的特征把顾客分为若干组别，分别为不同组别的顾客配备不同的推销员。比如，根据顾客与企业的关系的重要程度可分为主要客户和次要客户；根据顾客的规模把顾客分为大客户和小客户。可分别委派1个推销小组负责大客户A、B、C三家医院的推销业务，委派另1个推销小组负责次要客户D、E、F三家医院的药品推广工作。市场式结构的优点是有利于每一个或每一组推销员了解清楚消费者的特定需要。

4. 混合式 如果医药企业的市场范围广泛、产品种类复杂、顾客分散，那么仅仅凭借上述其中任何一种结构都不能有效提高推销效率。此时医药企业应考虑使用混合式结构，即采取地区－产品、地区－市场、产品－市场等结构设计销售队伍结构。

确定了销售队伍的组织结构之后，医药企业应考虑销售队伍的规模。通常使用工作量法确定销售队伍的规模。即根据顾客的年购买量把顾客分为几类；然后估算每类顾客的年访问次数；每一类顾客数乘以此类顾客的年访问次数就得到该类顾客的年需访问量，再把各类顾客汇总，得到年访问总次数；确定每一个推销员年平均访问次数；年访问总次数除以每个推销员年平均访问次数，由此估算出所需推销员的数量。

（三）推销员的招聘与培训

推销员的知识、素质和能力决定了推销工作的成败，要想使推销工作取得成功，医药企业就必须通过招聘挑选出一批符合要求的推销员组成销售队伍。医药企业首先应根据营销战略的需要制定选聘推销员的标准，即推销员应当具备综合素质。医药推销员首先要具备一定的药学知识、医学知识、商品学知识和药事管理与法规知识，其次应拥有良好的心理素质，包括积极向上的心态、坚强的意志力、自信的工作态度和团结协作的精神，更应具备一定的推销技能，包括良好的口头和书面语言表达能力、较高的市场应变能力和较强的市场决策能力等。

医药企业应设计出一套适应本企业需要的招聘程序和步骤。从节约成本的角度考虑，高成本的步骤只应涉及少数人，故成本花费越大的步骤越应设置在最后，如体检往往是招聘的最后一道程序。推销员被录用之后不宜马上进入工作角色，而是应接受一定时间的培训，如招聘应届大学生作为管理培训生。培训的主要内容包括企业的基本情况、产品情况、顾客和竞争对手情况及推销技巧和工作程序。

（四）推销员的薪酬与激励

医药企业的薪酬制度应该能够体现公平、灵活、便于管理和易于激励的原则。推销员的薪酬水平应该根据医药行业推销工作的平均薪酬水平、本企业其他岗位员工的薪酬、竞争对手的薪酬水平、更换推销员的成本及不计入薪酬的销售支出来确定。

医药企业可采取三种薪酬方式：薪金制、佣金制和薪金佣金结合制。薪金制是指推销员定期从企业取得固定薪金，它能够给销售员提供稳定的收入，防止推销员的收入受到经营环境变化的影响，有利于激励推销员提供售后服务等非销售任务，但缺乏足够的利益刺激，在实践中运用较少。佣金制是指推销员根据完成的销售额获取固定比例报酬的薪酬方式，它能强有力地激励推销员从事特定产品推销，但是销售员几乎没有任何经济保障，容易导致销售员片面追求销售量，忽视提供服务、市场调研和收集信息等与销售业绩无直接关系的工作。薪金佣金结合制是指推销员的报酬中既有固定的薪金又有按销售额获得的佣金的薪酬方式，是薪金制与佣金制的相互结合的报酬制度。它能扬两者之长，避各自之短，被大多数医药企业所采用。有专家建议薪金与佣金的最佳比例是7∶3。

激励推销员也是医药企业必不可少的管理手段，大部分医药推销员尤其是医药代表需要持续有效的激励才能高效地完成任务。激励的手段主要有销售定额激励，即给每位销售员规定每季度或每年应完成销售额，根据定额完成或超出情况给予销售员一定的奖励。营销管理实践中通常把大多数推销员经过努力后都能达到的销售额作为定额，或根据不同推销员的实际能力为其分别制定定额。医药企业还可采用其他激励手段，如定期举行销售会议，给销售员提供交流经验的机会，或组织销售竞赛，使大部分参加者都有获奖的可能，所获奖励可以是一次国际旅游或是授予荣誉称号等。

（五）销售队伍的绩效评价

科学地评估推销员的工作成绩是建立在掌握必要信息的基础之上的。营销经理往往根据推销员的销售报告进行绩效评价。销售报告主要包括推销工作计划和工作活动记录。营销经理根据每个推销员每日平均拜访次数、每次拜访的平均时间、每次拜访的平均费用、每一时期增加的新客户数和失去的客户数、平均每位顾客的购买量、平均从每位顾客获得的总收益等，计算出每一位推销员的工作绩效，并与预先制定的绩效标准进行比较，或与其他类似推销员的绩效进行比较，或与推销员过去的工作绩效进行比较，依据比较的结果得出最终评价结论。

第四节　医药产品销售促进策略

一、医药产品销售促进的含义和方式

医药产品销售促进，是指医药企业采取各种直接刺激顾客购买行为的措施，促使医药产品销售量短期内迅速增长的促销活动。它是介于人员推销与广告宣传之间的一种特殊的促销工具，很少被单独使用，且必须与其他三种促销工具密切配合才能取得良好效果。在医药市场营销实践中，销售促进的实质就是给顾客提供某种经济利益上的优惠，使顾客产生一种机会难得，错过永不再来的感觉，强烈地刺激其购买欲望的产生。

按照促销对象的不同，医药销售促进可分为消费者促销和交易促销，前者是指针对最终消费者的销售促进，后者是指针对中间商（包括批发商、零售商和医疗机构）的销售促进活动。针对处方药，医药企业只能使用交易促销，针对非处方药，则既可以使用消费者促销又可以使用交易促销。

二、医药产品销售促进的目的和作用

不同于广告、人员推销等促销工具，销售促进是一种激励消费者及时消费的手段。广告、人员推销侧重于培养消费者的忠诚度，而销售促进则是为了获得明显的短期促销效益。医药企业采取销售促进的工具，通常的目的包括：诱导顾客试用或购买新产品、诱导中间商订货、推销积压产品、与竞争对手的销售促进相抗衡以稳定市场份额或尽快地批量销售产品。销售促进的作用是为了实现企业在目标市场上的短期促销目标，因此不宜被长期固定地使用，否则会降低产品的身份和地位，有损产品或企业的形象。

三、医药产品销售促进的过程与控制

（一）医药产品销售促进的过程

医药产品销售促进决策主要包括以下几个过程和步骤。

1. 确定销售促进目标　销售促进的目标因促销对象的差异而有所不同。如销售促进的对象是最终医药消费者时，目标则是鼓励消费者大批量购买或立即购买产品、说服未使用者试用产品、从竞争对手手中争夺顾客、增强本企业品牌知名度等。比如，美国强生公司为本企业的产品对乙酰氨基酚片开展一项折价券促销活动，运用促销强化了强生在消费者心目中的品牌形象。如销售促进的对象是中间商，目标则是鼓励中间商购进新产品和维持较高的存货水平。此外，销售促进的目标还应服从市场营销组合策略的总体要求。

2. 选择销售促进工具　销售促进工具按其对象不同，可分为消费者促销工具和交易促销工具。围绕销售促进目标的实现，企业可以根据竞争状况、促销目标及每种工具的成本效益比等因素选择合适的销售促进工具。

（1）消费者促销：消费者促销针对医药产品最终消费者为对象，主要适用于非处方药的促销。主要有以下几种常用的方法：①赠送样品，是指通过在社会药房、医院、广场、公园等公共场所免费发放或通过邮寄、送货上门等方式向消费者免费赠送试用品以鼓励购买的促销活动。样品的包装盒上通常带有非卖品、样品等标记。采用此种方法推广新产品，优点是短时间内就可以使消费者了解产品的特点、价格和供货渠道，缺点是需要较高的促销费用。②折扣销售，是指在原来商品既定价格的基础上按比例进行减让，提供给消费者一定的折扣，在价格标签上或商品包装上标出折扣数，如某非处方感冒药在促销活动期间，以零售价的7.5折出售。采用此种方法要注意及时声明并非由于药品质量问题或药品接近有效期才折价销售的。③优惠券，是指持有优惠券的消费者在购买某品牌的非处方药时可以凭券享受一定的折扣，付出较少的金额，以此鼓励消费者购买。优惠券通常通过邮寄或附在商品的包装中或随报纸、杂志发送给目标消费者。由于优惠券可以回收，企业能够比较容易地判断出销售促进活动是否已成功地接近了目标市场。④累积换物，是指消费者每次购买某种品牌的医药产品都可以获得厂家发放的印花，当累积的印花达到一定数量时，可以到指定的地点兑换一定数量的现金或礼品；或消费者只要积累某品牌药品一定数量的包装袋、商标、药瓶、瓶盖等购买非处方药的证明凭证，就可以参加活动换取现金或礼品。

（2）交易促销：交易销售促进主要针对医药批发商、零售商或医疗机构等中间商进行，目的是说服他们经营或使用某品牌的医药产品，鼓励进货，或激发中间商积极参与产品的促销活动，常见的方法有以下几种：①经销折扣，根据中间商在一定时期内的销售量给予其一定比例的价格减让折扣，销售量越大折扣率越低，中间商获得的利润也越高，是最常用的交易销售促销方法。②两次清点，医药企业为一定时期内流出药品批发商仓库的每单位商品支付特定数量的钱款以鼓励批发商尽快出货，减少库存积压。商务代表通常在月初和月末分别清点一遍商品数，以确定多少单位的商品流出仓库。③合作广告，药品经营企业为销售医药企业生产的产品进行广告宣传的费用由医药企业全部承担或部分承担。④销售竞赛，医药企业在各批发商或零售商之间开展销售竞赛活动，根据销售量对销售成绩优秀的批发商、零售商和销售员进行奖励。

3. 销售促进方案的制订、测试和实施 销售促进决策不仅包括确定销售促进的目标、选择合适的销售促进工具，还要求医药企业能制订合适的销售促进方案，内容主要包括以下几个问题。

（1）促进规模：促进规模必须适当，并不是越大越好，规模过小难以激起顾客的购买欲望，规模过大则需投入较高的成本，成本效益随着销售量的上升而递减。因此，确定促进的规模要预先进行成本效益分析，评价其是否具有经济性。

（2）促进对象：促进对象通常是现实的或可能的长期顾客，而对那些不可能成为长期顾客的消费者要进行适度的限制。

（3）促进途径：促进途径就是指消费者通过何种途径获得激励，如优惠券可以直接邮寄给消费者或刊登在报纸上，也可以附在非处方药包装中。选择促进途径既要考虑到企业自身的条件、竞争状况、消费者偏好等因素，还要结合各种促进途径的成本、效果进行综合分析，以寻找到最佳促进途径。

（4）促进时机和期限：销售促进活动要在最合适的时间推出才能取得较好的效果。如产品质量差异不大且市场竞争十分激烈、季节性强的仿制药品，应该多在销售淡季推出销售促进活动。促进活动期限过长或过短都会影响企业促销效果：时间过短，顾客可能来不及购买，得不到优惠；时间过长，不仅成本过高，而且容易使消费者产生商品是因为质量问题才变相降价的感觉。

（5）预算：确定预算有两种方法，一种是依据确定的销售促进方案，把每一项活动的费用加起来得到总费用；另一种是按照总促销费用预算的一定比例进行提取。

4. 评估销售促进的效果 运用前后比较分析法观察销售促进活动的效果是最常用的方法。如某医药企业促销前有10%的市场份额，促销期间急升到20%，活动结束后回落到8%，过些时间又上升到12%。此现象说明销售促进活动吸引了新顾客，也激励了现有顾客的更多购买，促销后销量下降是因为消费者在使用存货，上升到12%反映出企业成功扩大了市场份额。

（二）医药产品销售促进的控制

销售促进的促销效果立竿见影，但是如果使用不当，不仅达不到促销的目的，反而会影响产品销售，甚至损害医药企业的形象。因此，医药企业在运用销售促进方式促销时，必须予以加强控制。

在销售促进方案实施之前，医药企业应进行必要的测试以验证销售促进工具是否合适、激励规模是否适当等。医药企业可以先选择一些小规模的市场进行各种方案的预测试。在销售促进方案实施的过程中，医药企业要注意观察市场营销环境的变化，及时了解销售促进活动中出现的各种问题，对销售促进活动进行有效控制。

1. 注意选择适当的工具 可供选择销售促进的工具很多，且各种工具都有其各自的适用性。选择适当的销售促进工作是促销活动获得成功的关键。医药企业应结合产品的性质、不同工具的特点及市场的习惯等因素选择合适的销售促进的工具。

2. 确定合理的期限 控制好销售促进的时间期限也是取得预期促销效果的重要环节。销售促进活动开展的期限，既不能过长，也不宜过短。时间过长会使消费者感到习以为常，减弱刺激需求的作用，甚至会使消费者产生不信任感；时间过短会使部分消费者来不及获得销售促进的利益，收不到最佳的促销效果。

3. 杜绝弄虚作假 弄虚作假是销售促进活动中的最大禁忌。医药企业的商业信誉是最重要的竞争优势，如果医药企业在销售促进活动中实施弄虚作假等徇私舞弊的短视行为，欺骗消费者，就会导致自毁商誉，失去潜在的顾客。本来销售促进的促销方式就有贬低商品之意，如果医药企业再不严格约束销售促进中的相关行为，那医药企业将会产生失去长期利益的巨大风险。因此，医药企业在销售促进的过程中，一定要坚决杜绝弄虚作假。

4. 注重利益兑现的宣传 在销售促进活动开展的中后期，消费者将会验证医药企业销售促进行为是否具有可信性。因此，医药企业面临的十分重要的宣传内容是销售促进活动中的企业兑现行为。令消费者感到企业的兑现行为值得信赖，有利于唤起消费者的购买欲望，更重要的是，可以获得社会公众对企业良好的口碑，有利于树立企业良好形象。

此外，医药企业还应注意控制销售促进活动的预算，销售促进活动的投入产出比进行科学测算。

第五节　医药产品公共关系策略

一、公共关系的含义

企业系统地、有计划地控制和管理企业在公众心目中的形象，从而促进产品销售活动的过程，被市场营销学界称为公共关系。公共关系是市场营销活动中用来建立和维护企业与公众间良好关系的有效举措。公众是指与企业生产经营活动密切相关的顾客、供应商、中间商、媒体、政府部门、股东等个人或社会组织。企业开展公共关系活动的目的是与公众进行深入交流，在公众面前树立良好的企业形象，增进与公众的感情，提高产品在公众中的知名度和美誉度。

二、医药产品公共关系活动的作用

公共关系活动有助于医药企业卓有成效地提高消费者对新产品和新品牌的认知度，提升已有品牌的知名度，增强企业员工的凝聚力和团队精神，帮助企业在激烈的市场竞争中取得成功。通过运用各种公关工具，医药企业可以积极与公众之间开展广泛的交流，以赢得公众对企业的支持、理解、关心和信赖；或将有价值的信息传递出去，引起公众对本企业和产品的注意；或加强与政府部门之间的沟通工作，争取给本企业创造更宽松的政策环境；或在危急情况下采取对社会负责的行为，履行社会责任，力争拥有良好的社会声誉。

三、医药企业公共关系决策

医药企业公共关系决策主要包括确定公共关系活动的目标、选择公关工具、评估公共关系活动的效果、危机公关处理等方面的内容。

（一）确定公关活动的目标

任何公关活动都必须有明确和具体的目标。明确的目标是保证公关活动有的放矢、取得理想效果的前提。公关活动的目标通常包括提高产品知名度和美誉度、帮助公众建立起对企业的信任感、唤起公众对本企业产品的需求、澄清公众对企业某种问题的误解、刺激中间商和消费者对产品的兴趣等。应根据企业所处的不同发展阶段和产品推广的需要来确定每次公关活动的具体目标。

（二）选择公关工具

医药企业应围绕公关目标寻找或创造相关信息，并选择合适的公关工具进行及时有效的传播。常用的公关工具有以下四种。

1. 各种出版物　出版物是最常见的公关工具。医药企业可以利用自己制作或者正式出版的各种印刷资料向公众传递信息，并以此作为信息桥梁与公众保持密切接触，吸引消费者对企业和产品的注意，帮助企业在社会公众面前树立和维护良好的形象。比如，市场营销人员可以利用企业年度报表对外宣传企业的经营状况及发展前景、规模实力、经营政策及方针、现有产品的种类和产品的特点等。除此之外，可供市场营销人员选择的出版物有企业年度报表、企业宣传册、企业自办杂志、各种信件、传真、电报、视听资料等。

2. 新闻报道　新闻报道又称公共宣传（publicity），是指通过大量新闻媒体免费报道企业或其产品的活动。国外营销实践中，公关活动的目标是让新闻报纸等媒体成为企业免费的宣传大师。国外很多医药企业在新药上市之前先以报纸新闻等公共宣传的方式披露新药在制剂技术和临床疗效方面的新突破，使得人们在看到新药产品广告之前就已经知晓了新产品。由于新闻媒体对大部分社会公众都极具亲和力，新闻报道不收企业任何费用，很容易引起公众的信任感，所以关于企业和产品的正面新闻报道的可信度大大胜过药品广告，是一种低投入、高产出的促销方法。医药企业还可以选择召开记者招待会、新闻发布会邀请媒体工作人员到会，向他们散发书面和图片资料及时把有新闻价值的信息发布出去；或积极主动地把制作好的宣传册、光盘等存储设备寄往报社、杂志社、电台和电视台，借媒体之力实现公关目的。

3. 事件　医药企业可以利用合适的事件来吸引公众对其新产品的注意，最常见的公共关系活动就是赞助特殊事件。比如，一位经全肠切除手术后的孕期女性，失去了经肠道摄入营养的可能，生命受到威胁，某医药公司获知此事后，决定为她终身免费提供静脉营养制剂、耗材和设备，在这家医药公司和医生的共同努力下，她完成了孕期营养治疗，顺利分娩，产下健康婴儿，在世界医学史上创造了奇迹。而这家医药公司赞助的药品正是其上市不久的新产品——静脉营养系列产品。通过此项赞助事件不仅达到了宣传新产品的目的，还树立了企业关注社会利益，关爱患者的良好企业形象。

借助或利用事件开展的公共关系活动，又称事件营销（event marketing），是指企业通过策划、组织和利用具有新闻价值、社会影响及名人效应的人物或事件，吸引媒体、社会团体和消费者的兴趣与关注，以求提高企业或产品的知名度、美誉度，树立良好品牌形象，并最终促成产品或服务的销售的手段和方式。医药企业还可以利用一切可能的条件创造引起公众舆论注意的事件。比如，某医药企业因新药的知识产权纠纷把某药物研究所告上法庭，经过长时间的拉锯战，各地新闻媒体竞相报道此事，两家单位的名称和新药的名称在报纸、电视、电台和杂志上频频出现，最终此事件以医药企业胜诉告终，医药企业却因此声名鹊起，在没有投入一分钱成本的情况下达到了提升知名度的目的。

4. 社会公益活动 利用社会公益活动取得营销成功的案例在医药行业屡见不鲜。医药企业可以提供经费支持目标市场所在地的公益事业，以赢得公众好感，达到提升企业良好形象的目的。向社会公益事业捐赠财物体现了企业良好的社会责任感，也有利于媒体对企业进行正面宣传。比如，某医药企业无偿向全国100座城市的5000家药店赠送价值550万元的非处方药，赠药所售收入全部用于对药店零售人员进行药品分类管理知识的培训。同时，该医药企业还投入2000万元资金启动"关爱西部健康行动"大型公益活动，先后向全国12个省份捐赠价值上千万元的药品，出资300万元人民币援建希望小学和乡镇卫生院。赞助医学和药学科研教育事业也是医药企业常用的公关策略之一。通过在医药院校中设立以企业名称命名的奖学金和奖教金、直接资助某项科研项目、参与学科建设等赞助活动扩大了医药企业的影响。

（三）评估公关活动的效果

对公关活动效果的评价实际上就是对公关活动开展之后的企业社会形象进行评估。由于企业社会形象十分抽象，难以量化，也没有统一的评价标准，衡量公关活动的效果主要是通过计算企业在非广告宣传媒体上的展露次数、调查企业及产品知名度的变化、分析产品销售额和利润的变化来完成的。

（四）危机公关活动

对企业形象直接或间接构成威胁的各种事件称为危机事件，由危机事件引起的不利影响就是企业面临的危机。危机公关活动是指在危机到来之前或到来时，医药企业积极预防和消除危机带来的不利后果，努力维护与公众之间的关系的活动。

医药行业的特殊性导致医药企业将面临比普通企业更高的危机风险。医药企业面临的危机事件通常表现为发生严重药品质量事故、大范围出现严重的药品不良反应、企业产品突然被政府部门强制淘汰、公众产生较大误解等。药品的风险性较高，因此，医药企业面临的危机事件不仅发生频率很高，往往还具有不可预测、难以避免、突然发生的特点，危机发生了之后对企业形象的破坏通常具有灾难性的后果。因此，医药企业在平时就要采取必要的预防措施，制定完善的危机处置预案，防患于未然。医药企业应制订一整套预防措施的实施方案和处理程序，对企业员工开展危机处理的培训，定期检查措施落实情况，做到一旦危机发生后临危不乱，按章处理，力争把损失减少到最小。

危机事件发生后，医药企业应本着对消费者负责的态度迅速地进行处理，通过向新闻界开诚布公地报道事实，果断采取改进行动，表达企业处理危机的诚意，使公众相信企业有能力处理好现有的问题。而刻意回避公众，试图阻挠新闻媒介报道危机事件只会使情况进一步恶化。例如，如果医药企业发生了药品质量事故，造成了严重危害用药者身体健康的后果，各大新闻媒介也向公众报道了此事，那么企业千万不可以凭一己之力对抗全体社会公众，而是首先应通过媒体发布公告紧急召回企业产品，再进一步开展调查，查明原因，并及时将处理方法和调查结果告知公众。

案例 10-6 美国强生公司“泰利诺”胶囊事件

1982 年 9 月底，美国芝加哥地区连续发生了 7 人因使用强生公司生产的含有剧毒氰化物的“泰利诺”胶囊而中毒身亡的事件。消息经媒体披露后，几周内“泰利诺”胶囊在止痛药市场的占有率从 37%骤降到 7%，强生的形象一夜之间一落千丈。强生公司立即下令紧急召回并销毁了在市场上流通的价值达 1 亿美元的 3200 万瓶“泰利诺”胶囊，经检验发现所有受污染的药片只有一批药，最终的死亡人数也只有 7 人。美国食品药品管理局查明，此药根本无毒，而是有人试图陷害强生公司，故意打开“泰利诺”胶囊包装，将剧毒的氰化物偷偷掺入药中，再以退货为由退回药店引发的。

真相水落石出，强生公司接下来开展了一系列行动：管理层在电视新闻节目中向全国发表了多达 75 次的电视讲话以澄清事实；借助媒体声明暂时只销售“泰利诺”片剂，通过价格折扣等手段鼓励消费者服用不易遭受蓄意破坏的片剂；重新推出的“泰利诺”胶囊新包装，新包装的盒盖被强力胶紧紧粘住，打开时必须把胶撕开且痕迹非常明显；药瓶帽和瓶颈处用塑料封条封死；瓶口被一层箔纸从里面封住；派出大量推销员不断对药店和超市进行走访，散发价值 5000 万美元的赠券，向消费者免费赠送新包装的止痛药。

强生真诚而极富责任感的做法得到了公众的理解和赞赏，仅用了 5 个月的时间“泰利诺”就重新夺回了失去的绝大部分市场份额，一年后市场占有率重回至 37%。非但如此，强生还因此破天荒地获得了美国公共关系协会颁发的银钻奖。

问题：

1. 在“泰利诺”事件危机公关活动中，强生公司综合运用了哪些公关工具和销售促进工具？
2. 结合强生公司的“泰利诺”危机公关的经典案例，谈一谈医药企业该如何综合运用促销手段开展市场营销活动。

复习思考题

1. 什么是医药产品促销？促销组合包括哪几种工具？
2. 影响促销组合选择的因素有哪些？
3. 请简述医药产品促销在医药市场营销活动中的作用。
4. 什么是支持性人员推销？
5. 医药企业公共关系决策包括哪些方面的内容？
6. 简述医药产品广告的类型与作用。
7. 据统计某医药报的读者数量是 4 万人，在此报纸上刊登一个周期的广告需要花费 800 元，某医药企业想通过此报纸为自己经营的一非处方药进行广告宣传，试计算此报纸的每千人成本。
8. 如何进行医药销售促进的控制？

（南京医科大学 李 歆）

第十一章　医药产品网络营销

案例 11-1　珍视明巧借网易网站成功开展网络营销

珍视明作为一个有着 40 年历史的老牌企业，有着丰厚的品牌积累。在运用新媒体、新营销提升品牌影响力方面，珍视明一直勇于创新和把握时代的脉搏，非常重视网络这一新的营销利器。在 2006 年风起云涌的参与式营销大潮中，一部由珍视明投资、网民编剧的“网络营销大片”隆重开机。

这是一场集趣味性、娱乐性、互动性于一体的“珍视明养眼宝贝寻宝记”剧本征集活动。珍视明滴眼液的主要目标人群是以在校学生为主的年轻一族，在国内各大门户网站中，网易凭借在年轻一族中的第一影响力，成为了珍视明此次网络营销的合作伙伴。

活动以珍视明 5 个“珍视明养眼宝贝”为主角，以探险故事为蓝本，制作了精美的 Flash 短剧片头，并将剧本交由网友来续写，让他们打造属于自己的卡通大片。由于游戏的色彩突出，受到了年轻网友的喜爱，收到了 30 多个富有创意的高质量剧本，并且有更多的人关注和参与投票。

珍视明推出卡通人物作为产品形象代言人，改变了医药类产品生硬的产品形象，使品牌更加鲜活、生动，博得了年轻用户的好感，潜移默化地影响到他们的消费行为和消费偏好。

为了最大限度地扩大活动的辐射人群，网易对珍视明目标消费群体的特征和行为进行了综合分析，制订了包括网易首页、新闻、体育、娱乐等频道资源的在线整合营销方案。由于活动片头运用 Flash 动漫设计和游戏化的剧情，吸引了网民主动在朋友圈中互相传播。通过这种不同频道资源、多样化广告形式的整合，珍视明活动信息被全面、快速、准确地传达给目标人群。

在活动的过程中，消费者与珍视明品牌有了更深层次的心灵沟通，而不仅仅是品牌信息的简单告知和重复传播。这种让网民从被动的品牌信息接受者转变为品牌建设参与者的参与式营销形式，有效地帮助珍视明品牌实现新的营销突破。

问题：

1. “珍视明养眼宝贝寻宝记”体现了网络营销的哪些优势和特点？
2. 你认为续写剧本这一营销模式的优缺点是什么？
3. 你认为“珍视明养眼宝贝寻宝记”策划上还有哪些可以完善的地方？

第一节　网络营销的概述

随着网民的不断增加，网络营销成为一种新兴而备受追捧的营销模式，成为人们日常生活和企业市场营销的组成部分。通过互联网，人们可以方便地获得企业、商品的信息，顺利地完成商品销售、购买和咨询服务等；企业可以通过网站快速地发布相关企业信息、商品信息、售后服务信息，可以通过电子邮件（E-mail）向潜在顾客发送商品信息，以促进商品销售。

一、网络营销的定义

网络营销因为是近年来兴起的新兴事物，还没有一个公认的定义，随着网络营销技术的进步和环境的变化，网络营销模式的概念也在不断更新完善。

2004年，美国内华达大学朱迪·斯特劳斯教授在其著作《网络营销》一书中指出，网络营销是指利用信息技术去创造、宣传、传递客户价值，并且对客户关系进行管理，目的是为企业和企业各种利益攸关方者创造收益。简而言之，网络营销就是将信息技术应用到传统的营销活动中。网络营销提高了传统营销工作的效率，网络营销技术改变了传统的营销战略。网络营销为企业开拓了全新的经营模式，增加了客户价值，提高了企业的盈利能力。

2006年，冯英健在其著作《网络营销基础与实践》（第三版）中指出，网络营销就是以互联网为主要手段开展的营销活动。网络营销也称为网上营销、互联网营销、在线营销、网路销售等。网络营销不是孤立存在的，是企业整体战略的一部分。网络营销不等于网上销售和电子商务，网络营销的目的和内容不仅仅是网上销售，网络营销还可以提升企业的品牌价值，拓展对外信息发布的渠道，提高客户忠诚度等。网络营销是对网上经营环境的营造，网络营销可以向用户传递营销信息、建立顾客关系、进行网上市场调研等，综合利用各种手段、方法和条件并协调其间的相互关系，从而更加有效地实现企业的营销目标。网络营销包括网络品牌、网站推广、信息发布、销售促进、网上销售、顾客服务、顾客关系和网上调研等八大职能。

2008年，日本出版的《网络营销》一书中指出，网络营销是企业整体营销战略的一个组成部分，是为了实现企业总体经营目标而进行的，以互联网为基本手段营造网上经营环境的各种活动。它是传统营销方式在互联网上的延伸和扩展，在提高销售业绩、提升品牌知名度、积累客户资料、开发潜在客户群等方面发挥着日益重要的作用。

我们认为，网络营销就是以互联网为主要手段进行的，为达到一定营销目的的营销活动。它是企业整体营销战略的一个组成部分，是建立在互联网基础之上借助于互联网特性来实现一定营销目标的营销手段。

网络营销本身和互联网的创意与技术层面息息相关，这包括设计、开发、广告与销售。网络营销方法包括：搜索引擎营销、显示广告营销、电子邮件营销、会员营销、交互式营销、病毒营销、论坛营销、Web2.0营销、视频营销、博客营销、微博营销、口碑营销、社会网络营销、关键字营销、搜索引擎最优化和原生广告等很多种方法。

网络营销是一种利用在线媒体发展并宣传企业的过程。网络营销并非单单只有意味着“创建网站”或者“广告网站”。网站背后某处是有着多重现实目的的真实企业。

网络营销策略包括在线营销产品、服务与网站的各个层面，也包括市场调查、电子邮件营销与直销等。

二、网络营销的过程

网络营销的实施过程主要涉及如下主要步骤。

（一）网络市场调查

利用互联网交互式的信息沟通模式来进行市场调查活动，包括直接在网上通过文件进行调查。或通过网络来收集市场调查中所需的其他二手资料。利用网上调查工具，可以提高调查效率和调查效果。

（二）网络消费者行为分析

互联网用户作为一个特殊群体，有着与传统市场群体截然不同的特性，因此要开展有效的网络营销活动必须深入了解网上用户群体的需求特征、购买动机和购买行为模式。互联网作为信息沟通工具，正成为许多兴趣、爱好趋同的群体聚集交流的场所，并且形成一个个特征明显的网上虚拟社区，了解这些虚拟社区的群体特征和偏好是网上消费者行为分析的关键。

（三）网络营销战略的制定

不同企业在市场中处在不同地位，在采取网络营销实现企业营销目标时，必须采取与企业相适应的营销战略，因为网络营销虽然是非常有效的营销工具，但企业实施网络营销时需要进行投入并伴随着风险。

（四）网络营销组合策略的制定

企业应该根据网络独特的功能和优势及自身实际情况，来设计网上产品和服务的市场策略、网上价格策略、网上渠道策略及网上促销策略等市场营销组合策略。

（五）网络营销管理与控制

网络营销往往面临许多传统营销活动没有碰到过的新问题，如网络产品质量保证、消费者隐私保护、在线支付及结算管理、网络订购与物流配送的协调、信息安全与保护等。这些问题都是网络营销必须重视和需要加以有效控制的问题，否则网络营销效果会适得其反，甚至会产生很大的负面效应。

案例 11-2　三九健康网的启示

三九医药股份有限公司前身是深圳南方制药厂，该集团不断加快推进中医药信息化建设。2000 年 4 月 24 日，三九健康网 www.999.com.cn 正式开通，如今域名已改为 www.39.net。除了由传统医药行业转变而来的信息资源、配送渠道等优势外，三九网络还与长城集团合作，将长城因特网电脑的健康类上网热键设定为三九健康网；与润迅公司合作开通了全球首个双位数字域名的顶级邮箱 39.net；与东芝公司合作建立 B2B 模式的网上专营店，将东芝的全线医疗器械产品在三九健康网上销售。

三九网络在全国 28 个城市进行了医学人士上网情况调查，准确地把握了中国目前医生上网的基本情况，力求为推动中国网络医疗服务做一份贡献。如今，三九健康网已在全国拥有 1300 余家医院会员，有近 2 万名医生在经过认证后成为三九健康网的专业会员，可以为本地或远程医疗提供即时服务。同时，三九集团强大的销售网络，覆盖全国的仓储运输系统，数千家良好的商业合作伙伴也是三九网络在电子商务领域中的有力支撑。

具体而言，三九健康网在栏目设置上，包括新闻中心、健康大全、美容新干线、健身俱乐部、无敌求医宝典、医学大本营、药品天地、网上医院、健康超市等；在网站内容方面，不但包括了健康资讯、医药情报，还包括了社会经纬，在关注健康的同时更不忘关心整个社会。

可以说，三九健康网的成功离不开三九集团的努力。三九集团利用其在传统健康产业的绝对优势，率先全面整合中国健康医药类网站，将网上健康产业的概念推上一个新台阶。如今，三九健康网的目标已不再仅定位于做国内健康网站的航空母舰，而是要建成华人社会超级健康资讯平台，为大众提供更丰富的健康资讯和更完善的医药服务，令网络健康产业真正成为网络新经济年代的一个重要支柱。

问题：

1. 从本案例中你发现三九集团的网络营销特点有哪些？
2. 对于三九健康网你有何改进创意或想法？
3. 借鉴国外的成功经验，你认为国内企业开展网络营销应注意哪些关键问题？

三、网络营销的特点与优势

随着信息产业的高速发展，以互联网为传播媒介的网络营销成为当今最热门的营销推广方式。随着网民的迅速增加，网络营销的对象越来越广泛，网络营销的影响力也越来越大。互联网赋予网络营销鲜明的特征，与传统市场营销模式相比，网络营销具有得天独厚的优势。

（一）广泛性

网络营销的传播不受时间和空间的限制，可以通过互联网络把企业和产品的信息 24 小时不间断地传播到世界各地，任何人、在任何地点都可以通过互联网阅读信息。而传统的营销具有时间和空间的限制，只能在特定的时间、在特定的地点，对一部分人进行宣传。

（二）主动性

与电视、广播等媒体相比，网络营销具有主动性和可重复性。互联网使得用户随时检索信息成为可能，网络营销可以将文字、声音、图片完美结合之后供用户主动检索。用户可以根据需要，上网快速搜索商品信息，重复观看。而传统的电视、广播广告却是让广告受众被动地接受广告内容，如果错过广告时间，就不能再得到广告信息。

（三）多媒体性

与报纸、杂志等媒体相比，网络营销可以应用多种多媒体形式，使用户全方面了解感兴趣的产品的详细信息。这种以图、文、声、像的形式，传递多感官的信息，让用户身临其境般地感受商品或服务，并能在网上预定、交易和结算，大大增强了网络营销的实效。营销人员也可以充分发挥其创造性和能动性。而传统的纸质媒体是二维的，很难全面刺激用户的各种感官。例如，与电视、广播等媒体相比，网络营销更加吸引用户的注意力。有资料显示，电视并不能集中人的注意力，电视观众 40%的人同时在阅读，21%的人同时在做家务，13%的人在进餐，12%的人在玩赏它物，10%在烹饪，9%在写作，8%在打电话。而网上用户 55%在使用计算机时不做任何其他事，只有 6%的人同时在打电话，5%的人在进餐，4%的人在写作。

（四）交互性

交互性是网络媒体最大的优势，因此，网络营销可以实现信息互动传播，用户通过在网上点击鼠标，可以获取需要的详细信息；另外，企业可以通过用户网上填写的资料、查询记录等，及时了解用户的个人信息和反馈信息。企业可以根据用户的需求及时改进产品、调整营销策略，并可以使经营决策的变化及时实施和推广。网络营销的交互性缩短了企业和用户之间的距离，有利于提高用户的满意度和忠诚度。

（五）低耗性

网络营销有助于降低营销成本。企业可以低成本传递信息，如信息发布和电子邮件。企业可以低成本实现数字产品的传递。企业通过网络简化交易过程，从而实现低成本交易过程。企业通过在线调研和用户信息反馈，可以低成本获取用户资料和需求信息。企业通过在线客户服务，可以降低客户服务的成本。

（六）高效性

互联网上的信息可以瞬间传递到世界各地，企业通过互联网便可以向世界各地的用户快速提供自己的产品或服务信息。企业通过沟通优化库存，明显缩短企业的销售渠道和提高供应链效率，进而有效提高企业的营销效率。此外，网络营销的制作周期短，制作和发布效率远远高于其他的传统媒体。

（七）方便性

网络营销可以使用户更加方便地购物，提高了用户的购物效率。用户不需要到达售货地点、选择产品、付款结算、将产品运回等一系列的过程就可以完成产品的购买。用户在互联网上看到产品，获得详细信息，并填写用户资料，点击鼠标购买，剩下的只需等待商品配送就完成了产品的购买。网络技术使商品交易过程大大简化，也使网上购物活动充满乐趣。

（八）统计性

在互联网上可通过权威公正的访客流量统计，系统精确统计出每个广告被多少个用户看过及这些用户查阅的时间分布和地域分布，从而有利于经营者正确评估营销效果，审定广告投放策略。而利用传统媒体做营销，很难准确地知道有多少人接收到了营销信息。

（九）针对性

网站通过提供众多的免费服务可以建立完整的用户数据库，包括用户的地域分布、年龄、性别、收入、职业、婚姻状况、爱好等。这些资料可帮助企业分析市场，根据潜在用户的特点，有针对性地发布信息并跟踪分析，对网络营销效果做出客观准确的评价。另外，不同的网站或者同一网站不同的栏目所提供的信息和服务不同，可以针对网络营销目标用户的需要进行分类，使企业能够更好地结合用户的需求展开一对一的销售与服务，提高用户的满意度。企业可以通过鼓励用户利用互联网直接参与产品设计和产品活动，使用户个性化的需求得到充分满足。

（十）技术性

网络营销是建立在高技术作为支撑的互联网的基础上的，企业实施网络营销必须有一定的技术投入和技术支持，改变传统的组织形式，提升信息管理部门的功能，引进懂营销与电脑技术的复合型人才，未来才能具备市场的竞争优势。

四、网络营销的发展阶段

网络营销具有传播范围广、获得成本低等优点。自从互联网诞生以来，越来越多的企业开始尝试网络营销。网络营销随着技术的进步和市场的变化，经历了五个发展阶段。

第一阶段，黄页型（yellow pape）。互联网提供企业或商品黄页，介绍企业或产品的信息。

第二阶段，广告型（pamphlet）。企业通过互联网的文字、图形、动画等多种多媒体形式，介绍企业或者商品信息，同时为企业和消费者提供互动的沟通交流网络平台。

第三阶段，销售型（sale）。企业在黄页型和广告型应用的基础上，将适合网上销售的产品展示在网上进行销售，网上销售产品一般是以往销售的邮购商品。当前国内企业网络营销主要处于这个发展阶段，如B2C，B2B，C2C等，成为传统营销模式的有益补充。

第四阶段，整合型（integrated）。随着企业财务管理、库存管理、人事管理、决策管理等系统管理软件网络化，越来越多的企业采用了整合型的方案，将产品销售、招聘、招商引资、企业宣传、售后服务、技术支持、合作意向等内容公布到网络上，消费者、员工、经销商、零售商、供应商和管理者均可以根据不同的角色和权限，通过登录网站，浏览各种相关的内容，实现各种各样的功能，如咨询、洽谈、采购、面试、组织会议、发布信息和采访等。

第五阶段，在线生产与在线消费（produce online & consume online，POCO）。一些特殊的商

品或者服务可以采取这种模式，如软件、电视、广播、电子图书、远程教育、远程医疗、咨询、报关、交税、金融服务等，这是网络营销快速盈利的模式。

第二节 网络药店的设立与管理

一、网络药店的营销组合

互联网本身的特点和优势，赋予了网络药店市场营销“4P”组合鲜明的特点。同时，在互联网巨大影响之下，企业必须以市场为生命，从市场营销因素最基本的“4P”组合来调整、更新自己的营销策略。

（一）网络药店的商品管理

网络药店的商品管理，关键在于网上销售商品种类的选择。网络药店属于B2C的电子商务模式，面对的销售对象只能是普通的消费者个人。我国《互联网药品交易服务审批暂行规定》规定，向个人消费者提供互联网药品交易服务的企业，只能是药品零售连锁企业，必须已获得从事互联网药品信息服务的资格和互联网药品交易服务的资格，并且只能在网上销售本企业经营的非处方药。药品零售连锁企业的经营范围广泛，虽然不能在网络药店销售处方药，但可以销售非处方药、保健食品、医疗器械等商品。网络药店的商品选择应遵循法律法规的规定，并结合药品零售连锁企业的特点，选择药品零售连锁企业的经营范围内的商品，应体现销售健康的主题，可以包含以下几个大类。

1. 药品 网络药店药品种类，可以按照法律上对于药品概念的规定进行分类选择，可以包括中药饮片、中成药非处方药、西药非处方药；也可以按照医学上疾病的类别进行分类选择，可以包括呼吸系统、消化系统、心脑血管系统、泌尿系统、免疫系统、内分泌系统等；还可以按照医院常设的科别进行分类选择，可以包括妇产科、儿科、口腔科、皮肤科和传染科等。

网络药店的商品选择还可以体现品牌营销的理念，设立品牌专区、新特药专区等，进行品牌药品的销售。

2. 保健食品 可以从保健功能上进行分类，可以包括免疫调节、延缓衰老、低抗疲劳、改善睡眠、调节肠胃功能、调节血糖与血脂等。

3. 医疗器械经营 网络药店医疗器械，可以包含消费者常用的设备和材料，如温度计、物理降温、助听器、血压计、针灸、火罐、煎药器、轮椅、拐杖灯。

4. 食品 网络药店食品，不宜包含太多品种，可以选择药食同源的食品。

5. 化妆品 网络药店化妆品，可以包括美容护肤和洗漱用品，如洗面奶、润肤露、面膜、眼霜、洗发水、沐浴液、牙膏等。但是，网络药店在经营这一类商品方面并不具有经营的优势。

（二）网络药店的价格管理

网络营销最大的优势是成本低，所以网络购物一般都比传统的店铺具有价格优势。药品不同于其他产品，价格上具有自己的特点。自2015年6月1日起，除麻醉药品和第一类精神药品外，取消原政府制定的药品价格。麻醉药品、第一类精神药品暂时仍由国家发展和改革委员会实行最高出厂价格和最高零售价格管理。

除麻醉药品和第一类精神药品外，取消药品政府定价，完善药品采购机制，发挥医保控费作用，药品实际交易价格主要由市场竞争形成。其中，①医保基金支付的药品，由医保部门会同有关部门拟定医保药品支付标准制定的程序、依据、方法等规则，探索建立引导药品价格合理形成的机制。②专利药品、独家生产药品，建立公开透明、多方参与的谈判机制形成价格。③医保目录外的血液制品、国家统一采购的预防免疫药品、国家免费艾滋病抗病毒治疗药品和避孕药具，通过招标采购或谈判形成价格。④麻醉药品和第一类精神药品，暂时仍实行最高出厂价格和最高零售价格管理。⑤其他药品，由生产经营者依据生产经营成本和市场供求情况，自主制定价格。

作为药品零售连锁企业，要求各个连锁门店应做到药品价格基本一致。由于竞争激烈，各个药品零售连锁企业药品的零售价基本上相差不大。药品的出厂价一致，流通差价不高，零售环节基本上不存在较大的利润。所以网络药店销售的药品一般价格不高，降价空间不大，一般在 10% 左右。而医疗器械、保健食品、高档化妆品的价格一般比较高，可以应用低价促销的手段，在网上销售，一方面增加网络药店的利润，另一方面可以吸引消费者登录网络药店。

（三）网络药店的渠道管理

一般商品的实体销售渠道是生产企业销售给批发企业，批发企业再批发给零售连锁企业，而网络药店的销售渠道只有一种，即在网上直接销售给消费者。因此，渠道管理仅仅涉及如何吸引更多消费者上网络药店，如何增加消费者的成交率等方面，网络药店可以通过网页功能设计和购物流程设计来实现有效的渠道管理。

1. 网络药店的网页功能设计 网络药店的前台网页设计要美观、直观、人性化、健康、内容丰富、栏目合理。美观是指页面设计色彩搭配合理，体现药店的销售健康商品的特性。直观是指导航栏设计合理，方便浏览和查找资料。人性化是指各个页面设计要符合消费者的浏览习惯和查找需求。健康是指网站展示的内容应符合药店的售卖健康的主题，不能出现违背健康的知识和信息。内容丰富是指网站发布的内容要包含可能满足不同消费者需要的信息，如企业信息、商品信息、医药知识、促销信息等。栏目合理是指网站栏目设计应科学合理，可以包含合理用药知识、医药新闻资讯、商品导购、在线执业医师和执业药师咨询、健康社区等。

网络药店的网页后台功能设计应包括药品管理、价格管理、订单管理、配送管理、支付管理、供应商管理、客服中心、会员管理、积分管理、用户管理系统等。

2. 网络药店的购物流程设计 网络药店的顺利运营，需要具有流畅的购物流程。下面以 B2C 网站“金象网”的购物流程为例，分析网上购物的必要环节。

（1）挑选商品：网络药店的商品应做到品种丰富、分类清晰、介绍详细，方便消费者寻找和选择。

（2）放入购物车：当消费者选定了一件商品后，在商品详情页点击“购买”，会自动打开购物车页面，商品会添加到消费者的购物车中。此时，消费者还可以继续挑选商品，把想要购买的商品都放入购物车中，最后一起结算。

购物车的设计上应注意以下几个方面：①在购物车中，每件商品的订购数量默认为一件，如果消费者想购买多件商品，可修改购买数量，然后鼠标在空白处点击一下，即修改成功；②如果消费者在购物车中删除了某件商品，该商品会暂时放在下面；如果消费者改变了主意，想重新购买这件商品，点击“恢复”，就可以将它重新放入购物车了；③购物车页面上方可以根据消费者选好的商品列出相关商品进行推荐。如果有消费者想一起购买的商品，可以直接点击“购买”，以促进商品销售。

（3）登录注册：如果消费者是老顾客，可以输入 E-mail 地址或昵称、密码、验证码，点击“登录”；如果是新顾客，可以点击“还没有注册”，输入常用的 E-mail 地址，并设定密码，输入验证码后，点击“注册”，弹出的网页将一步步指引消费者进行注册，使消费者成为注册用户，完成网上购物的行为。

此外，网络药店最好能在网站的显著位置标出注册的图标，使得消费者进入网站就可以进行注册。

（4）填写收货人信息：指导消费者填写收货人姓名、所在地区、详细的收货地址、邮编和联系电话。

（5）选择送货方式：网络药店应提供多种送货方式，如普通快递送货上门、加急快递送货上门、普通快递、特快专递等多种送货方式。快递系统的普通快递送货上门和加急快递送货上门可以根据情况设定送货范围，而邮政系统的普通邮递、特快专递不受送货范围的限制。消费者如果不在快递送货上门的范围内，可以选择平邮或特快专递，以实现最为广泛的地域范围配送。

（6）选择付款方式：网络药店提供尽可能多的付款方式，如网上银行支付、支付宝、货到付款、邮局汇款、银行转账、储蓄卡汇款等，以满足各种消费者的付款习惯。

（7）订单确认：消费者填写完以上信息之后，仔细核对；确认无误后，可点击"提交订单"按钮提交订单。订单号生成后，表明消费者已经成功提交了订单。网站应对订单的生成做出提示，以供消费者核查。

（四）网络药店的促销管理

网络药店产品促销必须遵守法律的规定，不同产品可以采取不同的促销手段。可以使用的促销方式包括赠送促销、降价促销、会员制促销、优惠券促销、E-mail 促销和人员促销等。

1. 赠送促销　2007 年 5 月 1 日施行的《药品流通监督管理办法》规定，药品经营企业不得以搭售、买药品赠药品等方式向公众赠送处方药或者甲类非处方药。根据法律的规定，礼品赠送、样品赠送的方式不适用于网络药店经营的甲类非处方药。赠送促销可以采取以下两种方法：①开展乙类非处方药、保健食品、化妆品、医疗器械的赠送促销活动；②买药品赠送保健食品、化妆品、医疗器械等其他小礼品。

2. 降价促销　降价促销是药品零售企业最常用也最有效的促销手段。降价促销可以采用以下几种方法：①保健品、化妆品以优惠价进行节日礼品促销；②购买一定数量或金额的产品可以享受一定的折扣；③购买满一定数量或金额的产品返还一定比例的现金；④买卖一定数量或金额的产品赠送购物券或优惠券；⑤购买满一定数量或金额免运费。

3. 会员制促销　会员制是药品零售连锁企业普遍采用的促销方法。网络药店的产品销售都是针对注册的会员开展的，会员拥有自己的独立账户和购物车。网络药店可以开展会员优惠价和会员消费积分的方法，促进会员的购买。消费积分应具有实际的价值，一般可以兑换礼品或享受更多的优惠，消费积分也应是 VIP 会员升级的依据。

4. 优惠券促销　网络药店可以通过向新注册的会员和老会员赠送优惠券的方法促进销售。注意优惠券应规定使用的时限，可以在规定时间内刺激收到优惠券的会员登录网站使用优惠券购物，从而带动产品的销售。

5. E-mail 促销　E-mail 促销是网络药店针对注册会员开展的。网络药店定期给会员发送 E-mail，传递活动信息、促销信息和产品信息。邮件中最好能展示网络药店的想要传递信息的网页或者网页链接，使得收到邮件的用户方便地登录网页了解详情，从而促进销售达成。

6. 人员促销　2007 年 8 月 8 日颁布实施的《关于加强药品零售经营监管有关问题的通知》规定，药品零售企业的药学技术服务人员应当向消费者正确介绍药品性能、用途、禁忌及注意事项等，不得夸大药品疗效，不得将非药品以药品名义向消费者介绍和推荐。网络药店可以也应该开展在线咨询服务，配备客户服务人员在线解答网上注册、购物流程、支付、配送等问题；还可以聘请执业药师和执业医师在线提供用药咨询，指导药品的选择和使用，执业药师和执业医师的咨询服务必须专业和准确，不能误导购药。

在线人员促销如果做不到 24 小时在线，但至少也应该在上午 9 点至晚上 9 点的时间段有在线人员在岗解答问题。

案例 11-3 云南白药网络营销与体育运动的完美结合

云南白药是国有医药老品牌，却大胆采用新兴媒体网络进行品牌传播，网易已经连续两年成为其网络独家代理。云南白药对公司网站不断进行完善，使其内容更丰富，界面更友好，便于投资者第一时间掌握公司信息和向公司反馈情况。

2007 年 8 月，云南白药与长期合作网站网易携手，共同发动了一次精彩的在线“篮球挑战赛”体育传播战役，运用网络开展了卓有成效的广告宣传。百年医药品牌云南白药不断推陈出新的品牌推广方式使一个老品牌散发出了无限活力。

作为伤科圣药，云南白药的产品特性决定了它面世之初便与体育有着不解之缘。它的主力消费群体主要是从事体育事业及热爱体育运动的中青年人群，目标群体较为活跃且互动性参与性强。网易正是由此抓住体育爱好人士与网络休闲一族，不失时机地推出了网络平台上的“篮球挑战赛”，为他们开辟了一个虚拟的运动疆场。

游戏总参与人数近 8.9 万人，创下网易医药品牌游戏参与人数的新纪录。而一个巧妙的环节是，游戏参与者会不知不觉地特别留意随时出现的“云南白药喷雾瓶”，因为如果能接住这一特别置入的游戏道具，篮板就会有 5 秒的固定时间，游戏者就可以赢得更多的得分机会。

云南白药总是善于将优质平台和创意思维进行捆绑，“篮球挑战赛”正是云南白药与社会热点巧妙结合的创新之举。当时处于 NBA 季后赛期间，游戏以篮球赛的形式展现自然成为首选。

随着中国网络化进程的快速发展，互联网已经走上主流传播媒体的舞台，网络媒体地域性宽广，降低了网民主动参与的门槛，让每一个人都能成为信息的传播源，云南白药的在线体育行销正是利用了网络媒体这一优势，取得了空前的成功和影响。

问题：

1. 云南白药在线“篮球挑战赛”体现了网络营销的哪些优势和特点?
2. “篮球挑战赛”与网易邮箱的合作，是典型的 E-mail 营销吗?
3. 你认为云南白药在线“篮球挑战赛”策划上还有哪些可以完善的地方?

二、网络药店的监督管理

网络药店是指企业依法建立的，能够实现与个人消费者在互联网上进行医药商品交易的电子虚拟销售市场，是医药电子商务的一个分支，属于 B2C 交易模式，其主要功能是网上药品零售和在线药学服务。由于药品是一种特殊的商品，药品的网络营销受到了药品本身特殊性、消费者购药习惯和政策法规的影响，发展较为缓慢，但市场发展前景广阔。

随着互联网的发展，网络药店销售呈上升趋势，如何加强对网络药店的监管。已经成为世界各国共同面临的一个难题。国家食品药品监督管理总局（Chinese Food and Drug Administration，CFDA）对网络药店的监管非常重视，针对互联网药品信息服务和药品交易服务管理相继出台了配套的法律，主要包括 2004 年 7 月 8 日正式实施的《互联网药品信息服务管理办法》和 2005 年 12 月 1 日正式实施的《互联网药品交易服务审批暂行规定》等。

互联网药品交易服务机构资格的获得，大致需要以下几个步骤。

（一）申请前的准备

1. 建立企业内部网 建立企业内部网，实现对企业内部运行模式的信息化，方便企业内部的信息交换与共享的同时，也为企业与外部的信息交流创造了条件。

2. 企业网络与互联网连接 选择互联网接入服务商，使企业的内部网与互联网建立连接。

3. 域名申请和CA认证 域名是类似企业的网络身份证，是企业获得消费者信任感和品牌建立的基础。国内域名注册的权威机构是中国国际互联网信息中心，网址是http://www.cnnic.net.cn/。国际域名注册的权威机构是美国Network Solutions,Inc.,又名InterNic,网址是http://rs.intrnic.net/。医药企业通过访问上述相应地址或相应的域名注册代理公司的网址，填写并提交域名注册申请表和委托书及企业法人执照复印件，根据域名注册代理公司的要求提交相应的注册信息即可完成本企业的域名注册。

CA（Certificate Autority）认证中心就是为了解决电子商务中参与交易双方的身份、资信的认定，维护交易活动的安全，从根本上保障电子商务交易活动顺利进行而设定的。中国金融认证中心（Chinese Finance Certification Authority，CFCA）负责发放SET和非SET电子证书。企业可通过访问CFCA网上主页并提交相应的资料进行认证。

4. 建立网站并进行网页设计 网页是企业与客户打交道的界面，企业的网上商务活动要通过网页来介绍或实现。网页的设计一定要能满足企业开展电子商务的需要。同时，随着移动客户端的发展，网页设计还要考虑到内容如何适应手机等移动客户端的浏览和使用。

一个完善的电子商务网站应包括内容构件和形象构件两个部分。内容构件一般可包括药店简介、网站导航、购物指南和购物流程、购物功能区、促销功能区、会员功能区、商品查询区、订购方式、交易条款、质量保证、优惠活动、友情链接、订单及历史交易查询、证书（互联网药品交易服务机构资格证书、互联网药品信息服务资格证书、营业执照、电信业务经营许可证、药品经营许可证等）、合同范本等。形象构件包括主题图片和子图片、字体、对齐、留白、行距、导航按钮、网页的长度、下载时间、背景和图形等。

5. 选择网上交易平台和支付手段 在交易平台上需要提供给消费者网上支付的手段。可与银行等部门合作，通过CA认证中心认证后解决网上资金支付问题，但这种自建支付系统较难获得消费者信赖，目前多与成熟的第三方支付服务提供商合作完成支付，或与物流公司合作采用货到付款的支付方式。

6. 建立或选择物流配送系统 企业自建物流配送系统相对较难，特别是跨省域的物流配送就更难，这不仅是成本问题，也是能否快速响应消费者需求的问题。目前，可以与专业的第三方物流公司合作完成远端配送。

7. 满足申办的其他基本条件 《互联网药品交易服务审批暂行规定》中，分别对为药品生产企业、药品经营企业和医疗机构之间的互联网药品交易提供服务的企业、通过自身网站与本企业成员之外的其他企业进行互联网药品交易的药品生产企业和药品批发企业、向个人消费者提供互联网药品交易服务的企业提出了应该具备的基本条件，企业需要根据申请提供服务的类型满足这些条件。

（二）申请与受理

1. 填写互联网药品交易服务申请表 填写原国家食品药品监督管理局统一制发的《从事互联网药品交易服务申请表》。同时向所在地省、自治区、直辖市食品药品监督管理部门提出申请。

2. 提交相关材料 应向所在地省、自治区、直辖市食品药品监督管理部门提交以下材料：①拟提供互联网药品交易服务的网站获准从事互联网药品信息服务的许可证复印件；②业务发展计划及相关技术方案；③保证交易用户与交易药品合法、真实、安全的管理措施；④营业执照复印件；⑤保障网络和交易安全的管理制度及措施；⑥规定的专业技术人员的身份证明、学历证明复印件及简历；⑦仪器设备汇总表；⑧拟开展的基本业务流程说明及相关材料；⑨企业法定代表人证明文件和企业各部门组织机构职能表。

3. 形式审查与受理 省、自治区、直辖市食品药品监督管理部门收到申请材料后，在5日内对申请材料进行形式审查。决定予以受理的，发给受理通知书；决定不予受理的，应当书面通知申请人并说明理由，同时告知申请人享有依法申请行政复议或者提起行政诉讼的权利。

对于申请材料不规范、不完整的，省、自治区、直辖市食品药品监督管理部门应当在收到申请材料之日起 5 日内一次告知申请人需要补正的全部内容；逾期不告知的，自收到申请材料之日起即为受理。

（三）现场验收和互联网药品交易服务系统软件测评

1. 国家食品药品监督管理部门组织的现场验收 省、自治区、直辖市食品药品监督管理部门受理为药品生产企业、药品经营企业和医疗机构提供互联网药品交易服务的申请后，应当在 10 个工作日内向国家食品药品监督管理部门报送相关申请材料。

国家食品药品监督管理部门按照有关规定对申请材料进行审核，并在 20 个工作日内做出同意或者不同意进行现场验收的决定，并书面通知申请人，同时抄送受理申请的省、自治区、直辖市食品药品监督管理部门。

2. 省、自治区、直辖市食品药品监督管理部门组织的现场验收 省、自治区、直辖市食品药品监督管理部门按照有关规定对通过自身网站与本企业成员之外的其他企业进行互联网药品交易服务的药品生产企业、药品批发企业和向个人消费者提供互联网药品交易服务的申请人提交的材料进行审批，并在 20 个工作日内做出同意或者不同意进行现场验收的决定，并书面通知申请人。

国家食品药品监督管理部门或省、自治区、直辖市食品药品监督管理部门同意进行现场验收的，应当在 20 个工作日内对申请人按验收标准组织进行现场验收。验收不合格的，书面通知申请人并说明理由，同时告知申请人享有依法申请行政复议或者提起行政诉讼的权利。

验收时按照《互联网药品交易服务企业的验收标准》进行验收，并对企业互联网药品交易服务系统软件按《互联网药品交易服务系统软件测评大纲》进行测评。

（四）发放证书

验收合格的，国家食品药品监督管理部门或省、自治区、直辖市食品药品监督管理部门应当在 10 个工作日内向申请人核发并送达同意其从事互联网药品交易服务的互联网药品交易服务机构资格证书。

（五）办理电信业务经营许可证或履行备案手续

在依法获得食品药品监督管理部门颁发的互联网药品交易服务机构资格证书后，申请人应当按照《互联网信息服务管理办法》的规定，依法取得相应的电信业务经营许可证，或者履行相应的备案手续。

第三节　网络药店的发展现状与前景

一、网络药店的发展现状

根据国家食品药品监督管理总局的官方网站统计，自 2005 年年底，北京京卫元华医药科技有限公司获得资格开办了第一家网络药店。截止到 2014 年 4 月 10 日，已取得《互联网药品交易服务资格证书》的企业有 239 家。在我国，《互联网药品交易服务资格证书》分为 A、B、C 三种：A 证由国家食品药品监督管理总局审批，服务范围为第三方交易服务平台；B 证由省级食品药品监督管理局审批，服务范围为与其他企业进行药品交易（B2B）；C 证由省级食品药品监督管理局审批，服务范围为向个人消费者提供药品（B2C）。已取得《互联网药品交易服务资格证书》的 239 家企业分类情况见表 11-1。

表 11-1　239 家企业证书分类情况（2014 年）

类型	性质	数量/家	构成比/%
A 证	第三方交易平台	12	5.02
B 证	B2B	62	25.94
C 证	B2C	165	69.04
合计		239	100.00

由表 11-1 可以看出，网络药店应该为 165 家取得 C 证的 B2C 企业所开办，而国家食品药品监督管理总局官方网站上公布的网络药店数量为 170 家；这其中包括了 165 家取得 C 证的 B2C 企业所开办的网络药店，4 家取得 B 证的 B2B 网络药店和 1 家取得 A 证的第三方交易服务平台网络药店。

截至 2015 年，网络药店的销售规模达到了 144.2 亿元，平均年增长率达到了 131.2%，增长迅猛，其中，排名前十的是七乐康网上药店、健客网、康爱多网上药店、壹药网、好药师网上药店、可得网、健一网、康之家网上药店、云开亚美大药房、德开大药房。在网络药店主流的 B2C 市场上，平台 B2C 的销售总额达到了 77.9 亿元，占 B2C 市场销售总额的 55.4%，自营 B2C 的销售总额达到了 52.5 亿元，占 B2C 市场销售总额的 36.4%，医药 O2O 企业及其他的销售额达到了 11.8 亿元，占 B2C 市场销售总额的 8.2%。在整个 B2C 市场当中，自营 B2C 以药品销售为主，而平台 B2C 则以药品、医疗器械和计生用品三分天下。

但是，到目前为止，网络药店的销售总量只占整个医药行业销售总量的 5%不到，而在国外，网上药店已经被人们普遍接受。相关数据显示，目前发达国家网上药店的销售额已经占药店整体销售额的近 20%。在欧洲大部分国家，90%以上的药剂师协会下属药店都开展网上药品预订服务。瑞士每销售 5 种药品，就有 1 种是通过网上售出的。美国网上药店经过十几年的发展，数量已经达到了 1000 多家，市场规模将近 1700 亿美元，约占药品零售市场 30%的份额，其中规模最大的网上药店 CVS 年销售额更是超过 150 亿美元。如果我们达到美国的规模，我国网络药店的市场总量也将达到 1000 亿元左右。其主要原因还是网络药店存在着一些问题。

（一）不具备经营资质的企业甚至个人在网上售药

目前网上存在大量的非法网站，这些网站的经营者没有获得互联网药品交易资格证书，并且有的网站经营企业在现实中还不具备药品经营资格或是个人借助互联网进行售药，这些没有合法经营资格的经营主体进入网上药店市场，必然不会和正规企业一样遵守相关法律法规和行业规范，对整个市场秩序造成扰乱、对正规企业合法权益和经营环境造成损害。

（二）虚假药品信息，夸大功效、蒙蔽消费者

非法网站发布的药品信息，因为没有与合法企业一样受到监管部门的约束，不用承担发布虚假药品信息及广告的相应责任，造成其对功效进行不实的宣传、夸大疗效，对求药心切的消费者进行诱导，直至做出购买决策。夸张宣传，造成消费者使用效果不理想进而影响其对网上购药可信性产生质疑，对网上药店发展环境造成负面影响。

（三）违规销售处方药，造成安全隐患

处方药国家已经明确规定处方药品不能通过网络销售，由于非法网站缺乏监管，不按照有

关规定进行网上销售活动，甚至通过网上销售处方药品，这对消费者的用药带来非常严重的安全隐患。

(四)配送体系不完善

根据《互联网药品交易服务审批暂行规定》，向个人消费者提供互联网药品交易服务的企业，应当具备具有与上网交易的品种相适应的药品配送系统。

目前，不少网上药店在本企业连锁实体药店覆盖区域内，采用自身物流系统送货上门；在覆盖区域以外，多数网上药店采用邮政包裹、快递公司等第三方物流配送方式。由于药品体积小质量轻，非常受第三方物流的青睐。但是这些配送公司多数没有拿到医药行业的GSP认证，并不符合相关管理规定。配送条件不达标，可能导致药品在运输过程中出现质量问题。

作为一种特殊商品，消费者对药品的需求具有及时性的特点，所以运输时间至关重要。但是目前药品的同城配送一般需要1～2天，异地配送则需要2～3天甚至更长。而目前实体药店遍布大街小巷，出门买药显然要比上网订购快很多。此外，不少网上药店不提供液体药品配送服务，这就限制了消费者的选购范围。

(五)无法与医疗保障体系对接

目前，消费者可以使用医保卡在医保指定实体药店购买药品，而网上药店尚未与“医疗保险”“新农合”等医疗保障体系对接，无法提供该项服务。这使得消费者无法享受到在实体药店购药的优惠，导致网上药店流失了很大一部分客源。

就美国的网上药店而言，CVS、Drugstore等网上药店都是在与当地的社会保险进行有效整合之后，规模才得以迅速扩大。但是由于我国缺乏相关政策制度，加上行业自律性差，监管部门对网上药店与医保的对接存在顾虑。如果网上药店与医保系统无法有效对接，完成医保报销问题，就很难做强、做大，这会在很大程度制约网上药店未来的发展。

(六)经营范围受到限制

根据《互联网药品交易服务审批暂行规定》，我国网上药店经营内容暂时限制在处方药以外的药品或服务。所以，目前我国网上药店主要经营非处方药、保健品、护肤品、母婴产品、医疗器械和两性用品等商品。非处方药只占到所有上市药品品种的25%左右，这使得网上药店失去了一大部分药品市场，难以形成较大的药品经营规模。

而在实际销售额中，药品销售仅占网上药店销售额的两成，非药品类则占到了近80%的份额，这使得“药店”称号有点名不副实。造成这一奇怪现象的主要原因是非处方药具有毛利率和单价低的特点，而作为非处方药的主力消费群体的老年消费者更习惯使用医保卡在药房购买，因此网上药店现在基本上以销售保健品、医疗器械和母婴产品等商品为主。

目前网络药店的网站经营模式比较相似，大多数网站都开展了医药健康信息发布、健康产品的网上销售、网站论坛、在线客服等。有些网络药店还提供了病库、自测服务，为消费者提供疾病自我诊断和用药选择指南。有些网络药店还为网上消费者提供医院、医生、药厂的查询服务。没有最好的网络药店经营模式，只有最适合企业本身发展和外部经营环境的经营模式，当然，所有的网络药店经营都必须符合现行法规政策的规定。

二、网络药店的发展前景

网络营销伴随着互联网的普及近几年进入了飞跃发展，网络营销每年的增长速度越来越快。但是，相对于每年零售额达到1000亿元人民币的国内医药市场，网络药店的销售额所占的比例却微乎其微，也大大低于普通商品网络营销占全部营销零售额的比例。因此，网络药店具有更广阔的市场发展前景，发展趋势应该会体现在经营商品品种的规范化、发布药品信息的科学化、配送范围的夸大化和信息咨询服务的专业化几个方面。

（一）网络药店经营商品品种的规范化

网络药店不能销售特殊管理的药品和处方药，网络药店可以销售健康概念的商品。非处方药、保健食品、医疗器械、个人健康护理品、母婴用品、成人用品将成为网络药店经营的主要商品种类。监督管理部门要严格审查网上销售的商品品种，以免造成不合理用药和药物滥用。网络药店应认真筛选商品品种，规范商品管理，对所销售商品进行科学分类，使得网上销售的商品便于查找，从而提高网上销售的成交率。

（二）网络药店发布药品信息的科学化

网络药店必须是取得互联网药品信息服务资格的药品零售连锁企业，网络药店除了不允许发布麻醉药品、精神药品、医疗用毒性药品、放射性药品、戒毒药品和医疗机构制剂的产品信息外，可以发布处方药或者非处方药的信息。网络药店如果没有取得互联网医疗卫生信息服务资格，一般不能发布医疗、预防、保健、康复、健康教育等方面的信息，即使取得了互联网医疗卫生信息服务资格，也只能提供医疗卫生信息咨询服务，不得从事网上诊断和治疗活动。网络药店应该规范药品信息的科学性和准确性，药品导购应该确保药店的合法性，网络药店绝不能变相发布医疗信息广告，今后是否可以开展导医信息资讯有待政策的变化。

（三）网络药店商品配送范围的扩大化

药品应用的时效性制约着网络药店的配送范围。网络药店所在城市可以容易地实现 24 小时内及时配送，但其他没有连锁门店的城市大多只能通过快递或者邮寄。网络药店可以通过增加连锁门店的网店和网络药店之间的联盟，提高配送效率，扩大配送范围，充分发挥网上销售药品无地域限制的优势。此外，网络药店还可以与传统药店联营，把传统药店的优势品种集中起来，在网上展示售卖，但网络药店只提供药品购买信息，把购买信息以电话方式或者电子邮件方式反馈给定点的合作药店，药品物流和货款回收工作由散布在市区各地的合作药店来完成。

（四）网络药店信息咨询服务的专业化

互联网的主要优势是互动性强、信息全面、快速及时。网络药店可以利用这些优势，开展药品信息服务和咨询服务。网站除了销售健康产品，还应该加强科学合理用药知识的宣传，以体现网络药店的专业性。一方面，可以通过网站将合理用药知识客观准确全面地展现给消费者，另一方面，可以通过设立网上用药知识咨询窗口，让消费者将用药问题以邮件方式或其他即时聊天方式传递上来，由执业医师、执业药师给出专业咨询建议；最好能提供执业医师、执业药师在线咨询服务，向消费者在线提供所需要的个性化咨询服务。通过信息资讯服务和会员积分制，逐步培养出大批忠诚顾客。

案例 11-4　强生公司网络营销的创新

今天，强生已发展成为拥有 180 多家子公司、近 10 万雇员的大型跨国制药企业，生产婴儿护理、医疗用品、家庭保健产品、皮肤护理用品、隐形眼镜和妇女卫生等系列产品。

管理学者素来对强生公司的"受欢迎的文化"推崇备至。该企业文化的内涵体现在公司信条中。这是自其成立之初就奉行的一种将商业活动与社会责任相结合的经营理念。明确这些边界条件后，强生就选择其婴儿护理品为其网站的形象产品，选择"您的宝宝"为站点主题，整个站点就成了年轻网民的一部"宝宝成长日记"，所有的营销流程自然就沿着这本日记悄然展开。

事实上，育儿宝典的服务是从孕期开始的，其中有孕期保健、孕期胎儿发育、娱乐与情绪控制、旅行与工作、产前准备、婴儿出生、母婴保健……然后是初生婴儿的1周、2周、3周……4月、5月……使用者按此时序记录婴儿发育进展时，站点就不断提供各类参考文章，涉及婴儿的知觉、视觉、触觉、听力系统，对光线的反应、如何晒太阳、疾病症状等。各项操作指导，可谓细致周全。

网站还为年轻父母提供了心理指导，这对于某些婴儿的父母来说具有特别重要的意义。如“我的宝宝学得有多快？”栏目就开导人们，不要将自己的孩子与别人的孩子作比较。强生网站提供服务时，客户输入的数据也进入其网站服务器。这是一笔巨大的资产，将对企业经营起着不可估量的作用，这也是对其认真服务的回报。当然，对于顾客主动从“反馈”栏发来的求助与问询，网站的在线服务自会给予相应解答。上述这些客户登记及回答信息到了公司营销专家、心理学家、市场分析家等手中，自然不久就会形成一份份产品促销专案来，至少对企业与顾客保持联系起相当重要的作用。并且由于这些方案具有极强的家庭服务需求针对性，促销成功率应当不低。

问题：

1. 你认为强生公司网络营销的特点是什么？
2. 对于强生公司的网络营销，你有何建议或想法？
3. 根据强生公司的网络营销，你认为国内企业进行网络营销时应该注意哪些问题？

复习思考题

1. 网络营销的特点和优势有哪些？
2. 你认为网络药店可以销售哪些商品？
3. 网络药店的购物流程包括哪些方面？
4. 网络药店的促销方法有哪些？
5. 网络药店的发展前景如何？

（广东药科大学　聂　磊）

第十二章　国际医药市场营销

案例 12-1　H 药业走民族药国际化道路

1997 年底，H 药业利通过 ISO9002 质量体系认证，成为该市第一家通过该认证的企业。1998 年，企业领导提出产业提升的构想，带领公司从医化企业向制药企业转变，以实施国家 GMP 改造为载体，全面进行企业变革，提高管理水平。2000 年，公司原料药顺利通过国家 GMP 认证，企业正式走向了制药企业的发展轨道。2003 年 3 月 4 日，H 药业股票成功登陆上海证券交易所 A 股市场，进入新一轮战略发展时期。2004 年 H 药业选择素有“美国药谷”之称的新泽西州作为公司国际化发展的起点，开始了中国民族医药国际化的征程。2007 年 H 药业奈韦拉平制剂产品及生产线以零缺陷通过美国 FDA 认证，成为中国第一家制剂通过美国 FDA 认证的制药企业。2009 年 H 药业第一个药品制剂（贝那普利片）在美国上市，开创了中国民族制药走向国际市场的先河。2011 年公司成功收购美国知名药品流通企业 SOCLCO。2012 年公司年产 100 亿片出口制剂车间首期 33 亿片生产线通过国家 GMP 认证。2013 年国内第一个缓控释制剂拉莫三嗪控释片在美国上市并占据了 40%的市场份额，公司牵手美国著名生物制药公司 Oncobiologics 和中国顶尖科研院所军事医学科学院，高起点进入生物制药和新药领域。2014 年 H 药业致力于在制药领域进一步做精做大做强，向综合性、国际化、高技术的大型制药企业迈进；同年 8 月，公司与天津医药签订战略合作协议，共同提升国际医药市场竞争实力。

问题：

1. 从默默无闻到享誉全球，H 药业的成功是如何创造出的？
2. H 药业走向国际市场的进入方式与营销策略是什么？
3. 结合本案例，谈谈 H 转型对中国药企挺进国际市场的启示。

第一节　国际医药市场营销概述

一、国际医药市场营销的概念

（一）国际市场营销的含义

1974 年，美国市场营销学者柯甘（W. J. Keegan）在《全球市场营销管理》中下的定义是：国际市场营销（international marketing），是指将国内市场营销的战略和计划扩大延伸到世界市场上。2000 年，菲利普 R. 凯特奥拉（Philip R. Cateora）和约翰 L. 格雷厄姆（John L. Graham）在其《国际市场营销学》一书中指出：国际市场营销，即在一国以上把企业生产的商品或劳务引导到消费者或用户中去的经营活动。由此我们可以理解为，国际市场营销是指企业跨越本国国界在国外进行的市场营销活动，是企业在一国以上所从事的经营和销售活动以获得良好的经济效益的过程，是国内市场营销活动在外国市场的延伸，是一般市场营销的延伸。

在国际市场上的营销，指的就是在竞争激烈的国际市场中企业是如何独自发挥其主体作用以实现其主体价值的。制定国际市场营销策略，实际上是对现存目标市场进一步开发以挖掘有潜力的目标群体，同时依据具体实际对自身现有的企业经营和管理战略进行调整，甚至加以改革。

需要注意的是，国际营销不是国际推销。国际营销活动是一项完整的系统管理工程，其中包括国际市场营销环境分析、国际市场调研、国际营销决策、国际市场的选择与进入、国际市场营销策略的制定等一系列内容与环节。而推销仅仅是现代企业国际市场营销活动中的一部分，且不是最重要的部分。

（二）国际市场营销相关理论

国际市场营销理论兴起于20世纪60年代末到80年代，国际市场营销理论虽然必须加入许多具有国际意识的思考基准点，但就其理论基础而言，仍是以传统的市场营销组合“4P”为主轴的。

1.“6P”理论 20世纪80年代以来，世界经济走向滞缓，市场竞争日益激烈，政治和社会因素对市场营销的影响和制约越来越大。为了克服一般营销观念的局限，大市场营销策略应运而生。1984年美国著名市场营销学家菲利浦·科特勒（Philip Kotler）提出了大市场营销策略。科特勒认为，面对封闭型或保护型的市场，只运用传统营销的“4P”理论是不够的，还必须加上政治权力（political power）和公共关系（public relations），即“6P”理论。“6P”组合的大市场营销是指企业为了成功进入特定市场，并在那里从事业务经营，在策略上就必须综合地、协调地施用经济的、心理的、政治的和公共关系的手段以博得外国和各地方有关方面的合作和支持。

2.“11P”理论 1986年6月，菲利普·科特勒又提出了“11P”营销理论，即在大市场营销6P基础上加上了调研（probe）、分割（partition）、优先（priorition）、定位（position）和人（people），并将产品、价格、渠道、促销称为“战术4P”，将调研、分割、优先、定位称为“战略4P”。该理论认为，企业在“战术4P”和“战略4P”的支撑下，运用政治权力和公共关系，再加上最后一个People，包括员工与顾客，贯穿企业营销活动的全过程，就可以排除通往目标市场的各种障碍。

3.“4C”理论 20世纪90年代初，世界进入了一个全新的电子商务时代，消费的个性化与感性化更加突出，为准确掌握顾客的需求和欲望，企业迫切需要与顾客进行双向信息沟通。“4C”理论是1990年美国市场学家罗伯特·劳特伯恩（Robert Lauterborn）提出的营销组合理论，主要包括顾客（customer）、沟通（communication）、购买成本（cost）和便利（convenience）。该理论注重以消费者需求为导向，以追求顾客满意为目标，与站在卖方角度的市场导向的“4P”理论相比，“4C”理论有了很大的进步与发展。

4.“4R”理论 针对“4C”理论存在的一些问题，美国营销学家舒尔茨（Schultz）提出了“4R”理论，即关联（relevancy）、反应（response）、关系（relation）和回报（reward），阐述了一个全新的营销四要素。“4R”营销理论以竞争为导向，以关系营销为核心，注重企业与客户关系的长期互动，重在建立顾客忠诚，既从厂商利益出发又兼顾消费者需求，由此最终实现双赢。

5.“4V”理论 在新经济时代，培育、保持和提高核心竞争力是企业商业活动的重心，也成为企业市场营销活动的着眼点。“4V”理论正是在这种需求下应运而生的。“4V”理论，是指差异化（variation）、功能化（versatility）、附加价值（value）、共鸣（vibration）的营销组合理论。从整体上来分析，该理论不仅是典型的系统和社会营销论，即它既兼顾社会和消费者的利益，又兼顾资本家、企业与员工的利益；更为重要的是，通过对“4V”营销的开展，可以培养和构建企业自身的核心竞争力。

（三）国际医药市场营销的含义

国际医药市场营销，顾名思义，通常就是指医药企业从事跨国界的市场营销活动，是医药企业将医药产品或服务销售给本国以外的消费者或用户，以满足国际消费者或用户的需要和在国际市场上取得良好经济效益的商业活动。

国际医药市场营销的含义主要包括四个方面：①国际医药市场营销的主体是医药企业；②国

际医药营销活动的中心是需求，即国外消费者或用户的需求；③国际医药市场营销是跨越国界的医药经营活动；④医药企业开展国际营销的目的是创汇盈利。

世界经济趋向一体化，国家经济的发展越来越依赖于国际市场，医药产业是公认的国际化产业，和人们的健康息息相关，已成为世界各国争夺的焦点。近几年，各国医药企业在国际市场上的活跃度是前所未有的，不论是国外医药跨国公司，如美国辉瑞、英国葛兰素史克、瑞士诺华等，还是中国的医药企业，如华海药业、同仁堂、哈药集团等，都在积极开拓海外市场，开展国际营销。中国加入世界贸易组织后，经济对外开放程度日益加深，医药产业得到了迅猛发展，国际市场也发生了有利的变化，可以说医药中国制造走向国际市场已成为必然。但相比西药，中医药进入国际市场的步伐仍然较小，在国际市场所占的份额亦是非常小，这无疑为中国的中医药产品开展国际市场营销提供了广阔的发展空间。

（四）医药企业开展国际市场营销的意义

1. 有利于加快医药企业的成长　国际市场上存在许多竞争对手，这就要求医药企业开展国际营销必须用国际标准，不断提高自身生产技术和经营管理水平，使自己的产品的质量、品种、包装、服务等都能达到国际水平。医药企业通过出口医药产品换取外汇，再利用所获得的外资从国外引进先进技术、优秀人才和丰富资源，从而增强企业国际化的核心竞争力，加快医药企业的成长。

2. 有利于更好地实现利润目标　促使医药企业进行国际营销活动的另一重要驱动力便是能更好地实现利润目标。由于一般新产品开发存在着很大的风险和巨大的成本，在单一国家的市场中难以得到补偿，医药企业寻找国际市场就可以降低成本，扩大市场容量，提高产量，实现利润目标。

3. 有利于规避经营风险　采用国际营销战略可以规避市场风险。就像不能把所有鸡蛋放在一个篮子里一样，一个企业也不能完全依托单一国家、单一市场来开展经营活动，一旦这种单一市场出现动荡或不稳定的情形，将会给企业的经营带来可怕的影响和经营风险。医药企业开展国际市场营销，可寻求到更多更好的市场机会，使得即使某一个市场出现问题时，对企业的生存也不会构成重大威胁。

案例 12-2　借彼之道破题通关

背景：越来越多的国产中成药产品开始考虑走出去战略。根据医保商会统计，2010 年，中国中成药出口的国家和地区高达 143 个。但另一个令人尴尬的数字是，中成药出口金额始终不高（总金额只有 1.93 亿美元，同期进口的洋中药金额却达到了 2.18 亿美元），中成药进出口贸易长期持续逆差。

创意：大多数厂家采取的思路是以当地华人为主要营销对象，利用传统中药店、唐人街门店、中医诊所等渠道销售。这样一来，目标客户群就不可避免地局限于接受中成药的华人客户群体，而非当地市场的主流群体。LY 制药集团以血脂康为代表的系列中药产品则大胆尝试，用国际理念去包装和推广品牌，主动参与到当地主流市场竞争中，成功为中药向海外市场渗透打开了更为广阔的空间。

执行：血脂康采取了区别定位的营销策略，避开立普妥、舒降之（辛伐他汀）等处方类降脂产品，充分挖掘血脂康天然产品温和调脂及预防的功效。同时，一改传统中成药进入国际市场行不更名，坐不改姓的惯例，对血脂康的商品名和包装进行重新设计，聘用专职海外业务推广人员，并建立了专业英文网站，使得血脂康的国际推广路径更契合国际市场的习惯和需求。在挪威、新加坡、马来西亚等国家使用的商品名为 HypoCol，并选择品牌药品的营销模式进入其主流市场。

效果：血脂康远销欧洲、东南亚、中国台湾及香港等多个国家和地区，累积出口金额 1000

多万美元。其在新加坡的销售额以每年 25%的幅度递增，连续多年获得当地最大的三家连锁药店 Guardian、Unity、Watson 最受欢迎及最畅销药品奖。在新加坡、马来西亚等地，血脂康已经覆盖 70%的药品零售终端。在新加坡所有红曲类的产品中血脂康的市场占有率为 85%。

问题：

1. LY 制药集团"借彼之道"体现在哪？
2. LY 制药集团在开展国际市场营销中碰到了什么难题？
3. LY 制药集团最后是否"通关"，以及"通关"秘诀在哪？

二、国际医药市场营销环境分析

（一）国际医药市场营销环境概述

医药企业要想顺利地进入国际市场，就必须了解国际医药市场的营销环境。国际医药市场营销环境是医药企业开展国际营销其营销职能外部的不可控制的因素和力量，是造成国际医药市场营销复杂性的根本原因。

国际营销活动要以国际市场环境为依据，医药企业要主动地适应环境，而且要通过营销努力去影响环境，使环境有利于企业的生存和发展。营销环境可以分为宏观营销环境与微观营销环境。在这里，我们主要分析国际医药市场营销宏观环境。

按照主体角度分类，国际医药市场营销宏观环境可以分为国际大环境、本国出口环境、东道国环境和第三国环境等。其中，东道国环境，也就是目标市场国环境最为重要。

按照构成内容分类，国际医药市场营销宏观环境可以分为政治法律环境、人口经济环境、社会文化环境、科学技术环境和自然资源环境等。其中，政治、经济与文化的影响较大，下面将从这三个方面分析国际医药市场营销宏观环境。

（二）国际医药市场营销环境构成

1. 国际政治法律环境 大多数医药企业认为自己是一个经济组织，不需要去关心国际政治、法律。实际上，世界各国的政治法律环境，对于医药产品与服务的国际营销影响甚大。因此，中国的医药企业要走向世界，就必须首先了解世界各国的政治法律环境。国际政治法律环境是非常复杂的，包括政治环境和法律环境。国际医药市场政治法律环境的组成要素见图 12-1。

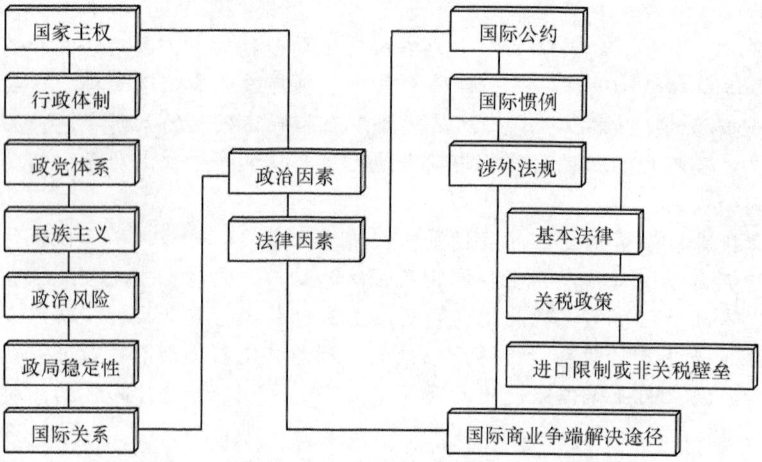

图 12-1 国际医药市场政治法律环境的组成要素

政治环境引导着企业营销活动的方向，其主要的政治因素包括国家主权、行政体制、政党体系、民族主义、政治风险、政局稳定性和国际关系等。法律环境则为企业规定经营活动的行为准则，包括国际公约、国际惯例、涉外法规和国际商业争端解决途径等法律因素。两者相辅相成，共同对企业的市场营销活动产生影响和发挥作用。

国际政治法律环境是影响企业从事国际营销活动的主要宏观环境因素，中国医药企业要想在国际营销中争取主动，就必须了解和掌握国际政治法律环境。例如，意大利对药品广告规定，不能有儿童用食的场面，需要有拷贝许可证，也禁止直接比较，允许有证据的间接比较。

2. 国际人口经济环境　一个国家的人口经济环境可以决定该国的实际购买能力，也会直接影响该国人民对产品和服务的需求量。所以，医药企业要进入国际市场开展营销就必须对国际人口经济状况有所了解，要知道国际人口经济环境对国际药品营销有着最直接的影响。国际人口经济环境可以由人口环境和经济环境构成，其中人口环境的组成因素包括人口数量、人口结构、人口密度、人口分布、人口流动和人口自然增长率等；而经济环境则由经济体制、经济制度、国民收入水平、基础设施交通运输和经济发展阶段等因素构成。国际医药市场人口经济环境的组成要素见图 12-2。

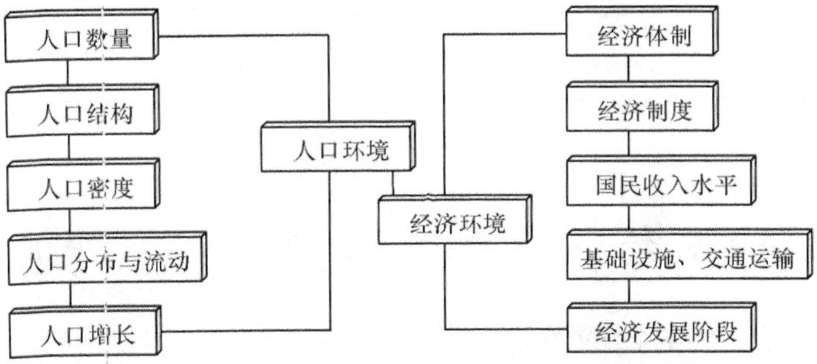

图 12-2　国际医药市场人口经济环境的组成要素

医药企业在进入某个外国市场前，一定会按照该国人口数目大致推算出产品的市场规模，因为一个国家的医药产品消费量与该国的人口数量息息相关。不同年龄、不同地域、不同收入的消费者对医药产品都有着不同的需求、不同的使用习惯、不同的消费观念。比如，高收入国家的物质生活水平和医疗保健水平较高，人口越趋老龄化，对老年病药品的需求量就大，加上这类国家的消费水平较高，消费观念较积极，所以民众在选择药品时，更多考虑的是疗效，更愿意尝试新特药；反之，一些发展中国家 14 岁以下人口的比重逐渐增长，因此就会产生儿童药的特殊需求，若是该国收入较低，消费和用药水平也较低，那么民众在选药时就会更多地考虑价格因素。综述所述，一国人口经济环境会直接影响该国民众对医药产品质量的选择，也会影响医药企业对该国医药产品需求量和市场规模的判断，因此，开展国际市场营销必须对国际人口经济状况有所了解。

3. 国际社会文化环境　由于地理、历史、人文等的不同，国家在语言文化、宗教信仰和道德观念等方面存在着很大差异。人类虽具有共同的生物学意义上的自然特征，但人与人之间却有着更大的社会和文化方面的差异，表现在不同的价值观、人生观和世界观等。社会和文化方面的差异性，也让每个国家的消费者有其独特的消费需求。社会文化环境可以影响消费者的消费观念，进而影响这一市场的消费结构、消费方式和消费数量等。可以说社会文化环境是国际市场营销活动中最富有挑战意义的环境因素。社会文化环境主要包括以下因素：语言文字、教育水平、宗教信仰、价值观念、风俗习惯、社会阶层、社会组织和审美意识等。国际医药市场社会文化环境的组成要素见图 12-3。

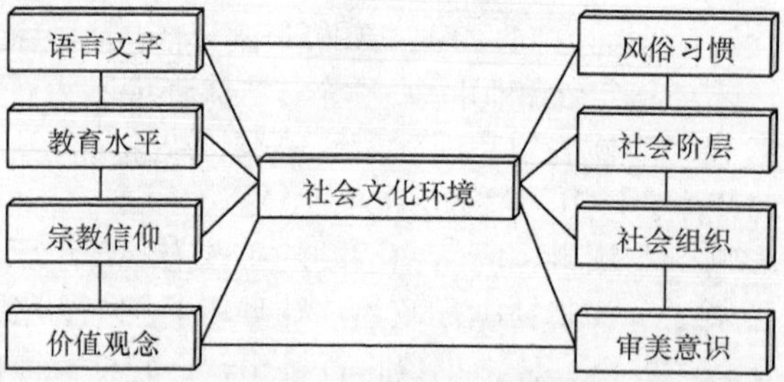

图 12-3　国际医药市场社会文化环境的组成要素

一名成功的国际营销者，必须能灵活运用目标市场国的语言，准确把握当地特有的风俗，以及透彻理解他们的习惯等，即要非常重视营销中的文化渗透。例如，仙鹤在中国寓意延年益寿，所以经常出现在一些老年保健药品的包装上，但是在印度，仙鹤就是伪君子的象征；信仰伊斯兰教的人喜欢绿色，认为绿色是吉祥的颜色，而日本人恰恰相反，他们不喜欢绿色，认为绿色代表不祥。这就要求医药企业根据目标市场国的社会文化背景，适当调整药品包装、商标等的设计，以适应目标市场的需求。

不管是政治法律环境、人口经济环境，还是社会文化环境，都具有不可控性、强制性、动态性，是不断变化的。医药企业对市场营销环境的分析，影响着营销管理者成功保持和发展同其目标市场顾客交换的能力。国际市场营销环境的千变万化，给医药企业带来环境的威胁，但同时也提供了更多的市场机会。

三、国际医药市场营销与国内市场营销的关系

（一）国际医药市场营销的特点

1. 营销环境的差异性　各国在政治法律、人口经济、社会文化、科学技术等方面都存在一定的差异，因此市场需求千差万别，消费者消费观念也不尽相同，使得国际市场营销的复杂性远远大于国内市场营销，这就要求医药营销决策应该因国、因地制宜。

2. 营销管理的国际性　国际营销跨越国界，使市场、产品、销售等具有国际性。营销管理系统的参与者既有来自本国的，又有来自东道国的，还有来自第三国的。医药产品进出口时要受到双方国家海关的管理和两国经济贸易政策的制约。在经济全球一体化背景下，市场竞争更是日趋国际化，这就要求海外经营者具备国际管理经验。

3. 营销活动的复杂性　国际营销活动中需要对各国的营销业务进行统一的规划、控制与协调，使母公司与分散在全球各国的子公司的营销活动成为一个整体，由此实现总体利益的最大化，这是一项非常复杂的营销管理工程，也反映出国际市场营销决策与行为技巧的复杂性。

4. 营销业务的风险性　一个企业欲进入他国市场，必然面临着一系列的不确定性和风险因素。这些风险来自信用风险、运输风险、价格风险、政治风险、汇率变动风险等。在国际医药市场营销中，违约现象屡见不鲜，进口商常以种种理由拒绝收货，造成的损失极难追究。

5. 营销策略的多样性　国际医药市场瞬息万变，不确定因素很多，国际营销人员可能无法确切地把握国外市场的情况，要想开展有效的营销活动，就必须要求管理者具备应变能力，注重国际市场营销战略、策略、方法与技能的学习、研究和灵活运用。只有多样化的营销策略，才能应对国际市场竞争带来的各种风险。

（二）国际医药市场营销与国内市场营销的联系

绝大部分医药企业的国际市场营销都是在国内市场营销的基础上发展起来的，是国内市场营

销活动在外国市场的拓展与延伸。从本质上来说，二者并无根本的区别，市场营销的基本原理和方法对二者也同样适用，这就是二者的联系。

具体而言，国际市场营销和国内市场营销都以消费者需求为中心；以商品或服务交换为核心；以营销环境分析为基础；以一般营销活动为过程；以满足需求获取经济利润为目的。二者都属于社会管理过程，都要进行环境分析、市场调研、分析消费者行为和选择目标市场等，都要做出营销决策，完成商品和劳务的交换，实现商品从生产者到消费者的转移。

（三）国际医药市场营销与国内市场营销的区别

医药市场作为一个特殊的市场，有着自己的规律和模式，但国际市场营销和国内市场营销毕竟处于两个不同的营销地域，前者与后者相比，有跨国界、多国性的特点，市场营销环境、营销组合更加复杂，市场竞争更加激烈，营销手段更多，营销活动更加困难，面临的风险也更大。

国际市场营销与国内市场营销最主要的区别在于市场营销环境和渠道。国际市场营销环境，如政治法律环境、人口经济环境和社会文化环境都要比国内环境复杂得多，因为它既涉及东道国的国内环境，又涉及本国的内部环境，还涉及本国与东道国之间的关系，如政治法律环境不同表现在本国的出口体制、海关政策、相关贸易法规，以及本国政府对出口企业的政策规定等，是国际市场营销路上的重重障碍；人口经济环境不同表现在国民收入水平、经济发展水平、经济基础结构、经济体制与制度等，给国际市场营销带来需求量上的直接影响；社会文化环境不同表现在教育水平、语言障碍、文化差异、风俗习惯、宗教信仰、价值观念等，给国际医药营销带来市场调查不易、了解竞争对手困难、交易接洽不便、与东道国之间沟通障碍等诸多困难。国际市场营销渠道也比国内市场营销渠道要复杂得多，国际市场营销中常常采用的营销渠道有合资经营、许可证贸易、补偿贸易、代理商等，而这些渠道鲜有被国内市场营销所采用的。

国际市场营销与国内市场营销的区别见表 12-1。

表 12-1　国际市场营销与国内市场营销的区别

比较内容	国内营销	国际营销
市场范围	本国	本国，他国
营销环境	本国	本国，他国，国际
营销渠道	商业经销渠道	商业渠道/他国市场进入渠道
目标市场选择	经济因素	经济、政治、文化等
产品	国内市场生命周期	国内/国际市场生命周期
价格	供求因素	供求因素，汇率因素
促销重点	广告/人员推销/营业推广	展览，公共关系
管理	一国范围内的计划、控制	多国甚至全球范围内的营销管理
经验	纵向比较，历史经验	横向比较，比较营销

四、国际医药市场营销决策过程

如前所述，医药市场是一个特殊的市场，国际市场营销更是环境与关系错综复杂，这就要求我们的医药企业必须依据一定的程序从事国际市场营销活动。

首先，必须对企业进行定位，分析国际市场营销环境，把握环境中那些不可控制的影响因素，研究进入国际市场可能会遇到的机会和威胁，做出是否实行国际化战略的决策。

其次，企业要考虑自身的经营能力和开拓市场的能力；是否具备生产满足目标市场需求产品的条件或优势；拥有的资源、技术、管理模式等能否保证企业成功开拓和占领目标市场，选择合适的目标市场国及目标消费群体，并确定合适的进入方式。

最后，企业从满足国际市场的需求出发，对产品、价格、分销和促销等可控因素进行分析，判断其是否适用于国际营销，适用的部分继续应用与发展，不适用的部分则调整后再加以应用，制定合理的营销组合策略，开展适当的组织机构重建，以实现企业盈利的目的。

具体来说，国际医药市场营销一般会经历如下五个决策过程，见图 12-4。

图 12-4 国际医药市场营销的一般决策过程

第二节 国际医药市场的选择与进入方式

一、国际医药市场的选择

（一）国际医药市场细分

1. 国际市场细分的内涵 市场细分是美国市场营销学家温德尔·斯密（Wendell R. Smith）于 1956 年提出的一个概念，既是市场营销学中的一个重要的原则，又是一项非常有价值的技术。其中，消费者需求的异质性是企业进行市场细分的内在依据。

国际市场细分是市场细分概念在国际市场营销中的应用。所谓国际医药市场细分是指通过调研，医药企业根据消费者的特性，消费者对医药产品的需求、购买行为、习惯等的差异性，按照一定的细分标准，把一个医药产品的整个国际市场划分为若干个具有共同特征的子市场，并用自己的医药产品服务于这些子市场的过程。

2. 国际市场细分的标准 世界上共有 200 多个国家和地区，每一个国家和地区之间都存在差异，这就要按一定的方法确定出目标市场。常用的国际消费品市场细分标准如下。

（1）地理标准：即按照消费者所处的地理位置、自然环境、城市规模等来细分市场。例如，根据国家或地区将国际市场分为北美市场、南美市场、西欧市场、东欧市场、亚洲市场、大洋洲市场、中东市场和非洲市场等。

（2）经济标准：即按照经济发展阶段、发达程度、国民收入等因素来细分市场。例如，按照各国人均收入差异，划分为高收入国家市场（＞12 000 美元）、高中等收入国家市场（2000～12 000 美元）、低中等收入国家市场（400～2000 美元）和低收入国家市场（＜400 美元）。

（3）人口标准：即按人口统计变量，如年龄、性别、种族、国籍、收入、职业、教育程度、人口规模和宗教信仰等为基础细分市场。例如，医药产品按年龄结构可以分为婴儿药、儿童药、青年药、中年药和老年药等；按照女性生理期不同，分为月经期用药、妊娠期用药、哺乳期用药和更年期用药等。

（4）心理标准：即根据消费者所处的社会阶层、生活方式、价值观念、个性特点等心理因素细分市场。例如，按照生活方式分为朴素型、追求时尚型和大众型；按照价值观念可分为求实型、求廉型、求美型、求新型、求异型和求品牌型；按照性格不同，消费群体分为被动型、冲动型、进攻型、交际型、保守型和开放型等。

（5）行为标准：即根据消费者的购买习惯、了解程度、品牌忠诚度、使用情况及反应等将他们划分成不同的群体。例如，按照药品购买习惯细分标准可以是购买时间、药店购买、医院购买、一次性购买量等。很多人认为，行为因素能更直接地反映出消费者的需求差异，因而成为市场细分的最佳起点。

3. 国际市场细分的作用　对国际市场进行细分，有利于巩固企业现有的市场阵地；有利于企业发现和选择新的目标市场；有利于集中企业现有资源，获取竞争优势；有利于产品的适销对路；有利于把握市场信息，制定适当的营销策略；有利于及时调整国际营销战略，提高经济效益。

中国医药企业普遍存在产品科技含量不高、产品结构老化，且缺乏自己特色，著名的药品品牌多数为境外品牌。在医药产品数量众多、基本药物严重过剩、产大于销、供过于求的情况下，国内营销手段单一，致使市场份额下降，最终威胁企业生存。随着经济全球化的发展，许多医药企业开始把目光投向国际市场，这就要求对国际医药市场进行深入研究和细分。因而，医药企业应树立国际市场营销观念，运用国际市场细分标准与原则，针对消费者的异质需求，开发新品种、新剂型，更好地拓展医药市场，在产品概念、功能、剂型、包装等方面实现差异化营销，从而达到细分的目的，实现较好的利润回报，真正满足消费者的需求。

（二）国际医药市场选择的影响因素

1. 医药市场规模　医药企业在选择国际市场时，必须考虑子市场是否对企业具有吸引力，包括它的规模、成长性、赢利率、规模经济及低风险等。某个国家的某个子市场可能太小，而如果几个国家之内存在同样的子市场，那么这个子市场就要大得多，总之，只要目标市场现有的规模已大到足够给企业提供获利的机会，企业往往就会义不容辞地选择该市场。

例如，中国不少医药企业选择了东南亚市场。东南亚国家华人较多，中成药得到广泛应用。新加坡每年从中国进口中药材约 2 万吨，马来西亚每年进口中药材约 0.8 万吨，泰国每年约需 5000 万美元的中药材，因此该市场规模大且相对容易进入。

2. 医药市场潜力　如果目标国的市场规模还不够大或是不太容易获利，那么它是否具有很高的市场发展潜力就成为医药企业要考虑的问题。医药市场潜力对一个医药公司的长期战略方面是极具吸引力的。

例如，欧洲市场的医药市场潜力正日益被挖掘着。一直以来，欧洲国家对中药进口的要求较严，使得中药进入欧洲市场难度较大，不少医药企业望而却步。随着对中药认识的转变，近年来西欧各国进口中药的数量开始日渐增多，德国、法国、英国、意大利、西班牙、比利时、荷兰七国是进口中药较多的国家。

3. 医药贸易费用　医药贸易出口费用的高低也会影响医药企业对目标市场的选择。医药贸易费用包括将产品从本国运送至国际市场的运输费、保险费、延期付款的风险、新的投资追加和其他开支等。在不同国家开展营销活动时，所需费用是不同的，这就要求企业具备相应的财力资源。

例如，美国作为一个发达国家，中药进入该市场的难度非常大，所用资金多且风险大。医药企业必须先以保健食品、非处方药的方式进入美国市场，获得稳定的市场份额后，再向该国申请通过 FDA 认证，直至成功注册才能逐步占领市场。

4. 市场竞争优势　选择细分市场时，要考虑该市场中产品的竞争激烈程度，以及本企业生产的产品进入该市场与其他产品竞争所具有的优势。医药企业若没有足够的产品优势，就尽量回避进入存在激烈竞争的市场。

例如，日本和韩国受中国中医文化的影响，形成今天的汉医学和汉方药。日本充分利用中国丰富的中药材资源加工生产中药，韩国除高丽参外，其他中药材也主要从中国进口。所以中国的药材进入日本和韩国的难度较小，且具备市场竞争优势。

5. 市场风险程度　国际营销中的市场风险主要表现为产品的国际市场价格变动、供需变动及汇率变动等造成企业潜在损失的可能性。国际市场变幻莫测，医药企业对目标市场国潜在风险及风险程度的准确把握，可以帮助其决定是否进入该细分市场，也有利于更好地规避风险，减少损失的发生。一般来说，企业不会对政治风险较大的国家或地区投入更多的经营资源。

二、国际医药市场的进入方式

（一）出口进入方式

1. 直接出口 直接出口（direct export）是指医药企业不通过国内中间商或机构（如专业外贸公司），直接将医药产品销往国外出售给客户，也就是说，该企业独立完成了所有的出口任务。这种直接出口的方式是国际市场营销最通常的市场进入方式，其好处在于使企业摆脱了中间商的限制，拥有外贸出口的控制权，使得收益与经营直接挂钩；可较快获得市场反馈的信息，并据之制定更加切实可行的营销策略；也有助于积累跨国营销经验，不断提高业务水平和国际声誉，利于开拓国际市场。一般有以下五种做法。

（1）设立企业驻外办事处：办事处负责寻找国外的代理商和经销商，通过他们进一步了解和把握该国家或该地区的医药市场潜力，可以更直接地接触市场；从事生产、销售、服务等环节，集中力量攻占市场，有效避免代理商和经销商的三心二意。

（2）建立国外销售子公司：国外销售子公司的职能与驻外办事处相似，不同的是，作为一个独立的当地公司，子公司在法律、赋税和财务上都具有独立性。医药企业建立国外销售子公司，意味着医药企业已更深入地介入了国际市场营销活动。

（3）设立国内出口经营部：有出口权的医药企业直接与外商签订产品销售合同，企业按规定负责生产，出口经营部负责实际的对外出口和销售工作。该部门通常由一名出口销售经理和几名职员组成，可能成为独立的出口部门，也可能成为企业的一个销售子公司。最终还是由企业承担出口的全部风险。

（4）直接出售给最终用户：这种做法一般适用于大型医疗器械或医药产品专有技术的出口。其优点是可以减少中间商的费用，控制出口渠道，利用企业及时掌握市场信息以便改进产品，但往往需要优秀的外贸销售人才，也需要时间建立销售网，需要经费投入产品研发、建设与维持等。

（5）参与国际招投标活动：有出口权的医药企业可以参与国外某些医药工程项目的招标，中标后按照合同生产销往国外的产品；也可以参与海外国家、地区或部门间的订货竞争，以获取更多的订单，按订单生产销往国外的产品。

2. 间接出口 间接出口（indirect exports）是指将医药产品卖给国内出口商或委托出口代理商代理出口，医药企业不直接介入国际医药市场。产品以间接出口的方式，进入国际市场较快；企业不必增设专门的外销机构和人员，节省直接渠道费用；可减少所需承担的风险，减轻资金运转的负担。一般有如下三种做法。

（1）转卖产品所有权：医药生产企业把医药产品出售给国内的专业外贸公司，后者在获得产品的所有权之后再将产品销往国际市场。专业外贸公司是中国出口的主力军，往往既要扮演出口商的角色，又要扮演出口代理商的角色，需要承担出口的各种风险。

（2）委托代理出口：医药生产企业不转移医药产品的所有权，而只是委托一些外贸公司代理出口其产品。这些公司专门为生产企业从事出口贸易工作，拥有丰富的海外营销人才和销售渠道，但是通常市场地域局限且规模较小，只能代理个别几种产品，很少能包办生产企业在全球市场的出口业务。

（3）合作出口：医药生产企业委托本国其他医药企业在国外的销售机构代销自己的产品，各负其责，优势互补，合作开拓国际市场。这种出口方式又叫“搭便车”出口，指的是一个医药企业依靠另一个医药企业已经建立的国外渠道和经营能力出口所生产的药品。

3. 国外生产　医药生产企业在国外投资建厂，拥有自己的生产设备，在当地直接从事生产，就地销售或在周边国家销售，是“无国境战略”的一种表现。这种方式是医药生产企业进入国际医药市场迈出的最大一步，一般适用于市场潜力大、资源优势大、具有充分国际分销经验的企业。其优点在于可以绕开贸易壁垒，且得到东道国政府的支持；避开关税，节省运输费用；能提供生产、销售和服务等一条龙服务，有利于提高顾客忠诚度和国际市场竞争力等。但是国外生产需要企业投入更多的资源和资金，所面临的风险不可预见。

一般来说，直接出口与间接出口是中国医药企业尽快打入国际市场的最佳途径，从长远发展来看，间接出口会使生产企业不能及时了解市场变化，以致不能及时调整营销策略，因此，企业的间接出口应该逐渐向直接出口过渡。

（二）合同进入方式

1. 许可经营　许可经营（licensing）是指国内医药企业与国外医药市场的某法人单位签订许可协议合同，允许该法人单位在合同期限内使用企业的专利、商标、商品名称等，并在其所在国家生产、销售本企业的某种产品，同时获取许可报酬和利润提成。实际上，许可经营是通过授予代理权进行国际市场营销的一种方式，其授予人是国内企业，又叫许可方，而外国企业就是受证人，即被许可方。

许可经营的最大优点是可以避开进出口国限制，避开和降低国际营销风险，也能节省运输费用，利于特殊医疗技术的转让，给小型医药企业进入国际市场带来机会。但缺点也较为明显，那就是许可方有可能在国际市场给自己培养了竞争对手，收益不如直接投资，且药品质量难以保证。

知识链接 12-1　许可经营的类型

许可经营主要有以下五种类型。

1. 独占许可　就是许可方只允许受许可方在合同有效期限内，在规定的地区里，对许可的专利、技术和商标等享有独占的使用权，其他人包括许可方本人均不得使用该专利、技术或商标。

2. 交叉许可　就是交易各方以各自拥有的专利、专有医药技术的使用权相互许可使用，进行互惠的交换。在合同期限和地域内，合同双方对对方的许可权利享有使用权、产品生产和销售权。各方的许可权利可以是独立的，也可以是非独立的。双方权利对等，一般不需支付使用费。

3. 普通许可　就是许可方可以在合同有效期内，在规定的地区享有使用该医药技术制造和销售产品的权利。它是运用最广泛的一种行政许可，适用于直接关系国家安全、经济安全、公共利益、人身健康、生命财产安全的事项。

4. 排他许可　就是在一定地域内，被许可方在合同有效期间对被许可使用的新医药技术制造和销售产品的权利享有排他的使用权，许可方不得把该权利再许可第三方使用，但许可方自己有权在该地域内使用该权利。

5. 区分许可　就是受许可方有权在规定的地区和期限内，将其所获得医药技术合作权转售给第三方。

2. 特许经营　特许经营（franchise）是指国内医药企业将本企业拥有的商标、商号、产权及整个经营体系等，以特许经营合同的形式给国外市场上独立的医药公司或个人使用，被特许方必须按照合同制定的政策和规定的方法，在特许方统一的业务模式下从事经营活动，并向特许方支付初始费用或销售提成。

特许经营是连锁经营中的一种重要形式，通常只有拥有著名商标、商号的医药企业才能使用，该方式可以最大限度地扩大特许方商标或商号的影响力；可以激励被特许方的积极性，将原来的竞争关系转化为利益共享的合作伙伴关系；所需资本投入较少，政治风险相对也较小，国际市场拓展速度较快。但是收益同样不及直接投资所得，对被特许方经营的控制权也不如直接投资来得强而有力，另外，并不是所有国家的政策法律都支持和鼓励采用特许经营方式。

一般来说，许可经营是医药生产企业追求的进入国际市场的战略，特许经营则主要是医药销售企业追求的进入国际市场的战略。两者在优势上类似，特许方不必承担产品研发的成本和进入国际市场的风险，但合同规定常使特许方与被特许方产生争议。同时，特许方还要加强质量监控。

（三）投资进入方式

1. 独资经营 独资经营是医药企业到国外独自投资新建或兼并拥有一个自主经营、自担风险、自负盈亏的企业的投资方式。近几年，这种投资方式在中国发展很快，已成为最多的项目形式，也是中国医药企业在国外生产经营的最高形式。

创建和并购是国外独资经营的两个主要形式。医药企业在国外投资建立一个新的企业，即为创建。医药企业购买国外现有企业而在国外建立自己的国际独资企业，则为并购，包含兼并和收购两层含义、两种方式。20 世纪 80 年代以来，并购取代了创建成为跨国公司对外直接投资的主要形式，而今更被越来越多的跨国公司所使用。

独资经营的优点是：可以保证国内医药企业具有绝对的控制权和决策权；可以确保企业整体战略目标的实施；可以避免合资企业中诸如双方市场目标、经营理念、管理方法等方面的不协调；可以避免塑造未来市场竞争对手的不利因素。不过，该方式易受东道国政治、经济、文化等因素带来的不可预见的风险；投资额高且周期长，成本效益差且即期利润少；灵活性最差，可能受到当地医药企业的排挤。

2. 合资经营 国际合资经营企业是国际直接投资中常见的一种方式，是指国内医药企业与国外医药企业联合投资，共同管理、共同经营、共享股权、共担风险、共负盈亏。这种联合投资的方式，关键在于按照投资比例共同分取利润和股权。

医药合资经营形式主要有三种：一是合作生产医药原材料或产品；二是合作进行医药产品的研发；三是营销性合资。合资经营对双方企业来说，都是求大同、存小异、优势互补、优化组合的过程。

与许可经营等介入国际市场程度低的方式相比，国际合资经营企业的潜在利润会更高，对东道国市场信息的获取更及时，也能积累更多的国际营销经验。不足之处则主要表现在双方因理念、目标、决策和管理方法等的不同，而在共同经营过程中极易产生摩擦，长短利益也难于统一。

（四）以医带药进入方式

该进入方式是中国目前中医药产品进入国际市场的特殊方式，更是中医药产业国际化的一种有效模式。以医带药，即通过树立中医的权威地位，带动中药实现产业化；通过中医服务国际化，带动中药实现国际化。中医药是中华民族的宝贵财富，有其独特的理论体系，是中国最具知识产权并具有一定竞争力的产业。中医讲究辨证论治，只有通过训练有素的中医医生的运用，中药方能显示其功效。所以，医药企业要想让中药进入国际市场，就必须中医、中药相结合，扩大中医药在国际市场上的影响，提高国际社会对中医药的认知程度，最终推动中药产品实现国际营销。

案例 12-3 以医带药 推动中医药走向世界

据统计，截至 2009 年，澳大利亚共有中医及针灸诊所大约 5000 家，从业的中医师、中医针灸师、中医药剂师超过 4500 人；全澳大利亚中医及针灸诊所每年服务大约 280 万人次，80% 的病人以英语为母语，全行业营业额达到上亿澳元。

近年来，随着澳大利亚中医药产业的蓬勃发展，越来越多的澳大利亚人开始看中医、吃中药，并逐渐认可中医药的疗效。数年前，澳大利亚皇家墨尔本理工大学曾在全国进行过一项问卷调查，结果显示，17.9%的澳大利亚人接受过中医治疗。而正是由于民众对中医疗效的认可，以及行业的不断发展壮大，澳大利亚的一些州才开始着手对中医药进行立法管理。截至今天，澳大利亚中医立法从一项地方法规演变为国家立法。

问题：

1. 谈谈你对以医带药的理解？
2. 澳大利亚中医立法从一项地方法规演变为国家立法，说明了什么？
3. 请查找更多“以医带药 推动中医药走向世界”的相关案例。

（五）加工进入方式

加工进入方式是指国内医药企业利用目标市场国的原材料，在目标市场国进行生产加工，然后重新进入国外市场的一种方式。这种方式可以充分利用国内企业的优势，如技术、工艺、品牌和营销策略等；产品由国内企业负责生产加工，说明市场控制权仍掌握在国内企业手中；产品在东道国制造，有利于带动当地就业和经济，搞好和东道国的公共关系。不过，加工产品的质量难以控制；营销利润也要与东道国制造商分享；假如制造合同到期，那么东道国制造企业就有可能成为国内企业在国际市场上的竞争者。

第三节　国际医药市场营销策略

一、国际医药市场产品策略

企业生存的立足点在于生产适应市场的产品。只有生产适应国际市场的医药产品，医药企业才能在国际市场中留有一席之地，才能从产品的销售中获得经济效益。要生产适应市场的产品，首先需要制定国际市场产品策略。下面介绍三种产品策略。

（一）产品直接延伸策略

产品直接延伸策略是指企业借助已有的在国内市场上销售的医药产品，对产品不做任何改变，并采用相同的促销方式直接将其推入国际市场。这是一种最为经济、方便、易行的方式，它将产品的市场经营成本和生产成本保持在最低水平。

除了适用于与本地市场相似度较高的目标市场，该策略还适用于有着特殊原材料、生产条件或技术，并在国际市场上通用的产品，如中国的部分中药产品等就可以直接采取延伸的策略。该策略的优点在于可以获取规模效益，并同时壮大企业声势，形成巨大的宣传综合效应。但是该策略对国际市场的适应性低，无法满足目标市场国的差异化需求。

（二）产品改良策略

与产品直接延伸策略不同，产品改良策略侧重于结合目标市场复杂多变的环境，为达到预期目标，对国内销售的产品进行适当改良，即保留其适应国际市场的部分，改良其不适应部分，以满足国际市场需求。

产品的改良内容取决于多种影响因素，常见的因素有：技术水平差异、外国政府的药品管制、政府政策差异、文化水平和素质差异、收入程度差异及气候等地理差异等。不同的影响因素致使产品的改良内容不同。

通过改良，可以增强产品对国际市场的适应性，有利于扩大销售，增加企业收益。但相比于产品直接延伸策略，产品改良策略提高了产品成本。

（三）产品创新策略

产品创新策略是指医药企业针对目标市场的需求进行新产品的研究和开发，并配以专门的广告进行宣传。由于科技的发展，市场上药物的生命周期越来越短。只有不断开发新的医药产品，企业才能在国际市场上占据主动地位。创新策略主要适用的情况为以下几种：现有医药产品的改进已无法满足目标市场的需求；目标市场发展前景好，有独特的需求；医药企业规模大，有能力开发新产品。

企业获得新产品的途径主要有三种：兼并其他医药企业或购买专利及生产许可；企业通过自身实验室研究开发新产品；将开发工作委托给外部研究机构。产品创新策略的优点在于开发的新产品对国际市场的适应性强，能够大大提高对消费者的吸引力，降低销售风险。缺点是研制开发的困难多、投入大、费用高。

二、国际医药市场价格策略

产品价格是市场营销组合的重要因素，价格的高低决定企业的资金收益，同时影响产品的竞争力。只有合理定价才能保障产品的销售额度，实现预定的目标。由于运费、关税、汇率等因素，国际市场相较于国内市场更为复杂，在定价方面需更加全面考虑以制订出合理的价格方案。

（一）国际市场产品定价的影响因素

1. 成本因素 企业的生产目的是追求自身利益最大化，成本的高低会影响利益的大小，成本核算是影响定价的主要因素。目标市场所处的地域不同导致其产品的成本组成也不同。除了生产成本外，还需要考虑以下几个成本因素对定价的影响。

（1）关税：关税（tariff，customs duty）是指进出口产品在经过一国关境时，由海关向进出口商所征收的税收。它具有强制性、无偿性、预定性等特点。其作用一方面在于提高进口商品的价格，降低其市场竞争力，减少进口产品对本国产品的影响；另一方面可增加政府的财政收入。不同产品的关税率不同。企业在制定进入目标市场的医药产品的价格时不可忽视关税。

（2）中间商与运输成本：中间商是指将购入的产品进行再销售或租赁以获取利润的厂商，主要包括批发商、零售商和代理商等。如今是全球经济时代，商品由生产厂家直接销售给消费者会使工作复杂化，增加企业工作量。通过中间商，可以简化部分工作。但中间商的介入会加长医药产品的销售渠道，增加其运营成本。另外，由于各个国家的目标市场结构存在着较大差异，中间商负担的储运、促销等营销职能的成本并不相同。定价时需要根据目标市场环境来准确定价。除了中间商的成本外，出口产品的价格还包括运输费用，它是构成出口价格的重要因素。

（3）风险成本：在国际市场，风险成本主要包括融资、通货膨胀及汇率风险。由于货款收付等手续所需时间较长，融资、通货膨胀及汇率波动等方面的风险增加。风险成本对企业的经营和定价有很大影响。这些因素在国际营销定价中均应予以考虑。

2. 国内外法规 影响国际市场营销活动最直接的因素是目标市场国制定的有关国外企业在该国活动的法律规范，其涉及范围广泛，主要包括产品开发、商标运用、定价、促销等所有商业活动，如买卖法、合同法、商标法、单行法规等。各国国情不同，同一法律的具体内容也不同。

3. 国际市场供求和竞争 完整的市场机制一般包括市场供求、市场竞争和市场价格三种因素。产品的成本费用决定产品的最低价格，而最高价格则取决于产品的市场需求状况：不同的目标市场，消费者的消费偏好不同。消费某一产品的消费者数量和购买力对产品的最终价格有很大影响。在最低与最高价格之间，则由市场的竞争状况决定企业对产品的定价。与国内市场不同，医药企业在不同的国外市场面对着不同的竞争形势和竞争对手，竞争者的定价策略也千差万别。因此，企业需针对不同的竞争状况制定相应的价格策略。

（二）国际市场产品定价策略

1. 统一定价策略　该策略是指医药企业的同一产品在国际市场上采用同一价格。同一价格是指母公司与各国子公司的同一产品出厂价折合为同等金额的母国货币或同等金额的可兑换货币。该策略适用于拥有垄断或差异化寡头垄断优势的公司或处于导入阶段的产品。它的优势在于简单易行，有利于企业的价格管理并建立全球统一的产品形象。但在国际市场，该策略也有明显的劣势：不同的目标市场对产品的成本影响不同，产品成本有所差异。另外，不同国家的市场供求状况、竞争程度都有所不同。统一的价格既可能使企业因制定过低的价格而损害其收益，也可能因价格过高而失去产品的竞争力。

2. 多元化定价策略　与统一定价策略不同，多元化定价策略是指医药企业在不同市场中对同一产品采取不同价格。采用这一策略时，企业不干预子公司的产品定价，由其自身根据目标市场情况而定价。该策略充分考虑了各国目标市场的具体情况，满足市场的实际需求。

3. 控制定价策略　该策略是指国际医药企业对同一产品采取适当控制价格的策略。它结合了前两种策略的优点，通过控制内部价格竞争，根据市场状况适当控制子公司对产品的定价。

4. 转移价格策略　该策略是指跨国医药企业在母子公司之间、各子公司间相互交易商品与劳务时确定某种内部交易价格，以实现全球战略目标和利益最大化。最大特点是随意性和机密性：在某种程度上，不受市场供求规律、价值规律的影响，由跨国医药公司决策者秘密制定。

三、国际医药市场渠道策略

国际分销渠道（international distribution channels）是指医药产品从生产企业向国外消费者或用户转移所经过的通道。分销过程包括产品的运输、配送、所有权的转移及制造商、中间商和顾客之间的买卖洽谈。其中中间商包括国内中间商和国际中间商。国内中间商按照是否拥有出口商品的所有权划分为出口商及出口代理商。国际中间商则分为进口经销商和进口代理商。

国际分销过程有三个环节：①本国国内分销渠道；②由本国进入进口国的分销渠道；③进口国的分销渠道。

选择国际医药市场分销渠道的影响因素有六种，一般称为“6C”：成本（cost）包括开发渠道的投资成本和维持渠道的维持成本；资金（capital）指的是如果医药企业需建立自己的国际市场销售渠道，就需要投入大量资金；控制（control）是指企业对营销渠道的控制力；覆盖（coverage）即渠道的市场覆盖面，是指医药企业通过一定的分销渠道所能达到或影响的市场，市场覆盖面并非越广越好，重点在于其是否合理、有效，能否带来较好的经济效益；特征（character）指的是企业所生产的医药产品的特征，如果医药企业的规模足够大，可针对不同特征的产品采取不同类型的分销渠道；连续性（continuity）是指分销渠道的连续性，企业在销售某一产品的过程中选择中间商后，不应轻易更换中间商，且要在中间商中树立信誉，减少中间商的流失。

在设定国际营销渠道的战略时，应结合上述六个因素，建立一个适当的分销系统。由于医药产品的销售渠道较为特殊，处方药占市场份额较大，医药产品应针对不同的销售渠道，有针对性地拓展其分销渠道。不同公司的渠道策略的侧重点不同。这一点可借鉴外资企业进入中国市场的经验。例如，强生公司侧重于向专业医院介绍新产品及进行无偿培训，并将一些日用药品售往医药零售店，直接向消费者介绍产品。上海施贵宝则将主要对象定为医院医生。而邦迪公司则主攻医药批发二级站，从而向三级站、医院、药店渗透。

四、国际医药市场促销策略

医药促销是指医药企业以多种多样的方式，向消费者或用户传播医药产品所提供的服务或医药企业信息，树立形象，赢得好感，以影响和促进人们的购买行为和消费方式的活动。其实质是企业与客户之间的信息沟通过程。在国际市场中由于市场环境复杂，如何选择合适的促销方式十分重要。与国内市场促销方式相似，国际市场促销方式主要包括广告、人员推销、营业推广、公共关系。制定促销组合时应考虑产品性质、促销的基本策略、产品生命周期、沟通任务等因素。

（一）广告策略

广告（advertisement）是指任何在传播媒体上登出的、付费的、对企业及其产品的宣传，是一种非人员的促销活动。构成广告的要素有广告主、媒体、信息、费用等。国际广告是为了配合国际市场营销活动，在东道国或地区所做的企业及产品的广告。医药产品进入国际市场初期，广告通常是促销的先导，可以帮助产品实现预期定位，有助于树立国际营销企业的形象。国际广告促销通常要注意以下问题：广告限制因素、广告标准化及差异化、广告管理。

按照广告主题，广告策略可以分为标准化策略和差异化策略。标准化策略是指医药企业在不同国家的目标市场上采用主题相同的广告宣传。国际标准化广告的形式有移植式和创意式。移植式是指广告取自母公司已经使用过的广告，只是将广告词翻成当地语言，有的甚至采取原版语言。创意式是指模仿母公司或子公司已经使用过的广告创意，并根据此创意在当地重新制作广告。标准化广告策略一方面可以降低企业广告促销活动的成本，充分发挥企业人力、物力、财力的整体效益；另一方面易与企业营销总目标保持一致并以统一的整体形象传给目标市场国。但是该策略没有考虑各国目标市场的特殊性，针对性差。

差异化策略也称为地域化策略，是指企业针对各国的特性，向其传送不同的广告主题和广告信息。该策略针对性较强，能适应不同文化背景的消费者市场需求，有利于克服当地市场的进入障碍。但是该策略成本较高且较难控制各国市场的广告宣传。

企业选择何种广告策略取决于各国市场的同质性或异质性、各国政府的限制和社会文化差异大小及产品或服务的特性等因素。在国际市场营销中，不应采取绝对的标准化广告策略或绝对的差异化广告策略，应综合分析各种国际营销环境，将两种策略有机结合。

（二）人员推销策略

国际市场人员推销是指医药企业派出营销代表直接与国际市场顾客（包括中间商、现实或潜在顾客）介绍、宣传、推销产品，通过双向的信息沟通和交流，促进商品和服务的销售，并且通过信息的反馈来发现和满足顾客需求的促销方式。该策略有以下几个特点：①和顾客进行面对面、双向式的沟通；②根据对方的具体情况介绍产品性能、使用方法及现场解答顾客的质询；③促进与顾客的情感交流，培养买卖双方良好关系。因此，推销人员的主要任务是：①必须具备开拓能力，发现市场机会，发掘市场潜在需求，培养国际市场新客户；②善于接近顾客，推荐商品；③搞好销售服务；④传递产品信息，树立形象；⑤进行市场研究。

国际市场人员推销策略成功的关键在于有一支优秀的推销人员队伍。形成优秀队伍的过程主要包括招聘、培训、激励、评估各环节。

1. 招聘策略 国际市场推销人员的招聘有多种渠道。人才招募主要有以下两种来源：一是当地人。选择那些对本国的风俗习惯、消费行为和医药市场等有所了解并有着丰富的医药知识和销售经验的人才。由于当地人才往往与当地政府及工商界人士或与消费者、潜在客户有着各种各样的联系。因此，通过招聘当地人，可以利用他们的社会关系资源，减弱医药企业的外来形象。但是，在海外市场招聘当地推销员会受到当地市场人才结构和推销人员社会地位的限制。二是外派人员。企业从国内选派有外语基础并愿意去国外生活和工作的人才出国担任推销工作。这些人才易与母公司沟通，忠诚度较高，但是会加强公司在目标市场国的外来形象。

2. 培训策略　培训推销人员是提高其素质和能力的重要途径。跨国公司的推销人员培训多数是安排在目标市场所在国，培训内容主要包括企业情况、推销的产品知识、市场知识和推销技巧等方面。由于推销人才来源不同，培训的侧重点也应不同。若是当地人，则重点应是企业概况、医药产品知识和推销技巧。若是外派人员，培训重点应是目标市场的营销环境、当地商业习惯和当地文化等。培训的地点、时间和方式可根据具体情况而定。

3. 激励策略　对海外推销人员的激励，通常分为物质奖励与精神鼓励两方面。物质奖励通常指薪金、佣金或者奖金等直接报酬形式，精神鼓励有进修培训、晋级提升或特权授予等方式。企业对推销人员的激励，应根据雇员的需求和个性综合运用物质奖励和精神鼓励等手段，调动其积极性以提高推销业绩。

4. 评估策略　对海外推销人员激励的基础是对其推销成绩的考核与评估。通过对海外推销人员的考核与评估，一方面可以发现推销效果不佳的市场与人员，分析原因加以改进；另一方面可以表彰工作表现好的人才。考核评估时应结合目标市场的特点及文化因素的影响。考核指标分为两个方面：一是直接的推销效果，如所推销的产品数量与价值、推销的成本费用等；另一种是间接的推销效果，如访问的顾客人数与频率、产品与企业知名度的增加程度、顾客服务与市场调研任务的完成情况等。

（三）营业推广策略

营业推广策略是指医药企业在国际目标市场上，为刺激需求、扩大销售而采取的能迅速产生激励作用的促销措施。营业推广的目的是诱发消费者尝试一种新产品或品牌或刺激现有产品销量增加、库存减少。推广种类有两种：直接对消费者；直接对进出口商和国外中间商。当地政府的限制、经销商的合作态度、市场的竞争程度等都会影响国际市场营业推广。医药营业推广具有以下几个显著特点：①针对性强、销售效果明显；②大多数医药营业推广方式是无规则和非经常性的，只是作为其他促销策略的补充性措施；③推广的效果往往是短期的。

（四）公共关系策略

公共关系作为促销组合因素之一，在刺激目标顾客对医药产品的需求、增加销售额、改善形象、提高知名度等方面起着重要作用。它是一种隐性的促销方式，是以长期目标为主的间接性促销手段。

对于医药企业而言，塑造良好的形象是公共关系意识的核心，同时也是企业能够长远发展的根本保证。由于医药产品的好坏关系到消费人群的健康与生命安全。因此，相对于其他行业而言，人们对医药企业的形象与名声往往更为关注。

医药企业可以通过与政府保持良好关系、合理利用当地媒体、参与和赞助当地的社会活动、编写书面和音像宣传材料等方式开展公共关系。通过公共关系策略，医药企业可以树立企业形象、开拓医药产品销路、创造良好的营销环境。

案例 12-4　公益营销：无形资产、有形回报

2002 年至今，A 公司向中国南北极科学考察先后提供安利清洁用品、纽崔莱营养保健品和资金赞助。2003 年下半年起，A 公司每年投入 300 多万元，将华东区已赞助两年的“复旦大学西部支教活动”，扩充为全国“名校支教”项目。2004 年以此为基础，A 公司在全国发起“登峰造极促环保，清扫地球第三极——珠穆朗玛峰”活动。短短三年实现的跨越地球“三极”公益项目，促进了公司“环保”形象，并入选中国国际公关协会“2004 年十大公关事件”。2005 年，参与的全国著名高校扩充至 15 所，贫困地区每年有 5 万余名学生直接受益，来自香港的志愿者也奔赴了内地。当年经世界知名市场调查公司 AC 尼尔森调查，A 公司（中国）知名度和美誉度分别达到 99%和 77%，产品美誉度达 88%。

十多年来，A 公司（中国）在全国组织、参与各类公益活动多达 1811 余项，投入约 1.36 亿元人民币。“登峰造极促环保”、“名校支教”和“纽崔莱健康跑”，已成为 A 公司“环保、儿童、健康”三大公益杰出品牌。

A 公司（中国）副总裁、华东区总经理黄圣文说：“企业作为社会商业组织，在被赋予存在和经营权利的同时，理应在法定权利和义务范围内对社会负责。”

问题：

1. 案例中，A 公司主要运用了哪些市场营销策略？
2. 如何看待企业不带商业目的、却能使无形资产增值的社会责任投资？
3. 公益营销对一个企业具有什么样的意义？

复习思考题

1. 什么是国际医药市场营销？
2. 国际医药市场营销环境有哪些？
3. 请简述国际医药市场营销与国内市场营销的关系。
4. 如何细分国际医药市场？国际医药市场的进入方式有哪些？
5. 国际医药市场营销策略有哪些？

（浙江中医药大学 王 悦）

参考文献

艾·里斯，杰克·特劳特. 2010. 定位[M]. 谢伟山，苑爱冬译. 北京：机械工业出版社.

曾渝，罗兴洪. 2013. 医药企业管理学[M]. 北京：中国医药科技出版社.

陈沁，韦敏，余大敏，等. 2013. 药品零售行业现状及发展趋势[J]. 中国药事大会，(8)：24-27.

樊荣，严惠. 2014. 直销与传销辨析[J]. 新西部，(3)：55-56.

范婷婷. 2007. 国外经典药店经营模式对比[J]. 中国卫生产业，(23)：84-86.

菲利普·科特勒. 2003. 营销管理[M]. 第 11 版.梅清豪译. 上海：上海人民出版社.

菲利普·科特勒. 2009. 营销管理[M]. 第 13 版. 梅清豪译. 上海：上海人民出版社.

菲利普·科特勒，加里·阿姆斯特朗. 2007. 市场营销原理[M]. 郭国庆，钱明辉，陈栋，等译. 北京：清华大学出版社.

菲利普·科特勒，凯文·莱恩·凯特. 2012. 营销管理[M]. 第 14 版.王永贵，陈荣，何佳讯，等译. 北京：中国人民大学出版社.

菲利普·科特勒. 凯文·莱恩·凯勒. 2014. 营销管理（第 14 版·全球版）[M]. 王永贵，陈荣，何佳讯，等译. 北京：中国人民大学出版社.

冯国忠. 2006. 药品推销原理与技巧[M]. 北京：中国医药科技出版社.

冯国忠. 2007. 医药市场营销学[M]. 北京：中国医药科技出版社.

冯国忠. 2008. 医药市场营销学[M]. 第 2 版. 北京：中国医药科技出版社.

冯国忠. 2015. 医药市场营销学[M]. 第 3 版. 北京：中国医药科技出版社.

符华平，杨金凤. 2010. 医药市场营销与实务[M]. 北京：人民卫生出版社.

傅书勇. 2014. 医药营销管理[M]. 北京：清华大学出版社.

顾海. 2006. 医药市场营销学[M]. 北京：人民卫生出版社.

官翠玲. 2010. 医药市场营销学[M]. 北京：中国中医药出版社.

官翠玲，李胜. 2015. 医药市场营销学[M]. 北京：中国中医药出版社.

郭国庆. 2014. 市场营销学通论[M]. 北京：中国人民大学出版社.

侯胜田. 2009a. 医药市场营销学[M]. 北京：中国医药科技出版社.

侯胜田. 2009b. 医药营销案例[M]. 北京：中国医药科技出版社.

胡德华，夏凤，杨明，等. 2011. 市场营销原理与实务[M]. 北京：清华大学出版社.

黄聚华. 2013. 市场营销学[M]. 北京：清华大学出版社.

黄雪英，冯琪芳. 2010. 市场营销基础知识[M]. 北京：中国财政经济出版社.

杰克·特劳特，史蒂夫·里夫金. 2011. 重新定位[M]. 谢伟山，苑爱冬译. 北京：机械工业出版社.

金文辉，袁定明. 2015. 市场营销学[M]. 北京：中国中医药出版社.

孔伟成，陈水芬. 2005. 网络营销[M]. 北京：高等教育出版社.

孔祥金，李伟. 2007. 医药市场调查与预测[M]. 北京：科学出版社.

李洁明，祁新娥. 2014. 统计学原理. 第6版. [M]. 上海：复旦大学出版社.

李爽. 2015. 国际市场营销[M]. 北京：人民邮电出版社.

林华瑾. 2014. 市场营销实务[M]. 北京：中国经济出版社.

刘宝成. 2013. 国际市场营销[M]. 北京：机械工业出版社.

刘洋. 2015. 新常态下重庆零售医药市场消费者行为特征分析[J]. 江苏商论，(30)：14-15.

龙海莉. 2005. 市场细分与目标市场问题研究[D]. 西安：西北工业大学.

罗伯特・F・哈特利. 2002. 市场营销成与败[M]. 北京：中信出版社.

罗纪宁. 2003. 市场细分研究综述：回顾与展望[J].山东大学学报（哲学社会科学版），（6）：44-48.

罗臻，刘永忠. 2013. 医院市场营销学[M]. 北京：清华大学出版社.

吕冬梅. 2015. 市场营销学[M]. 上海：同济大学出版社.

马克・桑德斯. 2011. 经管研究方法[M]. 第5版. 余宇莹，张宜霞译. 大连：东北财经大学出版社.

迈克尔・波特. 2003. 竞争论[M]. 北京：中信出版社.

迈克尔・波特. 2012. 国家竞争优势（上、下）[M]. 李明轩，邱如美译. 北京：中信出版社.

迈克尔・波特. 2014. 竞争战略[M]. 北京：中信出版社.

毛丽蓉，郑胜华. 2007. 医药营销渠道模式分析与启示[J]. 商场现代化，(19)：201-202.

彭智海，汤少梁. 2004. 医药市场营销学[M]. 北京：科学出版社.

清华. 2011. 探讨市场细分与目标市场选择[M]. 现代营销（学苑版），（1）：18.

邱蕾. 2010. 中药材国际市场营销现状及对策研究[D]. 沈阳：辽宁中医药大学.

邵蓉，马勇. 2004. 对“医药代表问题”的重新认识[J]. 中国药房，15(8)：453.

沈璐，邵蓉. 2003. 药品广告面面观[J]. 中国药业，12(7)：8.

盛骤，谢千式，潘承毅. 2008. 概率论与数理统计[M]. （第4版）北京：高等教育出版社.

世纪医药网. 2014. 影响医药组织购买行为的因素分析[EB/OL]. http：//www.yy21.net/news/14172.html[2014-02-24].

搜狐健康网. 2011. 中国医药十大营销案例出炉，药企营销现新思路[EB/OL].http：//health.sohu.com/20110420/n306145003_10.shtml[2011-4-20].

孙德良，王丽. 2010. 市场定位、产品定位与品牌定位的认识误区及互动关系[J]. 赤峰学院学报（自然科学版），（7）：72-74.

汤少梁. 2007. 医药市场营销学[M]. 北京：科学出版社.

王麦成. 2012. 医药市场营销[M]. 杭州：浙江大学出版社.

王晓东. 1998. 国际市场营销[M]. 北京：中国人民大学出版社.

王晓东. 2015. 国际市场营销[M]. 第4版. 北京：中国人民大学出版社.

威廉・M. 普赖德，O. C. 费雷尔. 2011. 营销观念与战略[M]. 北京：中国人民大学出版社.

吴红雁，等. 2012. 药品市场营销[M]. 梅清豪译. 上海：复旦大学出版社.

吴健安. 2011. 市场营销学[M]. 北京：高等教育出版社.

吴进. 2012. 国内外市场细分研究综述[M]. 中国市场，（44）：9-13.

吴志利. 2014. 药品市场营销学[M]. 武汉：湖北科学技术出版社.

邢花. 2011. 药品市场营销学[M]. 上海：上海科学技术出版社.

宿凌，黄文龙. 2009. 我国网上药店发展趋势探讨[J]. 医药经济研究，8：1104-1105.

徐奕磊，马爱霞. 2012. 我国网上药店发展的特点及存在问题的原因分析[J]. 现代经济信息 6：94.

严振. 2004. 药品市场营销学[M]. 北京：化学工业出版社.

赫尔曼·西蒙. 2002. 隐形冠军：谁是全球最优秀的公司[M]. 阿丁，温新年译. 北京：新华出版社.

于洪亮. 2014. 我国药品流通环节存在的问题及对策[J]. 首都医药，(23)：50-51.

袁皓冰. 2014. 东阿阿胶的宏观环境与战略一致性分析[J]. 现代商业，18：219-220.

张志凌. 2010. 如何做好市场定位[J]. 鸡西大学学报，（6）：44-45.

赵超，杨世民. 2014. 我国网上药店现状及发展前景[J]. 中国执业药师·药事管理，10：40-45

赵月，攻克，梁旭. 2015. 我国药品物流存在问题及对策[J]. 党政干部学，(10)：64-66.

郑庆寰，等. 2011. 金融市场学[M]. 上海：华东理工大学出版社.

中国制药网. 2014. 2014 年中国十大医药商业企业排名[EB/OL]. http：//www.zyzhan.com/ news/ detail/42523.html[2014-9-25].

Robert D. Buzzell and Frederick D. Wiersema.Successful Share-Building Strategies. Harvard Business Review. January-2 1981. 59（1）135-144.

英中专业名词对照表

英文	中文
A	
A Ries	艾·莱斯
adverse drug reaction，ADR	药品不良反应
advertising appropriation budget	广告经费预算
advertising campaign	广告活动
advertising goal	广告的目标
advertising media	广告媒体
advertising message	广告信息
advertising mission	广告的目标
advertising	广告
Al Reis	艾尔·里斯
American Marketing Association，AMA	美国市场营销学会
aspiration groups	期望群体
augmented product	延伸产品层
B	
backflush costing	销售价格倒推法
bias of estimator	估计量的偏误
brand mark	品牌标志
brand name	品牌名称
brand	品牌
breakeven pricing	盈亏平衡定价法
C	
communication	传播
competition position strategies	竞争地位战略
competition	竞争
competitor	竞争者
complementary product	附加产品层
consistency	关联性
consumer behavior	消费者行为
controllable factor	可控因素
core benefit product	核心产品层
core value	核心价值观
cost，insurance and freight，CIF	成本加运费和保险费价格
cost-plus pricing	成本加成定价法
cue	诱因
cultural environment	社会文化环境
culture	文化

customer satisfaction	顾客满意
D	
decline	衰退期
demands	需求
depth	深度
derived demand	派生需求
desk research	案头调研
differentiated marketing	差异化营销
differentiation strategy	差异化战略
direct channel	直接渠道
direct export	直接出口
direct selling	直销
dissociation groups	疏离群体
distribution channel	分销渠道
distribution requirement planning，DRP	分销需求计划
drive	驱动力
drug advertising	医药广告
drug	药品
E	
economic environment	经济环境
electronic data interchange，EDI	电子数据交换
emotion	情感
error in design	设计误差
error in survey	调查误差
evaluation of alternatives	方案评估
event marketing	事件营销
exchange	交换
expected product	期望产品层
exploratory research	探测性调研
F	
family life cycle	家庭生命周期
field research	实地调研
fixed cost	固定成本
Food and Drug Administration，FDA	美国食品药品管理局
franchise	特许经营
free on board，FOB	船上交货价格
G	
generic competitive strategies	基本竞争战略
generic drugs	仿制药
generic product	形式产品层
gets	得到
gives	付出
going-rate pricing	随行就市定价法
Good Manufacturing Practice，GMP	药品生产质量管理规范

Good Supply Practice，GSP	药品经营质量管理规范
gross domestic product，GDP	国内生产总值
growth	成长期

H

healthy food	保健食品
hedonic bias	趋乐偏见
horizontal channel conflict	水平冲突

I

indirect channel	间接渠道
indirect exports	间接出口
information search	收集信息
interactivity	交互性
intermediate trader	中间商
international distribution channels	国际分销渠道
international marketing	国际市场营销
Internet marketing	网络营销
Internet pharmacies	网络药店
introduction	引入期

J

Jack Trout	杰克·特劳特
J. Trout	屈特

L

learning	学习
length	长度
licensing	许可经营
life style	生活方式
loss leader pricing	招徕定价

M

marginal cost pricing	边际效益定价法
marginal cost	边际成本
market challenger strategy	市场挑战者战略
market challenger	市场挑战者
market follower strategy	市场追随者战略
market follower	市场追随者
market leader	市场领导者
market leader strategy	市场领导者战略
market needs	市场需求容量
market niche strategy	市场补缺者战略
market niche	市场补缺者
market positioning	市场定位
market segmentation	市场细分
market	市场
marketing channel	营销渠道
marketing concept	市场营销观念

marketing intermediaries	营销中介
marketing	市场营销
mass marketing	大众化营销
maturity	成熟期
measurement strategy	集中化战略
measurement	效果测量
mccarthy	麦卡锡
medical instruments	医疗器械
medical market	医药市场
medical marketing	医药市场营销
medicinal representative，MR	医药代表
medicine product advertising campaign	医药产品广告活动
medicine product promotion mix	医药产品促销组合
medicine product promotion	医药产品促销
membership groups	成员群体
missionary salespersons	传递销售员
motive	动机
multichannel conflict	多渠道冲突

N

National Council of Physical Distribution Management，NCPD	美国物流管理协会
national incomes，NI	国民收入
natural environment	自然环境
needs	需要
non-prescription drugs	非处方药

O

online consultation	网上咨询
opinion leader	意见领袖
OTC	非处方药
overall cost leadership strategy	总成本领先战略

P

package	包装
perception	认知
personality	个性
personnel selling	人员推销
pharmaceutical agents	医药代理商
pharmaceutical care	药学监护
pharmaceutical dealer	医药经销商
pharmaceutical retailer	医药零售商
pharmaceutical wholesaler	医药批发商
positioning	定位
post-purchase behavior	购买后行为
potential product	潜在产品层
prescription	处方药
primary data	原始资料

problem recognition	需求认知
processing in error	编辑误差
product concept	产品观念
product concept	产品整体
product item	产品项目
product life cycle	产品生命周期
product line	产品线
product mix	产品组合
product portfolio strategy	产品组合策略
product	产品
production concept	生产观念
promotion	促销
public relations	公共关系
publicity	公共宣传
pull policy	拉引策略
purchase decision	购买决策
push policy	推动策略
pyramid selling	传销

Q

quality	质量

R

rapid-penetration strategy	快速渗透策略
rapid-skimming strategy	快速撇脂策略
Roger J.Best	罗杰・J.贝斯特
role	角色
Rx	处方药

S

sales promotion	销售促进
sealed-bid pricing	投标定价法
search engine	搜索引擎
secondary data	二手资料
selective attention	选择性注意
selective distortion	选择性扭曲
selective retention	选择性保留
selling concept	推销观念
services	服务
slow-penetration strategy	缓慢渗透策略
slow-skimming strategy	缓慢撇脂策略
social class	社会阶层
societal marketing concept	社会营销观念
status	地位
strategy	战略
subculture	亚文化群

T

target market	目标市场
target-return pricing	目标收益定价法
tariff，customs duty	关税
third party iogistics providers，3PLs	第三方物流供应商
trademark	商标
transaction	交易

U

uncontrollable factor	不可控制因素
uniform delivered pricing	统一交货价格

V

value	价值
variable cost	变动成本
vertical channel conflict	垂直冲突

W

wants	欲望
Warner-Lambert	华纳-兰勃特
website Promotion	网站推广
Wendell R Smith	温德尔・斯密
width	宽度
World Trade Organization，WTO	世界贸易组织